山东省研究生导师指导能力提升项目(SDYY17140)

为有岁月可回首

——陈信泰与黄锦凤

李钧　李伯文　著

山东大学出版社
·济南·

图书在版编目(CIP)数据

为有岁月可回首：陈信泰与黄锦凤 / 李钧，李伯文著. —济南：山东大学出版社，2021.6
ISBN 978-7-5607-7066-6

Ⅰ. ①为… Ⅱ. ①李… ②李… Ⅲ. ①陈信泰—传记 Ⅳ. ①K825.6

中国版本图书馆 CIP 数据核字(2021)第 118181 号

策划编辑 李孝德
责任编辑 李孝德
封面题签 顾明远
封面设计 张 荔

出版发行 山东大学出版社
社 址 山东省济南市山大南路 20 号
邮政编码 250100
发行热线 (0531)88363008
经 销 新华书店
印 刷 济南乾丰印刷有限公司
规 格 787 毫米×1092 毫米 1/16
18 印张 2 插页 300 千字
版 次 2021 年 6 月第 1 版
印 次 2021 年 6 月第 1 次印刷
定 价 80.00 元

陈信泰 2017 年九十岁留影

黄锦凤与陈信泰（1959 春节）

2016 年 12 月 20 日，顾明远先生看望陈信泰时留影

畢業證書

第0001號

學生陳信泰係南京市人現年貳拾柒歲在本校

學校教育教學研究室肄業貳年期滿成績及格准予畢業

此證

北京師範大學校長 陳垣

公曆一九五三年七月 日

北京师范大学 1953 届研究生“0001”号毕业证书

序一　忆老友*

顾明远
（北京师范大学教授，中国教育学会原会长）

李钧先生发来前年冬天我们拜访学长陈信泰时我们的合影，勾起了那时美好的回忆。那时陈信泰学长鹤发美髯，很有精神，我们为之欣喜。但是前不久接到李先生发来的噩耗，才知道陈学长已于今年五月先我而去。不胜悲痛。

信泰学长学识渊博，为人谦和。我们在北师大共事多年。后他调任曲阜师大，来往渐疏，但学术交流从未间歇。又忆上个世纪八十年代，我在信泰（学长）家作客，他竟亲自掌勺制作美味，至今记忆犹新。

信泰学长对曲阜（师大）的教育学科建设作出了巨大贡献，培养了大批人才。（信泰学长）今日离去，是曲阜师大的巨大损失，也是教育界的巨大损失。让我们化悲痛为力量，努力学习和工作，继承他的事业。

二〇一八年八月五日于北京

* 此文为顾明远先生来信，其手迹见文后所附。

懷老友

李钧先生发来前年冬天我们拜访学长陳信泰时我们的合影，勾起了那时美好的回忆。那时陳信泰学长鹤发美髯，很有精神，我们为之欣喜。但是前不久接到李先生发来的噩耗，才知陳学长已於今年五月先我而去，不胜悲痛。信泰学长学识渊博，为人谦和。我们在北师大共事多年，后他调任曲阜师大，来往渐疏。但学术交流，从未间断。上个世纪八十年，我在信泰家作客，他亲自掌勺制作美味，至今记忆犹新。

信泰学长对曲阜的教学科研建设作出了巨大贡献，培养了大批人才。今日离去，是曲阜师大的巨大损失，也是教育界的巨大损失。让我们化悲痛为力量，努力学习和工

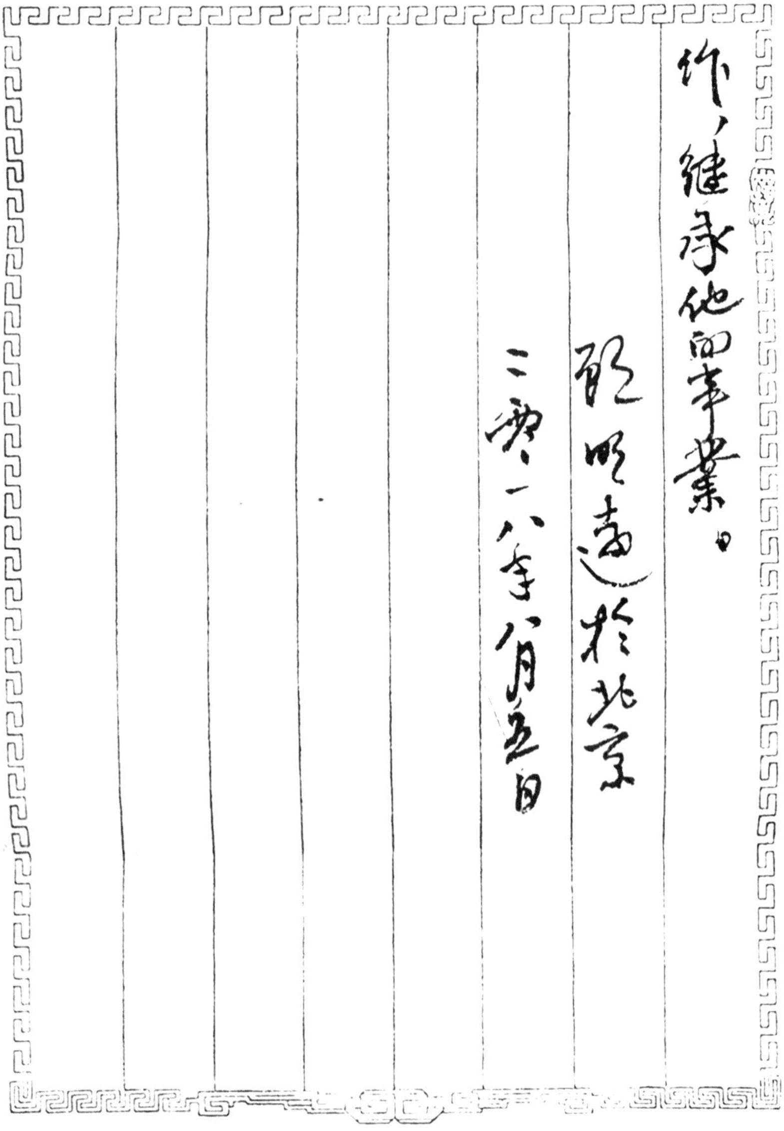

作，继承他的事业。

郭明遠於北京

二零一八年八月五日

序二　怀念陈信泰、黄锦凤伉俪

车文博
（吉林大学教授，中国心理学会原副理事长）

我国著名教育学家陈信泰教授与我是中国人民大学研究生班的同学。1952年院系调整，我们都转入了北京师范大学。我比信泰年纪小，故一直称他为兄长；我们又住一个寝室，故而关系日益密切。信泰兄对我关照颇多，记得当时研究生早晨多有喝牛奶者，我经济条件不好就未买，信泰兄就主动给我买了好长时间，为我补充营养，让我非常感动。三十年后，信泰兄来长春东北师范大学参加学术会议并讲学。我在请他的家宴上又谈起此事，大家都为此感叹人间真情的可贵！

信泰兄是上海人，精明睿智，乐观豁达，造诣深厚，闻名全国。他具有坚实的马克思主义理论素养，既深受中国传统教育思想的影响，更受过苏联先进教育观念的熏陶，在教育学原理研究领域有着重要成就。他在《教育研究》《光明日报》《文汇报》等重要刊物上发表的关于“教育本质”“异化问题”“教育与生产劳动相结合”等重大问题的论述，不仅展现出渊博学识、真知灼见，更展现出坚持真理、实事求是的严谨学风，为新时期教育理论的正本清源作出了突出贡献，不愧为与瞿葆奎、王策三等同辈齐名的中国一流的教育学家。因此之故，他自20世纪80年代起一度荣任中国教育学研究会常务理事、山东省教育学研究会理事长等职，并被评为“山东省优秀教师”，享受国务院特殊津贴。

信泰兄光明磊落，刚直不阿，追求真理，品格高尚。在做学问上，他崇尚“真直之气”，从不人云亦云而随大流，比如在论辩“教育本质是什么”时，他不怕影响朋友关系，也不怕引起老同学的误解，而是坚持自己的观点。在为人处世上，他尊重领导和同事，但发现领导、同事某个问题处理不当时，敢于直接提出不同意见，具有正义感而很少考虑个人得失。这充分表征了他正派、正直、独立的人格特质。

信泰兄一生桃李天下，贡献突出，事业成功。他忠诚于人民的教育事业，以改革的精神解放思想，在曲阜师大创造性地提出了教育系的建系理念、体制构想和教育方略；他从1979年至1993年共培养了72名硕士研究生，其中有60多人现已晋升教授，20余人成为博士生导师；他应新时期教育发展之需，招收过两届全国高校助教进修班，为各类学校培训了120余位教育学、心理学教师；他曾参与国家“六五”“七五”“八五”重点图书《中国大百科全书·教育卷》和《教育大辞典》等的组织和编审工作，这些著作对于中国教育科学的发展产生了深远影响。

信泰兄家庭生活幸福，其夫人黄锦凤女士出身名门，学品兼优，1955年从福建医学院毕业后分配至北京第一传染病医院工作。我直到1984年去曲阜师范大学讲学时才认识锦凤嫂，她不仅有风度、温婉不凡，而且专业贡献突出。我在交谈中才了解到信泰、锦凤伉俪恋爱过程的曲折和家庭生活的恩爱。锦凤嫂有两件事特别令人敬佩：一是当信泰兄1958年遭遇挫折、被下放到曲阜师范学院的时候，她不离不弃，并毅然决然地到曲阜同信泰兄结婚；二是他们婚后两地分居八年，当锦凤嫂声名鹊起、已是北京知名传染病学专家的时候，又放弃了北京的优越环境，去曲阜与信泰兄团聚。由此可见，他们的爱情与婚姻经历了曲折和艰难，却赢得了甜蜜和幸福！

黄锦凤女士于2016年5月16日去世，信泰兄于2018年5月9日辞世，我深感哀伤。而让人欣慰的是，他们最后的日子都没有接受过度治疗，而是一直在家中“保守治疗”“姑息养老”，安详辞世。这在当今社会是多么难得?！而这都是因为信泰兄的女儿陈晓青有孝心、尽孝道。更难得的是，虽然信泰兄和锦凤嫂临终前嘱咐不搞任何仪式，但其女婿、曲阜师范大学文学院李钧教授却要撰写《为有岁月可回首——陈信泰与黄锦凤》作为纪念；信泰兄的外孙李伯文是个优秀的孩子，他写作的《外婆黄锦凤》饱含深情，荣获2018年“第二届‘名作杯’全国大学生文学作品大赛”散文组一等奖，在作了精心修改后收入这部合传。因此，我相信，《为有岁月可回首——陈信泰与黄锦凤》注定是一部情感浓郁、内涵丰富、史料翔实、富有历史价值的传记佳作。

是为序！

2018年8月1日

目　录

道路就是生活：陈信泰的岁月展痕

古今中外从不缺少沃土栽培、定向育成的精英之材，也不乏在偏远之地野蛮生长、自我养成的参天大木。但是，只要计量边缘学人的庞大基数，就不难发现其存活率、成才率是极低的：有的人终生郁郁，壮志未酬，而历史本质主义者全然无视他们经受的痛苦挣扎；有的人直到去世之后才被发现，但人们除了深表遗憾、一声长叹之外，很少对其苦难历史及其原因进行“知识考古”；他们中有的人“侥幸”成才，但人们也只用一句“艰难困苦，玉汝于成”作结，仿佛这是“成功学”的必然规律……殊不知如果世靖时安，他们的成就和贡献会远不止于此。那么，这些边缘学人是如何在冷风苦雨中积聚能量的？他们在自我启蒙的过程中经历了怎样的心路历程？他们又给后世留下了怎样的生命启示呢？就此而言，陈信泰的跋涉过程和成才之路，堪为分析中国当代知识分子心灵史的经典个案。

陈信泰（1927～2018），男，上海人，“当代著名教育学家”①。1945 年，毕业于中华职业学校高级商科；1949 年，毕业于之江大学教育系；1951 年，考入中国人民大学教育学研究生班；1952 年，院系调整后转入北京师范大学教育系研究生班续读并于 1953 年毕业留校；1955 年，晋升讲师；1956 年，加入九三学社；1958 年，调入曲阜师范学院，先后任教育教研室副主任、主任；1981 年，晋升副教授；1987 年，晋升教授；1989 年，任曲阜师范大学教育科学研究所所长；1991 年，被评为“山东省优秀教师”；1993 年，被国务院批准享受政府特殊津贴。他在新时期曾兼职全国教育学研究会第一、二届理事和第三、四届常务理事，山东省教育学会副会长，山东省教育学研究会理事长，华东华北七院校教育学讨论会负责人等。陈信泰长期从事教育学研究和教学工作，主持撰写《中国大百科全书·教育卷》“教育科学”部分、《教育大辞典》第一卷“教育学”部

① 顾明远：《北京师范大学与中国教育》，《光明日报》2002 年 9 月 9 日。

分，担任全国教育学研究会“教育学系列丛书”之《幼儿教育学》和《家庭教育学》（福建教育出版社1996年版）责任编委，主编《师范教育的发展与改革》（山东教育出版社1986年版）、《中国社会主义教育学》（江苏教育出版社1987年版）、《教育基本理论探索》等论著。他曾在《教育研究》《华东师范大学学报（教育科学版）》《光明日报》等重要报刊发表论文50余篇，是“1980～1991年间在《教育研究》上刊文最多的三十七位作者”①之一，其中，《马克思的人的全面发展学说的动态考察》被《教育研究》评为“创刊30周年优秀论文”②，《马克思异化理论不是人的全面发展的理论基础》于1984年荣获山东省社科优秀成果二等奖……

陈信泰1955年晋升讲师时曾被视作学术新星，但在“反右”运动后被下放到山东曲阜，由此直到“文化大革命”结束一度沉寂了20年；他在新时期声名鹊起，行年五十之际又被人誉为“学界黑马”。那么对其由“少年成名”到“被边缘化”、由“包羞忍耻”到“东山再起”的经历之回顾，不仅对于总结和反思中国现代基础教育、职业教育和大学教育的经验教训具有启示意义，而且对于梳理中国现当代教育的民间历史具有“知识考古”价值，其中涉及的一些命题和学案更足以成为20世纪中国教育史研究的重要课题。

一、少年初识愁滋味·沪杭（1927～1950）

鲁迅说：“童年的情形，便是将来的命运。”③陈信泰青少年时期的经历使他明白：传统中国将教师与“天地君亲”并列，誉称“道之所存，师之所存也”，足见教师地位之重要；在现代社会分工中，教师依然是受人尊重的职业。这正是他弃商从教的根本原因。

（一）合兴坊——上海租界的一个缩影

陈信泰1927年7月22日（农历六月廿四）出生于上海浦西公共租界福煦

---

① 金顺明：《简论〈教育研究〉的作者群及有关问题》，《教育研究》1994年第11期。

② 《中国普通高等学校教授人名录》，北京：高等教育出版社1988年版，第54页；中共山东省委组织部、山东省人事厅编：《山东省有重要贡献专家名录》，济南：山东科学技术出版社1999年版，第764页。

③ 鲁迅：《上海的儿童》，《鲁迅全集》第4卷，北京：人民文学出版社2005年版，第581页。

路合兴坊 134 号。

福煦路前身是长浜路，租界时期唤作“福煦路”，1943 年后改称“金陵西路”。福煦路系东西向，路南是法租界，路北是公共租界。福煦路为四车道，英法各占其半，各有对开的公交车。陈家在福煦路北，属于英国租界范围。

福煦路东头连接的南北路是凯瑟尔路（后改称“淡水路”），西头连着重庆南路，而陈家所在社区北面的马路是延安西路。小区与上海最繁华的两个“冒险家乐园”仅咫尺之隔：福煦路往南隔两条街就是霞飞路商业区，福煦路向东则直通号称“远东第一俱乐部”的大世界游乐场。——这就是陈家所在社区的大致方位。至于社区内部，则共有三条弄堂，自东向西依次是济善里、合兴坊、怡乐里。陈信泰回忆说：“我一直有一个谜团——我家是福煦路 134 号，东邻是 130 号，为什么中间缺了 132 号？直到改为金陵西路，门牌号才顺连起来，我家是 66 号，东邻是 64 号。”

英、法租界的建筑风格迥异，巡捕面孔招牌不同。法租界巡捕多是黑瘦的越南人：凶，滥用警棍打人；坏，想尽办法弄钱。他们连黄包车夫都不放过，有时甚至会顺走黄包车垫子以敲诈几个铜板。越南巡捕的种种劣迹让人深深体会到“奴才得权更可怕”的道理。英租界巡捕多为圆胖的印度“阿三”——“阿三”系“阿 Sir”谐音，印度巡捕尊英国人为“阿 Sir”，上海人称印度巡捕为“红头阿三”，隐有调侃意味。印度巡捕待人温和，应与信奉佛教有关；他们能讲流利的中文，也许与其擅长歌舞的种族基因有关；他们处事谦卑，也许因为知道自己也是被殖民者，身份并不比中国人高贵。因此之故，印度巡捕巡街或在市民家门口驻足时，人们乐于给他们端上一杯茶水，而印度巡捕回国前也会到街坊各家辞行：“中国人对我们真好，谢谢！”另外不忘加上一句：“您有什么送给我留作纪念吗？”

世间万物总是一体两面，利弊互现。陈信泰回忆说：“尽管法租界的越南巡捕狠酷毒辣，但由于那里的弄堂四通八达，能够前门进后门出，集会或疏散极为方便，所以共产党、国民党和黑社会都在法租界设立秘密会所，因而那里就显得诡异，不时有成队的巡警吹着警笛跑来跑去，追捕人犯。英租界的弄堂死胡同多，不便于集会，所以很少有大动静；但由于印度巡捕做事散漫松懈，所以英租界经常发生一些鸡飞狗跳、小偷小摸的事情，有时连小孩子都被偷走，日常治安状况反而不如法租界。处于这样的乱世乱地，人们都会保持着机警。祖母在我很小的时候就反复叮咛：‘人群聚集的地方不要拢去，那里一定没什么好事体。’我后来做人做事，长记此语。”

福煦路上不乏小吃摊、日用店和蔬菜店，居家生活十分便利。如果家有喜事或客人临门，可以到本帮菜馆就餐。上海“本帮菜八大样”有着各种排法，但大体以蒸三鲜、老甜肉、桂花肉、水笋扣咸肉、上汤扣三丝、三鲜大蛋饺、金针木耳鱼和肉皮汤这些组合最为经典。陈信泰回忆说：“本帮第一菜是‘全家福’，食材不止三鲜，可以随意组合，还可以加虾仁帽子、鸡蛋盖子。在一个大海碗里盛着海参、肉丸、肉块及各种菜蔬，俨然‘海陆空食材大烩’。这样的‘全家福’经济实惠且有好口彩，所以人们都很喜欢！”

上海饮食荟萃南北兼容中西，既能满足富贵人家钟鸣鼎食的豪华排场，也能容下普通市民简食忍嗜的节俭活法。上海人见多“食”广，当得起“食不厌精，脍不厌细”，所以他们谈起“饮德食和”来也总有聊不完的话题。上海人离沪之后，他乡邂逅时心有灵犀的“共同语言”一定是沪上饮食，其他地方的人为此觉得上海人爱显摆炫耀，其实不妨说沪上饮食最能代表上海文化，上海人也不过是聊起饮食以慰乡愁罢了。陈家 1954 年搬离上海以后，陈信泰就很少能吃到地道的上海菜；直到他的女儿陈晓青 1967 年出世，母亲文绣从成都来帮忙照看孩子，他才吃到母亲做的上海菜“老甜肉”，从而得以纾解思乡之情。在老人家暂居曲阜那几个月里，邻居们会不时看到老太太拎回一块五花肉，随后就有甜咸浓香从陈家弥漫开来。当邻家的孩子们馋得吞咽口水时，陈信泰敲响了他们的家门，给各家餐桌上添一小碗“上海红烧肉”。渐渐地，这里的人们理解了上海人以沪上饮食为傲的原因。

租界文化并非全盘西化，而是中外混搭、土洋夹杂的，这是为了满足新老市民的精神需求和物质需求。比如，福煦路与淡水路交汇处有一座关帝庙，前面供着关羽，后面奉着文魁；在你以为它是道观时却发现有和尚出来做法事。陈信泰后来才知道这关帝庙是儒、释、道三教合一的庙宇，不同教门的信众可以各取所需：“我母亲曾去关帝庙烧香求子，晚上梦见一个胖大和尚，所以母亲常说我是和尚投胎的。”沿福煦路往西还有一座观音堂，是尼姑庵。“富裕人家做法事，会请和尚、道士、尼姑一起出动，街上叮叮当当响成一片。孩子们在这种时候最为开心。有一次，小流氓调戏尼姑，关帝庙的和尚就出面替尼姑打抱不平。也是一景。”

上海商业发达，寸土寸金。福煦路临街的门面房皆被辟为商店或作坊。济善里、合兴坊、怡乐里临街共有六个店面。最东边一家是经营杂货兼换零钱的“胭脂店”。所谓“换零钱”，主要是为公交乘客提供换零服务，但从中抽取赚头。比如，1 块大洋如果随行就市应兑 100 个铜板，胭脂店换给客人 95 或

98 个，从中赚几个铜板的抽头。第二家是木箱店，主要打制送货木箱，一天到晚“乒乒乓乓”。第三家是陈家的排笔店。第四家是一个台湾人经营的口琴店，店老板有野心，一度想与上海老牌的“石人望”口琴店竞争。第五家是汽车修理店——如果说汽车是现代都市的典型符号，那么汽车修理店在当时就颇为“高端、大气、上档次”。第六家是西装衬衣店，这种店面最洋气，生意也兴隆，因为不仅白领精英需要光鲜的装扮，就连普通市民也要购置西装作为“喝茶的行头”。

陈家现在制作排笔兼批发零售。店铺初名“陈洪兴笔墨庄”，是家文房用品店。陈信泰回忆说：“我祖父陈洪兴是清末秀才，以教书为业；以经营文房四宝为副业，由我祖母操持。祖父去世之后，祖母年事已高，她见我母亲高中毕业，内外皆能打理，就把店面交给了我母亲。我母亲将店名改为‘文元斋’，仍经营文房用具；但上海此时已进入新教育时代，学生们改用新文具，文房四宝就没落了。好在天无绝人之路，上海的大建设时代到来了，建筑商订购粉刷涂料的排笔，我母亲看到商机，遂将商店改作‘文元斋排笔批发所’。中华人民共和国成立后，排笔店被合营进‘上海排笔店’……时代的变迁让我很早就形成了一种观念：家财万贯不如一技傍身！无论处于什么时代，‘一技’总可以使人获得‘生存、温饱和发展’。”

十里洋场，商业社会，时局动荡，加之人口流动性大，所以上海人很早就破除了安土重迁的小农观念，具有了现代人气质：他们宁愿租房居住也不愿去花费重金购买房屋等不动产。当时只有浦东、浦西的财主才盖房出租，成为“吃瓦片”的大房东。二房东租来房子，如果自家用不完还有空余的话，就再分租出去，于是就有了三房客、四房客。陈家店面亦非祖产，而是长租房，房屋架构共有三层。第一层是门面房，大约 60 平方米，门厅用 L 形柜台隔出过道，柜台里面是工人和学徒的工作区；工作区里面有两个单间，一间是账房，另一间是陈信泰祖母的卧室；门厅过道尽头是灶间，但灶间并不用于做饭，而是存放柴粮杂物，还可以住人——陈信泰祖母有一个头脑迟钝的远房侄子一直在店里帮工，就住在灶间，直至去世。楼房的二层，除了露台和走廊，房子实用面积 40 多平方米，隔成两大间，陈智发和文绣住一间，陈信泰、陈信达和陈海玲三兄妹小时候合住一间；另外在灶间上搭出一间阁楼，供陈信泰二伯父的孩子陈信规和陈信矩(陈信矩 1937 年因肺病去世)居住。等陈信泰与陈信达长至 10 岁以后，家里就在二楼房间的基础上加盖了一个 20 多平方米的亭子间，供陈信泰与陈信达住，这就构成了楼房的第三层；第三层的平台上还码放着泡菜坛子之类的东西。上海的每个家庭都把居住空间利用到了极致,其他门店的格局与陈家大体相似。

除了临街门店,合兴坊弄堂内部共有七户人家。弄堂北端是大房东的住家,弄堂东、西两边各有三家。弄堂路东从北向南:第一家姓殷,住着上海申报馆的一个员工。第二家住着钢铁掮客张崇坤,颇有钱财,出入都有跟班;张家有几个女儿,其中一个过继给了陈家,改名陈丽英,长大后嫁给了陈信诜,因而张家与陈家算是通家"过门亲";陈信泰大学毕业后,张崇坤曾介绍他担任安远制铁厂会计主任。第三家是开米行的丁家,家有五朵金花,长女惠芳已出嫁,二楼住着惠芬、惠兰、惠菊、惠萍四位小姐。陈信规喜欢惠芬,想与她约会的时候就跑到陈信泰住的三楼亭子间,用小镜子反射光线作为"接头暗号",惠芬便心领神会地找个理由出门来——他们后来"有情人终成眷属"。

合兴坊弄堂西边自北向南也是三家。第一家是珠宝商,总是家门紧闭。第二家做古董生意,同样"闭关自守"。第三家是上海伶界联合会的一个俱乐部(或称"小组部"),每个星期天都有聚会,梅兰芳、金少山以及上海名角时常出现在这里。陈信泰回忆说:"我父亲陈智发是个热心的京剧票友,在这里结识了一些名角,那些人偶尔会带我和弟弟信达、妹妹海玲去戏院看戏。我们就坐在乐师旁边,前台、后台的情形都看得一清二楚。但我不太喜欢京剧,主要有两个方面的原因:一是乐器太过响闹,二是如果戏院里演文戏还可以看看,如果演的是武戏,那整个戏院就会尘土飞扬。因此,我去了几次就没了兴趣。倒是信达喜欢上了京胡,一位琴师就真想传艺于他。信达后来虽然没有专门学琴,但他的京胡已能够配整出的京戏。我妹妹海玲学会了一些京戏,其中包括全本《红楼》戏;她20世纪50年代在沈阳工作时曾获得全国轻工业系统文艺汇演一等奖。我后来才知道,上海的戏剧舞台基本被青帮控制,杜月笙、黄金荣和张啸林都是上海伶界联合会的'大股东'和'大善士'。"

在福煦路南边的法租界街面上,有南洋医院、祥生汽车出租公司等店家,同样喧哗热闹。因而可以说,合兴坊所在的社区就是20世纪30年代上海租界的一个缩影,中西合璧,新旧杂陈;它充满魔力却绝不疯狂,因为市场理性与契约精神正在这里有序滋长!

(二)客从何处来?——陈家属于"聚星堂"一支

陈信泰回忆说:"我家属于义门陈氏'聚星堂'一支。'聚星堂'在历代战乱流迁中蘖生出多个分支。至于我家'从何处来',祖父没有特意对我讲过,所以不得其详。祖父是清末秀才，按理应当存有家谱，但我家没存家谱。一种可能是因为迁徙、离散而丢失了，另一种可能是为了隐藏与太平天国的关系。祖父说过：'陈家原居南京下关，颇有家产；太平天国运动末期，由南京迁至上海。'我记得小时候，每逢过年时家门外都会挂起红灯笼，上书'聚星堂·陈'。1937年12月南京大屠杀之后，下关陈氏家族的一批人逃难出来，还曾住在我家，在门厅里打地铺。那时的上海租界到处都是难民，人满为患，物价腾贵，大不易居。最终他们中有一部分留在了上海，另一些人去了南洋。有人劝我家一起迁往新加坡，但我父母没有同意。《汉书》有云：'安土重迁，黎民之性；骨肉相附，人情所愿也。'中国人特别能够吃苦耐劳，特别懂得忍辱避祸，但凡能聊生苟活，就不愿背井离乡、徙出父母之地。如果中国人被迫举家逃亡，那就一定是遇到了'想做奴隶而不得'的乱世。而20世纪初叶的中国，真如苏曼殊所说是一个'惨社会''惨世界'①。"

"陈家初到上海时家业较大，还曾开过钱庄。一个细节可以印证陈家当时的优渥：我祖母有一辆英国兰令(Raleigh)坤车，上海人叫作'凤头车'，是第一批进口的英国自行车。后来家道中落，原因则是多方面的，除了时乱，还与我大伯父、二伯父的分家和不善经营有关。俗话说：'义不经商，情不立事。'我的两个伯父心善而多情，偏偏都去经商了。我大伯父自立门户后，开店营生，但总是贪玩，结果被人骗了，生意败落，他女儿也离家出走，至今下落不明。大伯母伤心失疯，将大伯父赶出家门。大伯父从此一蹶不振，重回我祖父家，天天吃老酒、哼小曲，得过且过。我二伯父陈智安精明强干，20多岁就创办了一家灯泡制造厂，还在霞飞路开了间日本灯具店，与一个日本人合营。二伯父已有家室，但日本合伙人坚持将一个'妹妹'许配给他做妾，这在新旧交替时代的上海也不算奇怪。五四运动之后，上海市民抵制日货，二伯父经营的日本灯具店生意下滑；到五卅运动时，二伯父的店铺被游行的工人焚毁，那个日本女人也跟着'哥哥'返回日本。信规比我大12岁，是二伯父与日本太太所生，不能见容于二伯母。我母亲有一次去我二伯父家，听到楼上有打骂声，然后信规从楼梯上滚摔下来。我母亲看不过去，就把信规和信矩接到我家来。信规高中毕业后进入中国交通银行工作，他聪明好学，成为上海支行的骨干。抗战爆发后，他随中国交通银行迁往四川，负责外汇兑换和银行干部培训。抗战胜利

① 《惨社会》是法国作家维克多·雨果《悲惨世界》的最早中译本，1903年10月8日起连载于《国民日日报》；镜今书局1904年出版单行本时改作《惨世界》，署"苏子谷　陈由己同译"，此为苏曼殊与陈独秀的别号。

后，信规调到北京工作，1949年后去了西安……正是由于这些变故，陈家开始出现败落的迹象。”

“我父亲陈智发1904年生人，属龙，在他们三兄弟中排行老幺。他1925年入读光华大学①，但半年后退学，考入上海电力公司②并一直工作到1952年。在我童年的记忆中，父亲总是西装革履、发型精致、身材完美，骑着一辆英国红狮牌自行车出出进进。他是‘簿纸间’主任，负责购置和发放文具用品，手下只有一个工人。由于他中英文俱佳，软硬笔书法都很出众，因而常兼做公司的一些行政工作，不仅与公司里的外国人交往较多，而且与中层管理人员关系密切。他有时会把工作带回家来，比如，晚上加班，手写公司节庆宴会的双语请柬等。我至今对父亲的英语花体和汉字小楷书法印象深刻。文人书法，在旧时代可能不算什么，但到了现代社会反而成了一技之长！”

“我父亲在外资公司里不是技术骨干，随时有失业之虞，所以他在工作中兢兢业业，委曲求全，绝不像外人看起来那样轻松潇洒。我也能隐约感受到他的辛苦。举例来说：我父亲身高174厘米，在那个时代的上海人里算是身材较高的。他足球踢得好，加入了公司足球队，踢后卫；熟悉足球的人都知道，后卫这个位置很难踢，相当于一面肉盾，既要挡住对方锋线队员的冲击，还要尽量保护自己少受伤害。公司球队不时要与英国、法国企业的足球队举行友谊赛，父亲回家时就常常带着些伤。我母亲给他擦红花油时，我看到他腿上、背上青一块紫一块，心里就觉得很难过。足球与其他体育项目一样，本来应当与阳光、健康、快乐同行，可一旦附加上太多外在因素，就变得沉重甚至阴暗了。父亲也带我踢足球，意在增强我的身体素质，我也因此对足球的盘带、脚法、射门

① 光华大学系由圣约翰大学分裂出来的私立大学：“五卅惨案发生后，上海各界爆发大规模的示威游行，圣约翰大学学生群情激昂，于6月3日在大礼堂集会抗议，遭到校长卜舫济的干涉，把升旗杆上的中国国旗扯下，引起轩然大波。许多学生及员工相率离校，于8月另组光华大学。这就是所谓的‘国旗事件’。这一事件是圣约翰大学历史上最大的一次学潮，也是学校发展史上的一座分水岭。……圣约翰声誉受到严重影响，在校人数及报考人数骤减，学校‘几有不可终日之势’。1925年9月圣约翰重新开学时，学生锐减到400多人。”（熊月之、周武主编：《圣约翰大学史》，上海：上海人民出版社2007年版，第4页）

② “美国在中国投资的大企业虽仅有上海电力公司一家，但这一家公司就使美国资本在上海工业乃至经济界具有十分重要的地位。……该公司以最强的发电能力控制了上海工业动力用电，具有左右上海工业的潜在实力。它不仅包揽了公共租界所有售电业务，而且越过租界经过华商浦东电力公司、闸北水电公司等向华界供电。更重要的是，它几乎垄断了上海的工业用电。二三十年代，上电所售电量几乎每年都有80%以上为工业用电，无论外资还是华资企业都依赖上电供电。”（熊月之、周武主编：《上海：一座现代化都市的编年史》，上海：上海书店2009年版，第260页）

等颇有心得，但我可以与朋友们玩足球，却从不参加对抗比赛，因为有心理阴影，好像父亲受过的伤痛传导到了我的心里。”

“‘文元斋排笔批发所’实际上是家庭手工作坊，在经济大潮中犹如一只小舢板，生产和销售完全受市场潮汐左右，船上的人绝不敢妄想大富大贵，所能做的就是尽量躲开风浪，保证小船不会倾覆，不致船毁人亡。旺季里，生意好，订单多，店里需要四五个工人，母亲文绣也亲自上阵；淡季时就只留一个工人和一个学徒，而生意惨淡时则会歇业两三个月。我耳闻目睹了大伯、二伯的兴旺与衰落，更感受到我家小店生意的起起落落，因而觉得经商虽然自由，但是极不稳定，让人缺乏安全感。我上小学、中学时，走过熟悉的街道，发现各种店面开业复倒闭的速度竟如此之快，也着实让我感到惊讶。一些小店和摊贩的盈利本来就不多，还要交‘保护费’，故而难以为继。”

“我家的店面倒是没有交过保护费。首先，这应该与外祖父文超大律师有关，连负责‘保护’我家片区的青帮头目每每见到我母亲都会抱拳作揖，还嘱咐手下人以及巡捕不得骚扰陈家。其次，我祖母为人有侠义之气：她对工人很大方，工钱从优，饭菜足量，饭碗都是大号的；有熟练工要离开陈家去独自开店时，祖母都会礼送，绝不为难，还加几个月工钱当‘红包’。而在我们那一带负责收保护费的青帮头目，曾在我家做过工，也受到过我祖母的关照，所以不来打扰。在我心目中，祖母是勇毅的。信达两岁时非常可爱，有一天他在街边玩耍，法租界走来一个犹太人，他抱起信达就走。我看到后就喊祖母，祖母虽是小脚，但动作迅疾，边喊边追，直追进法租界。那个犹太人知道跑不掉了，才放下了信达。有人见过我祖母那身手，说她不是一般人。我也影影绰绰地听说祖母家与太平天国有关系。祖母的硬朗大气，对我的性格有很大影响。”

陈信泰的祖母 1942 年去世，但她的在天之灵似乎仍然庇佑着陈家的生活逐渐向好：文元斋排笔批发所经营状况良好；陈信规高中毕业后考取中国交通银行职员；陈信泰在中华职业学校读高级商科，业余兼职做小学教师，经济已能自立；陈信达 1944 年入厂当学徒，开始谋生……“信达很聪明，只是心思没用在学习上。他因为耽于学京胡、养宠物、做手工，所以学习成绩一直不甚理想。起初，他没当回事，可是留了两级，以至于跟妹妹海玲同班了，他就不好意思了，所以初中毕业就不愿继续上学。他学习钳钻铣焊，颇为用心。师傅很喜欢他，说从未遇到过如此聪明的徒弟。更厉害的是，信达看过一个机械设备之后，不用图纸就能仿造出来。所以他很快出徒，成为技工，收入颇高。‘家财万贯不如一技傍身’，乱世犹然！”

(三)"革命"家族的"相爱相杀"——文家的故事

陈信泰回忆说:"我母亲文绣,字家宜,1908年生人,祖籍四川,自谓文天祥后裔。我曾外公在清末做过四川的道台,但因为支持保路运动而被革掉官职。我外祖父文超(字致远)是大律师,曾参加孙中山革命团体,也在北洋政府做过事,后来到上海开办律师事务所,1927年以后一度出任上海律师公会执行委员。"美籍华裔作家秦家骢《宗族之恋:一个中国家族的九百年繁衍史》记载:1927年,"国民党把有影响的机构置于它的控制之下的活动的另一个目标就是上海法律界。在这方面的第一个行动就是成立叫做上海律师同志会的组织,和律师公会分庭抗礼。同志会成立于3月25日,就在国民党占领上海后不几天。同志会只接纳国民党员。它的临时执行委员会的常务委员包括上海律师公会发起人之一,为人尊重的文超和其他三名国民党员"①。从"为人尊重"这一修饰词可以看出文超当时在法律界的地位。而秦家骢的父亲秦联奎与文超是好友,二人曾数度担任上海律师公会的执行委员。

1927年9月18日下午,上海律师公会在上海特别市党部办公楼三楼召开会员大会,宣布放弃会长制而改用委员制并选出第一届15名执行委员和3名监察委员,其中执行委员为秦联奎、李祖虞、汤应嵩、文超、黄焕升、杨春绿、俞钟骆、李时蕊、费廷璜、吴国泰、汪承宽、赵祖慰、姚文寿、谢健、陈瑞麟,监察委员是黄镇磐、魏道明、谭毅公。② 文超之名赫然在列,位置显要。上海律师公会1928年12月公布的新一届执行委员名单是:李时蕊、汤应嵩、李祖虞、赵祖慰、谭毅公、文超、张德钦、黄焕昇、江一平、朱树桢、单毓华、陈霆锐、杨春绿、张恩灏。上海律师公会1930年春季会员大会公布选举结果,执行委员有:江一平、伍守恭(美国芝加哥大学)、俞钟骆、李祖虞(日本早稻田大学)、陆鼎揆、赵祖慰、陈霆锐(美国密西根大学)、刘祖望、王传璧(美国密西根大学)、秦联奎、董康(留日学生)、张恩灏、汤应嵩、文超、严荫武。上海律师公会1931年1月公布的执行委员名单是:谭毅公、刘祖望、俞钟骆、李时蕊、沈钧儒、汤应嵩、蔡倪

① [美]秦家骢:《宗族之恋:一个中国家族的九百年繁衍史》,舒逊、曼予译,北京:中国文学出版社1993年版,第385页。

② 文超事迹还可参见孙国栋编:《律师文存(一)》,北京:群众出版社2010年版,第225~226页;袁哲:《良性互动:法学留学生与近代城市生活(清末~1937年)》,上海:上海人民出版社2016年版,第183页。

培、陈则民、张恩灏、张飞熊、文超、陆家鼐、赵毓璜、黄翰、陆绍宗。[1] 董坚志编纂的《公文诉状程式大全》第 4 集《民刑诉讼程序》附录了“全国著名律师姓名事务所地点一览表”，有“文超律师(事务所) 上海嵩山路二四号电话 西二五六七号”的记录。[2] 文超办理的案件也被南京大理院列为经典案例。[3] ……以上资料证明，文超一度在上海法学界具有极高知名度。

文超的父亲由清朝道台而成为国民革命者，文超自己则由革命政府而进入法律界，他们的道路选择，比较典型地代表了 20 世纪初中国现代知识分子的时代追求。但他们毕竟处于新旧交替的时代，他们作为“进化链条上的中间物”也在知行之间存在巨大裂隙。文超家庭生活中的几则“相爱相杀”事件，颇能折射时代前进的屐痕足印：

一是文超大律师与妻子的离婚大战成为沪上街谈巷议的著名事件。陈信泰说：“我外祖母姓伍，受新文化思想影响，具有强烈的女性独立意识。她不能容忍文超的一些旧习和陋习，比如吸食鸦片、一妻三妾(我小舅文泰即是三姨婆所生)等，因而与文超打官司、闹离婚，表示愿意净身出户，只要两个女儿。此事一度轰动上海。但文超把女儿文绣藏了起来，所以外祖母只带小女儿回到故乡温州。可以确定的是，我母亲文绣一直与我外婆保持着联系。”

二是文超以“门不当户不对”为由干涉女儿的婚恋。文绣在博文女校[4]读书时已出落成才貌出众的少女。陈智发与之邂逅，一见钟情，遂展开追求，二人坠入爱河。但文超觉得两家并非望衡对宇，因而不同意他们恋爱。而文绣与她母亲一样具有主体意识，加之青春叛逆，直接住到了陈家。直到文绣生下陈信泰，带着孩子看望父亲，文超才认下这门亲事。陈信泰说：“外公很喜欢我。我一直保存着外公 1946 年送我的一把纸扇，是我 19 岁生日得到的礼物。

① 参见陈同：《近代社会变迁中的上海律师》，上海：上海辞书出版社 2008 年版，第 298、354～357 页。

② 参见董坚志编纂，陈宾大鉴定，徐鸿云校订：《公文诉状程式大全》第 4 集《民刑诉讼程序》，上海：上海中华法学社、锦章图书局 1929 年版，第 89～90 页。

③ 参见周光培主编，南京大理院编辑处编：《中华民国史史料四编》第 27 册《大理院公报》，扬州：广陵书社 2010 年影印，第 7～8 页。

④ 博文女校为中共一大代表的住地。博文女校创办于 1917 年，董事长是黄兴的夫人徐宗汉。校长黄绍兰(1892～1947)是一位民国奇女子，为国学大师章太炎唯一女弟子，与黄侃同居并育有一女。黄绍兰肄业于北京女子师范学堂，思想进步，曾参加黄兴领导的南京二次革命，中共一大时为共产党代表提供住宿和会议场所。博文女校 1932 年停办，校址改为民居。上海市政府 1951 年对中共一大旧址进行初步整修；文化部 1953 年 2 月通知修缮革命建筑物应以恢复原状为原则，上海革命历史纪念馆遂对博文女校旧址内部布置进行调查，文绣曾受邀到校忆述学舍状貌。

正面绘画，落款写道：‘余少年从政，每于公余之暇习六法[①]，惟至今荒疏久，偶一为之，手不应心，眼高手低，更不愿提笔。今逢外孙信泰弱冠初度，无以将意，因拟毛诗如南山之寿如松柏之茂之意，绘此以盼其将来。丙戌夏，文致远。’纸扇背面题《兰亭序》开篇数言，落款‘信泰拂暑。致远再墨’。抗战爆发后，上海沦陷，文超坚决不与日本人合作，闭门谢客，赋闲在家。我祖母1942年去世后，家里空出了房间，外公在1943～1945年搬来住在我家。直到1945年抗战胜利后，舅舅文华从昆明回到上海，外公才搬到文华家去住。——从我外祖母的主动离婚，到我母亲的自主婚恋，在某种程度上显示出新文化运动的影响和20世纪20年代中国女性解放的步伐。”

外祖父文超1946年送给陈信泰的纸扇

① “六法”是南朝谢赫在《古画品录·序》中归纳的六条绘画品藻标准：“六法者何？一气韵生动是也，二骨法用笔是也，三应物象形是也，四随类赋彩是也，五经营位置是也，六传移模写是也。”(《国学名篇鉴赏辞典》，上海：上海辞书出版社2009年版，第750页)

此外，文超也曾反对儿子文华的婚恋，因为文华的恋人李湘生是李鸿章家族后裔。文超自认为是民族英雄文天祥的后人，不应与“大卖国贼”李鸿章家族联姻！(其实史料证明，李鸿章是一个极为复杂的存在，至少他于情于理都不至于卖国，只不过身处三千年未有之大变局，他只能出来做一个“裱糊匠”，正如历史学家雷颐所说：“臣子都是替罪羊！”[①])但文超的反对并不能阻挡文华对爱情的追求。文华与李湘生排除万难并于 1937 年结婚，二人在抗战期间一直在昆明工作、生活，恐怕不仅是不想当亡国奴，也为了逃避文超的责难。由于李鸿章是国人口诛笔伐的“卖国贼”，所以其后人对家事尤其对 1939 年李国杰被军统除掉之事讳莫如深，生怕引起联想与过度阐释。李湘生后来谈起自己的家人时也只提及有一个弟弟李道增[②]，后者在清华大学教书。陈信泰回忆说：“文华、李湘生以及他们的两个女儿都有音乐天赋，一家人常举办周末家庭音乐会：文华拉小提琴，李湘生弹钢琴，一个女儿拉中提琴，另一个拉大提琴，吸引很多人来欣赏这免费的公益音乐会。改革开放后，文华的一个女儿移民香港，投奔了李家的‘三艘航空母舰’李家昶、李家景和李家曙。”

陈信泰说：“文华舅舅比我大 11 岁。他在抗战胜利后回到上海，在长宁路中央研究院理工实验馆工作；此机构 1949 年后改为中国科学院上海分院，他担任会计主任。1952 年‘院系调整’后，他调到南京水利学院(今东南大学)工作，做仪器管理员；他认真钻研机械修理技术，为学校节省了不少经费，后来升任分管仪器设备的副处长。文华业余爱好广泛，比如摄影、口琴和小提琴等。他摄影技术精湛，与‘万氏兄弟’万籁鸣、万古蟾[③]关系很好，在 1944 年拍摄的一张天鹅起飞的照片被各大照相馆冲洗出来当作招牌。文华的口琴技艺高超，曾获得上海‘石人望’口琴比赛第一名，奖品是一套十几个大小不等的口琴。文华的小提琴声名更大，他培养的学生多次获得国内外大奖，中央电视台‘东方时空’节目还因此而采访过他。”1981 年 7 月，陈信泰到南京师范大学参加学术会议，顺便带着刚好小学毕业的女儿陈晓青去见舅公舅婆。在陈晓青

---

① 参见梁启超：《李鸿章传》，北京：商务印书馆 2017 年版；雷颐：《李鸿章与晚清四十年》，太原：山西人民出版社 2018 年版，第 307 页。

② 李道增(1930～)，系李鸿章之弟李鹤章的第五代孙，1952 年清华大学毕业后留校，后任清华大学建筑学院教授、博士生导师，1999 年当选中国工程院院士。

③ 万籁鸣(1900～1997)与万古蟾(1900～1995)是孪生兄弟，是中国动画片创始人、世界动画艺术大师，代表作有中国第一部动画短片《大闹画室》(1926)、中国第一部有声动画片《骆驼献舞》(1935)、中国第一部大型有声动画片《铁扇公主》(1940)、中国第一部剪纸动画片《猪八戒吃西瓜》(1958)以及获得第一届亚历山大国际电影节最佳儿童片奖的《人参娃娃》。

印象中,李湘生的规矩特别多:家里大白天都闭合着窗帘,家人走路都要轻手轻脚,地毯厚到走上去让人打晃,欧式家具一尘不染。陈晓青外国小说读多了,觉得这个舅婆穿着长裙、走路无声、吊着一张大白脸,俨然英国小说里古怪的女管家。陈晓青不喜欢那幽暗的房间,就跑到楼外的草地上晒着太阳读小说。不知过了多久,她听到身后有窸窸窣窣的声响,回头先看到一双穿着软底皮鞋的脚和拖地长裙,再往上看去是一张苍白而无表情的脸,不由得惊叫一声。李湘生微微一笑,用上海话叫保姆去给陈晓青买赤豆棒冰。陈晓青等陈信泰开会回来,就急切地对他讲述了一天的生活,表示要脱离这个"阴森森的"环境。陈信泰的朋友居思伟①听说后,就欢迎陈晓青到他家小住,鲁洁也欢迎"晓青小朋友"去家里做客……

陈信泰回忆说:"中产小康之家,也许最利于孩子成长。这种家庭不富贵,所以父母对孩子不会有过高期望,也没有过多规矩来约束孩子;又因为小康,所以孩子没有衣食之虞,可以自由探索求知;这种家庭里的孩子因为生在普通市民家庭,所以能接触实际生活,能积累丰富的生活经验,情商和智商能有全面发展。我相信,小康之家和中产家庭能为孩子健康成长提供良好环境;中等阶层占大多数的社会则是稳定而可持续发展的社会结构。"

(四)"游戏是儿童最正当的行为"——那些童年乐事

陈信泰回忆说:"我从小就不是循规蹈矩的孩子。可能因为我是长房长孙的缘故吧,长辈都宠着,简直是溺爱,这使我幼时比较任性。母亲常常讲起我小时候闹的笑话:我刚学说话的时候,常闹着'喝稀饭',祖母就让保姆抱着我去街上买,买回来却不喝,把稀饭摆在桌上;接着嚷嚷'喝稀饭',就让保姆抱着到街上再买另一种。结果家里餐桌上常常摆放五六种稀饭。有一个暑天中午,我还闹着'喝稀饭',结果中了暑气,头上长了大块的疖疮……"

陈信泰上小学以前就成了附近弄堂的"孩子王",常带着一群小朋友玩耍探险。陈信泰说:"不是每个孩子都能成为'孩子王'的:他要有想法、有主张,能不断给大家带来新奇的创意;活动时要能调度、能协调,让每个孩子都有参与感;如果出了差错,他就要负责任、能担当,至少在大人们追责的时候能说

① 居思伟(1930～),江苏高邮人,1954年毕业于苏州大学教育系,1957年毕业于复旦大学哲学研究班,20世纪50年代至1979年任南京师范学院教师,1980年后任《南京师大学报》社科版编辑部主任、常务副主编,编著有《政治常识手册》《教育辞典》《马克思主义原理》《高校文科学报管理学》等。

明、会辩解。"陈信泰带着这群孩子有时会闹得鸡犬不宁。有的家长向陈智发夫妇告状，要他们对陈信泰严加管教，但陈信泰有祖母庇护，反而有恃无恐。有的家长没奈何，只能把自己的孩子与陈信泰隔绝开来。

1935年夏天，陈信泰到了上学年龄。陈智发认为，把他送进学校受受管束是再好不过的事了。"但于我而言，进了小学就意味着有了更多的小朋友，更好玩了。那时候小学课业比较简单，只有语文、算术、社会、自然和常识，对我来说完全没有压力。我记得语文第一课是'國旗'。之所以记得这一课，是因为'國旗'二字对小学一年级学生来说笔画太多，让人畏难，远不如从前的教材从'人手足刀尺'教起。这说明民国时期'党化教育'的教材太急功近利，太意识形态化了，有违循序渐进的教育原则。第二课是中国地图，像一片桑叶。也就是说，南京国民政府直到那时候也不承认外蒙古'独立'。"

事实上，陈信泰上了小学也不让家长省心。他先在怡乐里"乐华中小学"读了两年，然后转到附近的"铁华小学"续读了两年，又回到"乐华中小学"读了两年。他之所以频繁转学，主要是因为淘气顽皮，不喜欢安坐听课，常扰乱课堂纪律，或者在课堂上看小说或连环画。有位老师主张严惩不贷，所以当着全体同学的面打了陈信泰的手心，手都被打肿了，好几天无法弯曲手指写字、吃饭。母亲文绣认为，当众体罚学生的行为践踏了学生的人格尊严，败坏了教师的职业形象，影响了学校的良好声誉，也亵渎了现代教育精神，故而她一方面向学校申诉，同时给陈信泰办理了转学手续。

在陈信泰的回忆中，小学时光尽管有些磕磕绊绊，但总体上是快乐的，并且总结出了"童年乐事七宗最"。

童年乐事之一：看连环画。"游戏是儿童最正当的行为，玩具是儿童的天使。"①陈信泰小时候最爱看连环画。"我在阅读和摹绘连环画方面耗费了大量时间，父母给的零用钱几乎都花在这上面了。画工精致的就买来收藏，质量粗糙的就租来浏览，反正把街面上的连环画都读遍了，一度发展到买了放大镜对着连环画书临习绘画的痴迷程度。我后来上大学读教育系，读了教育原理和儿童心理学，就常常联系自己的成长经历，恍然发现：连环画对儿童有着巨大吸引力，内容好的连环画能起到寓教于乐的作用；同理，小学生教材也应当做到图文并茂。我甚至可以下一个断语：要想了解一个国家的儿童教育质量，只需看看《看图识字》、连环画之类儿童读物的质量，就可以一目了然。"

在陈信泰看来，"上海20世纪30年代的连环画并不高明，主要是缺乏想象

① 鲁迅：《风筝》，《鲁迅全集》第2卷，北京：人民文学出版社2005年版，第188页。

力。鲁迅先生在《看图识字》一文中指出：'孩子是可以敬服的，他常常想到星月以上的境界，想到地面下的情形，想到花卉的用处，想到昆虫的言语；他想飞上天空，他想潜入蚁穴……所以给儿童看的图书就必须十分慎重，做起来也十分烦难。即如《看图识字》这两本小书，就天文，地理，人事，物情，无所不有。其实是，倘不是对于上至宇宙之大，下至苍蝇之微，都有些切实的知识的画家，决难胜任的。'[①]鲁迅先生接着就批评了当时儿童读物质量之低。按照鲁迅先生所说的标准来衡量，当时赵宏本画的连环画就算是精品了"。陈信泰喜欢赵宏本画的连环画，是因为赵宏本能"取今复古，别立新宗"，以国际先进技法"讲述中国故事"。陈信泰大学毕业之后，看到赵宏本主持编绘的《三国演义》《水浒传一百零八将》《三打白骨精》《红楼梦》等连环画，仍会全套买来重温童年时的阅读快乐。

童年乐事之二：歌唱。每个周六下午，大哥陈信规就带领弟弟、妹妹在二楼搞演唱会。陈信规用脚踏风琴伴奏，其他人则纵声演唱。陈信规还模仿着电台播音员的腔调煞有介事地报幕："听众朋友们好！陈家合唱团现在开始演出，首先请欣赏歌曲《大路歌》，伴奏陈信规……"这边一唱，对面丁家的四位小姐就开始"拉歌""打擂台"。丁惠菊报幕："接下来请欣赏二小姐丁惠芬演唱《四季歌》。"于是这边唱那边和。每当这种时候，楼下通常会有一群"粉丝"或坐或立地听唱，有时还会抗议："怎么不唱《春天里》和《半个月亮》?"印度巡捕路过，也会驻足，微笑着倾听一会儿，喝一杯陈家送上的碧螺春。

人总会"返老还童"的，童年乐事也许会成为一个人晚年最后的快乐之源。陈信泰90岁时双目因青光眼而近盲，无法读书看报，但还会偶尔弹弹钢琴或者哼唱《大路歌》《四季歌》以及王洛宾的歌曲，一个人这样唱着歌就能快乐半天。家人一般在这种时候都不去打扰他——也许他歌唱的时候正在回忆快乐童年呢，要不然为什么眼角含着一丝笑意或一点泪光?！有一次他若有所思地对家人说："我认同周作人《北京的茶食》中的观点，'我们于日用必需的东西以外，必须还有一点无用的游戏与享乐，生活才觉得有意思。我们看夕阳，看秋河，看花，听雨，闻香，喝不求解渴的酒，吃不求饱的点心，都是生活上必要的——虽然是无用的装点——而且是愈精炼愈好。可怜现在的中国生活，却是极端地干燥粗鄙……'[②]如果一个人的童年生活平淡乏味，那么他的一生很难做到热烈奔放，他的晚年将更加了无生趣。"

---

① 鲁迅：《看图识字》，《鲁迅全集》第6卷，北京：人民文学出版社2005年版，第37页。

② 周作人：《北京的茶食》，钟叔河编：《周作人文选1898～1929》，广州：广州出版社1995年版，第282页。

童年乐事之三：看电影。陈家二楼的场地，周六下午属于孩子们，晚上就要让位给京剧迷了，这是因为陈信泰的祖母喜欢京戏、昆曲，所以陈智发常在周六晚上带票友来家里唱戏“娱亲”。陈信泰说：“信达和海玲喜欢京戏，就在家里听戏。我和信规不喜欢京戏，这时候信规会溜出去与丁家二小姐惠芬约会，我就一个人出去看电影。上海几乎每条大马路上都有电影院。我经常去的是福煦路的光华影院。看电影属于‘穷开心’：看老电影只要 5 分钱，新电影要花 1 角 2 分；低端影院循环放映，不清场，进去可以看一下午或一晚上。缺点是脏乱差、空气污浊，因为有人在里面喧哗，很多人吃零食，还有人抽烟。这种影院一般直到晚上散场以后才打扫一次。对于真正喜欢的电影，我会反复观看，直到把电影里的台词、歌曲、做派全都了然于胸。如果对电影结局不满意，我就会续编电影故事，然后讲给邻居小朋友听：‘不卖票不卖票，欢迎大家收听电影故事……’这也是我能成为‘孩子王’的一个绝活。”到了星期天，陈信泰有时会随陈信规去看话剧或听演唱会。陈信泰回忆说：“那时候很多中学都有话剧表演或演唱会，在街上贴出海报，免费演出，我们就去观看。学生们在台上演出，观众在台下鼓掌喝彩，学生演完后出来谢幕，有板有眼。这些业余艺术活动极有益于学生的身心健康和综合素养的提升。”

陈信泰偶尔也会去高档影院观影。高档影院里秩序井然，卫生条件好，主要放映进口影片，只是预订影票颇为麻烦，有时要等一两周后才能拿到票。外国电影引领着上海的生活时尚，比如，讲述施特劳斯爱情故事的《翠堤春晓》能连放几个月，人们之所以反复欣赏这部电影是为了学习歌曲和舞步。电影还带动了相关文化产业的发展，比如，《翠堤春晓》上映不久，华尔兹舞立即在舞厅里红火起来，街上马上就售卖电影明星卡片、歌片、歌谱和唱片，连时装也模仿男女主角的服装款式和搭配。陈信泰回忆说：“有段时间我看了很多米高梅电影，那是因为一对青年男女借住在我家，而那位男士就在米高梅的上海发行机构工作，他是我父亲的朋友。我家不收他的房租，他就每个周末送几张电影票作为答谢。米高梅电影正式放映前往往会加放一些短片，比如《米老鼠与唐老鸭》或《大力水手》。另外，我迷恋过秀兰·邓波儿、吉恩·凯利的歌舞片，对于滑稽剧《劳莱与哈代》等也是百看不厌。”

陈信泰最喜欢的中国动画片是万氏兄弟拍摄、制作的《铁扇公主》。万籁鸣的“籁鸣照相馆”开在霞飞路东首，陈智发、文华与万籁鸣是朋友，陈家照片也多在籁鸣照相馆拍摄。万籁鸣摄影技艺高超，上海摄影展览的第一名一般都归到万氏兄弟名下。万氏兄弟受美国动画片《白雪公主》启发，想搞中国本土动画片，他们为了《铁扇公主》投下巨资，险些破产。“万氏兄弟后来又拍摄、制作了《孙悟空三打白骨精》和《大闹天宫》，都是中国动画片经典，具有真正的中国风格、中国精神、中国气派。”

童年乐事之四：喜好博物学与养宠物。博物学在20世纪初是一个内涵丰富的综合学科，是对大自然的宏观观察和分类，其初始内涵类似西方的“自然志”(Natural History)，包含当今意义上的天文、地质、地理、生物、气象和人类学等学科的部分内容。在清末张百熙拟订的《钦定学堂章程》中，中学堂的“博物”一科包括“动物状”“植物状”“生理学”和“矿物学”。[①] 杜亚泉为中学堂编写的《博物学初步讲义》对“博物学”有如下阐释：“世界为动植矿三者所构成，其范围甚为广漠，研究斯学者，不得不分科以研究之。通常分动物学、植物学、矿物学三科，而各科之中研究之事项尤繁，故更就其所研究者分为专科，其研究愈深，其分科愈细。……但求专门之学术，必备普通之知识。故虽专治一科，亦不可不知各科之大意，况动植矿物彼此关系切密……博物学者，即合动植矿物而研究之学问也。”[②]博物学不仅可以使中小学生了解动物学、植物学、矿物学三科之大意，观察和体会自然界之美妙，而且将美学、科学与生命体验熔为一炉，做到了“博与约”的结合，使人更加热爱生命、热爱生态、热爱大自然。可惜，随着当代学术的分科细化，博物学一度消失。2000年以后，北京大学刘华杰教授倡导“新博物学”观念，认为“新博物学”能“提供常识与艰深现代科学之间的一种友好的‘界面’或者适宜的‘缓冲区’，它‘门槛’很低，甚至没有门槛，人人都可以尝试”，不仅具有生态学意义，更具有儿童教育学价值，蕴含着“我们要把怎样的世界、交给什么样的人手中”等题旨。[③]

陈信泰对于西方生物学奇谈十分着迷，购买了大量此类书刊。他不止一次讲起他读到的一则博物故事：“达尔文十八岁时，喜弄甲虫，有甲虫狂之目，常入深林，搜寻各种美丽之甲虫。一日，揭开一枯树之皮，见一美丽甲虫，右手捕之，执于左手；同时又见一甲虫，右手执之；同时又见一甲虫，乃以右手之甲虫置口中，欲以右手再捕甲虫，讵知口中甲虫忽放奇臭，惊惶间三虫皆遁去。若以吾国老儒之眼光观之，则年已十八，犹稚气顽劣如此，毕生学业殆无望矣。讵知彼竟因此成为十九世纪之大伟人乎！”[④]他回忆说：“博物学真是有趣，也让

---

① 参见(清)张百熙撰：《钦定学堂章程》，《张百熙集》，谭承耕、李龙如校点，长沙：岳麓书社2008年版，第76～80页。

② 杜亚泉、杜就田编：《博物学初步讲义》，上海：商务印书馆1912年版，“绪言”第9～10页。

③ 参见刘华杰：《新博物学》，《文汇报》2003年8月13日。

④ 王立才：《中华博物研究会成立贺词》，《博物学杂志》1915年第1卷第2期。

我从中明白了很多道理。比如，看非洲动物大迁徙，就懂得了丛林法则、优胜劣汰；了解人种学，知道了人类除黑、白、黄、红人种，还有蓝、绿人种；了解老虎的种类与分布，知道它们的种群差别原来那么大；甚至蚊子和蚂蚁的世界也奥妙无穷……我收藏的最精美的生物学图书是朱洗编著的《生物学》六册，图文并茂，赏心悦目；这套书跟随我从上海到北京再到曲阜，一直保留在我的书箱里。”陈信泰在中华职业学校和之江大学读书期间，一直勤工俭学，做代课老师，最爱教的课程就是生物、科学和卫生。

博物学培养了陈信泰的探索精神。陈信泰回忆说：“我和信达小时候养过多种昆虫和小动物。最贵重的是蛘虫，是大伯父让我们养的。这种虫子要喂红枣、莲子、冰片、核桃和藏红花，它们能把这些东西吃得一点不剩。蛘虫从幼虫变成蛹，然后成虫，再产卵，生生不息。它们的粪便是补药，蛘虫本身更是补品。养在什么地方呢？就养在我父亲的雪茄烟盒里。养一段时间，我们就清理出蛘虫粪便送给大伯，他就用这些东西泡酒。他喝了这种药酒，精气十足，红光满面。后来我们觉得养蛘虫所费颇多却不见收益，就有些冷落。有段时间不知忙什么，我和弟弟都忘记了投食，结果成百上千的蛘虫咬破雪茄盒子跑掉了。虽然我们逮回了一些，但是在养蛘虫方面已兴味索然。对这次损失最为心疼的当然是大伯，他不能泡药酒了。后来我们又养过蚕宝宝，看它们成蛹、成茧、成蛾、产卵。我们当初不知道蚕卵不能储存在暖湿环境里，结果它们很快孵化出来了，但时节已进入夏季，不像春天时有进城卖桑叶的。我们就到处求人弄桑叶，一直跑到郊区去采桑叶。太辛苦了，后来就放弃了。”

除了养蛘虫，还养金鱼。陈信泰说：“信达的金鱼养得特别好。有些名贵的品种，比如孔雀尾、朝天龙等，那时要三毛钱一条，算是很贵的了。你想想，看一场新上映的外国电影只需一毛钱左右。信达负责给鱼换水、加水草、投鱼食。投食量不能多也不能少，投食多了就会把鱼撑死，喂少了则长不大。几个月后，信达把金鱼养到两寸长，一条能卖到七八元钱。我没有耐心，养不了金鱼。”

“我们还在阳台上的空闲地方养过小鸡、小鸭、小猫和狗，光听听那些动物发出的声响都觉得好玩。但信达因为养狗伤过一次心：父亲抱回一条小狗，最初看不出什么品种，但养大了才知道是头德国牧羊犬，威风八面，叫声凶悍。这可能影响了周围居民的作息，有一天来了一个巡捕，说我们养的是纯种警犬，凶猛异常，可能会伤人，就强行带走了。信达伤心得哭了好几天。信达读书不好，但是手真巧呀！他 17 岁那年，上海流行英式乒乓球拍——横握‘大刀拍’，信达就买了一只，然后找来五合板、七合板等材料就仿照着做。没想到，竟然成功了，造型与进口球拍无异，甚至能够乱真。他让父亲帮他找了一家印刷厂，印了自己的商标贴在球拍上，挂在我们家店里出售，竟然销量可观……”听陈信泰讲谈博物学，不能不让人思量：“博物学”在中小学课程设置中消失了，这是进步还是退步？

童年乐事之五：读武侠小说与历史话本。等度过了“读图时期”，陈信泰开始阅读武侠小说。他读武侠小说是按“朝代”来读的，比如，读过《七侠五义》之后就搜集与宋代有关的公案小说，必穷尽其书而后快。陈信泰说：“武侠小说快意恩仇，引导人的正义感，更激发人的想象力。我小时候最喜欢的武侠人物是《七侠五义》中的北侠欧阳春，他简直是‘神龙见首不见尾’，武功盖世，未有败绩，一登场，一出刀，对方就败下阵去。作者的写法真是奇特，欧阳春的武功没有具体招式，只有效果，是真正的‘无招胜有招’。我当时常常想：要是让南侠展昭与北侠欧阳春较量一场，该是什么结果？于是我就编故事。我一直喜欢武侠小说，直到大学毕业之后，甚至是工作了还在读。我是读完《蜀山剑侠传》最后一册才去北京读研究生的。我退休后则拿武侠小说来解闷，把金庸、梁羽生的小说全读完了。读来读去，得出一个结论：这世上没有‘天下第一’，那些唯我独尊、朕即天下者最后都被证明是疯子。”陈信泰所说，庶几就是武侠小说的艺术核心：虚构与想象，通识与哲理，揶揄与反讽。

“读图时期”对连环画的热爱，激发了陈信泰关注历史著作的情愫。陈信泰说：“我是由看连环画而进入阅读历史的。我看了连环画《封神榜》之后，很多问题不得其解，于是找来《东周列国志》；看了神话传说就想弄清楚‘后事如何’，于是就买来真正的历史著作看，整套整套地购买。那时候就明白了为什么西方学界在论述中国历史时从殷商时代计起，因为此前是神话传说时代，无明确的文物证据，而顾颉刚等疑古派也认同这种观点……看了中国历史，不免就想中国未来会向哪里走，所以等我读中华职业学校时就开始关注国共之争，到大学时就能客观地看待各党派的主张了。”

陈信泰还评价说：“现在很多家长反对孩子看连环画、神话传说、武侠小说和历史话本。这是不对的。以我为例，我在阅读闲书的过程中，渐渐有了自己的读书方法和比较的眼光，比如，如果发现两本书观点矛盾，那就想办法追根溯源，努力把问题搞明白，弄清是非真假；我将野史和正史对比着看，却觉得‘正史’不一定是真相，一定被篡改过，因为那样的历史有违人性和逻辑常识，因而从此就有了怀疑态度与批判意识。我把《三国演义》与《三国志》对着读，知道了艺术真实与历史真实的区别，更加佩服文学家天马行空的想象力，比如借东风、草船借箭、空城计等。中国古代小说最富想象力的是《西游记》，我的这个结论也是比较的结果——我把《东游记》《南游记》和《北游记》都看过后，觉得它们远不如《西游记》。”

陈信泰颇认同朱光潜 1929 年在《谈读书》中提出的观点。朱光潜曾到英国的几个公共图书馆做调查，发现“他们的青年读品部最流行的书可以分为四类：(1)冒险小说和游记；(2)神话和寓言；(3)生物故事；(4)名人传记和爱国小说”。朱光潜认为这些书籍对青少年的精神成长极为有益，因为“十五六岁以后的教育宜注重培养理解力，(而)十五六岁以前的教育宜注重培养想象力。所以初中的学生们，宜多读想象的文字，高中的学生才应该读含有学理的文字”。至于如何阅读，朱光潜在《谈读书》中提供了两点建议：“第一，凡是值得读的书至少须读两遍：第一遍须快读，着眼在了解全篇大意与特色；第二遍须慢读，须以批评态度衡量书的内容。第二，读过一本书，须用笔写下纲要、摘录精彩片段并且写下你自己的意见。记笔记不但可以帮助你记忆，而且可以逼得你仔细、刺激你思考。”①陈信泰的自由阅读经历契合这样的认知规律。

童年乐事之六：童子军活动。童子军(Boy Scouts)是一种旨在通过游戏和户外活动来培养健康、快乐、有用、尽责的完美公民的教育模式，被誉为 20 世纪世界教育史上的三大发明之一。② 童子军运动创始人是英国贝登堡将军(Robert Baden-Powell，1857～1941)，其《警探术》则被奉为童子军宝典。③ 贝登堡 1907 年发起童子军试验，1911 年成立全国童子军组织并将其经验推广至其他国家，1920 年在伦敦创立了“国际童子军总会”。该组织不断壮大，至 1934 年成员国已达 50 多个。中国报刊关于童子军的报道始见于 1911 年。④ 上海最早将童子军列为正规的青少年教育活动⑤，其经验很快传播到全国各地。1917 年，闻一多在《童子军》一文中介绍说：“中华全国童子军协会设于上

---

① 朱光潜：《给青年的十二封信》，北京：现代出版社 2017 年版，第 7～8 页。

② 参见陈铁：《幼童军教育》，台北：水牛出版社 1992 年版，第 2 页。

③ 贝登堡《警探术》有多种新译本，1917 年即以《童子警探》之名由上海中国圣教书会引入中国；新版可参见[英]罗伯特·贝登堡：《青少年野外生存训练手册：通过学习野外生存技巧成为优秀公民的心理手册》，龚思齐译，北京：中国水利水电出版社 2015 年版。贝登堡生平可参见吴道存编译：《贝登堡》，昆明：中华书局 1940 年版。

④ “夕阳西下。徒步出门。清风徐来。神气为之一爽。正思他往。忽见小孩十余辈。结队而来。内年逾十龄者二人。削竹为刀糊纸为旗。在前引导。如指挥官然。其旗上亦书兴汉字样。复以口作军乐。排列整齐。数回旋于里巷中。居然一队童子军也。其更可喜者。内有数儿。亦以白布缠左臂。余顾而乐之曰。呜呼。今日之小孩安知非他日之陆军乎。回寓。遂展楮濡毫。以纪其实。”(怪竹：《童子军》，《申报》1911 年 10 月 14 日；另可参见《童子军精神》，《申报》1912 年 7 月 8 日)1917～1921 年的《清华周刊》、1925 年的《儿童世界》，对童子军的介绍文章十分密集。

⑤ 参见康普(上海童子军会长、华童公学校长)：《中国童子军》，《新青年》1917 年第 2 卷第 5 期。

海。……会中组织法，大都根据于英国童子军。今上海、广东、南京、汉口、北京、天津、苏州各处，皆有支部。”①国民党中央青年部将童子军视为“青年运动最好的工具”，于 1926 年 3 月 5 日通过了《创办中国国民党童子军案》并设立了中国国民党童子军委员会；1929 年 7 月 4 日，国民党中央第 21 次常务会议决定将“中国国民党童子军”改名为“中国童子军”，设立了直属中央委员会的中国童子军司令部；1931 年 8 月，陈立夫、严家麟等五人起草的《中国童子军总章》确立了中国童子军宗旨：发展儿童做事能力，养成良好习惯，使其人格高尚、常识丰富、体魄健全，成为智仁勇兼备之青年，以建设三民主义之国家，而臻世界于大同。《中国童子军总章》于 1933 年 10 月正式颁布之后，教育部于 1934 年 2 月修改初中课程，将原为选修课的“童子军训练”改为必修科目，规定修习时间为 3 年，每星期 3 小时，其中，课内 1 小时，课外 2 小时；各校制服即为童子军制服，不再另制。随后，中国童子军总会将童子军划分为幼童军（8～12 岁）、童子军（年满 12 岁的儿童）、女童军（12～18 岁的女童）和青年童军（18 岁以上的国民）四类；训育内容以初、中、高级三级课程为基础，专科训练为副；三级课程为童子军的必修课，三级课程合格者方有资格进行专科学习。1934 年 11 月，中国童子军总会正式成立；1935 年以后，童子军训育与“新生活运动”结合起来；1936 年，陈立夫主编的《童子军教科书》6 册成为童子军训育的专用教材，所涉及的内容与“博物学”有较大的重合度，成为当时学生教育的重要内容。②

陈信泰说：“童子军在抗战初期曾声名远扬，那是因为女童军杨惠敏在‘八一三’抗战时为守卫四行仓库的谢晋元团八百壮士送去了国旗，国旗在四行仓库飘扬，极大地振奋了民心。而贝登堡就此事给上海战时服务的童子军写了一封短信，被刊登在 1937 年 11 月 2 日《申报》上：‘英军童军兄弟深切关怀并钦敬君等服务受伤同胞及难民之精神，贵国获得胜利与和平之期，当在不远，特此表示同情与祝贺之诚意。’”③

陈信泰回忆说：“我后来购得一本吴道存编译的《贝登堡》，那是关于童子军创立者贝登堡的人物传记，1940 年由昆明中华书局出版。虽然只是一本薄薄的

---

① 闻一多、时昭涵：《童子军》，《清华学报》1917 年 6 月第 2 卷第 8 期；《闻一多全集》第 2 卷，武汉：湖北人民出版社 1993 年版，第 302 页。

② 童子军训育课程内容参见吴耀麟：《童子军教育概论》，上海：商务印书馆 1947 年版，第 50～51 页。

③ 杨惠敏：《八百壮士与我》，台北：佛之光杂志社 1979 年版，第 68 页。

80 多页的小册子，但对我则多有启示。比如，贝登堡主张‘不做急事’[①]，这是童子军座右铭之‘准备’[②]的另一种表达，与中国古谚‘凡事预则立，不预则废’同义。贝登堡又主张要像‘狼’那样做‘整夜不睡、暗中摸索的野兽’，处事必须是‘冷脑的与谨慎的’，‘非智即危’。他告诫人们：‘勿着急——沉静努力以达到你的目的。要记着一个忍字！’那本书指出：‘有坚忍的心和谨慎的头脑，对于人生又抱着乐观与热望，就造成贝登堡的为人。’[③]”现在看来，贝登堡的传记以及童子军训练，能够让人明白生命的大小、轻重顺序：一是生存至上。二是健康优先，正如贝登堡临终遗言所说：“我们相信上帝将人类降临这一快乐的世界上，是为了我们幸福并享受人生。幸福不是来自富裕，也不仅仅是你职业的成功或自得其乐。通向幸福的一个诀窍是：当你是孩子时便使自己健康和强壮，这样成年后就可成为有用的人并享用人生。”[④]三是奉献人群，正如贝登堡遗言所说：“真正的快乐之道，是让别人快乐。”四是兼济天下，正如贝登堡所说：“请试着在你离开这个世界之前，把这世界弄得比原先你看到的那一个更为美好。”

童年乐事之七：集邮。陈信泰回忆说：“我喜欢集邮，最初是因为信规大哥玩邮票。最初我们没什么钱，就收集别人信封上的‘小盖片’。即使与小朋友互通有无，也都是 2 分、4 分面值的邮票，票面雷同，价值不大。后来我读中华职校时开始兼职打工，有了零花钱，才真正成套购买纪念邮票和特种邮票。集邮过程中也吃过亏，比如‘变体票’，是印坏了应该销掉的邮票，却流到市面上来，被邮商炒热，其实既没有实用价值也缺少艺术价值，入手后也卖不掉。我从中华职校毕业那一年，有个集邮者转手几万张邮票，只索价 30 元。我咬咬牙就全部买了下来，加上平时积攒的邮票，就在家门口挂了个‘新建集邮公司’招牌，再摆了个玻璃柜展台，这样自己就有了公司了。我每个周末都参加新光邮票公司的拍卖活动，上海几乎所有邮家都在这里交流。我也渐渐与邮商熟悉起来。我记得，最大的一次交易，买进卖出的总交易额达到两千多元。”

---

① 吴道存编译：《贝登堡》，昆明：中华书局 1940 年版，第 2 页。

② “全世界的童子军都有大致相同的誓言、信条和座右铭，国度不同，会有些许差异。他们的誓言有三项：一是忠孝、仁爱、仁义、和平；二是随时随地服务他人、服务公众；三是力求自己知识、道德、体格之健全。因为这三点，童子军敬礼时，会伸出食指、中指和无名指三个手指，大拇指摁住小指，以示扶助弱者。他们的信条有十二项：诚实、忠孝、助人、仁爱、礼节、公平、服从、快乐、勤俭、勇敢、清洁和公德。他们的座右铭有三项：准备、日行一善和人生以服务为目的。”（俞晓群：《童子军》，《可爱的文化人》，长沙：岳麓书社 2014 年版，第 91 页）

③ 吴道存编译：《贝登堡》，昆明：中华书局 1940 年版，第 3 页。

④ 转引自万妮娜：《民国时期北京社会教育活动研究（1912～1937）》，南昌：江西人民出版社 2015 年版，第 204～205 页。

陈信泰还与弟弟陈信达一起收集“烟花”(香烟盒子)。陈信泰回忆说:“南洋兄弟公司的烟花设计得最为精美:《水浒》108张,《西游记》40多张,《红楼梦》也出了几十张;最难搞的是《封神演义》和《三国演义》的‘烟花’,不断出新,没完没了,简直让人失去了耐心。”陈信泰1951年去北京读研究生,行前与弟弟陈信达进行了交割:邮票归自己,烟花归陈信达。

陈信泰1958年从北京“再分配”到曲阜以后,从没有向人展示过自己的集邮成果。“文化大革命”开始不久,有位老师被揪斗的罪名是收藏“封资修”邮票。陈信泰瞄了一眼那些藏品,全无足观。但他因此而心惊,回家就把邮册取出来进行清理,然后到厨房生火,让妻子黄锦凤拉着风箱。就这样,他把1949年前的大量邮票和老照片送入炉膛烧掉了。陈信泰回忆说:“其中有不少晚清大龙邮票、民国邮票和外国邮票。仅民国邮票就烧掉大约50套,烧掉的外国邮票珍品包括被称为‘邮票鼻祖’的英国黑便士邮票,损失难以估算。”

关于集邮的乐趣和方式方法,陈信泰谈了很多,如:“集邮的乐趣在于收集、交换、整理、欣赏和与人分享的过程。1987年曲阜邮票公司经理不知怎么知道了我集邮,就请我办个展览。我拿出10套解放初期的纪念邮票和特种邮票办了个展览,他们此后就聘我做顾问。曲阜师范大学集邮协会有时请我做讲座,我也会去,主要是提醒集邮者:第一,集邮是乐趣,最忌‘贪心’。如果有了一套还想要第二套,一套收全了还想要最好的,那就等于钻进了无底洞。第二,要以艺术欣赏和增长见识为目的。初学集邮的同学可以集单项的花卉、山水、动物、昆虫、建筑、绘画类邮票,价钱不贵,印刷精美,色彩艳丽,增长知识,陶冶情趣,有益于审美,甚至能使自己成为行家里手。第三,学习集邮知识最好从美国《邮票字典》看起……现在最珍贵的邮票也是世界上最早的邮票,那就是英国女王头像邮票,黑、红、蓝三色,四个角上有字母。中国邮票最早的是慈禧生日纪念邮票,中国最贵的邮票是大清蟠龙票(1元、2元面值);邮票中最精致的是油画邮票,一般都是同比例缩印,面值不大,却是‘邮票中的贵族’。今天的一些集邮活动已经变质:集邮公司垄断邮票发行,完全变成做生意;有的邮商成了奸商,修邮票,造假票;不仅如此,中外集邮家的境界大不相同,外国的收藏家最后往往把邮品捐给博物馆,中国的集邮家则是占为己有,秘不示人,当作另一种生利的金银。”

这些童年乐趣伴随陈信泰一生。他在1990年《干部履历表》“特长与爱好”一栏中写着“特长:会计;爱好:集邮、足球、听音乐、弈棋等”,可见其兴趣爱好广泛。他在90岁时回忆起这些童年乐事仍会开怀大笑,因为他对少儿教育、童年游戏有颇多感想：

“要给孩子一个快乐童年。游戏是儿童的天性。一个人童年游戏的质量能决定其终生志趣的高低。人与动物的区别就在于除了生存繁衍和物质需求，还应有精神追求和‘无用’的乐趣。现在的小学生背着大书包上学，有的甚至拖着拉杆箱上学，晚上的作业做到睡着，以至于有小学生问父母：‘人一辈子都这样辛苦吗？’一副了无生趣、生无可恋的模样。这是有违教育规律的，后果非常可怕。人们已经看到中国教育出现了本末倒置的怪现象：中小学生没有游戏时间，他们考上大学后就补偿性地玩游戏，进入‘由你玩世界’的疯狂状态，以致荒废了大好时光。这是谁之过呢？”

“儿童兴趣的养成，最好能有一个年长者加以引领。信规大哥是我的引领者。他带我看最有品位的电影，欣赏话剧和演唱会，带我学风琴、集邮票、看小说。他在这些游艺活动中是一个有心人，专注而认真，凡事都能琢磨出个门道来。他就是我的榜样。我想说的是，家长们不要一味反对孩子游戏，包括打电子游戏；至少应当看到，游戏会让孩子产生定力，会形成孤心苦诣的品质。”

“尽量不要体罚孩子。体罚孩子往往意味着父母和老师‘黔驴技穷’了。我曾两次遭受体罚：一次是被小学老师打手心；另一次是我小学没有拿到毕业证，可能会因此无法升中学，父亲用皮带打了我。我后来对父亲说：‘我记得你当时一共抽了我多少皮带。’他一下子就愣住了，眼神有些慌乱迷离，一定是后悔打了我。按照儿童生理和心理成长规律，很多孩子长到初二、初三时才获得了主体意识，具有了目标感，所以父母对于少儿不应过于严厉，不要棒打体罚或使用语言暴力，而是要言传身教、耐心疏导，有时候‘等待’可能比说教打骂更加有效。”

“幼儿教师、小学教师在教育中起着至关重要的作用。优秀教师首先要内心充满爱。因为爱学生，他会想出‘千方百计’；因为爱孩子，他会以激励为主，并能够因材施教。我永生不忘的是大学一年级观摩过的幼儿教育家陈鹤琴①先生的示范课：陈先生那时已经 50 多岁，他到了幼儿园，一见到小朋友就笑着、跳着跑过去，趴在地上与小朋友们玩耍，很快就与孩子们成了朋友；他在游

① 陈鹤琴(1892～1982)，浙江上虞人，1914 年毕业于清华学校，1915 年留学美国，1919 年获得哥伦比亚大学硕士学位。1919 年，受南京高等师范学校教务长郭秉文邀请，回国担任该校心理学和儿童教育学教授，后任东南大学教授和教务主任。1949 年，担任中央大学师范学院院长，出席全国人民政治协商会议第一届全体会议。1952 年，担任南京师范学院(南京师范大学前身)首任院长，创立中国第一个幼儿教育系。陈鹤琴是我国引进西方儿童教育观念的第一人，有“中国现代儿童教育之父”的美誉，他与陶行知、晏阳初、黄炎培一起被称为“中国教育界四位圣人”。

戏中完成了授课任务，孩子们也根本没有意识到正在上课，那是真正的寓教于乐！下课时，陈先生跟孩子们说‘再见’，可孩子们不让他走，嚷着要跟他‘再玩一会儿’。这才是真正的幼儿教育家，行不言之教，学生们都想跟随他。我一直认为，学前教育是人生最重要的启蒙教育，而中国最缺少陈鹤琴先生那样的幼儿教育家。”

“鲁迅《我们现在怎样做父亲》对‘人之父’提出三点意见：一是理解孩子，因为‘孩子的世界与成人世界是截然不同的；倘不先行理解，一味蛮做，便大碍于孩子的发达’。二是指导孩子。‘长者须是指导者、协商者，却不该是命令者。’三是解放孩子，因为‘子女是即我非我的人，但既已分立，也便是人类中的人。因为即我，所以更应该尽教育的义务，教给他们自立的能力；因为非我，所以也应同时解放，全部为他们自己所有，成一个独立的人’。鲁迅在杂文《上海的儿童》中批评中国中产家庭教孩子大抵只有两种方法：一是任其跋扈，一点儿也不管；二是给以冷遇或呵斥，甚至责打，让他听话。这两种教育都是不对的。鲁迅的儿童教育观至今仍然应当引起我们的反思。另外，如何将意大利儿童教育家蒙台梭利提出的‘儿童的发现’‘儿童自由发展’‘尊重儿童的个性与发展’等观念与现实的儿童教育结合起来，也是一个巨大课题。中国对于儿童教育的研究至今还比较肤浅，甚至很大程度上违背了婴幼儿的成长规律！”

“最糟糕的小学教育是一味‘讲规矩’，用‘条例’‘约法’之类来约束孩子，把孩子规训成少年老成的‘小大人’，见到老师就毕恭毕敬，甚至懂得察言观色，看人脸色行事。这样的孩子，不仅无个性，缺乏创造力，将来也很容易成为‘入主出奴’的两面人。当下中国少儿教育的最大问题是，很多教师仅仅把工作当作谋生手段，内心缺少对孩子、对教育事业的热爱与尊重，所以才出现了体罚殴打、针扎喂药、喂食芥末、用紫外线照射、逼幼儿喝尿、连扇耳光等恶性事件，以致很多人发出了‘救救孩子’的呼声。这是中国教育界的耻辱！可以说，我们现在既没有掌握现代幼儿教育的精髓，也忘记了‘幼吾幼以及人之幼’的中国传统教育精神。德国教育学家、‘教师中的教师’第斯多惠说：‘应当考虑到儿童天性的差异，并且促进独特的发展。不能也不应使一切人都成为一模一样的人，并教以一模一样的东西。’我们的基础教育什么时候真正做到这样了，儿童教育就算进入现代阶段了。”

(五)“生利主义之职业教育”①——从初中到中华职业学校

每个人的成长过程都不可能完全无忧无虑、一帆风顺。对于成长于20世纪三四十年代的青少年来说，则无疑要经受更多的动荡不安。

上海公共租界区虽然因为享有治外法权而相对安定，但陈信泰在1937年以后依然能够感受到战乱的氛围。正当陈信泰准备入读小学三年级之际，“八一三”事变爆发，陈家生意停歇，门板关闭，一家人坐在家里凝听远处的枪炮声。每当警报响起，全家人就聚集在楼房底层，远离门窗。陈信泰母亲文绣怀里抱着一个小箱子，里面装着家里最重要的细软，随时准备紧急避难——但是还能往哪里逃？租界区算是当时中国“最安全”的地方了吧！

“八一三”战事虽未直接冲击租界区，但给上海经济造成了重大创伤。资料显示：“‘八一三’事变前，上海拥有的大小工厂5500余家，工业资本总额、产业工人数量以及产值，分别占到全国总数的40%、43%、50%，全国主要的工业企业几乎全集中在上海。……（经过‘八一三’事变）当时上海的5000余家大小工厂，被毁的就将近一半，计2375家，其中完全毁于炮火的就有905家之多……战火最集中的闸北一带，工业损失100%。”②被家长约束在家中的陈信泰，偶尔从门窗缝隙里向外观望，看到大批难民涌入租界，又被英、法租界巡捕驱来赶去，凄惶无助；直到战事过后，难民才被陆续疏散。他有时也会看到工部局卫生机构的工作人员将街上的无主死尸拉走；每当此时，父母就会再次叮嘱陈信泰兄弟一遍：“不要靠近，以免被传染疾病。”相关史著记载：“据工部局年报统计，在公共租界内马路上的无主死尸，数量逐年激增，1935年5590具，1937年20746具，1938年101047具，1939年110173具。”③由此数据可以窥知世事艰难的一角。

10月中旬以后，上海附近的枪炮声渐渐消歇，据说日军正在向南京集结合

① 陶行知《生利主义之职业教育》一文对职业教育的主义、师资、设备、课程和学生条件作了详解。他指出：“职业以生利为作用，故职业教育应以生利为主义。”“职业学校：有生利之师资、设备、课程，则教之事备；学生有最适之生利才能兴味，则学之事备。前者足以教生利，后者足以学生利：教与学咸得其宜，则国家造就一生利人物，即得一生利人物之用，将见国无游民，民无废才，群需可济，个性可舒；然后辅以相当分利之法，则富可均而民自足矣。故职业教育之主义在是，职业教育之责任在是……”（陶行知：《中国教育改造》，北京：三联书店2014年版，第8～9、15～16页）

② 熊月之、周武主编：《上海：一座现代化都市的编年史》，上海：上海书店2009年版，第404页。

③ 熊月之、周武主编：《上海：一座现代化都市的编年史》，上海：上海书店2009年版，第413页。

围。这时候家里一下子来了七八个人，都是从南京下关来的亲戚。看得出来，他们原本都是体面而有身份的人，但现在只能临时在门厅里打地铺，白天围在一起悄悄说话，聊一些不让孩子们听的消息，每个人脸上都写满了哀愁。只有陈智发出出进进，忙活着什么。过了十几天，有一家四口搬走了，说是租到了房子。又过了近一个月，外面似乎太平了，另几位也在某一天拖着行李离开了陈家，说是去南洋投奔远亲。在这样前路茫茫的别离时刻，即使再能隐忍的人，也不免流下伤感的泪水。

没有人欢迎侵略者，没有人愿意当亡国奴。即使上海沦陷、中日两国公开的军事对抗停息之后，民间的抵抗仍在继续。陈信泰回忆说："日本人虽然占领了上海，却一直没有安全感，时常有日本人被暗杀，不仅有暗枪甚至还有手榴弹。太平洋战争爆发后，1942 年日本人进入租界地，也占领了上海电力公司，一度想与中国人搞'亲善'，但最终没有搞成。"

"八一三"事变一度迫使陈家的生意歇业，但战事结束之后，陈家的排笔作坊出现空前的生产和销售旺季，这是因为上海的修整与重建带动了建材市场的繁荣。在那一两年里，由于家人忙于应付动荡时事和生意经营，对孩子疏于管教，因而陈信泰基本上处于散养状态，他把大量时间用于玩耍和读闲书，还因为"不守纪律"与老师发生冲突而转学。好在陈信泰聪颖过人，学习成绩一直不错，在同学中也具有很好的人缘和威信。然而他因为中了武侠小说之"毒"，并由于一次"行侠仗义"的行为而未能取得小学毕业证。

陈信泰在乐华中小学读六年级时，一位男同学对他说："学校训育主任欺负我姐姐！"这位同学的姐姐在初中部读二年级，豆蔻年华，风姿初展。训育主任兼体育老师上课时常以纠正动作为名对这位女生做出狎昵举止，课后还把她叫到训育主任室"谈心"。此事闹得全校沸沸扬扬，学生们见到这位女生就挤眉弄眼、指指点点，这位女生则只是低眉顺眼、赧颜以行。这位女生不敢向父母报告此事，因为训育主任是校长的亲戚，得罪训育主任的后果不堪设想……陈信泰听后义愤填膺，决定替同学的姐姐抱打不平。他与同学开始跟踪训育主任并在操场上"抓了现行"，他们就吹口哨起哄，引来师生围观。训育主任恼羞成怒，追着陈信泰围着校园跑了好几圈，并声言要开除陈信泰。陈信泰即将毕业，此时想再转学已经来不及。陈智发无奈地向训育主任赔礼道歉，学校才允许陈信泰读到小学毕业。但等到毕业时，学校却不给陈信泰发放小学毕业证书，这也就意味着他将失去升读国立中学的机会。陈智发几次到学校求情未果，心中窝了一肚子火，回家后看到"不识愁滋味"的陈信泰正在摆弄邮票，就一把将他拖过来，抡起腰带一顿痛打。陈信泰一开始还忍着不叫，但他越是不叫，陈智发就越生气，下手也就越重。陈信泰终于哭喊起来，祖母赶过来叫停，母亲则夺下了父亲手中的皮带，而陈信泰的屁股和大腿此时已是红紫一片。陈信泰说:“我后来一直不能原谅父亲对我的这次暴打，因为我觉得自己‘行侠仗义’没有错！因此，家长如果惩戒孩子，一定要先让他明白为什么受惩戒。如果孩子认为自己是对的，家长反而惩罚了他，这就‘是非不分’了，孩子的道德观念也会因之发生扭曲，甚至会变得油滑和玩世不恭。”

由于父子二人各执己见，所以冷战了很久。而令祖母和父母亲发愁的是：陈信泰还能否升读初中？这时又是陈信规给大家解了围:“我朋友袁其宏说，信泰可以以同等学力资格升学，只是学校可能不会太好。”于是陈信泰以同等学力资格参加了肇光中学的招生考试，并在那所学校读完了初一。他升初二时，家人想办法将他转到国立立人中学，但是由于时局动荡，立人中学不久被一分为三，陈信泰也随之被分到了江淮中学。江淮中学主要招收苏北子弟，学校管理不严，教学水平也不高，学生交费之后是否到校都无人监管，有些学生甚至一直在校外打工。陈信泰在江淮中学读完初三并于 1942 年 6 月顺利毕业。

陈信泰初中三年之所以与袁其宏、袁其松兄弟租住在静安西路慈厚南里的一个阁子间，一是因为这里离学校比较近，上学方便；二是因为家里人口较多而弟弟、妹妹又渐渐大了，他离家可以为他们腾出空间；更重要的是，他得以离开父亲，得到自由。幸运的是，一起租住的贾老师对陈信泰非常友好，他那看似不经意的点拨常令陈信泰有茅塞顿开、醍醐灌顶之感，所以陈信泰初中时的学习成绩一直保持优秀。

陈信泰付给袁其宏的房租和饭费不算低，这让他每次从家里拿钱时都有亏欠家人的感觉。他知道，人若想获得尊严，首先需要经济独立，而他现在却要靠父母养活，所以他每次从家里拿钱回来后都显得心事重重。贾老师看在眼里，也渐渐从陈信泰的话语中了解到事情原委。等到陈信泰初中即将毕业时，贾老师有一天拿出一本书，翻到一篇文章，笑着对陈信泰说:“给你看一本‘禁书’！你看看这篇文章怎么样?”陈信泰读着文章中已被贾老师画线的部分:“今日教学相期者:第一，当了解人生之真相；第二，当了解国家之意义；第三，当了解个人与社会经济之关系；第四，当了解未来责任之艰巨。”文章明确提出要用现实主义、唯民主义、职业主义和兽性主义的新教育来代替以熟读“四书五经”为手段、以“三纲领八条目”为目标的旧教育观念；尤其是在此时的中国,“政治家为高等流氓,士人为中等流氓,流氓为下等流氓,以其均无生产力也”,在此情势之下,若想使国民具有“独立自营”能力,就必须施行“职业主义”教育。① 陈信泰看完这些画线段落后才翻看文章的题目——《今日之教育方针》,那本书是《独秀文存》中的一册。他捧着书,若有所思地发起愣来。贾老师陪他坐了一会儿才缓缓说道:“你不用管陈独秀是共产党还是托派,是坐监还是流亡,你只需要想一想他说的有没有道理?思考一下他讲的中国教育问题是否仍然存在?你的家庭条件如果不宽裕,或者你想尽快争得自己经济上的独立,可以去读中华职业学校。职业学校收费少而且一毕业就能找到工作。”

陈信泰于是前往中华职业学校沪校作了一番考察,又查阅了相关资料,知道了此校的简史和办学宗旨:中华职业学校由黄炎培主持的中华职业教育社主办,1918 年 6 月设学于上海陆家浜,旨在“既培养学生具有一技之长,(满足)将来从事职业需求,满足生活需要,更注重培养学生自我学习能力、坚韧的意志力及善良的品性,不仅为职业,更为社会、国家培养优质人才”,最终达到“使无业者有业、有业者乐业”的目的。② 中华职业学校适应中国现代化建设需要,为社会培养了大批实用技能人才,声誉日隆且办学规模不断扩大,但是在 1937 年“八一三”事变时,日军对上海南市进行狂轰滥炸,中华职校校舍全部被毁,只剩下钢筋水泥的“中华堂”一个空壳。中华职业教育社遂决定将学校主体迁往重庆,成立中华职业学校渝校,留在上海的部分称“中华职业学校沪校”。在学校董事会努力下,中华职业学校沪校“旋得浦东同乡会大力支持,租借到成都路口浦东同乡会大楼三楼 9 间房间,其中 1 间作办公室,8 间作教室,并于 9 月中旬发出通告:‘本校现订于 9 月 27 日在爱多亚路(今延安东路)成都路口浦东大楼开始上课,24、25 日在法租界华龙路中华职业教育社凭原缴费单自上午八时至下午三时(未注册者须先行注册)领取减费缴费证。’1937 年 10 月 1 日,中华职校在浦东大楼正式开学”③。但是沪校的校舍少而学生多,怎么办?校董会又把学生分成了上、下午班,以充分利用有限的校舍。及至 1941 年 12 月 8 日太平洋战争爆发,上海日军于当天进入租界,对英、美领事馆

---

① 参见陈独秀:《今日之教育方针》,《青年杂志》第 1 卷第 2 号,1915 年 10 月 15 日。该文后来收入《独秀文存》。

② 参见中华职业教育社编:《黄炎培教育文选》,上海:上海教育出版社 1985 年版,第 101 页。

③ 唐威主编:《中华职业学校校史 1918～2013》,上海:上海社会科学院出版社 2013 年版,第 61 页。

进行管制。面对这样的情形，中华职业学校董事会一度想停办中华职业学校沪校，但很快接到1500余名家长的联名上书，要求继续办校，校方遂再定对策：于1942年将沪校改为“工商学艺所”，在上海市政府办理了登记，推举贾丰臻为工商学艺所所长，工商学艺所学生毕业时仍核发中华职业学校毕业证书。①

陈信泰回家对父母谈了自己的想法：决定报考中华职业学校沪校（工商学艺所），一来学费少（每学期约34元）；二来离家近，在家食宿的话还能节省一笔钱；三是从职业学校毕业后比较容易找工作。父母都表示尊重和支持他的选择。陈信泰高兴地回到租住的地方，想再与贾老师好好聊聊，但袁其宏说：“贾老师搬走了。”陈信泰问：“贾老师搬到哪里去了？”袁其宏说：“你别问了，他用的姓名都是假的。喏，这是他留给你的书。”陈信泰接过那本包了牛皮纸书皮的《独秀文存》，心中感叹不已，而他当时还不知道的是，“五四运动的总司令”陈独秀1942年5月27日病逝于四川江津。

陈信泰通过考试于1942年8月进入中华职业学校沪校高级商科班。此时日本军队已全面进入上海租界区，人们感到了前所未有的危机与压力。但对于陈信泰来说，与其说仇恨日本人，不如说对中国近代以来政治和军事的废弛深感失望。他认同《独秀文存》中的这段话：“试观国中现象，若武人之乱政，若府库之空虚，若产业之凋零，若社会之腐败，若人格之堕落，若官吏之贪墨，若游民盗匪之充斥，若水旱疫病之流行。凡此种种，无一不为国亡种灭之根源，又无一而为献身烈士一手一足之所可救治。外人之讥评吾族，而实为吾人不能不俯首承认者，曰‘好利无耻’，曰‘老大病夫’，曰‘不洁如豕’，曰‘游民乞丐国’，曰‘贿赂为华人通病’，曰‘官吏国’，曰‘豚尾客’，曰‘黄金崇拜’，曰‘工于诈伪’，曰‘服权力不服公理’，曰‘放纵卑劣’。凡此种种，无一而非亡国灭种之资格，又无一而为献身烈士一手一足之所可救治。”②在陈信泰看来，工人做工，农民务农，商人经商，学生读书，军人保国，各司其职，国家才有希望；但中国军阀忙于内战而使百姓无以聊生，将士不守国门而使大半国民沦为“亡国奴”，这不是国民的耻辱而是中国军队的耻辱；溥仪成立伪满洲国，汪精卫投降日本并沦为汉奸，而国民政府自1931年以来一直不敢对日宣战以至于民心、士气跌入尘埃，直到美国人1941年12月8日对日宣战后才“对日宣战”，这不

① 中华职业学校后来升格为中华职业高等教育学校，2016年时仍给陈信泰寄赠校友录材料。

② 陈独秀：《我之爱国主义》，《新青年》第2卷第2号，1916年10月1日。该文后来收入《独秀文存》。

是军民的耻辱而是政府的耻辱；蒋介石提倡民族主义而号召“全民抗战”，宣称“以空间换时间”和“持久的抗战”，让人民当炮灰，却从不批评“军人的失职”，也没有“罪己”，这样的“元首”不值得依赖和爱戴！

陈信泰说：“日本人占领上海租界区后，俨然以‘征服者’自居，面目极为粗俗、野蛮，动辄打骂、侮辱平民百姓，谁会相信他的‘东亚共荣’?！尤其是虹口和闸北一带，是日本人自 20 世纪 30 年代以来经营多年的基地，名为国统区，实为日侨区。[①] 我曾陪小舅文泰去过一次闸北——他那时正与段祺瑞弟弟的女儿谈恋爱。人们过外白渡桥时要向日本卫兵鞠躬，动作慢一点的就会挨打。我感觉很不舒服，所以此后宁愿不出租界。后来抗战胜利时，租界区对于日本人的投降和撤退几乎没有什么感觉，庆祝活动搞得不多，原因大约有三点：一是市民要谋生，遵循着‘莫谈国是’的处世原则；二是租界区的市民觉得自己并没有为抗战作多大贡献，内心颇感惭愧；三是大家对于国民政府并没有抱太多美好幻想！”

“工商学艺所”所长贾丰臻曾留学日本东京帝国大学，但绝不亲日，是一个地道的爱国者。他深深理解同学们对时事的不满，明里暗里鼓舞士气、传播“正能量”。他本是国文教师，却不得不按照汪精卫政府的要求给学生开设日语课。而贾丰臻在日语课上并不认真教日语而是给学生讲《论语》，故而这日语课形同虚设，主要是为了应付日本当局的检查，学生们的日语也学得不好。贾丰臻对同学们说：“我中华职校上海校区在 1937 年即被轰毁，大部分职员撤走；我之所以没有离开上海而继续留在这里搞教育，是要为国家保存实力。黄炎培先生为创办中华职校呕心沥血，我也要尽我所能守护学校事业。”同学们信服贾丰臻校长，不仅因为他的爱国言论，还因为他的孙女贾梅升就在高级商科读书，这更让同学们觉得贾校长言行一致，心中也多了一份安定。

《中华职业学校校史 1918～2013》记载了高级商科的课程设置：“商科开设的公民、体育、军训、音乐等课程，悉依照部颁课程标准实施，(还有)国文、英语、数学、历史、地理、物理、化学等职业基本学科和商学、经济、簿记、会计、珠

---

① “(闸北、虹口一带)居住着好几万日本侨民，华洋杂处，国民党政府虽然掌握着行政管辖权，但是由于有日本军队驻扎……日本侨民形成了极其完整的日侨区，几乎包括日本社会所有的一切机构和设施，俨然一个日本城区。虽然上海从来没有设立日本租界，即使在太平洋战争以后，日军全面占领上海，也没有称为日租界，但是在 20 世纪 20 年代末到 30 年代中期这种外来族群反客为主的状况使国民政府当局的主权形同虚设。”(王锡荣：《“左联”与左翼文学运动》，上海：上海人民出版社 2016 年版，第 22 页)

算、打字、统计等职业专门学科。”[①]虽然中华职校的仪器设备在战火中大受损失，还有一部分迁去了重庆，但工商学艺所仍有中英文打字机、新式算盘、统计制图和广告画实习工具等教学设备，所以学生们都学到了相应的从业技能。陈信泰回忆说：“中华职业学校各科的课程，与政治意识形态关联度不大，因此比较稳定。商科课程以统计、会计、商业数学和珠算等专业课为主。这些课对我来说都不算困难。我的强项是双手打算盘。”

陈信泰入校不久即发现，中华职校鼓励学生兼职实习并为学生提供各种方便：一是把学生划分为上、下午班，提高校舍利用率和师生的教学效率；二是学生可以集中在星期一、三、五或二、四、六上课，其他时间外出打工。陈信泰回忆说：“高年级同学都乐于助人，帮助学弟学妹寻找兼职工作。我主要做小学代课教师。我第一次讲课是在大沽路复轮义务夜校教‘常识’，纯粹义务，没有酬劳。那个夜校有共产党背景，设在延安西路往北的菜市场内。是两个高年级同学带我去的，我记得女同学是黄宝珠，男同学是‘老张’。我们一进门，班长首先起立郑重地喊‘起立’，同学们齐刷刷起立喊‘老师好’。那四五十人都是二三十岁的男青年，五大三粗，吓了我一跳——要知道那时我才15岁。此事让我感慨：知识多么重要，当老师多么受人尊敬！这也是我后来决心从事教育工作的重要动因。第一节课刚讲到‘燕子向南飞’，警察来了，班长就把我拽到身后。警察说：‘不准集会。’班长答：‘不是集会，是夜校上课。’警察指指我：‘这小孩是干什么的？’班长答：‘来玩的。’警察就走了。以后每当有警察来，班长就先把我从后门送出去。这样教了七八次，警察来得越来越频繁，最后老张告诉我，不用再去了，夜校解散了。”实际上，陈信泰初登讲台的复轮义务夜校是中华职业补习学校开办的一处“中华职工义务夜校”，的确与中华职业学校有关，也确实与共产党领导的工人运动有关。[②]

陈信泰真正做代课老师并小有收入，是在贾梅升介绍他去顾映川老师开办的私立小学教书之后。陈信泰说：“那个时候，公立学校远远不能满足民众受教育的需求，于是有的老师就开办私立小学[③]，以便于适龄儿童就近上学。

---

① 唐威主编：《中华职业学校校史1918～2013》，上海：上海社会科学院出版社2013年版，第69页。

② 参见中华全国总工会编：《中国工会百科全书》，北京：经济管理出版社1998年版，第579页。

③ “1928至1929年，（上海）市立小学为179所，1936年增至296所。但私立小学仍占多数，1927至1937年，新建、扩建的352所（现今仍存在）的小学中，私立学校就有294所。……同小学一样，中校也以私立为主。”（熊月之、周武主编：《上海：一座现代化都市的编年史》，上海：上海书店2009年版，第373页）

私立小学的代课老师工资很低，但足可挣出饭钱。”中华职校的顾映川老师租赁了一栋楼，家人住在三楼，一、二楼房间和亭子间充作教室，设置了一至六年级6个教学班。顾老师明确对兼职的学生说：“工资不高而且要求严格，出现教学事故还会扣薪水。但我保证，你们经过这样严格的职场训练，会成长得更快。”事实上顾老师也真够苛刻，代课老师拿到的工资总比想象的要少很多，这让大家颇为不满。由于顾映川脸型颇似蒋介石，同学们遂背后戏称他为“顾该死（介石）”。陈信泰在顾映川的私立小学兼课一年，之所以忍耐这么久，是因为顾老师是他们的任课教师，“把柄”握在人家手里。一旦大家升了年级，顾老师不再捏着他们的“命根”了，几位代课同学就一起“跳槽”罢教了。此后陈信泰在铁华、乐华、树民等多所中小学兼职代课，既挣钱糊口，更得到了历练，积累了丰富的教学经验。

中华职校的学生很少玩乐游戏，最奢侈的运动是踢足球，一般是一月一场。租用场地要花钱，大家就采取AA制。但组织球赛颇费精力，所以陈信泰他们踢过几场之后就不玩了。大家也很少看电影，一是因为没有时间，二是因为同学们都比较务实，觉得与其花钱观看风花雪月的电影，还不如“撮一顿”打打牙祭。所谓“打牙祭”也不过是两斤黄酒、炒个猪肝之类，所费大体相当于一天的代课工资。这打牙祭是有“功利性”的，同学们可以借机交流社会经验和工作行情，一次聚餐就相当于一场信息交流会，对大家的成长和工作颇有帮助。因此，这种“撮一顿”的活动常常举办，轮流坐庄。陈信泰与好友封根泉、俞金顺的这种小聚最为频繁。

陈信泰适应能力极强，手里一直保持着两份以上的工作。没有工作的同学向他求助，他就让出一个，然后自己再去找。他虽然学的是商科，但在教育界的人脉关系反而更广些。陈信泰将自己乐于助人的行为归因于中华职业学校校训：“有人说我乐于助人、道德高尚，其实这只不过是中华职校校训中的基本要求。中华职业学校校训共有十条，第一条就是‘助人为快乐之本’。所以我们学校就像互助会一般，如果同学找不到工作，大家会一起想办法。这样的互助解决了很多同学的生计问题。”陈信泰在总结中华职业学校的生活经历时说：“它给我务实精神，它教我助人为乐，它给我生存本领；它校风淳良，师生友爱。在我心里，1942级高级商科是一个团结互助的班集体。”

陈信泰在中国职业学校学习的三年里总计从事过近20种工作，做过中英文打字员、药瓶清洗员、推销员、银行实习出纳员，还为老师抄写过讲义，但他最喜欢的工作还是教学。陈信泰说：“小学代课老师工资不高，但受到学生和家长尊重，因而有尊严感。其他工作要么受管束太多，要么尊卑有序，有的小老板甚至粗鲁到踢人屁股，让人没有人格尊严。”这也是陈信泰和同学打工兼职半数以上当小学教师的主要原因。陈信泰从中华职业学校到大学毕业一直兼职工作，也深谙勤工俭学的好处：“一是较早了解社会，知道了生活不易。二是自食其力，解决了生计问题。我的同学至少有一半来自贫寒家庭，靠勤工俭学读完了中华职业学校，他们有闯劲，是这个社会中活跃的新生力量，要比从校门到校门的书呆子精干得多。三是赢得精神的成长与心理的成熟。大家的工作和生活虽然忙忙碌碌，但都很乐观，明白‘天无绝人之路’，坚信会绝处逢生，相信‘办法总比困难多’，遇到困难时绝不会钻牛角尖，更不会‘自杀’。”

中华职业学校规定学生最后半年的实习要与所学专业有关，陈信泰遂进入一家银行做练习生，并由此经历了一段颇为不快的实习时光。陈信泰回忆说：“1945 年春天，经过父亲友人陆启昌（维新印刷厂经理）介绍，我到直隶东路的福中银行做练习生。这家银行规模不大，22 人挤在一间 80 平方米的大厅里，其中练习生有 5 人，主要是打水、扫地、记账，所做的活计跟旧式作坊里的学徒一样。福中银行等级森严，管理混乱，毫无现代企业的特质。副经理的主要任务是陪着经理吃喝玩乐、搞交际，他可以不上夜班，工作都交给练习生代劳。练习生工作时间超长，晚上时常加班而加班费却极低，比如，从晚上 7 点加班到夜里 12 点，5 个小时下来只有 5 毛钱加班费。副经理如果对练习生的工作不满意，就骂人甚至抽耳光。我虽然没有挨打受骂，但看到其他练习生被那位副经理骂得落泪，心里很不舒服。有一次，那位副经理又侮辱一个练习生：‘你个小瘪三、小赤佬，三条腿的蛤蟆不好找，两条腿的高中生有的是。’我看不下去，气愤地将账簿打在副经理脸上，就辞职回家了。”陈信泰在银行的实习时间仅有一个半月，未达到学校要求的为期半年的实习时长，可能会影响毕业，更重要的是得罪了父亲的朋友，所以他被爸爸狠狠训斥一通，随后告诫他“踏入社会就要学会忍耐，学会制怒，怒为心之奴”云云。陈信泰向学校汇报了情况，学校倒也通情达理，认为算是完成了实习任务，准予毕业。——此时已是 1945 年 4 月，日本军队节节败退，在上海频繁换防；汪精卫政府则要征用浦东大厦，中华职业学校沪校只好匆忙搬迁：学校先是迁到中华铁厂，不久又迁至尚文小学，5 月 24 日迁回陆家浜老校区……正是在这样的纷乱状况下，学校特许高级部的同学提前毕业。

陈信泰兼职打工的经历告诉他：教师是社会上较有尊严的职业。他在福中银行的实习遭遇更强化了他的这一认识，也成为他后来在大学、研究生阶段选择教育专业的直接原因。陈信泰从中华职业学校毕业后，没有像最初预想的那样去找一份工作，这主要是因为他对商业失去了兴趣。那段时间他做过证券投资，但一个月就亏得血本无归；他索性无所事事地待在家里，什么话都不说。父母和兄弟以为他受到"福中银行事件"和证券投资失利的打击，心理出了问题，一时也不敢招惹他。家人不知道的是，陈信泰正在思考"生存—温饱—发展"的问题：以他现在的技能，"生存"和"温饱"早已不成问题，但是如何"发展自己"，如何"有尊严地活着"，的确是值得认真思考的一个大问题！

陈信泰在 1956 年 9 月 11 日的《自传》中写道："1945 年毕业后，曾和同学单海山（现在在上海人民银行任职）冒险做了一个多月的证券投资，结果失败，后由父母亲偿还账务。我也在家中休息。……当时不愿再经商，觉得无出路，卑劣；准备从事教学工作，清高。"——人，只有想明白，才能做明白，才能做一个明白人；一个人在谋划未来的时候，他的人生就会迎来转折点！在这种时候，陈信泰觉得应当找挚友封根泉好好聊聊……

（六）天才往往是寂寞的——封根泉和俞金顺的传奇人生

陈信泰在中华职业学校高级商科读书的三年，除了学习生存技能、积累社会经验，最大的收获就是结交了封根泉和俞金顺[①]这两位志同道合的知己好友。三人都是热爱读书、勤于思考的青年：他们不满足于生存与温饱，对未来充满理想与渴望；他们组成了"新建读书会"，讨论民族、国家大事；他们听到有关苏维埃的很多传说，想弄清苏俄"人道主义的胜利"到底是怎样一回事，于是从进步书店购得一套有些残损的《列宁文选》，一起阅读文章，彼此分享心得。

俞金顺眉清目秀，男人女相，苏州腔调，生就一副江南书生的斯文模样，内心却是壮怀激烈，充满理想主义情操。他通过阅读《列宁文选》得出了自己的推论：列宁主义适合中国革命道路。在读完《列宁文选》后，俞金顺立即宣布解散读书会，理由是："与其坐而论道，不如起而行动。"然后到北方投奔了共产党，经过培训后被分配到青海工作。

封根泉则是一个创造型的奇才。他从中华职业学校毕业后，在银行界打拼几年即成为业界精英。他业余学习多种外国语并突入心理学前沿，1955 年

---

① 俞金顺后来在中共青海省委党校从事政治经济学研究，1990 年退休后回到上海。代表文章有《从经济学的角度探讨社会主义人口理论》（《经济研究》1979 年第 3 期）、《正确解决少数民族地区的人口问题》（《民族研究》1985 年第 4 期）、《经济体制改革不能急于求成》（《青海社会科学》1990 年第 2 期）等。

得到潘菽[①]先生赏识而进入中国科学院心理所工作，1956 年考取潘菽先生的研究生，后来成为世界知名的心理学家。

封根泉的父亲是上海市名重一时的中医，家产丰厚，庭院阔大，居室皆用红木家具。封家庭训甚严，不仅长幼有序而且仆佣有礼。而封根泉继承的最大“遗产”应是家族的聪颖慧根。陈信泰说：“从前有人说某某天才读书一目十行而过目不忘，我是颇为怀疑的，但认识封根泉以后，我信以为然。袁枚《随园诗话》赞美黄庭坚时称‘书到今生读已迟’，我觉得这不仅是一种文学修辞，而胡塞尔‘现象学’关于‘奇迹显现’的说法也并非没有道理，怎一个‘唯心主义’了得。在我看来，封根泉就像一个转世灵童，有慧眼慧根！”为什么封根泉这样一个极具天赋的青年没有上大学、读研究生，一条路走下去，而去读了中华职业学校？那是因为他父亲因病早逝，他想早些工作以减轻母亲的负担。

封根泉事母极孝，而老太太延续着旧家族的礼法，规矩极多，要求封根泉交朋友以“友直友谅友多闻”为准则。在封根泉的同学中，老太太只欢迎陈信泰和俞金顺到家中做客，因为他们三人相聚时都是在谈读书、谈未来，而非谈享乐。在陈信泰看来，封母俨然一位“现代孟母”。

陈信泰家与封根泉家相距不远，二人又志趣相投，所以交往甚密。封根泉从中华职业学校毕业后进入浙江兴业银行[②]上海总行工作，而陈信泰从中华职业学校毕业后考取之江大学沪校，所以二人一直保持着节假日小聚的习惯。封根泉没能读大学，心中引以为憾，不时问起陈信泰在大学里学习的课程。他们偶尔聊到心理学，封根泉深感兴趣，就向陈信泰借阅相关书籍，二人就又多了一个聊天话题。及至陈信泰 1949 年 6 月大学毕业时，封根泉已因业务能力突出而升任浙江兴业银行上海总行总管理处人事科科长。此时，浙江兴业银行响应新政府号召，开办银行工人夜校，封根泉遂向银行董事会推荐陈信泰兼任工人夜校教务主任。陈信泰 1951 年到中国人民大学攻读研究生，封根泉同年以兴业银行总行管理处干部身份调到北京分行工作，并将母亲接到了北京。陈信泰与封根泉的友情也得以延续和加深。

天才最突出的表现是闻一知十、触类旁通，封根泉就是这样的一个人。陈

---

① 潘菽(1897～1988)，教育家，中国现代心理学奠基人之一，1955 年起担任中国心理学会理事长和中国科学院心理研究所所长。

② 浙江兴业银行成立于 1907 年，是中国最早的商业银行之一，总行设在杭州，1908 年在上海、汉口设立分行，存款总额在私营银行中一度处于第一位；1915 年进行大改组后，全行的行政和业务中心移到上海，总行改设在上海；1949 年后改组为公私合营实业银行。

信泰从北京师范大学研究生班毕业留校后，偶尔到封根泉家去拜见封母，却被封根泉的藏书惊住了。陈信泰回忆说："老太太舍不得上海的那套老红木家具，让封根泉想方设法都弄到了北京。不过那些老书架上现在没有摆放线装书，满满的都是心理学著作，不仅中文出版的佳作俱全，而且还有一些英文、俄文和德文的心理学原著。我想考考封根泉，就提问了几个心理学问题，没想到他从苏联巴甫洛夫、美国实验主义心理学一直谈到德国的各个心理学派，都是学界最前沿的见解，有一些连我都没听说过。这意味着封根泉不仅自学了心理学，而且其英文、俄文和德文都达到了可以阅读和翻译学术原著的水平。"

千里马常有而伯乐不常有。封根泉"被发现"的经过也颇具传奇性。封根泉想向名师讨教学问，陈信泰便将他引荐给北京师范大学郭一岑教授。郭先生与封根泉交谈后目为奇才，立即介绍给教育系党总支书记兼心理学教研室主任彭飞，但彭飞认为封根泉既没有文凭也没有发表过文章，故不符合学校人才引进的条件。郭一岑喟然长叹："明明一匹骐骥，只因为没配马鞍就舍之不用，岂不可惜?！也只好再给他找个好人家！"郭一岑遂写了一封介绍信，将封根泉介绍给潘菽先生。潘菽先生刚刚就任中国科学院心理学研究所所长，是当时中国科学院唯一的心理学学部委员，也是中国心理学会理事长。他见封根泉英、俄、德文皆通，涉猎广泛且触及学界前沿，立即将其调入心理学研究所，安排他担任《心理学译报》翻译，半年后将其升为该杂志主编。陈信泰说："可以说，郭一岑先生、潘菽先生都是真正的教育家，他们不仅学问好而且具有识人之明，他们是封根泉的'伯乐'。"

特异的天才人物，在现实生活中往往是单纯天真的。陈信泰1955年开始与黄锦凤恋爱时，年近而立的封根泉依然单身。黄锦凤对封根泉说："我六婶龚晴震有个妹妹刚从苏联留学回来，现在在中苏友好医院工作，介绍给你做女朋友可好?"但封根泉嫌人家不够漂亮，推辞道："我不管对方的学问和学历，我要娶一位漂亮、健康的女性，这样我的孩子才会高大、英俊。"他说这话时那副天真又认真的样子和对爱情无限向往的神情，把陈信泰和黄锦凤逗乐了。有一个周末，封根泉陪陈信泰到北京第一传染病医院看望黄锦凤。黄锦凤走出门诊大楼时身后跟着一个相貌出众的女护士，看她们交谈时的样子，应是黄锦凤正在指导那位护士。黄锦凤跟陈信泰、封根泉打招呼时，那位护士并没有走开，而封根泉则目不转睛地盯着她看，黄锦凤遂介绍说："这是我们门诊部的护士步世勤。"陈信泰在90岁时回忆起那个场景仍然笑个不停："小步身材高高的，眼睛大大的，有点'北京大飒蜜'的范儿；人长得很漂亮，只是刚工作不久，有时会犯迷糊。封根泉一见小步就惊为天人,信誓旦旦非她不娶。”封根泉有他的自信:“小步是旗人?没关系,我能沟通。还不是正式工作?没问题,我能养她。共同语言?没问题,我说她听就行。有点口吃?正好,跟我出去应酬的时候少说话。想一想,我们的孩子继承了我的聪明,继承她的漂亮,那一定会是出类拔萃的。”封根泉长相精致但个头不高,所以小步最初不大乐意。封根泉就千方百计讨好她。他想送小步礼物,却不知道送什么好,就跟着黄锦凤、陈信泰逛街,几次下来就大体知道女孩子最喜欢什么,就会挑选礼物了。几个来回之后,小步就接受了封根泉的追求。陈信泰则帮人帮到底,向小步介绍说:“封根泉家境好,人品好,孝敬老人;他不仅人聪明而且工作好,将来一定会使双方家庭衣食无忧……”小步和家人就同意了这门亲事,封根泉几个月后就与小步走进了婚姻殿堂。陈信泰回忆说:“小步不喜欢老式家具,封根泉就把红木家具卖掉,所得款项除置换了全套新家具,还绰绰有余。他们的几个孩子也果然是漂亮且聪明。”

天才往往具有自我生长的能力。1956 年,中国科学院心理学研究所开始招收研究生,封根泉想报考,但潘菽先生认为他既已在所里工作,学术水平也远超一般研究生,没有必要再读研究生。其实潘菽先生是担心封根泉考研后会放下《心理学译报》的工作。封根泉就找陈信泰商量怎么办,陈信泰说:“你没有大学文凭,将来的发展可能会受到学历的限制。如果取得研究生学历,将来的道路会更加宽广,所以我支持你报考研究生。”封根泉深以为然,经过再三争取并在答应继续担任《心理学译报》主编之后,潘菽先生终于允其考研——封根泉遂成为潘菽先生的第一届研究生。

天才是潜滋暗长的,他们懂得“有道则见,无道则隐”。由于心理学在“文革”十年浩劫期间被批为“伪科学”,所以封根泉自我边缘化,默默做着自己的研究和探索。及至新时期迎来“科学的春天”,封根泉也是全面开花、一鸣惊人:其《人体工程学》(甘肃人民出版社 1980 年版)是中国第一部人体工程学专著;其《浅谈工效学》(工人出版社 1981 年版)标志着他开始综合运用生理学、心理学、卫生学、人体测量等多学科知识来研究生产系统中人与机器、环境的相互作用;那部《心脑电图电子计算机分析的原理和应用》(科学出版社1986 年版)表明,封根泉是中国新时期最早将计算机引入心理学研究的学者;更让人难以置信的是,北京科学教育电影制片厂 1981 年拍摄的彩色科幻动画片《小小机器人》的编剧竟然是封根泉,由此可知他是一个十分注重科学普及工作的学者……陈信泰回忆说:“封根泉是中国大陆最早用计算机测量心脑电波的学者。他发明了一台可以监测大脑病变的电子设备，促进了中国脑科学的发展。封根泉因不愿转让专利，被逼无奈之下，愤然出走，转道香港，去了美国。”

天才往往因其超前性而成为“丰富的痛苦者”。封根泉移民美国之前曾至曲阜师范大学看望陈信泰，说可以给学校的科研工作者做一场学术报告，算是对国家的最后贡献。陈信泰问：“你要给哪些系科的老师和学生讲呢?”封根泉说：“只给老师讲，学生听不懂。搞自然科学研究的学者都可以来听，我会把各学科最前沿的动态告诉大家。”曲阜师范大学各系科的“大咖”听完报告后感慨不已：“哎呀，怎么会有这样的奇人，见广而识深，打破了学科界限，令人望尘莫及。”由此可窥见封根泉学识之一角。陈信泰评议说：“封根泉那时就预言，计算机和人工智能将替代人类大部分脑体劳动。实践证明那真是远见卓识。现在想来，封根泉那次告别演讲是想把自己的所思所想留一点根在中国，但当时听讲的人不见得理解和相信。有人就对我说，封根泉搞的不是科学而是‘科幻’。我无言以对，就当老封是‘对牛弹琴’了。这就是高处不胜寒或者说是天才的寂寞吧！封根泉这样有大智慧、能预言‘天机’者，一定是‘丰富的痛苦’者。”

天才很“天真”，是因为他懂得“舍得”之道：他不愿把自己的天资浪费在小得小失之间。陈信泰说：“封根泉像所有天才一样，真聪明且能钻研，搞起研究来就像个疯子；不过，他又学过商科且在银行工作过，因而极具商业头脑；他出身于富裕之家，故而对那些暴发户一类根本不屑一顾；改革开放以后，邓小平鼓励一部分人先富裕起来，鼓励先出一批‘万元户’，封根泉说：‘万元户算什么，我要做就做百万元、千万元的大户，而且是美金的。’封根泉的发明专利到底为他赢得了多少资产？没有人知道。我最感叹的是：这样的人才流失，对于国家来说真是无法弥补的损失。”

陈信泰在讲述封根泉的成长故事和传奇经历时，最后往往谈道：研究生招生不应当唯学历论，更应看重学生的天赋与素养；当下高考采取的“全科考试”，可能会把一些有“特长”的学生挡在大学门外，因而有必要再进行优化改革；等等。

(七)“敬业乐群”与“金的人格”——反思中等教育缺失

1945年6月28日，陈信泰与已确定到浙江兴业银行工作的封根泉见面聊天，谈起了一个月来的所思所想。封根泉说：“教育是社会发展进步的基础和底气，教师也是受人尊重的职业。俗话说：‘慈不掌兵，义不经商。’你呢？性格耿直、是非观念强，更适合当老师，而不适合从商，所以我支持你进入教育行业。”封根泉谈起了自己的人生规划，非常详尽，似乎早已深思熟虑。陈信泰对他说：“人生固然需要规划和目标，但不能太过精细，只要方向正确即可，否则一旦失利就会茫然失措，不知变通。假设‘人生规划’完满达成，就好比站在今天看到了五十年后的自己，一眼望到了尽头，那还有什么意思?！何况当今之世天地玄黄，很多事情身不由己！”

美国作家凯鲁亚克《在路上》说：“道路就是生活。”这句名言道出了“选择”在人生旅途中的重要意义。陈信泰在 90 岁时回首 1945 年夏天，深深感叹自己与两个好友选择了三条不同的道路——从政、从商、从教。那一年，他们 18 岁，已经长成了具有个体主体意识的青年。因此可以说，中等教育处于人生关键阶段，能奠定生命的基本质量，甚至能确定人生的未来方向。也正因为认识到了中等教育的重要性，所以陈信泰对当下的中等教育作出了深刻反思。

一个人在中学阶段正逢青春期，生理和心理都在变化、成长，人生观与世界观逐步养成，因而中学阶段是人生中至为重要的时段。中等教育应当特别注重疏导，一方面让学生身心得以健康成长，使之平稳度过青春的沼泽；另一方面要引导学生养成良好的自学习惯，获得学习方法；更重要的是要让学生认识他自己，以便为其将来的“差异发展”奠定坚实基础。最新的科学研究发现：基因决定智商的高低，教育和学习仅有可能使一个人的智商基因发挥到最优程度。学生和家长应当明白：智力学习绝非成才的唯一标准。命运是公平的，当上天关上一扇门，也一定会多开一扇窗。一个学生也许在智力方面天资平平，却可能在运动、交际、手工、劳动等方面天赋异禀，这也就是所谓“天无绝人之路”。因此，优秀的教育者总是能因材施教，发现每个学生的特长并助其发挥到极致，使该学生成为某一领域的可造之才。

中学阶段不应给学生太多学业压力，不宜让他们过早面对竞争的痛苦和“生命中不可承受之重”。不能揠苗助长，不能让那些幼木超前担当栋梁之责，这对幼木和建筑来说都是危险的。不能将优胜劣汰、适者生存的丛林法则照搬到社会生活中来，尤其是不应机械化、庸俗化地将其应用于中学教育中去，否则，后患无穷。

优质的中等教育应当如陶行知所说：“千教万教，教人求真；千学万学，学做真人。”但人们非常遗憾地发现，当下的学校教育培养出的多是原子式的自我中心主义者和“绝对精致的利己主义者”。这种现象也并非中国独有，正如杜威协会前任主席 Leonard J. Waks 教授指出的那样：“种种研究表明，初中学习成绩好的人，高中成绩好。高中成绩好的人，大学成绩也好。而大学成绩好的人，往往是一批自私的人。成绩好的人往往是自私的人,而一批自私的人进入了我们的领导岗位,在管理国家。于是,他们用考试竞争的方式控制这个国家,由此培养了一个考试参加者构成的社会,而不是一个由人构成的社会。”之所以如此,是因为教育的导向出现了问题:过分强调知识传授而忽视了道德育成。

如果不以学习成绩和考试分数为标准,又该如何选拔人才呢?教育行政部门一度提出“素质教育”理念并轰轰烈烈地铺展开来,但实践证明“素质教育”并不能真正解决“教育目的”问题。

第一,“素质教育”不是准确明晰的学理概念。“素质”包括先天禀赋和后天育成。先天素质无法通过教育完成改造。后天教养包括道德、知识、体育、美育和劳动技能等,这些素质也无法完全与相应课程教学对接匹配。素质教育固然与应试教育不尽相同,但并未提供选拔人才的新标准,在当前情况下选拔人才依然要通过考试,所以不妨先进行考试制度改革。比如,百分制更适合理工科,因为理工知识是精准的,能以“正误是非”作出区分;人文和艺术学科可以用五分制。再比如,中考、高考不宜文理全科考试,可以由学生自己选科,这样不仅能减轻中学生的学业压力,而且为学生进入大学后的学科方向选择留下了更多空间。如果坚持多科或全科考试,那么有的学生仅仅因为偏科就会被名校拒之门外。——中国现代史上的大师级人物有不少偏科者甚至数学考零分的人,比如钱锺书;有的仅是中学毕业,比如梁漱溟、启功;沈从文则只读过小学。这些人如果生在今天,既无法进入大学读书,更不可能取得大学教授资格。毕竟,像苏步青、华罗庚那样文理皆通的奇才寥寥无几。

第二,从人才成长规律来看,有天赋者不一定“全能”或综合素质高;相反,“样样通”往往意味着“样样松”。天才往往有特长也有短板:有艺术天赋者不见得理工科好,有理工异秉者不见得文科优秀,所以一个人“全面发展”的可能性不大。中国古代选拔人才,设有文状元、武状元,还有举孝廉、博学鸿词科等,各有标准。为什么现在就要求青少年文武兼修呢?这样看来,我们当下的教育有些方面还不如古代。中国传统教育主张分层次、分阶段、循序渐进,最初是“三百千”之类的记诵之学,然后是“四书”“五经”的研修精读,再进入“学以致用”的文章策论。那么今天提倡的“素质教育”属于哪个阶段?所谓“素质教育”与此前提倡的“德、智、体、美、劳”标准有何区别?推行“素质教育”之前有没有深入研讨和分片实验?这些实验是在发达城市还是落后地区开展的?实验取样标准是什么?国外有何先进经验和实施背景?我们对中外教育、中国东西部教育作过怎样的比较研究?如果没有实验报告或者弄虚作假、夸大实验结果，进而依靠权力意志全面推开“素质教育”，这是不是搞政绩工程？是不是犯了建构论唯理主义的错误？……城市建筑如果弄成了豆腐渣工程，可以推倒重来，顶多浪费物力；如果教育和人才工程搞不好，则不仅误人子弟，更是祸国殃民。教育问题，兹事体大。教育改革不仅要有理论准备和内在逻辑，还要符合现实、事实正确，更需要进行认真的教育社会学研究和分析，否则就会成为历史的笑话。

第三，中等教育阶段重在培养基础、发展潜能，大学和研究生阶段才是“由博入专”的阶段。我们应当遵循这样的“博—约”规律。近年有很多中国中学生到加拿大、澳大利亚等国家读高中，因为那里的中学教育非常轻松，主课就是数学、语言，此外以手工、美术、体育、社交甚至化妆等兴趣班来累积学分。在中国学习成绩一般的中学生，到了加拿大，反而游刃有余、创造力爆发。加拿大的高中生毕业时会根据自己的学业成绩、自我定位来申请大学或转向职业教育，他们约有一半报考普通高校，其他学生选择到职业学院学习技能。这样自主的选择和合理的分流才符合教育规律，也符合中学生心理与生理的成长规律。中国大学“严进宽出”，与西方高校的“宽进严出”恰恰相反，所以中国学生挤过高考独木桥、进入大学之后，压力骤减，变得极为松弛。而美国最好的大学除了学习成绩优秀的学生可以申请，有钱人也可以通过捐款进入，但必须经受得住学业的高压，学业不过关就要延期毕业甚至被劝退。与之相似的是，1949年以前西方国家的教会在中国设立大学，学费比一般学校高20%以上，施行外语教学，管理极为严格，每个学生到毕业时都得脱一层皮。另外，大学也不应被教育管理机构人为地划分为三六九等，因为一流大学都是自我成长起来的，而不是人为划分和扶植起来的。毋庸讳言，中国高校与世界一流大学存在着较大差距。差距何在？时任浙江大学校长杨卫2006年论述过世界大学的品流问题，值得认真品读。① 还应提示的是，大学应向职业学校的学生敞开大门，而不是设置“人工闸门”，不仅职业中学、中专的学生可以再报考普通本科院校，而且职业学院的学生可以报考普通高校的学术型或专业型研究生。其实台湾地区早在20世纪七八十年代就已形成了培养工业类“技术教育”硕士（1979年）和博士（1986年）的学制。大陆高等职业院校固然应向他们学习，我们的普通高校也应汲取其经验：如果放开人为设置的闸门，那么各个学段、层次的教育活力都会被激活出来，所有人也都会感到有前途、有希望、有

① 参见《浙江大学校长杨卫：大师、大楼、大学精神，缺一不可》，《大学周刊》2006年10月11日；李志文（美国杜兰大学教授）：《漫谈大学品流》，《经济资料译丛》2015年第4期。

奔头，也就不会再把大学看得过于神秘。

我们的基础教育，一方面应当继承中国传统教育的优良传统，另一方面应当认真学习发达国家的先进经验。就各国基础教育的实施情况来看，美国的基础教育自由、实用，教育效果好；德国和俄国的基础教育最为严谨；日本人善于学习，将中国传统教育思想进行了创造性转化，再结合西方现代教育理念和方法，就形成了自己的特色，他们的基础精细扎实。在现代中国，中华职业学校借鉴了美国实验主义教育理念和德国职业教育方式，育人效果良好。陈信泰回忆说："中华职业学校的学生在正式选择专业以前可以先试听两周，两周后再确定进入哪一科，这让学生有了选择权，受到了尊重。而中华职业学校让我们受益终生的是人格教育。我终生牢记着黄炎培先生'敬业乐群'和'金的人格'的教导，这成为我一生为人处世的原则。我想，这才是成功的教育。而中国当下的中学教育最大的缺失就是'人的教育'的失位与失格。我还有一个梦想：国家施行免费教育！至少应当减免贫困孩子的学费（包括大学和研究生阶段的学费），从而鼓励贫困家庭能因此实现'教育脱贫'，而不是因为孩子读书而使全家陷入贫困。"

（八）"学以济时，诚为体，仁为用"①——之江大学求学记

陈信泰从中华职业学校毕业之际，正值中国抗战胜利前夕。在银行实习受挫的经历使他感受到：从商或许可以聚财，却难以使人获得尊严。而进入股市试水失利则使他认识到：投资有风险，生活无捷径。好友封根泉的"把脉"则使他确信：是非分明之人更适合从事教育工作。于是他准备找一所学校，去当一名教书育人的"园丁"。

陈信泰当时并没有把考大学纳入人生规划之中。陈信泰回忆说："那时如果报考国立大学，需要正规高中毕业证书或介绍人保举。在国立大学读书，不仅功课多而且管理严格，我就很难再勤工俭学。至于教会大学，则收费甚高，不是一般家庭所能承受的。"说来话巧，家住淡水路的金姓女同学有一天路过陈信泰家，与他聊起了就业与考学信息："你听说没有？之江大学要在上海复校，招生条件从宽，同等学力即可报名；至于学费，说是可以通过社会募捐的方式代替学费。"之江大学在抗战期间一度迁往内地，战后复校时由于杭州校区

---

① 语出马叙伦作词《之江大学校歌》："门对江潮，沧海日，六和月，万山环立仰秦望。学以济时，诚为体，仁为用，服膺校训为民光。唯之江是我母校，雄秀甲天下，学府辉煌！齐努力，东西文化阐扬，济济沧沧，英才共一堂。猗欤休哉祝之江，千秋万岁无疆！猗欤休哉祝之江，千秋万岁无疆！"

损毁严重而决定先行在上海招生。《之江大学史》对“复校经过”作了如下记述：“1945 年秋，因杭州校舍在抗战中遭到日军严重破坏无法使用，于是校方决定之江文理学院先在上海复校，招收新生 150 人。此时在沪的新、旧学生近七百人，分别租借上海青年会、慈淑大楼、崇德女中和民立中学上课。林汉达教授任教务长，主持校政，学校分设文、工、商、教育四个学院。”①

陈信泰听了金同学的一番话，心有所动，打算一试。母亲文绣表示支持，父亲陈智发则让他先去考察，再作决定。陈信泰在对之江大学作了一些了解之后，觉得这是读大学的好机会，于是参加了入学考试并被教育系录取。在陈信泰记忆里，教育系 1945 级最初有 98 人，其中也有那位金姓同学，“不过，金同学等人在二年级时休学或退学了。学生休学或退学有多种原因：首先，我们二年级迁往之江大学杭州本部，学费、生活费和住宿费一下子提高了不少，有些同学负担不起；其次，之江大学宽进严出，补考学分就得多交学费，又会淘汰一些学生；再次，当时学生运动较多，学校也以各种理由对学生进行甄别，有些人被清退了。读教会大学的好处在于：学制具有弹性，注册制度严谨，档案管理有序，学生可以申请休学一两年再续读。有人 6 年甚至 8 年才毕业——前提是满足学分要求”。

之江大学上海校区的教育系 1945 级借用了卡德路与北京西路交汇处的崇德女中校舍。女中学生白天上课，之江大学的课程则安排在下午 4 点至晚上 10 点。主持教务的林汉达先生（1900～1972）是一位社会活动家，不仅口才好、鼓动力大，而且头脑灵活、组织能力卓越，所以始终有人信奉和追随他。比如，陈信泰就曾这样评价林汉达先生：“他能高效率地完成教育系 1945 级的招生、管理和教学工作，这本身就近乎奇迹。他灵活的办学方式满足了青年学子的求学愿望，所以同学们多视之为进步教师。”林汉达阅历丰富：1924 年从之江大学毕业，其后 4 年里曾在 6 所大、中学校任职；1928～1936 年，担任世界书局英文编辑、英文编辑部主任兼出版部主任，人脉资源丰富；1937～1939 年赴美留学，1939 年回国后担任华东大学教育系主任兼之江文理学院英语系教授；抗

① 张立程、汪林茂：《之江大学史》，杭州：杭州出版社 2015 年版，第 83 页。之江大学前身是美国北长老会于 1845 年在宁波创办的崇信义塾；1867 年，迁至杭州后，改称“育英义塾”；1897 年，扩建为高等教育机构“育英书院”；1914 年，在原书院基础上建立“之江大学”；1928 年，向南京国民政府备案并被批复准立“私立之江文理学院”；1940 年动议恢复“之江大学”之名，但因处于战乱之中，国民政府仅允其试行，直到 1948 年 7 月国民政府教育部方核准之江文理学院改为综合性的之江大学。在本文中，“之江大学”与“之江文理学院”通用。另据陈信泰回忆，教育学系当时隶属文学院管理，之江大学沪校区并未单独设立教育学院。

战胜利后担任之江文理学院教务长兼教育系主任；1945年12月30日，与马叙伦、王绍鏊、许广平、郑振铎、雷洁琼、徐伯昕、赵朴初、陈己生等发起成立中国民主促进会；1946年5月，中共推动成立上海人民团体联合会，林汉达列名29位理事名单，“同年秋，林汉达到达解放区……1949年，参加中国人民政治协商会议……历任北京燕京大学教授、教务长，中央教育部社会教育司司长，全国扫盲委员会委员，教育部副部长……”①

陈信泰1945年8月至1946年8月读大学一年级期间，正是林汉达主持之江大学沪校校政时期。那时坊间散播着林汉达的很多传言，比如，有人说林汉达担任世界书局英文编辑时期主持编写的《标准英语读本》抄袭了林语堂《开明英文读本》并引起两大书局的官司②。又有人说，林汉达1937～1939年赴美国留学，在科罗拉多州立大学研究生院民众教育系读学位，仅用两年时间就取得了硕士、博士学位，颇为可疑。后来还有人说林汉达言行不一，例证是：1946年6月19日，上海圣约翰、大同、之江、交通、东吴等72所大中学校成立上海学生争取和平联合会，号召上海学生联合起来反对内战并酝酿组织赴南京和平请愿；上海各界近300个工会、学校和团体5万人于6月23日汇聚北火车站，举行声势浩大的集会，欢送师生代表赴南京请愿；陶行知、林汉达、雷洁琼、吴晗、陈震中等在集会上发表演讲，雷洁琼、杨秀峰等教师与学生共进退，登上了前往南京的火车，表现出师表风范。代表团启程后，留在上海的学生继续举行游行示威，而林汉达在慷慨演讲后转眼不见了踪影，他事后自称是挤不上火车，而目击学生则说他找机会“撤”走了。——这次集会的学生领袖是上海交通大学的陈震中，他知道此行凶险，为保护低年级学生起见，只安排高年级同学上车，要求低年级学生只在上海继续声援。果然，上海请愿团当晚7点到达南京下关车站后即遭到军警、特务和流氓的围攻，他们向请愿团投掷砖头碎石、玻璃瓶子，致使很多学生头破血流，马叙伦、雷洁琼、陈震中、阎宝航等被打成重伤。这就是著名的“六·二三”和平请愿运动和“下关惨案”。南京那边学生挨打，林汉达则又在上海发表演说。……还有同学说林汉达在财务方面公私不分：有位同学入学后即为学校开展募捐活动，所得颇多，这是因为

---

① 张立程、汪林茂：《之江大学史》，杭州：杭州出版社2015年版，第117页。

② 关于林语堂与林汉达的官司，可参见宋云彬：《开明书店与世界书局的争讼》，中国人民政治协商会议全国委员会文史资料委员会编：《文史资料存稿选编23·文化》，北京：中国文史出版社2002年版，第363～365页。另可参见穆易：《林语堂〈开明英文读本〉的版权官司》，《人民政协报》2011年3月24日。

其父亲的很多朋友是生意人，也乐于为大学捐款、向学生施以援手；那位同学则认真地给每位捐款人留下收据："今收到某某先生为之江大学学生捐献助学金大洋（国币）××元。××系×年级学生×××募捐。"这位同学去送捐款时，林汉达正与人打麻将，手气不顺，嚷着"娘希匹"之类的脏话。这位同学将捐款奉上，林汉达未做清点、记录就直接划入了麻将桌下的钱匣。这位同学颇为吃惊，林汉达也注意到了这位同学惊讶的表情，后来专门找他说明"打麻将是为了掩饰身份"云云……对于这些传言，陈信泰都秉持"孤证不立""为尊者讳"的原则，主张"疑罪从无"，不信不传并尽力为林汉达"辩诬"，因为毕竟他是自己的老师，何况当时各种政治势力都在角力，这些传言也许是佛头着粪的栽赃！

在回忆往事时，陈信泰依然佩服林汉达的社会活动能力：林汉达真的免除了部分穷苦学生的学费并勉力支撑起之江大学沪校区的教学管理工作。之江大学上海校区教育系一年级的课程并不规范，主要是因为师资队伍不够稳固，而且校舍借用崇德女中教室，课程集中安排在周一至周五下午 4 点到晚上 10 点，有点近乎"夜校"了。师资不足，林汉达就以"名人专题讲座"代替课程，郭沫若、陶行知、周建人、翦伯赞、雷洁琼等都曾来演讲，而这种名人专题讲堂反而成了之江大学沪校的名片和招牌。对于大部分学生而言，能近距离接触名士达人足以引为骄傲；而对于那些清贫的学生来说，这样的安排不仅能让他们完成大学课程，而且能腾出时间去做兼职工作，因而他们认为这是学校对学生的体恤。

进步学者应邀来校讲课时，听讲的学生们会自动分成三个方阵：进步学生坐在前排为第一方阵，以便保护演讲人，第二方阵是三青团或亲国民党的学生，第三方阵是坐在后排的普通学生。老师在演讲过程中如果有违禁言论，三青团学生就会站出来与老师辩论，甚至与进步同学争吵起来；如果三青团学生控制不了场面，就有国民党员学生"掏出枪来"。陈信泰回忆说："无论什么时代，总有年轻人崇拜权力和暴力，而且自以为忠于领袖就是忠于正义与真理。那时候有个别学生被收买，作便衣情报员甚至加入了国民党，他们负责监控舆情，手里确实有手枪。我班的 W 比我大两岁，很老成的样子，他是国民党员，周围总有几个三青团员跟随着。有一次在林汉达的课上，W 就掏出了手枪。进步学生立即保护林汉达离开教室，三青团学生追赶不放，后排的学生则一哄而散。此后不久林汉达消失了，后来知道他去了中共解放区。其实三青团学生表面气势汹汹，也只不过装腔作势而已。我因为与进步学生交往较多，所以在 1949 年春天收到过一封夹着一颗子弹的恐吓信，大概也是 W 所为。"

陈信泰评议说："林汉达的为人处世之道给人多重启示。第一个启示是：处于乱世之中，生存第一，安全第一，不能保存自己就没有发展的可能。第二个启示是：工作方法要灵活变通，办法总比困难多。第三个启示是教训，即实用主义必有后患。比如，他在用人方面唯才是举而不计其道德，有着曹操一样的枭雄之心，但他重用的人既有革命者也有变节者，那些人表面上把手言欢、称兄道弟，背后却踢脚弄事、互相拆台。林汉达后来被打成'右派'也全拜这些损友所赐。"

陈信泰与林汉达的最后一次见面是在他1953年从北京师范大学研究生毕业留校之后。陈信泰有一次邂逅在之江大学读书时的同学，同学告诉他："林汉达先生现在是教育部领导，你有空应去拜见一下老师。"于是陈信泰按照同学给的地址，在一个周末的上午到教育部宿舍拜见林汉达先生。林先生的女儿当时正在北师大教育系读书，认识陈信泰，遂为之通报。此时已是上午10点多，林先生还未起床。陈信泰听到林先生在卧室里问："什么人呀？让他等一会儿。"陈信泰就为自己的冒昧而深感不安，但既然来了也不便转身就走，只好继续等待。林汉达直到11点钟才披着睡衣出来，对陈信泰说："昨晚加班很累。你有什么要求？我能帮你什么吗？"陈信泰说："我没有什么要求，就是来拜见老师。我现在已经研究生毕业，留在北师大工作了……"林汉达说："很好。我太忙了……以后你要来见我，提前打个电话来。"但他并没有说出其电话号码，陈信泰后来也就没有再去看望林汉达。

在之江大学讲学任教的名人中，陈信泰最钦佩陶行知先生。1946年年初，沈钧儒、陶行知等人由渝复员返沪，以他们为首的"中国人民救国会"总部也从重庆迁回上海。陶先生受邀于1946年2月至6月在之江大学讲学，这也成为他教育生涯的最后华章。陶先生那时生活非常清贫，基本靠稿费和讲课费维持生计。陶先生因为反对"一党专制"而上了特务的黑名单，但他有勇有谋：每当在大庭广众之下公开演讲时，他知道有便衣特务在场，而特务还不至于丧心病狂到公然随意开枪杀人，因而他会指着自己胸脯向特务喊话："你们手中有枪却怯于打日本人，而擅于射杀手无寸铁的国人同胞。那么来吧，向这里打，别认错了人！"但散会之后，他会机智地反盯梢或与几个学生一起走。陈信泰评价说："陶先生这不是胆小而是机智，不做无谓的牺牲。"

陶先生当时借住在沈钧儒公馆，与陈信泰家相距不远，所以陈信泰晚上下课后经常陪伴陶先生一起步行穿过法国公园，送陶先生回到住所后再回自己家。在这样的夜晚，两个人会轮流出钱买两套烧饼、油条或者几个"蟹壳黄"烧饼当宵夜，边吃边走边聊。陈信泰回忆说：“现在想来，陶先生这样的进步人士随时有被暗杀的危险，他愿意找青年学生陪在身边，青年学生也愿意跟他走在一起，甚至做好了为他挡子弹的准备，因为这样的老师实在不多。我与陶行知先生的相伴与问学一直持续到 1946 年 6 月学期结束，7 月 25 日陶先生即因脑出血而溘然长逝。我能与陶先生有这样亲密的接触，真是三生有幸！陶先生的弟子多继承了他的精神风骨，他们的学问水平高低不同，但都肯实干、有义气、有血性、有信念、有定性、有精神力量；他们看到了问题就立即行动起来去解决，遇到困难就想办法去破解，可谓是真正的行动派。——我后来在中国人民大学读研究生时有个同学叫汪达之，是陶门弟子，他在抗战逃难时曾组织新安旅行团，也就是儿童教育团。他把这些流浪儿童组织起来，使他们生存、成长、受教育，真正继承和实践了陶行知的教育精神。汪达之到中国人民大学进修时约 50 岁，喜欢与我、王策三、陶蔚扬、潘懋元一起吃饭、活动；汪达之喜欢照相，所以我们五个人在一起时拍了不少照片，可惜后来运动太多，加上数次搬家，我没能把这些照片保存下来。汪达之在中国人民大学进修结束后曾担任广东民族学院院长。我接触过的陶门弟子，大都具有这种敢说敢做、知行合一的品性。”

此外，陈信泰在之江大学还结识了其他师友：“特别有意思的是，之江大学文学院为学生开设了‘生物’，由王志稼、周建人先生给我们讲授了一个学年。这门课当然不仅是为了让大家‘多识于鸟兽草木之名’，它还兼有‘生理卫生’的内容。我从小就喜欢生物学，所以周建人先生的讲座我是必听的。我当时绝没有想到后来会与周建人先生的女婿顾明远①成了好朋友。”

大学一年级的课程压力不大而且课程开在夜间，故而白天有大把时间可用，这使得陈信泰可以担任代课老师以挣取生活费。他主要在乐华小学和铁华小学担任自然、卫生或科学课程的教师，另外在尚志义务中小学兼任四、五年级的历史、地理课教师。那时抗战刚刚结束，社会秩序颇为混乱。1945 年 10 月，尚志义务中小学的祝老师对陈信泰说：“新闸路市华小学的校长收了学费，雇了两个老师给学生讲课，然后就消失了。这两位老师教了两个月却领不到工资，也跑路了。现在市华小学三个复式班 200 多位学生只能自学。”陈信

① 顾明远（1929～ ），江苏江阴人，1949 年考入北京师范大学教育系，1951 年作为新中国第一批留苏学生赴莫斯科列宁师范学院教育系学习，1956 年回国。曾担任北京师范大学教育系主任、副校长、研究生院院长以及中国教育学会会长等职。主要研究领域为国际教育比较、教育基本理论、基础教育等，著有《鲁迅的教育和实践》《教育学》《比较教育》《我的教育探索——顾明远教育论文集》等，主编《中国教育大辞典》《中国教育大系》《世界教育大事典》《中国教育大百科全书》等。2014 年荣获“吴玉章人文社会科学终身成就奖”。

泰听后，便邀郑帼宝、王世训、翁国光等同学去义务授课，陈信泰被推为“义务”校长，翁国光负责管理教务；他们就这样开展义务教学，直到他们大学二年级要迁去杭州校区了，才把市华小学的学生介绍到附近学校续读。他们大半年的义务工作虽然没有收入，却都觉得特别自豪，因为这种仁爱助人的行动应是“教育”的题中之义。

之江大学杭州校区于 1946 年 6 月复课，要求上海的新老学生在当年秋季到杭州校区续读。陈信泰遂于该年秋天来到了美丽的杭州。之江大学本部设在杭州西南郊外，钱塘江畔，六和塔西，秦望山麓，风景秀丽，其著名的“之江八景”是秦望书声、横山精舍、五云树色、六和铃语、徐岭茶声、越山烟霭、天台观象、涧桥听泉。曾担任之江大学中文系主任的古典文学教授夏承焘说：“我就非常喜欢之江大学。这儿人情款切，学风醇厚，风景幽美。之江有最好的读书环境。一面是秦望山，一面是西湖、钱塘江。据说之江风景占世界所有大学第四位……”①

陈信泰提前半月来到杭州，想尽早熟悉学校本部的情况。有天上午他在校园散步时，一辆轿车在他身边戛然停下，车窗摇下，原来是上海时即认识的一位女同学。她热情邀请陈信泰到家中做客，陈信泰推辞不过便随车前往。通过车上聊天才知道这位同学的父亲是陆军总司令部军法处处长王震南②。轿车驶进一座私人花园别墅，此处围墙高大，警戒森严，一般人根本不敢靠近。王震南倒是谦和有礼，他叫出自己的孩子王诚义，然后对陈信泰说：“犬子刚刚插班到之江大学教育系二年级，今后请你多多关照。”王诚义插班进来，有很多功课要补习，所以陈信泰受邀在王宅住了一周以便为王诚义辅导功课。

住在王震南家的一周时间里，陈信泰抽空进了一次杭州城。逛过西湖名胜之后，“小饕客”陈信泰就打听哪里有好吃的，路人遥指“楼外楼”。陈信泰一路走来，刚到楼下，就有店员热情引进。陈信泰回忆说：“可一进门我就在心里暗叫大事不好。为什么？装修富丽堂皇，红木餐桌椅，餐具极精美，没有菜单和价目，因而推想饭菜不会便宜。但那时候脸皮薄，不好意思问价钱，也不好转身就走，想一想随身带有 20 元钱，大约够吃一份简单的饭菜，就硬着头皮说：‘给我一碗米饭，一个便宜的菜，越快越好，我吃完还有差事。’店员说：‘那

---

① 琦君：《三十年点滴念师恩》，《粽子里的乡愁》，杭州：浙江文艺出版社 2015 年版，第 124 页。

② 王震南（1892～1963），蒋介石母亲王采玉族弟，毕业于浙江省立法政学堂，1924 年任黄埔军校政治部军法处军法官，后任国民革命军总司令部军法处少将军法官、陆海空军总司令部少将军法官，1930 年 1 月任军政部陆军署军法司中将司长，1941 年任第三战区司令长官部中将军法执行监，1946 年后任陆军总司令部军法处处长，1948 年秋迁往香港九龙，1951 年到台湾后辞去公职，1963 年在台北去世，享年 71 岁。

就来个韭黄炒肉丝。’菜端上来那真是色香味俱佳，但我一顿饭吃下来却没有真正的享受，因为心里七上八下，不知道自己能否体面地走出店门。等结完账，一共 18 元，还剩两元车钱。我这时候才长舒一口气，强作镇静地给人家提建议：‘你看这么大一盘菜，客人吃不了多浪费?！以后最好能改成小份，看人下菜。’店员一直笑眯眯，点头称是。我那天没有坐车，步行回去，算是对自己的惩戒：勿贪口腹之欲，切忌爱慕虚荣……”

人生充满偶然和意外，一次邂逅就足以改变一生。陈信泰从没想过攀权附贵，可他晚年回首往事时不能不承认，偶识王震南，的确算是遇到了“贵人”。之江大学本部对上海校区的办学方式和学生管理很不满意，加之学生运动非常频繁，因而校方决定采取各种措施对学生进行甄别，以清退“害群之马”。《之江大学史》记载：“1946 年 6 月复课后，校方以个别谈话方式，对学生进行摸底。政府派来大批武装军警进入秦望山校园，驱逐学生离校，强行解散学生自治会。7 月，有 71 名共产党人和进步学生被校方开除或勒令退学。暑假后，之江文理学院校方又以个别通知方式，以‘煽动学潮，不听教诲’之名开除薛家德等 10 人学籍，并以‘学业成绩不佳’为由，勒令 40 多名学生退学……”①之江大学本部对上海校区学生的学籍进行全面清理，除了部分进步学生被清退，还打算清退“没有正式高中文凭”的学生。教务主任陈世振②认为陈信泰毕业于中华职业学校，存在“学历达标”问题。无奈之下，陈信泰只好请王震南向学校打个招呼，这才得到一点缓冲；同时，王震南暗示陈信泰去拜访一下陈世振并说了一个礼金数额。陈信泰回忆说：“大约两百银元，差不多是我大学一年级打工的全部积蓄。这是我一生中唯一一次‘行贿’，这个耻辱让我牢记终生。它给我以教训：凡事一定要拼命硬干，如果自身过硬、无懈可击，何须低三下四、看人眼色。话说回来，当时为保住学籍而遭受物质上的损失固然让人心疼，但是如果没有大学学历，后来也就不可能有攻读研究生的机会，我的人生可能就走向了另一个方向。——经过迁校、甄别、学籍清理和专业调剂，对我们有多大影响呢？1945 级教育学班入学时 98 人在二年级时减少至 50 多人；待我们三年级回上海与圣约翰大学合校时，只剩 30 多人；四年级真正按时毕业者仅 18 人。”

陈信泰回忆说：“天无绝人之路，我很快就找到了工作。之江大学附属小学招聘六年级级部主任兼语文教师，我就前去应聘。附小校长听我讲了三四节课后就下了聘书：工资不低，每月 18 个小洋——小洋是那种有孙中山头像

① 张立程、汪林茂：《之江大学史》，杭州：杭州出版社 2015 年版，第 88 页。

② 陈世振，浙江海宁人，在之江大学毕业后留校任教，曾任之江大学注册主任、教务主任。

的银元；大洋有袁世凯头像，袁世凯的头像大一些；当时通行的银元还有清政府发行的龙洋。龙洋和袁大头比小洋稍贵一两毛钱。”陈信泰担任代课老师不久，之江附小教务主任廖增瑞①休产假，陈信泰于是又受命代理附小教务主任，工资又涨了一些。这样一年下来，他不仅生活费有了着落，而且用结余的钱做了三套西装，即一套黑色华达尼上装加灰色法兰绒裤子，一套澳毛红 Spone 品牌咖啡色套装，一套斯威绒豆沙色正装；皮鞋也有黑、白、褐色各一双。这些行头使陈信泰显得更加成熟，也足以应付一般场合。

口袋里没有多少钱的清贫者，反而容易在生活中找到别样的乐趣。陈信泰每天除了听课、读书，便到之江大学附属小学讲课、管理教务，生活有条不紊。每天早饭随便吃一点，中饭和晚饭则在六和塔下的一个农家饭馆吃包饭，饭菜干净好吃且便宜。每周只有星期天才有一整天休息时间，但他很少进城游玩。他有两个好去处：一是到浙江第一师范学校走走看看，做教育调查；二是登秦望山欣赏风景。陈信泰说：“浙江第一师范学校的学生素质极高，有三点令人印象深刻：一是学生身材和面容端好。据说学生入学面试环节把关严格，相貌不正或口齿有缺陷者皆不得录取。二是学生斯文，有书卷气。‘腹有诗书气自华’，他们的发型和着装皆有一定之规，男生青布长袍，女生蓝衣黑裙，就是现在人们所说的‘民国范儿’。三是学生颇具艺术气质。校园里回荡着器乐的奏鸣和优美的歌声。走在浙江第一师范学校校园，无处不美，真是一桩赏心悦目的人间乐事。浙江第一师范学校的毕业生甚至比大学生还抢手。我认为，‘浙江第一师范学校教育史与中国近现代名家’这一教育研究课题能给中国今天的师范教育提供有益启示。”

入世与出世只是一念之差，陈信泰等人在秦望山游玩时，不仅乐在欣赏风景，而且也从中冥思人生。正如陈信泰所说：“秦望山由十几个山头组成。星期天，有钱的学生进城消费，穷学生就‘游山玩水’。早上带点面包、豆腐干之类的食物就开始爬山，翻过两个山头，有一座道观出售茶水；这时腿脚走累了，就坐在藤椅或山石上小憩，叫一杯山泉水冲泡的龙井茶，欣赏周边风景，仿佛置身仙境，凉凉爽爽，不免有出世之想。但与道士的对话却颠覆了我的想象。我说：‘你们的生活真如神仙自在呀！’他说：‘我看你们才是神仙。我也想过好生活，可是遭逢乱世，又无本领，当道士只是为了吃口饭、活下去罢了。人在这种环境里待久了，自然也会变：物质要求日益简单，不奢求太多，只有一个念

---

① 廖增瑞，福建闽侯人，曾任之江大学训导处女生指导、之江小学校长。廖增瑞之父是之江大学工学院院长、著名工程学家廖慰慈。

头——活着就是造化和福气。'我听了这些话，恍然有所感：人生不存在截然两分的入世与出世，人间即道场，各有生活禅；这些道观和寺庙只不过给人提供了静思默想的场所，让人从忙碌中分身出来换一个角度看人世。后来我看到汪曾祺的小说《受戒》里面烟火气十足的和尚，就联想到秦望山上的道士，因为他们精神气质相通，都是'在人间'的。"

陈信泰特别得意的一件事是在秦望山上发现了几棵灵芝。"灵芝有三种：石灵芝、木灵芝和土灵芝。石灵芝生长缓慢，极为罕见；木灵芝营养丰富，优雅好看；土灵芝简直如蘑菇一样长得疯快，有的气味浓烈犹如臭鱼烂虾。我在秦望山发现了一株木灵芝，就拿树枝、树叶围护起来，直到要离开杭州时才采下来作为纪念。后来我到北京师范大学读研究生，听生物系一位老师说他从未见过真正的木灵芝，就把那株灵芝捐给了他们的标本室。"

对于大学生来说，花钱最少而收获最大的当然还是读书。陈信泰在课余时间与陆鸣岗(后在上海广播电台工作)、徐正纲(后在上海青浦中学任教)、王世训(后在上海励志中学任教)、张渭城①、刘渭先(后在宁波同济中学任教)、郭士林(后在沪西中学任教)等来自不同系科的同学组织了一个山柏学术研究会，自标为纯粹的学术研究团体，还一起翻译过英文版《世界史讲义》。但他们毕竟是热血青年，因为有感于时事而在"反饥饿、反内战、反迫害运动"中推出了两期《之江评论》墙报。陈信泰回忆说："之江大学学生响应上海、杭州各高校的反饥饿运动号召，纷纷行动起来表示声援。'山柏学术研究会'本来主张读书救国，最初作壁上观，但是我看到校方与军警包围礼堂、强迫解散学生会、开除进步学生等行径，感到非常气愤，就与陆鸣岗、徐正纲编辑《之江评论》，声援同学们的行动。第二期《之江评论》更是揭露校方暗藏大米、以'粮食缺乏'为由强迫学生离校等内幕，《之江评论》因此遭到查封，'山柏学术研究会'也被迫停止活动。当时有学生如蔡体雍等参加秘密组织 D.D.T，任务就是告密、离间和破坏。这件事也让我明白，乱世之中难以独善其身，也不可能搞所谓纯学术研究，一是因为个人良心不安，二是因为有人暗中挑拨，所以无人能置身事外！"

按照之江大学的培养方案和课程体系，学生除了专业必修主干课程之外，

---

① 张渭城(1922～)，上海奉贤人，1945 年考入之江大学，1947 年秋季转入北京大学教育系学习，1949 年 6 月毕业后至河北师范学院任教，1955 年 3 月调入人民教育出版社任编辑，1978 年12 月调入中央教育科学研究所工作，1987 年离休。编辑翻译出版大量外国教育论著并撰写介绍国外教育教学动态的文章。《张渭城外国教育文选》2005 年由中国文史出版社出版，扉页上写道："谨以此书敬献给编者在外国教育翻译和研究道路上受启示教益较大的两位老师——原之江大学和北京大学教授林汉达和陈友松先生，以志怀念。"

其他相关课程可以任选，达到学分总量要求并通过论文答辩后即可申请毕业。陈信泰回忆说：“当时之江大学规定学生必须修足 150 学分方可申请毕业。为了防止学生急于求成而保证学习效果，学校又规定学生选课每周不少于 12 节且不多于 20 节。我在杭州校区时选课很多，因而毕业时总学分超过了 200 学分。我之所以选修了这么多课程，主要是觉得不能空泛地研究教育学，还应该学习其他专业作为基础，否则就可能成为‘空头的教育学家’。当然，选课也与我的兴趣有关，我很喜欢‘生物’①‘哲学’‘历史’和‘中国古代文学’等课程，所以我选课有的是为了学分，有的纯粹是为了兴趣，有的则是为了进行比较研究。我曾被多位老师指定为助手或课代表，还给我发劳务费。由于所知较多且担任老师的助手，所以同学们送我一个绰号——‘小先生’。”

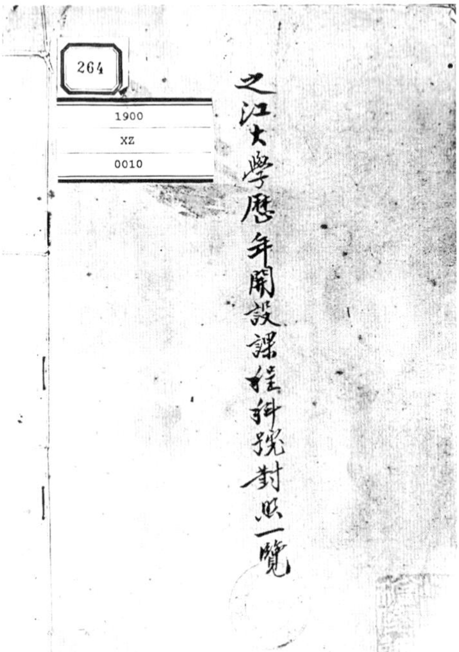

《之江大学历年开设课程科号对照一览》封面

---

① 据《1945 年之江大学文学院（英文、教育、新闻）课程设置》档案，文学院“生物”课共 4 学分，由王志稼先生主讲。王志稼（1895～1981），苏州人，1920 年毕业于东吴大学生物系，1925 年获美国芝加哥大学植物学硕士学位，曾任中央大学教授、光华大学教授兼生物系主任。1949 年后历任复旦大学教授、华东师范大学教授、安徽师范大学教授兼生物系主任，是上海植物学会第一届主席以及安徽省植物学会第一、二届理事长。王志稼专注于淡水藻类植物学，发现了蓝藻与绿藻等新品种，有《藻类植物》等论著存世。

表 1　　之江大学文学院教育系课程总表①

课程科号	课程名称
101ab	普通心理学(上、下)
102ab	教育心理学(上、下)
103ab	教育概论(上、下)
104	教育社会学
105ab	西洋教育史(上、下)
106	普通教学法
107	普通教育法
201	英语教学法
205ab	比较教育(上、下)
206	教育与建国
207	训导原理及实施
208	教育原理
209ab	教育统计(上、下)
210	教育测验与统计
211	心理与教育测验
213	初等教育
214ab	小学各科教法及教材(上、下)
215ab	中等教育(上、下)
216	教育视导
217	课程编制
220ab	教育哲学(上、下)

① 由"课程总表"可知,之江大学教育系本科 4 年共开设 62 门课,另有"教育实习"6 次、毕业论文 1 篇。其课程体系较为完备,其中,"家事管理""教学问题讨论""如何思想"等对于当下的教育系课程设置仍有借鉴意义。根据浙江大学档案馆馆藏"私立之江大学注册组"建档的《之江大学历年开设课程科号对照一览》和《1945 年文学院课程设置》可知:林汉达在 1945～1946 学年至少开讲了七门课,即"教育概论""西洋教育史""中国教育史""教育问题讨论""民众读物""英文""英文习作"。傅统先至少开讲了四门课,即"社会教育学""普通心理学""教育心理学""人生哲学"。古楳开讲两门课,即"乡村教育""社会教育"。这一方面显示出当时之江大学师资力量紧缺,另一方面则说明这些先生都是一专多能的通才。

续表

课程科号	课程名称
221	教育与学校行政
222	儿童心理学
223	青年心理学
224	变态心理学
225	各科教学法与见习
226	中等教育问题
227	教育调查统计
229	学校调查
230	教育研究法
232	演说训练
235	英文教育杂志
237	现代教育问题
242	中学教务
244	中学训育
245	课外活动
246	教育法令
247	教育行政
248	学校行政
250	乡村民众教育
251	民教实习
253	民众教育实施
255	家事管理
257	社会心理学
259	发展心理学
260	中学各科教学法
261ab	中国教育史(上、下)
262	应用心理学
263	社会教育

续表

课程科号	课程名称
264	民众读物
265ab	国民教育(上、下)
271	健康教育
272	小学教育行政
273、274、300abcd	教学实习(一至六)
302	教学问题
303	教学问题讨论
304	如何思想
305、306	世界教育史(上、下)
307	儿童教育研究
309	幼稚教育
311	群众教育
313	教育政策法令
350	毕业论文
401	苏联教育

表 2　　之江大学教育系学生名册(1945 年度第二学期)①

姓　名	性　别	学　号	备　注
包文仙	女	33051	降级
张启琴	女	34101	
徐信夫	男	34103	
籍傅雅	女	34105	
周信亚	女	34112	
王世训	男	34136	
金文芝	女	34144	
戴淑媛	女	34145	

① 之江大学教育系 1945 级本科生入学时为 98 人,1946～1947 学年注册者为 56 人(含转学、插班、降级者 6 人),1949 年按时毕业者仅 18 人,可知学生流失情况较为严重。

续表

姓　名	性　别	学　号	备　注
陈信泰	男	34156	
章耀章	女	34160	
徐正纲	男	34161	
郭士材	男	34162	
王育德	女	34170	
蔡文娟	女	34174	
陆宗兰	女	34175	
薛良英	女	34198	
周希和	女	34179	
顾培云	女	34187	
章增华	女	34192	
俞桂英	女	34194	
李永根	男	34195	
于慧玲	女	34204	
齐永培	女	34205	
屠秀月	女	34209	
严汝珍	女	34217	
杨爱宝	女	34219	
郑帼宝	女	34220	
顾怀涵	女	34222	
朱佩君	女	34227	
邹金	女	34228	
赵闺英	女	34235	
洪明慈	女	34236	
王福康	男	34241	
闵瑞卿	女	34249	
夏吟秋	女	34151	
陈雅莉	女	34252	
金问梅	女	34266	

续表

姓　名	性　别	学　号	备　注
毛珊珠	女	34269	
郑佩艳	女	34272	
叶家洁	女	34279	
蒋群明	女	34288	
郭楚乔	女	34298	
曹衍诚	男	34299	
吴菊贞	女	34307	
林慧英	女	34310	
吴钰�	女	34311	
沈毓文	女	34318	
商友菊	女	34322	
李孟华	女	34324	
袁雅芬	女	34325	
王美春	女	33050	降级
夏级茝	女	34327	
杨荇芬	女	34977	本学期插班
黄曰鵖	女	34978	大同大学转学来校
查嘉毅	女	34979	本学期插班
王诚义	男	34982	本学期插班

风雨飘摇中的大学已不再是象牙塔，大学生也难以超然于政治之外。陈信泰回忆说："据我所知，之江大学学生也分化出左、中、右三派。有些人加入了民主党派，比如胡光辉、王迅攸等追随林汉达加入了民盟；还有一部分加入了三青团，甚至成了国民党员，如王士章、王世训、蔡体雍等；高年级同学中也有中共地下党员，如田复春、左淑东①等。1945 年 12 月 1 日，昆明发生了镇压

① 田复春，1945 年加入中国共产党，1949 年后任《解放日报》《人民日报》记者、编辑，是《新中国第一位少年英雄刘文学》的传记作者。左淑东，女，江苏镇江人，1945 年加入中国共产党，1947 年毕业于之江大学教育系，1949 年后创办上海幼儿师范学校并任校长，后担任上海市教育局师范教育处处长、中国教育学会常务理事、全国幼儿教育研究会理事长以及第二、三、五届全国人大代表，曾出席联合国第三次世界教师代表大会。

学生民主运动的恶性事件，特务杀害了潘琰、于冉、李鲁连、张华昌等四位进步学生，学潮迅速从云南漫延至全国，我们也都参加了声援活动。1947年‘反饥饿、反内战、反迫害运动’中，臧克家的《生命的零度》等诗文在学生中引起极大震动，那首诗写1947年初春上海‘前日一天风雪，昨夜八百童尸’，讽刺‘这里的良心都是生锈了的’。[①] 大学生是社会的良心，当然不能‘零度情感’，更不能‘良心生锈’，所以我们行动起来。之江大学杭州本部原计划把上海班打散后再编入本部各班中，但是很快发现此班学生思想活跃，硬性打压可能会引起更大的学潮，而编入其他班的话还可能传播‘思想病毒’。学校本部这时候才觉得仿佛‘引狼入室’，招来了一个祸患。”于是沪校班级基本保持了原有编制。

陈信泰在1947年秋季至1948年夏季大学第三学年又回到了上海，在圣约翰大学续读。之所以如此，是缘于华东地区基督教会大学的一项合校计划。《之江大学史》载：“1946年，基督教中国战后规划委员会认为应该建立一所华东大学……华东差会提出了将华东地区五所教会大学合并成立一所‘华东联合大学’的构想。”[②]此提议得到了苏州东吴大学、杭州之江大学和上海圣约翰大学的响应，三校一度接受了之江大学校长李培恩起草的合校计划，拟将各校原有的文、理科集中于圣约翰大学校区，工科集中于之江文理学院校区，高中部集中于东吴校区。[③] 之江大学文学院遂于1947年8月迁往上海圣约翰大学[④]校区。

陈信泰重返上海后，首先要解决的还是温饱问题。好在他得到了比乐中学教导主任杨善继[⑤]的很多帮助，故而在大学三、四年级的两年里手头上一直保持两份以上的兼职工作。这些工作使他的人脉关系不断扩展，社会活动能

---

① 参见臧克家：《生命的零度》，上海：新群出版社1947年版，第45～51页。

② 张立程、汪林茂：《之江大学史》，杭州：杭州出版社2015年版，第86页。

③ “华东基督教联合大学计划”因为校址选定等分歧而最终搁浅，“由首先失去兴趣的圣约翰大学单独招生开始，之江文理学院和东吴大学也先后单独招生，开办‘华东联合大学’的计划终于在1948年春宣告流产”（张立程、汪林茂：《之江大学史》，杭州：杭州出版社2015年版，第86页）。1952年院系调整后，圣约翰大学与大夏大学、光华大学一起并入华东师范大学；之江大学并入了浙江大学；东吴大学先被并入苏南师范学院，1982年后扩建为苏州大学。

④ 张仲礼所作《圣约翰大学史》“序”第1页载“圣约翰大学是美国圣公会在上海创办的一所著名的大学，曾被誉为‘东方的哈佛’‘外交人才的养成所’。它创于1879年，1952年被裁撤。”“前言”第7～17页介绍了圣约翰大学“鲜明的特色与传统”：(1)小规模办学与非职业化的学校定位；(2)地道的外语教学；(3)通识教育、科学教育和体育教育三者并重；(4)丰富多彩的校园生活与校园文化。（参见熊月之、周武主编：《圣约翰大学史》，上海：上海人民出版社2007年版，第1、7～17页）

⑤ 杨善继（1919～1984），安徽怀宁人，毕业于西南联合大学教育系。1946年8月，在黄炎培的指导下筹建比乐中学，任教导主任；1949年后，任比乐中学校长；1982年，调往北京，担任中华职业教育社总社主任、中国教育学会常务理事。

力也得到了较大的提升。

陈信泰打工挣来的钱，除了购买生活必需品，基本用于购买图书。他涉世深了，读书多了，思想也比同龄人成熟一些。他在参加圣约翰大学"读书联谊会"时，发现多数同学只是坐而论道，因而在该联谊会做过一场报告后即自行退出。但他又想与志同道合者分享心得，于是向教务长王裕凯(1949 年后去香港)报备，恢复了"山柏学术研究会"，除了原有的王士训等老会员以外，又吸收了王士章、袁雅芬(1949 年后担任上海卢湾中学校长)等新成员，并于 1947 年 12 月 25 日推出了第一期三块墙报。陈信泰回忆说："三块墙报所用大木板，是请我家隔壁的板箱店打制的。第一块墙报是我主编的教育类墙报《师说》(第二、三期改为《教育论坛》)，评议杜威教育思想、杨贤江教育思想，反对党化教育，批判教育脱离社会实际等；第二块墙报是王士章负责的政治类墙报《狂飙》，揭露国民党的军事失败内幕，抨击政治和财政危机；第三块是陆鸣岗负责的文学类墙报《钢铁的声音》，介绍苏联文学和世界进步文学，还有讽刺现实的小品文。三块墙报每期需要张贴 500 字稿纸大约 60 页，总计 3 万字。作者和编辑都很用心。"陈信泰为墙报写作杨贤江教育思想的评论，也是从那时起开始接触马克思主义教育理论。当时圣约翰大学训导长潘世兹①站在墙报边浏览了许久，认为内容比较"左"，就找到陈信泰谈话："Mr. Chen，你们的活动有些出格了，墙报里有'红色'的内容。你们有什么背景？现在是敏感时期，不要对学校造成不良影响呀！"陈信泰回忆说："山柏学术研究会没有任何政治背景，大家有话想说，也想办个墙报锻炼自己，如此而已。如果不让出，停刊就是了！我是在 1949 年后才知道杨贤江是中共地下党员，是马克思主义教育思想研究的第一人，才恍然明白潘世兹说我们'左'的原因。"

2017 年圣诞节，陈信泰回忆起七十年前在圣约翰大学一起办墙报的王士章、陆鸣岗和王世训等人，深深感叹"性格决定命运"：

王士章出身于上海一个富裕家庭，视钱财如粪土。他总是短发平头，服饰随性而潇洒，文质彬彬又干练。他博闻强记，有过目不忘之才；他辩才出众，口若悬河，与人交流时始终把控着话语权。他是理想主义者，谈起理想时似乎可以几天几夜不眠不休；他又是悲观主义者，永远不满现实并给予入木三分的批

① 潘世兹(1906～1992)，广东南海人，1933 年毕业于上海圣约翰大学，专长为英美语言、文学及历史，有汉译英《三字经》等书存世。曾任圣约翰大学训导长；1949 年上海解放时圣约翰大学成立 15 人校政委员会，其中，杨宽麟为主任，潘世兹为副主任。1952 年院系调整后，潘世兹担任复旦大学教授、图书馆馆长。

判。他见闻广博,很多消息都是他讲过之后广播、报纸才发布出新闻来;他关注国家大事,精准预测了中共将有"三大战役"的战略部署,因而很多同学后来称之为"神算子"。王士章是国民党员,但看到接收大员的腐败以及通货膨胀造成的民生危机后就断言"国民党已失去民心,注定成不了气候";他有倚马可待的文笔,1947 年即公开发表学术论文。[①] 才子王士章狂放不羁、目空一切,到了"没有朋友"的地步,甚至与家人也极少有共同语言。有一次陈信泰到他家中做客,王士章的父亲安排了一桌美食招待,但王士章在餐桌上仍是咒骂一切,其父终于忍无可忍,大吼一声:"你给我滚出去!"陈信泰规劝王士章:"君子讷于言而敏于行。士章兄宜收敛嘴上功夫。按照为人处世的常理,总有人不愿听你骂,甚至会与你拳脚相见;按照党治天下的现状,你骂国民党,可能会从人间蒸发;按照迷信说法,你即使'看透一切'也不可泄露天机,否则会遭天谴;按照传统礼义,'君子有三畏:畏天命,畏大人,畏圣人之言'。"王士章拍拍陈信泰的肩膀说:"你没有说下半句:'小人不知天命而不畏也,狎大人,侮圣人之言。'我倒觉得人各有命,老天生下我,注定让我做一些该做的事情。……信泰你有思想也很稳重,一定会活得比我长久!"真是一语成谶。热血青年王士章曾与陆鸣岗去中共解放区考察,也对新社会充满向往。1949 年考取许涤新[②]

---

① 王士章 1949 年前发表的文章有《独占资本与美帝国主义》(《文汇丛刊》1947 年第 5 期,封面署名"马寅初等著")、《独占资本与金元外交》(《中国建设》1948 年第 6 期),另有文章发表在《时与文周刊》1948 年第 2 卷第 13 期。王士章的文章和译著主要集中在 1954～1956 年,如:《苏联过渡时期的公债》(《经济周报》1954 年第 2 期)、《论社会主义下工业品价值的相对下降》(《经济周报》1954 年第 6 期)、《一九五三年资本主义国家经济概述》(《经济周报》1954 年第 15 期)、《社会发展诸阶段可以跳越论》(《经济周报》1954 年第 49 期)、《过渡时期各种生产关系的基本经济法则》(《文史哲》1955 年第 3 期)、《资本主义国家发展不平衡性的加剧和市场矛盾的尖锐化》(上、下)(《财经研究》1956 年第 1、2 期)。译作有:《马克思致〈祖国纪事〉编辑部的信》(《经济周报》1954 年第 2 期)、《资本主义国家 1950～1955 年经济发展统计资料》(新知识出版社 1956 年版)、《美帝国主义在拉丁美洲诸国的扩张》([苏]伏隆斯基著,新知识出版社 1956 年版)、《为帝国主义反动派服务的英美资产阶级经济学者》([苏]林金娜著,与孙世英合译,人民出版社 1956 年版)。

② 许涤新(1906～1988),广东揭西人,早年参加革命,长期在《新华日报》工作,1949 年后任复旦大学经济研究所所长,后调至北京任中央工商管理局局长、中央统战部副部长。

的研究生[①]，1950 年研究生班毕业分配到上海财经学院工作。由于他逞才好辩，加上有“国民党员”等历史问题，在反右倾运动中受到批判。当年与王士章一起受到批判的钱锺毅、徐曰琨、李梧龄[②]落实了政策，留下了回忆录；而王士章却如同人间蒸发一样再无消息，令人唏嘘不已。

陆鸣岗 1949 年到苏北参加了共产党游击队，临走时拜托陈信泰照顾其母亲。陈信泰回忆说：“我每个月都送些钱物过去。老太太很挑剔，难侍候，一直用着一个苏州‘梳头姨娘’；她把我送去的钱财视作理所当然，或许她以为这是她儿子给她寄来的吧！陆鸣岗回到上海后，担任上海广播电台听众服务组组长。他再见到我时说：‘我很忙，以后没有特殊情况不要来找我。’搞得神神秘秘，所以我后来与他再无联系。”陆鸣岗决绝地与过去的朋友断绝来往，仿佛预感到大时代的转折即将到来，而他最小心提防的就是了解他底细的故人。

王世训在 20 世纪 50 年代初的“肃反”运动中被捕。陈信泰在北京师范大学读书时，王世训曾从江西劳改的地方写信来，请他给自己的孩子买些玩具，有空时去看望一下袁雅芬。陈信泰与王世训、袁雅芬是大学同学，帮忙照顾本是情理之中的事，但是这封信经过组织审查后才交到陈信泰手中，以至于党支部书记彭飞不仅与陈信泰谈话，了解他与王世训的关系，而且要求陈信泰“跟他断了关系吧，否则会影响你的进步！”当时的上海组织也动员袁雅芬与王世训离婚以免影响她和孩子的生活，于是袁雅芬与王世训离婚，她自己带着袁跃、袁进和袁青生活。陈信泰由于学业紧张而几年没回上海，仅写信给袁雅芬，让她有困难的话尽管去找母亲文绣帮忙，故而袁雅芬有段时间常到文绣家聊天以纾解情绪，直至陈家迁离上海。“文革”开始不久，袁跃到北大荒当知

---

① “新中国成立后，国家非常需要人才。《解放日报》上刊载复旦大学经济研究所招生广告。原来为了培养上海财经理论干部，以适应新中国成立初期百废待兴的迫切需要，在陈望道和许涤新的倡议下，复旦大学成立经济研究所，市委委任许涤新为所长兼教政治经济学，李铁民为副所长，8 月开始筹备，学习期限一年，供给制待遇。……第一期共录取八十七名研究生。10 月正式开学。除了我、汝仁、王士章、方俊英几位是应届大学毕业生外，多数同学已在复旦本校、唐山工学院、西南联大等校毕业，并且参加工作多年。”（陈绛口述，郭志坤撰稿：《陈绛口述历史》，上海：上海书店出版社 2016 年版，第 42 页）

② 钱锺毅（1916～1989），钱锺书堂兄，桥梁专家，翻译家，1948 年在美国获博士学位归国，1949 年初在上海交通大学任教，后调至同济大学筹建桥隧专业，1958 年底调往福建工作，1978 年回同济大学任教授。徐曰琨（1904～ ），浙江杭州人，经济学家，上海财经大学教授，1958 年被划为“右派”，由四级教授降为 11 级资料员，1975 年平反，1979 年恢复待遇，1994 年享受政府津贴。李梧龄（1935～2002），浙江嘉兴人，1953 年考入复旦大学物理系，1956 年以优异成绩提前毕业留校担任物理系理论物理教研室助教，1957 年因言获罪而被打成“右派”，1958 年劳改，1978 年年底平反，1979 年入同济大学物理系任教。

青，袁进去西北当知青，只有袁青留在了上海。1979 年后，王世训解除劳改，落实政策，调入宁波师专教英语，国家也给予一定补偿。他曾到曲阜来看望陈信泰，也表达了希望与袁雅芬复合的愿望，但是袁雅芬没有同意。袁雅芬 20 世纪 90 年代退而不休，接受了上海市委安排的“统战”工作，长期陪伴在荣毅仁的母亲身边……陈信泰回忆说：“那代人深受梁启超《少年中国说》影响，雄心万丈，意气风发，青春皆有凌云志，曾许人间第一流，希望改造中国的政治、经济、文化和道德，想成为世界的主人翁，然而他们中的一部分人却时运不济，在与现实政治纠缠中泥足深陷。”

张渭城似乎是“山柏学术研究会”成员中最不关心政治的，却有着最完善的人生结局。他出身贫苦，知道读书向学是改变命运的唯一出路。他参加这个社团首先就是奔着读书而来的，而王士章、陈信泰隔三岔五地在读书活动后请大家吃饭也让他有机会大快朵颐。不知什么原因，又是通过什么渠道，张渭城在大三时转学到北京大学，毕业后在河北师范学院、人民教育出版社和中央教科所工作。他小心翼翼地工作、生活，所以安全度过了历次政治运动且译著颇丰。陈信泰 1984 年到北京参加全国教育学研究会的相关会议，在中央教科所遇到张渭城。当时，张渭城高兴极了，说：“老陈，我一定请你吃饭！”陈信泰开玩笑说：“呀，你改变真大，居然请人吃饭啦！”张渭城说：“我过去总吃你和王士章的，现在你来北京，我无论如何也要请你吃一次。”二人聊到傍晚，张渭城说：“老陈，要不你到我家吃饭吧！”陈信泰说：“好呀，我正好去拜望一下嫂夫人。”到了张家，张渭城妻子笑着说：“这是太阳打西边出来了？我们结婚这么多年，就没见你往家里领过一个朋友，更没听你说请谁吃过饭。我这家里也没什么准备呀！”张渭城脸上毫无愧色，沉吟片刻说：“那，老陈，我们俩出去下馆子吧！”到了一家小饭馆，张渭城把菜单翻来覆去看了半天，然后掏出钱包来：“哎呀，钱包拿错啦，钞票不多……”陈信泰哈哈一笑：“算啦老张，还是按惯例，我请你！”张渭城开心地眨眨眼：“还是老弟你了解我！”陈信泰回忆说：“张渭城头脑聪明，在政治运动中以老庄哲学处世，把身段降到尘埃里，甚至不惜自嘲自抑，以‘小人物’自处，强有力者也就忽视他，他也就从时代巨轮的缝隙中漏了过来。毕竟他没有受到重创，所以在新时期有机会发挥特长，翻译了一些有价值的西方教育理论。”

1948～1949 年风云变幻的时局已容不下一张安静的书桌，圣约翰大学这样的教会学校更是动荡不安。《圣约翰大学史》记载：“1948 年初，中共地下党策划在上海学生中掀起反对美国扶植日本的运动，圣约翰大学被确定为此次运动的重点学校之一。于是，一场声势浩大的反对美国扶植日本的运动掀起。5月4日，上海各大学校学生1万余人在交通大学举行营火晚会，圣约翰大学学生300余人以及教职员工3人(陈仁炳、潘世兹、王宝元)出席。圣约翰大学教授陈仁炳在会上慷慨激昂，发表演说，强烈反对国内外法西斯主义的复兴，呼吁在被国民党当局禁止的学联旗帜下团结起来。……5月25日在校内举办民族展览会，展品有木刻、漫画、照片、文字……(校长)涂羽卿①却发现学生会将展览会的图片贴在校园内，其中还有共产党领导人朱德的相片，这个活动引起美国政府、国民党政府以及校内差会成员的极大不满。涂羽卿迫于压力，拒绝了学生会要求延长展览时间的要求，并被迫没收学生们展览的图片。"②接着，学生请求举办"五卅惨案"纪念会，训导长拒绝了学生的请求并决定提前进行期末考试，激起了学生的严正抗议。6月1日，圣约翰大学校方以"违反校规"为由，通令学生会主席史久余、联络部部长陈文涵等停学一学期；学生会当即向校方提出抗议，要求收回成命，校方对此不予理睬；当天下午，学生团体干事联席会议决定，集体向校方请愿，史久余、陈文涵和各院系学生团体干部共200多人手持国旗列队请愿，声明爱国无罪，抗议校方无理处分学生并要求改变停课计划以保障学生学业。6月3日，这些学生干部受到三青团和流氓的袭击，10余人受伤，这就是圣约翰校史上的第二个"六三事件"。学生的游行请愿引发了激烈冲突，涂羽卿被迫辞去校长之职。"圣约翰大学当局为应付这次事件所造成的校政危机，校董会指定由5人组成的校政委员会履行校长职能，成员为吴清泰、卜其吉、赵修鸿、倪葆春、德爱濂，教会势力控制了校政委员会，解聘进步教师，宣布学生会和一切学生团体为非法组织，迫令《约翰新闻》停刊。圣约翰大学(中共)党总支根据形势，有计划地撤退已经暴露的学生党员，并且布置和安排出事后的联络暗号。8月26日，国民党实行大逮捕，圣约翰大学约有40名进步学生被列入黑名单，由于组织方面撤退及时，只有1人不慎被捕。"③陈信泰虽然没有参加集会请愿活动，但毕竟是一个有思想、有是非观念的青年，尤其对校方的强硬举措感到不满，因而有机会时即帮助进步同学。陈

---

① 涂羽卿(1895～1975)，1914年，赴美留学；1918年，获麻省理工学院硕士学位；1919年，回国；1930年，再次赴美深造，师从芝加哥大学的诺贝尔奖获得者康普顿教授；1932年，回到上海，在沪江大学任物理系教授兼系主任；1947年，出任圣约翰大学首任中国校长；1952年，圣约翰大学解散以后，任南京师范学院物理系教授、上海师范学院物理系主任。"文革"时期，涂羽卿受到批斗和关押，1972年被释放，1975年9月11日去世，1979年平反。

② 熊月之、周武主编：《圣约翰大学史》，上海：上海人民出版社2007年版，第220～221页。

③ 熊月之、周武主编：《圣约翰大学史》，上海：上海人民出版社2007年版，第223页。

信泰回忆说："我外公的一个富豪朋友，有两个女儿在圣约翰大学读书，每天车接车送，按照辈分我要喊她们'小姨'。1948 年夏天闹学潮，学校被封锁，警察要逮捕进步学生。同学找我想办法，那两位'小姨'的小车就派上了用场，把两名进步同学带出校外。那两位进步学生上车前对我说：'陈信泰，谢谢你，后会有期！'实际上是后会无期，再未谋面。"

在 1948 年那场"反对美帝扶植日本"的运动中，陈信泰目睹同学遭到毒打、逮捕和开除，认清了国民政府的真面目，也体会到了政治的可怕，从此停止了山柏学术研究会的活动，不再参加任何学生运动，处于敢怒不敢言的状态。在这个学期末，圣约翰大学提前进行期末考试，不少公子、小姐因为平时贪玩，这时就开始"狂补"，遂请陈信泰去辅导，请他吃饭、喝咖啡，然后用汽车送他回家。陈信泰的"小先生"声名就更加响亮了。

由于"华东基督教联合大学"合校计划失败，更由于圣约翰大学学潮太盛，之江大学决定恢复原有建制，撤出圣约翰大学校区，但高年级学生不愿再回杭州校区，于是学校在上海另借校舍。在大四阶段，陈信泰主要着手毕业论文设计、资料整理与论文写作工作。其实他在大三下学期还在圣约翰大学读书时就已开始准备毕业论文写作，他拟做杜威教育思想评论并特意向陈科美[①]教授请教。但当他讲述自己的想法和思路时，陈科美打断说："杜威是什么人物？他的著作摞起来能压死你。你应当尊重大师，你没有资格评议杜威先生。"陈科美的态度令陈信泰颇为反感："陈先生您不是说尊著《新教育学纲要》发展了杜威教育理论吗？您能发展杜威学说，为什么我连评论的资格都没有？"陈科美面带不悦，拂袖而去。不久，陈信泰受校友罗萃龄邀请到莫尔敏路的一处花园洋房参加读书沙龙，谈起杜威教育思想并评论他购得的国内出版的杜威研究著作，认为陈科美《新教育学纲要》是对杜威学说的"照着说"而算不上"接着说"和发展创新。陈科美不知通过什么途径知道了陈信泰在读书沙龙上的谈话内容，遂找到陈信泰说："如果你坚持这种观点，那我开设的'新教育学纲要'两个学分就不能给你了。"陈信泰回言："学校要求学生修满 150 学分即可毕业，我已超过了 200 学分，不差您那两个学分。陈先生您这样威胁学生，不像教育学专家所为，更让我怀疑杜威的教育理论。"后来经过圣约翰大学训育长

① 陈科美(1898～1997)，湖南长沙人，1920 年赴美国留学，师从美国教育家杜威，1926 年回国后任教于暨南大学、复旦大学等高校，致力于教育社会学研究，著有《新教育学纲要》(上海开明书店 1932 年版)、《新教育学》(上海龙门联合书店 1946 年版)、《教育社会学》(上海世界书局 1945 年版)、《上海近代教育史》(上海教育出版社 2003 年版)等。

潘世兹出面说项，此事才算化解。从某种程度上说，陈智美的态度正是激发陈信泰大学毕业论文坚持批评杜威教育思想并于1955年在《文汇报》和《光明日报》写大块文章批判杜威的潜在原因。陈信泰回忆此事时说："为师者一定要谨言慎行、与人为善，对学生要多加奖掖鼓励，绝不能冷嘲热讽。"

陈信泰心中不服气，又去请教傅统先[1]先生。傅统先那时不仅给学生开设"社会教育学""普通心理学""教育心理学""教育哲学"等课程，而且人品和学问俱佳。傅统先的专长在康德哲学方面，但对于杜威教育思想也有相当的研究，还曾与邱椿[2]先生翻译了杜威的《人的问题》[3]。陈信泰回忆说："由于受到陈科美的刺激，所以我与傅先生交流时故意挑剔了杜威学说的一些错漏，表达也比较激烈。但傅先生耐心听完后对我说：'你有不同看法，当然有权利写文章商榷。不过，你如果没有全面阅读杜威著述并知人论世，那么你的见解可能比较片面。我建议你先尽量阅读杜威著作，然后再看看杜威的支持者与反对者是如何评价他的。'这些建议于我大有裨益，为我以后的研究提供了思路：材料是第一位的，不能以偏概全，对研究对象要有'同情之了解'。"傅统先的一番话让陈信泰冷静下来，开始了深入的研究性阅读。

陈信泰后来一直尊重傅统先先生，视之为真正的经师和人师。陈信泰1979年招收第一届教育学研究生时，曲阜师范学院尚未取得硕士学位授予权，遂带学生到山东师范大学参加答辩，傅先生与陈信泰得以再叙师生情谊。当时山东师范大学青年教师陆有铨想报考陈信泰的研究生，陈信泰就劝他："你报考傅先生的研究生吧！傅先生是我的老师，人品、学问都好，你何必舍近求远?!"傅统先本来不想招收研究生，但被陈信泰说服，为陆有铨破例。由此可

---

① 傅统先(1910～1985)，1932年毕业于上海圣约翰大学哲学系，1943年任圣约翰大学教育系主任兼哲学教授，1948年8月赴美国哥伦比亚大学留学，1950年获哲学博士学位后回国，1953年任山东师范学院教育系主任，1979年春当选中国教育学会常务理事兼《教育研究》编委。

② 邱椿(1897～1966)，江西人，1920年清华学校毕业并留学美国，1922年在华盛顿州立大学获教育学士学位，1922～1925年在哥伦比亚大学师从杜威学习并先后获文学硕士和哲学博士学位，1925年1～10月在德国慕尼黑大学研究教育学，1925年10月回国后任教于北京女子高等师范学校、清华大学、厦门大学、北京大学、西南联合大学等高校。1927年与姜琦等发起成立"中国教育学会"，1934年秋至1935年秋赴德国柏林大学研究教育哲学，1939年春起担任国防最高委员会秘书厅参事、江西省政府委员，1944～1946年赴美国匹兹堡大学讲学，1946～1950年任北京大学教育系教授。北京大学教育系并入北京师范大学后，邱椿转任北京师范大学教育系教授。1966年被打成"反动学术权威"，当年9月去世。有《古代教育思想论丛》《英国唯心主义者的教育思想》《中国新教育行政制度之研究》《西洋教育史》《教育哲学》等存世。

③ 参见[美]杜威：《人的问题》，傅统先、邱椿译，上海：上海人民出版社1965年版。根据纽约哲学图书公司1946年英文版译出。

以看出陈信泰对于傅先生的敬重。

1948年秋到1949年夏天，之江大学上海校区租借了南京西路的慈淑大楼做校舍，但陈信泰读大四时已基本没有课程了，因而专心写作毕业论文《杜威教育学说之研究》。他按照傅统先先生的嘱咐，读完国内出版的杜威著作，又参看了杜威研究的相关成果，然后拟订了论文提纲。后经数月努力，完成近10万字论文初稿。他数次校改论文并进行了浓缩和润色，最终篇幅仍有5万字。当他交上论文时，负责论文审阅和答辩的老师说："这样大的选题，如此长的篇幅，在本科毕业论文中绝无仅有。"——在陈信泰人事档案中，永久保存着之江大学校长黎照寰[1] 1951年签名的《报考研究生介绍信》和一份"毕业论文提纲"：

杜威教育学说之研究

我对于杜威学说的认识——代序

第一章 杜威之人生哲学思想之形成及发展

一、杜威前之哲学思潮

二、杜威的哲学

三、实用主义与民本主义

四、杜威所认识的民本主义的领域

第二章 教育是什么

一、教育即生长

二、教育即生活

三、教育即经验的改造

第三章 社会与学校及学校教育

一、何谓学校

二、社会环境对教育的影响

三、学校教育的指导作用

第四章 教育目的的研究

一、目的的性质

二、目的的标准

三、教育上的应用

---

① 黎照寰(1898～1968)，广东南海人，早年留学美国哥伦比亚大学、宾夕法尼亚大学，回国后曾任香港工商银行经理、华商银行经理、广九铁路管理局局长、交通大学校长、国民政府财政部参事、铁道部次长等职，1949年后曾任之江大学校长、上海市第一至四届政协副主席等职。

第五章 旧日教育学说的批判

一、准备主义的教育学说

二、开展主义的教育学说

三、形式训练主义的教育学说

四、心理机能主义的教育学说

五、开化史的阶段主义的教育学说

第六章 教学法与教材及课程

一、教学法的性质

二、教材的性质

三、课程的研究

第七章 新的学习心理与思想的逻辑

一、做中学

二、经验即实验

三、智慧与品性

四、兴趣与努力

五、思想的解放

第八章 二元论与宗教教育

一、二元论之影响

二、宗教教育的后果

教育的价值——总结

由这份论文提纲可以推知,陈信泰1955年5月3日在《文汇报》发表的《批判杜威关于教育作用问题以及反革命反科学谬论》和1955年9月19日在《光明日报》发表的《批判杜威关于教育目的的谬论》绝非"趋时"之作而是所来有自。综观陈信泰一生的教育学研究可知,他主要致力于杜威、马克思和孔子这三个经典人物的研究,其成功经验可以归纳为:"聪明人下真功夫读经典,方成大器!"这也让人想起鹿桥《未央歌》中的一句话:"做事要挑阻力大的路走。事业大小,便几乎以做起来时之难易来分。"①

陈信泰1949年春天完成了毕业论文,准备参加答辩。此时正是第三次国内革命战争最激烈的时刻,陈信泰同时收到了来自国共两方的信件:一封来自中共苏区,介绍苏北解放区的教育状况,大意是说:"我们不日将渡江南下,真

① 鹿桥:《未央歌》,合肥:黄山书社2008年版,第107页。

诚希望您留下来,为中国未来的教育事业做些事情。”另一封是来自特务的恐吓信,里面装了一粒子弹和一张纸条,纸条上的内容大致是警告他不要与“江北”联系,否则如何如何。有鉴于此,母亲文绣把陈信泰关在家里,只允许他隔三岔五地给学校打个电话问询有无事情。4月中旬的一天,陈信泰躺在家里二楼平台沙发上看书,家猫把三楼平台上的泡菜坛子蹬了下来,正好砸在他的右眉骨上。陈信泰回忆说:“这件事让人产生一些宿命的想法:是福不是祸,是祸躲不过。不过幸亏我躺着的沙发靠枕柔软,否则后果真不堪设想。邻居张崇坤家里有一种江湖金创药‘金毛狗’,白酒喷上去很快就长出‘金毛’来,把‘金毛’敷在伤口上,血立即就止住了。所以我没有去法租界的南洋医院。信达迷信‘金毛狗’,就讨了一颗,后来带去了东北、四川。”

由于脸上有伤,陈信泰遂在家中休养了一个多月。在后来忆及大学毕业的情况时,陈信泰说:“之江大学鉴于时势,没有组织毕业论文答辩,没有举行毕业典礼,只在6月底通知学生去慈淑大楼领取毕业证书。当我拿到大学毕业证书时,感慨这四年长跑不容易!之江大学教育系1945级本科班入学时是98人,最终如期毕业的只有18人,其他人要么退学,要么被清除学籍,要么延迟毕业……”

陈信泰1949年之江大学毕业留影

陈信泰回忆说:“之江大学作为美国教会在中国开办的私立大学,1945～1949年面对政局动荡、两地办学、师资匮乏、校舍局促等重重困难,甚至一度动议与圣约翰大学等合校,其处境真可谓风雨飘摇。但之江大学校务当局与师生戮力支撑,不仅坚持完备的课程体系和管理制度,而且以学分制、实习制和论文制等举措淘优汰劣,从而保证了优秀学生脱颖而出,其办学方式和育人经验至今仍具有启示意义。”

(九)“若非生病,就随军南下了”——大学毕业之后

1949年5月,解放大军迫近上海城。外国人率先撤离了租界,接着是银行、仓库、工厂的搬迁,最后是国民党军队撤退。商店大门紧闭,市民躲在家里

分辨外面的动静。陈信泰回忆说:“先是闸北区响起了并不算密集的枪声——‘嗒嗒’‘嗒嗒嗒’。而解放军进城时也并没有发生大规模巷战,只偶尔有‘叮’‘叮’的冷枪声。”等解放军进入上海时,国民党军队船只已经驶离吴淞口。

陈信泰回忆说:“撤离的都是富人,穷人才不会跑。5 月 9 日早晨,文元斋排笔店的一个伙计外出有事,他卸下店面门板时,顺势就倒进来一个穿土黄色军衣的战士,店伙吓得大叫起来。那个战士一骨碌站起来,敬礼道:‘对不起!对不起!’我母亲赶过来让他进来休息,那士兵却赶忙一步跳到门外再敬个军礼:‘我们解放军有纪律,不得进入民宅,不能扰民。’待稍微镇定之后,我们探头往门外一看,满街都是靠着墙根、抱着枪支、和衣而睡的士兵。解放军进上海,仅仅露宿街头而不惊扰市民这一件事,就赢得了民心,立稳了脚跟。我母亲赶紧让店伙去烧开水、煮稀饭、拿食物。附近各家临街店面也都打开门户,烧水、煮饭、送吃的,但是解放军坚决不要,只吃自己带的干粮。那几天我们偶尔也会看到国民党散兵走到街上,举起手来向解放军投降,他们要么被遣送回家,要么被编入解放军队伍,让人觉得他们就像小孩子过家家一样。也就是说,上海基本上是和平解放的。到 5 月 26 日以后,市民们敲锣打鼓上街欢庆,唱着《解放区的天是明亮的天》。那不全是组织和排演的,人们也是真正发自内心的高兴——因为解放军纪律严明,因为和平解放而没有遭殃。”

陈信泰早就读过《列宁文选》,对苏联革命和中国共产党有所了解,加之对解放军的良好印象,于是他揭掉右眉骨上的纱布,走出家门,加入了上海市中等教育研究会,担任该会南区分会的宣传干事兼书记(秘书),协助分区会长、比乐中学校长杨善继工作。随后他参加了上海军管会为教师开办的政治学习班,担任学习班第九组组长,至 7 月中旬学习班结束,拟分配他到南洋模范中学或格致中学当语文老师。但恰在此时,之江同学陈和程找到陈信泰说,宁波鄞县(现为鄞州区)刚刚解放,那里的同济小学要扩建成中学,招聘校长和教师,希望陈信泰能够加盟。陈信泰征求杨善继的意

陈信泰 1950 年工作照

见，杨善继说："好呵，正好把那里办成一个教育试验点，也为新教育事业做一些探索！"陈信泰遂与陈和程、徐正纲、刘渭先、邹金等大学毕业生前往宁波鄞县望春桥镇。

那时候宁波刚刚解放或者说还属于国共拉锯争夺之地，每天晚上 9 点以后都会有国民党军队飞机"嗡嗡"飞来轰炸发电厂等战略要地。望春桥镇地处宁波西郊，虽然离发电厂还有一段距离，但爆炸声清晰可闻，甚至能够看到炸点。这种时候，四明山游击队就会下山维持秩序，疏导交通，指挥防空，抓捕特务。宁波市民很快就掌握了防空常识：听到警报就全部熄灯，然后有秩序地跑向防空洞，那些想搞破坏或者给飞机发送信号的特务就很容易被发现。陈信泰回忆说："这样的空袭进行了多久，我已记不清楚，至少至 1949 年 11 月我参加宁波专区第一届中小学教师政治学习班时，还不时有这样的夜袭轰炸。当时学习班的校长正带领我们在宁波城里散步观光，空袭一来，我们不知往哪个防空点跑，乱哄哄一片，结果四明山游击队负责人就把学习班的领队喊去一顿训斥，当然少不了带出'三字经'。——游击队训斥正规军，前所未闻。"

望春桥同济小学原本由陈和程亲戚负责，之所以聘请陈信泰来当校长则另有目的。陈和程的父亲是当地大户，在上海办有慈善"同济会"，同济小学则是同济会出资兴办的一所私立学校，由陈和程的一个亲戚主持校务。鉴于 1949 年政治形势的变化，校董会想把学校变成公有性质，然后再把自家土地变成"教育用地"，这样就不会被划为大地主，还能躲过土改。他们知道陈信泰已经接受过政治培训，有新政府背景，这无疑是最好的掩护。陈信泰当时不知道同济小学校董会的真实意图，只一心想着试验新的教育理念，遂设计了学校的现代管理机制，设立校务委员会、教学委员会、思想工作委员会、总务委员会等机构，草拟了一批管理文件，然后上报宁波市教育局。宁波市教育局看了这批教师的背景材料，加上他们细致的改革措施，批复同意学校转为公办"鄞县同济学校中学补习班"①。

---

① "1948 年，学校迁入现望春中学域内，仍由（上海木材商）朱传芳集资重建一座两层木结构房子，面积为 600 平方米左右，有寝室 8 间、平房膳厅 1 个、学生活动场地 1 个等设施。校名为'同济学校'。仍限于招收小学生。由李儒霖全面管班。学校的费用开支及教师的月薪均由朱传芳筹资解决。同年秋，学校来了 5 位毕业于杭州之江大学、上海沪江大学的大学生。同济学校始办初中班，共招 2 班。初中部暂名为'鄞县同济学校中学补习班'，负责人先是陈信泰，后是刘渭先。"（鄞县教育局教育志编写办公室编：《鄞县校史集》第一集，1988 年印，第 24～25 页。文中迁校时间有误，应为"1949 年"）

不久，土改工作组进驻鄞西开展减租、减息“双减”运动。工作组组长是一位山东干部，听不懂宁波话，宁波人也听不懂他的山东话，于是陈信泰就被借调充当“翻译”。有一天，校董找到陈信泰，一是说要将陈信泰的“校长月薪”调至150元，二是说当地名流要请陈信泰吃饭并商量办校事宜，三是想把一位在本校任教的姑娘介绍给陈信泰当女朋友……陈信泰知道宁波商人常用“金钱＋美女”套路，也联想到“无事献殷勤，非奸即盗”的典故，但又一想：自己只不过是个试用期的中学校长，哪有那么大的利用价值？哪值得人家那样费思量？于是就放松下来，问校董有何指教，那位校董遂“打开天窗说亮话”：请陈信泰在工作组组长面前多多美言，将其家的土地划为“教育用地”。陈信泰认为这是弄虚作假，拒绝为之说项。巧的是，有位一家三代做长工的农民站出来指证东家，结果校董家的土地不仅没有被划为“教育用地”，校董反而因为欺瞒组织、对抗“双减”运动而受到严厉批斗。

1949年11月底，陈信泰参加了宁波军管会组织的第一届中小学教师政治学习班。学习班共分为九个大队，每个大队有四五个小队。陈信泰担任第九大队副队长兼行政委员。这个培训班其实是一个干部训练班，优秀学员在学习结束后可以随军南下。当时学习班的食宿条件十分简陋，学员晚上就睡在天潼寺砖石地板上，仅铺一层稻草。学习班之所以选择在天潼寺开班，是因为这里场地宽绰而且建筑坚固，即使遇到空袭也不致有太大伤亡损失。但时值深秋时节，饭菜冷凉，所以陈信泰的胃痛时时发作，加之夜宿地板寒凉，终于感染伤寒，头发在一个星期内几乎脱光。学习班配备的临时医生完全无能为力，军管会就准许陈信泰回上海治疗。而同济学校的校董因为没有达到目的，就以校董会名义给陈信泰下了一纸解聘书，理由是：陈信泰经常外出参加公务，无法全职履行校长职务，加之身体欠佳，难以继任校长一职。解聘书还说因为是“甲方”提前解约，因而除全额发放聘期内的工资，再支付半年工资云云。但陈信泰断然拒绝了这笔钱款，于1950年1月离开宁波回到上海。陈智发一看陈信泰的状况，大吃一惊，立即带他去看一位相熟的德国医生。医生诊断为伤寒和十二指肠溃疡，开了药剂并嘱咐了应当注意的事项。陈信泰毕竟年轻，身体底子不错，所以伤寒症在两个月后即基本治好，但肠胃却落下了病根。此时他再去上海军管会报到，得到的答复是：“你们学习班所属部队已经南下，具体到了哪里不好说，你还是在上海参加工作吧，也是为新中国作贡献！”

陈信泰去看望杨善继，汇报教育实验失败的情况，承认自己没想到现实社会如此复杂。杨善继答应为陈信泰安排工作并告诉他一个消息：有人到处散布陈信泰如何向工作组“告密”，如何拿了高工资却鼓动长工“造反”之类。陈信泰听后非常气愤，同时也对商人唯利是图、利诱不成便诽谤中伤的伎俩有了更深刻的认识。不久，有几位之江同学见到陈信泰，指责他“薄情寡义”，他也只好向同学们解说新形势，讲述“大义”不容“小情”的道理。但解释了几次之后就失去了耐心，产生了“道不同不相为谋”的想法，从此很少与之江同学往来。不过，事情后来出现了反转，但陈信泰已不愿积极回应：“1999 年，陈和程、刘渭先夫妇退休，知道我在曲阜，就专程前来，请我参加之江大学 1945 级同学毕业 50 年聚会。我婉言谢绝了。不久，我又收到鄞县同济中学 50 周年校庆邀请书，要请我这个‘首任校长’与会，我没有回复。”

陈信泰没等杨善继给他分配工作就自己找到了职位。1950 年的上海百废待兴，各方面都需要人才，很容易找到工作。陈信泰回上海不久就同时兼任三份工作，月收入达 200 元。一是家教辅导。金陵西路原法租界的胡家请陈信泰给两个孩子(一个六年级，一个二年级)做周末家庭教师，每周六晚上 3 小时，每月 50 元酬金。二是公私合营中国实业银行开办工人夜校，陈信泰经封根泉介绍，担任夜校语文老师兼教务主任，每月 50 元酬金。三是担任安远制铁厂会计主任，月薪 100 元。陈信泰之所以能担任安远制铁厂的会计主任，缘于陈家“过家亲”的邻居、安远制铁厂董事张崇坤的推举。张崇坤曾对陈信泰说：“铁厂的原会计主任因为吸食鸦片而偷支公款，被辞退了。你学过商科，可否应聘？”于是陈信泰担任了安远制铁厂会计主任，手下有 5 个出纳。安远制铁厂共有 80 多位工人，主要业务是把废旧的铁路钢轨轧成建筑用钢筋。当时上海城市建设事业飞速发展，大量需要建筑钢筋，故而此厂效益极好。安远制铁厂下午 4 点半即下班，而铁厂与夜校相隔不过三条马路，所以陈信泰可以从容地在下班后吃点晚饭再到夜校讲课。

陈信泰收入虽然不错，但他脾性耿直，一直不喜欢与商人搅在一起，更不能忘记自己要从事教育工作的初衷。1951 年 6 月，他偶然从报纸上看到中国科学院招收研究生的启事，就回家与父母商量。母亲说：“新时代，新社会，一切都在变化，你不妨大胆去尝试。”父亲则说：“从现实角度讲，你现在收入颇丰，生活优游；读完研究生以后能否有更好的发展，则不可预知，所以你自己应作出考量并为自己的选择负责。”陈信泰在 90 岁回忆时感叹：“父亲是现实主义者，母亲是浪漫主义者，而年轻人更容易接受热烈、奔放的浪漫理想，更愿意挑战未知。”陈信泰经过思考后决定报考研究生。父亲知道后只是拍了拍他的肩头，意思是让他好自为之。

陈信泰遂按招生启事的要求，去之江大学杭州本部开具学业证明。之江大学这样的教会学校在新中国将会面临怎样的命运？那时候有各种传言，人心惶惶；而教会学校的学生很少有人想到去报考共产党开办的大学的研究生。现在陈信泰要报考中国科学院的研究生，之江大学从校长黎照寰到教育系主任慎微之[①]以及任课老师莫不大为好奇，都想与陈信泰聊聊以便了解上海乃至全国教育形势的新消息。陈信泰原计划只在杭州逗留一天，但是老师们轮番请他吃饭谈话，于是在杭州多停留了几天。他带着之江大学校长黎照寰签印的“报考介绍信”、学业成绩证明、毕业论文提纲等回到上海，又按要求工工整整地写好一份“自传”，填写了报名表，寄往招生点，然后等待考试通知。

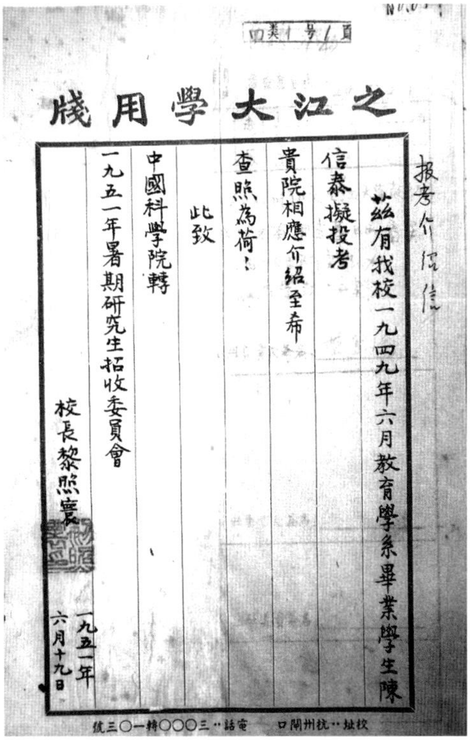
之江大學用牋

報考介紹信

茲有我校一九四九年六月教育學系畢業學生陳信泰擬投考
貴院相應介紹至希
查照為荷！
此致
中國科學院轉
一九五一年暑期研究生招收委員會
校長黎照寰
一九五一年六月十九日

校址：杭州閘口　電話：三〇〇〇轉一〇三〇號

之江大学校长黎照寰为陈信泰开具的研究生报考介绍信

① 慎微之(1896～1976)，20世纪40年代留学美国宾夕法尼亚大学，取得哲学博士学位，回国后担任之江大学教育系主任、代理教务长，1956年后转向考古学研究。

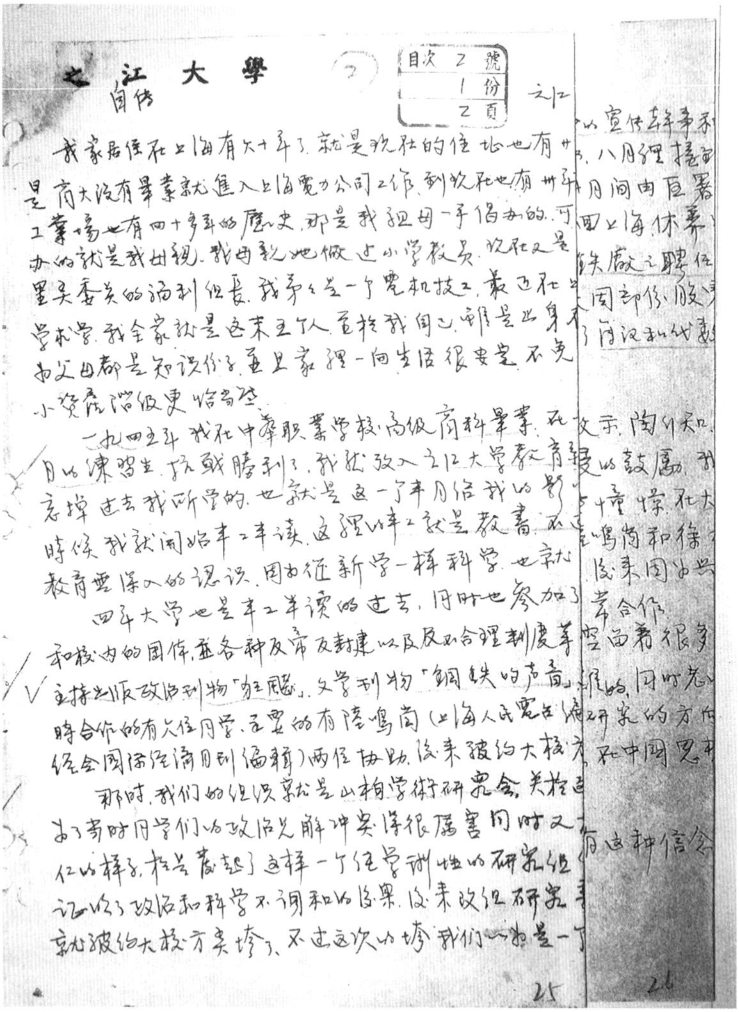
之江大學
目次 2 號
1 份
2 頁
自传

陈信泰 1951 年为报考研究生而撰写的《自传》(部分)

当时的研究生招收并不进行模式化的科目笔试，但重视资格审查和面试谈话，这样不仅能考查学生的知识素养，更能见出其思想观念。陈信泰大学读的是教育专业，毕业后两次参加政治学习班，又有中学教学和管理经验，还曾担任上海市中等教育研究会南区分会书记(秘书)，各方面条件都很优秀。面试人员了解这些信息后非常高兴，告诉他准备录取为中国人民大学教育系研究生。

可是眼看着夏天即将过去，录取通知书却迟迟未到，陈信泰由焦虑而渐趋失望。这时候，母亲文绣不知哪里来的灵光，她从自家金陵西路 66 号分别跑到金陵中路 66 号和金陵东路 66 号打听有没有错投的信件，没想到录取通知书竟然真的被错投到了金陵中路66号。当母亲一手擦拭着汗水，一手举着录取通知书走进家门的时候，陈信泰喜出望外。他一看通知书，开学日期近在眼前，遂辞去了三份工作，再请隔壁板箱店打制两口木箱，将书籍行李打包，然后在亲朋好友的祝福声中，怀揣着光荣与梦想，前往首都北京的中国人民大学报到……

陈信泰回忆说："我考取中国人民大学研究生的消息在之江大学传播开来，曾有工学院的同学来信咨询考研事宜。但1952年院系调整后，之江大学被合并到浙江大学，我也从中国人民大学转到了北京师范大学，从此与之江大学师生失去了联系。"

二、青春得意在京华·北京(1951～1957)

2017年7月22日，陈信泰九十大寿，家人为他准备了生日蛋糕，举行了一个简朴的庆祝仪式。老人在这种时候不免回忆青春："我的大学学业在两所大学(之江大学、圣约翰大学)完成，研究生学业在两所大学(中国人民大学、北京师范大学)完成，1945～1953年八年间游历了三个城市、四所大学，真是奇妙，如同做梦——那真是一个天地玄黄、创世记般的年代!"

陈信泰1951年9月入读中国人民大学教育学专业研究生班，1952年2月院系调整时转入北京师范大学教育系继续学业，1953年研究生毕业后留在北京师范大学教育系任教，1955年因为在《文汇报》《光明日报》发表评论杜威教育思想的长篇文章而崭露头角，并在新中国开启的高校教师职称评聘工作中顺利晋升讲师，被人视为前途无量的青年才俊。而立之年的陈信泰于1958年2月"再分配"到山东支援曲阜师范学院建设……陈信泰在北京七年间的生活经验与心路历程，庶几可以作为分析中国知识分子当代命运的象征个案。

(一)"感觉自己真正'参加革命'了!"——在中国人民大学

中国人民大学的开学时间临近，陈信泰告别亲友，踏上了由上海开往北京的列车。

在他办理报到手续时，工作人员向他索要车票票根，以便为他报销路费。陈信泰颇感意外，连连摆手说："不用不用。"工作人员却严肃认真地说："陈信泰同志,你进入中国人民大学以后就是革命干部了,你来学习就是参加革命工作了,不仅报销火车票,而且以后每月的补贴也会折成小米按时发放。"那时候之所以将补贴折算成小米,是因为中华人民共和国成立初期通货膨胀,物价不稳,小米则实实在在,让人"手里有粮心不慌",能很好地"稳定军心"。事实上,学校每月发放的小米配给额度绰绰有余,除了吃饭之外能结余约 9 元新币,学校会把这部分结余发放给学生用来购置文具、书籍和衣物。

陈信泰回忆说:"我原以为读研究生像读大学一样要交一大笔学费,所以把以前积攒的 1000 多元现金都随身带来了。没想到中国人民大学是培养国家干部的高校,不仅免收学费和住宿费,还发放生活补贴。当时研究生每月配发的小米约合后来的新币 18 元,与我以前的收入相比并不多,但它具有重要的象征意义:我从此就是'新人'啦! 那一声'同志',那个'革命干部'的称谓,更是对我政治身份的认定,让我感觉自己真正'参加革命'了。我握住工作人员的手,心潮澎湃。以前,我看小说里写到'眼含泪花',认为这是一种文学修辞,后来回想起入学报到的那一刻,才知道这是真实的白描,形象地刻画出了一个人激动却节制的生理和心理状态。"

中国人民大学 1951 级教育学专业正式招收的研究生仅有四人:陈信泰、王策三、陶蔚扬和一位赵姓同学。陈信泰之所以忘记了赵某的名字,是因为赵某入学仅半个月就被逮捕了。赵某原是湖北黄冈专区的干部,1950 年趁时局混乱卷走了教育经费,用化名考取中国人民大学研究生,并与陈信泰、王策三分在一个宿舍。在入学第二周的星期六下午,三人一起到校外公共浴池洗澡,赵某与王策三先进去了,陈信泰动作稍慢一些,还在整理衣物。当时,有几个人悄悄贴过来,其中一位领导模样的人亮出了国家安全部门的工作证件,着实把陈信泰吓了一跳。那人把食指竖在嘴边"嘘"了一声,让陈信泰保持安静,然后悄悄对他说:"刚才进去的赵某,是我们通缉的在逃犯。请你配合我们的工作,稳住他并确保把他带回学校。他回校后如果外出,你要及时向学校报告。我们已同贵校保卫部门做好了布控,你不用过于紧张!"陈信泰听后血脉偾张,心脏"嗵嗵"直跳。恰好赵某在澡堂里呼唤他,他才恍然发觉自己正与那位干部"赤诚相见",遂下意识地用毛巾遮挡了一下身体……

三人洗完澡,又一起在一家餐馆用餐之后才返回学校。陈信泰一路都在仔细观察赵某,而赵某行动如常,完全看不出是一个在逃犯。陈信泰再回头看看不远处跟随的那几位安保人员,倒是他们东张西望的样子让人觉得"很不专业"。三人回到宿舍后不久,门外就多了几位"闲人"走来走去,应是学校派来配合行动的保卫人员。此时陈信泰才找机会把情况告诉了王策三。王策三听后既紧张又激动，捏紧拳头，浑身发抖。

事实上，那一宿不仅陈信泰和王策三辗转无眠，赵某也似乎有所察觉，因而第二天清晨东方刚见鱼肚白，赵某就起床收拾行李。陈信泰问赵某："天还早，你这是要干什么？"赵某答："今天是星期天，我要外出办点事。"陈信泰说："按学校规定，外出要报备请假，你请假也得等到值班老师上班呀！"赵某答："我先收拾行李，一会儿去请假。"稍后，赵某拎起行李，边往外走边说："我先去上个厕所。"陈信泰就说："我正好也要去，顺便帮你拿一下行李吧。"赵某说："不用，你们再休息一会儿吧。"这时王策三也走过来说："我请你们吃早餐吧？！"赵某无可奈何，三人遂一起走出宿舍。赵某出门一见周围有几个便衣，知道大事不好，撒腿就跑，但很快被安保人员扑倒在地……

后来学校开会通报此事，保卫部门想让陈信泰发言介绍情况，陈信泰拒绝了，倒是陶蔚扬写了一篇文章并在大会上作了宣讲。陈信泰那几天有些恍惚，他觉得虽然全国解放已近两年，但还不是太平盛世，而自己与赵某相处半月，互称"师兄师弟"，完全没有察觉到他有异常举动。不久，学校鉴于赵某事件，对全校研究生又开展了一次全面的政治审查。

虽然中国人民大学的研究生教育在1951年还处于初创阶段，但已具备了原则性的体系目标，即培养社会主义教育专家和管理干部。毛泽东早在1938年中共六届六中全会上就提出："政治路线确定之后，干部就是决定的因素。因此，有计划地培养大批的新干部，就是我们的战斗任务。"中国人民大学作为"新中国创办的第一所新型正规大学"，肩负着"培养具有马克思列宁主义素养和专业知识的新中国的建设人才"的重要使命，其研究生教育更是处于干部培养的高端层次，其课程设置也有着内在体系，奠定了此后中国当代研究生教育课程设置体系的中国特色。

其一，重视理想信念教育。中国人民大学教育学研究生第一学期主要开设了四门基础课，其中，三门课关乎马克思主义基本理论及其中国化，更关乎人的理想信念教育：一是"政治经济学"，由苏联专家用俄语讲授，翻译人员现场翻译。二是"历史唯物主义和唯物辩证法"，同样由苏联专家讲授。三是"中国革命史"，由胡华主讲。陈信泰评议说："那时的'中国革命史'还没有体系化的教材，上课更像是革命故事会。胡华是吴玉章手下的'小鬼'，在革命年代耳闻目睹了许多鲜活事例，所以讲起课来非常生动。生动就容易深入人心！——稍作对比就会发现，当下的同类教材缺乏的就是'深刻理论与生动例证的结合’。胡华后来担任中国人民大学党史教研室主任，编写了新中国第一部中国革命史教材，最终定名为《中国革命史讲义》。”

其二，重视俄语教学。中国人民大学1951级研究生班的第四门基础课程是俄语，由一位苏联青年教师讲授。陈信泰评议说：“重俄语而轻英语，这是特殊的历史原因使然。1949年后，英、美等西方国家不承认中华人民共和国的合法地位，企图孤立和扼杀社会主义国家。‘苏联老大哥’是中国唯一可效法的现代化、工业化的榜样，所以教育部让大家学习俄语是情理之中的事。让同学们学习外语，目的是使大家具有国际视野。但遗憾的是，中苏友好关系从1956年开始走向破裂……”

其三，重视经典原著研讨。中国人民大学要求研究生深入研读马克思主义理论原著，为每位研究生发放了一套数十册经典著作。陈信泰回忆说：“同学们把研读原著的心得体会和遇到的问题写成读书报告，然后与助教一起研讨。助教没有授课任务，主要与研究生一起研修。黄济就是当时的助教之一，他1921年生人，比我们略长几岁，为人谦和，亦师亦友。在研讨课上，大家围绕设定的题目轮流发言、互相辩难。助教回答不了的问题，再由主讲教师答疑。这是苏联专家授课的优长之处：每一节课、每个专题在研讨后掌握都很彻底，没有遗留问题；同学们头脑清楚，学得十分扎实。每一次讨论课之后，大家都要完成一篇专题论文。”

其四，聘请名家来校开设讲座。为充实师资力量，中国人民大学不时邀请名家来校开设讲座，给研究生上“大课”，以开阔学生的视野。陈信泰回忆说：“这些名家，有的是某部经典学术著作的作者，有的是某行业部门的专家。他们所讲内容都是其学术精华或行业前沿动态，让人‘听君一席话，胜读十年书’；他们给我们描画了一幅幅美好蓝图，令人神清气爽、眼前豁亮，备受鼓舞。这种‘大课’到底有多大规模呢？需要动用原朝阳大学①的报告厅，能容纳1000多人——中国人民大学那时共有46个专业1000多名研究生和进修生。”

其五，注重理论联系实际。中国人民大学延续了其前身华北联合大学的教育方针：“为革命实际斗争的需要而培养革命干部，注意理论与实际相结合，贯彻少而精和通俗化的原则。”所以中国人民大学特别强调培养学生学以致用的调查

---

① 朝阳大学创办于1912年，是当时著名的法科大学，在其培养的约7000名毕业生中，法律科系的学生占了70%，为当时的法律教育、立法工作及司法改革作出了卓越贡献。在1929年世界法学会海牙会议上，朝阳大学被肯定为“中国最优秀之法律学校”。朝阳大学1949年改建为中国政法大学，1950年并入中国人民大学。

研究能力和论文写作能力，希望学生运用所学原理对中国社会现状作出研判与分析，还要求学生写出有针对性的调查报告。陈信泰评议说："对于教育学专业的研究生来说，尤其要注重从中国实际出发，对于教育与生产劳动相结合的问题多下功夫。教育研究必须脚踏实地，绝不能高蹈凌虚；研究生如果没有问题意识和理论联系实际的能力，就不可能功在当代，更不可能利在千秋。"

在谈到中国人民大学的研究生课程设置给我们留下的启示时，陈信泰说："研究生课程不在多而在精，重在使学生掌握理论经典和逻辑体系，学会往返质疑的方法论，培养举一反三的创新思维，养成学以致用的问题意识。当下的研究生教育应当继承这种务实、力行的优良传统。"

中国人民大学的马克思主义教育学课程体系是以苏联为型范的，与陈信泰在之江大学接受的以杜威思想为主导的自由主义教育思想体系完全不同。二者之间的思想转换对于陈信泰来说是一个巨大的挑战，所以他在中国人民大学读书的时候，刻苦用功，没进过城，没上过街，没看过北京的风景名胜，连他最喜欢的集邮爱好也放下了，因为他有太多的书要读，有太多的问题要思考。他有一点雄心壮志：在马克思主义教育思想与杜威教育思想的比较研究中，在"学与思"的结合中，探讨新中国教育研究的本体论、认识论与方法论，努力建构一套有别于西方和古代中国的教育思想体系。

除了理论学习所得，陈信泰在中国人民大学的另一个巨大收获是结识了一群志同道合的朋友。陈信泰回忆说："那时候中国人民大学的研究生和进修生来自五湖四海。我与很多人结成了终生的朋友，比如汪达之、潘懋元、王策三、车文博、胡克英、王逢贤等。"[①]陈信泰更是将年龄最小的车文博视为"小兄弟"。车文博 1950 年被东北人民大学选送到中国人民大学研修深造时还没有完成大学学业，有点类似于后来的"本硕连读"[②]。车文博比陈信泰小四岁，教

---

① 潘懋元时任厦门大学教育系秘书、讲师，1951 年 8 月"到中国人民大学教育学教研室研究生班进修，师从教研室主任王焕勋教授，与当今知名的教育学家、心理学家黄济、章志光、车文博、王天一、王策三、陈信泰、王道俊、颜期康、邵达成、王逢贤、夏之莲等同窗"。潘懋元进修一年后于 1952 年 9 月返回厦门大学担任教务科长。（参见韩延明、张耀荣、肖海涛编：《潘懋元文集》卷8《图片与纪事年表》，广州：广东高等教育出版社 2010 年版，第 103 页）

② 为培养科学研究人才和高校师资，在苏联专家帮助下，中国人民大学和哈尔滨工业大学率先于 1950 年在全国招收研究生，但人数不多，也没有一定的规模和统一的规定。1951 年暑期，中国科学院所属各研究机构开始正式招收研究实习员，教育部所属高等学校研究部招收研究生，采用申请、推荐和审查的办法。新中国第一批通过招考方式录取的教育学研究生，就是在此背景下诞生的。（参见《中国教育事典》编委会编：《中国教育事典（高等教育卷）》，石家庄：河北教育出版社1994 年版，第 345、581 页）

育教研室主任王焕勋有意安排车文博与陈信泰住同一宿舍，让他多与陈信泰交流，于是他们二人就成了形影不离的朋友，甚至连上厕所都要“同去同去”。车文博学习十分刻苦，不分昼夜，没休过节假日。陈信泰担心他营养跟不上，于是不时带他和王策三到校外的小饭馆吃碗猪肝菠菜汤。陈信泰回忆说：“猪肝菠菜汤一毛钱一份，很实在。如果吃两毛钱一份的，那份量就不用吃主食了。”陈信泰的经济状况相对较好，所以给自己和车文博各订了一份牛奶。1952 年院系调整后，他们一起转到北京师范大学，不过车文博选择了心理学，学习结束后分配到吉林大学心理学教研室。1983 年 8 月 20 日至 26 日，陈信泰到长春参加全国教育学研究会第三次年会。车文博见到陈信泰后，与他热烈拥抱，百感交集，泪水夺眶而出：“老哥哥，我想你呀！经过这么多年，你一切还好吗？”这是他们北京分别 30 多年后第一次见面。车文博后来成为吉林大学终身教授以及中国心理学会第五、六届副理事长。他的著述于 2010 年汇编为10 卷本《车文博文集》出版后，立即给“老哥哥”陈信泰寄赠一套，由此可见他们的兄弟情深。

在有关中国人民大学的记忆中，陈信泰念念不忘的还有与校长吴玉章的近距离接触。1951 年 10 月 7 日是星期天，上午 9 点左右，陈信泰和王策三正在宿舍外面享受着秋阳，诵读着俄语，就见一辆轿车缓缓驶来，稳稳停下，三位领导模样的长者依次下车，缓步走到教育系研究生宿舍前，原来是校长吴玉章、书记兼副校长胡锡奎和副校长成仿吾。王策三一见到“大人物”，就有些不知所措地后退半步，陈信泰则恭敬大方地向前一步：“校长好！”成仿吾快人快语：“我们找王焕勋主任和彭飞书记。”陈信泰遂让王策三去找王焕勋主任，然后请三位先生进宿舍，让座，倒水。吴、胡两位领导查看研究生宿舍情况。成仿吾见陈信泰一身西装而且普通话带着沪上腔调，就问道：“你贵姓？上海来的？我在上海待过很长时间的。听你口音，看你衣着，就知道你是上海人。我看你也不是一般人，一定有丰富的社会经验！”陈信泰答道：“成校长好眼力！”他早就听说成仿吾有个绰号叫“大炮”①，今日一见，果然名不虚传。他觉得成仿吾快人快语且极具洞察力，一定是个开路的“急先锋”、革命的“黑旋风”。

---

① 王平陵《跋扈横行的“创造社”》说：“‘创造社’既已竖起‘浪漫主义’的旗帜，当然也要像法国十九世纪那些浪漫派的作家们一样，拿出傲慢的，目无余子的跋扈气派，压倒一切的。所以，创造社的批评家，绰号‘黑旋风’的成仿吾，什么人都攻击；胡适、鲁迅、周作人、郑振铎、谢冰心……都是他首先要炮轰的目标。此外，只要稍有建树的作家，无一不是他攻击的对象。”（王平陵：《跋扈横行的“创造社”》，《三十年文坛沧桑录》，北京：海豚出版社 2016 年版，第 145 页）此可旁证成仿吾的“大炮”性格。

与成仿吾相比，吴玉章平易随和，胡锡奎深沉持重。吴玉章问道："你是南方人，适应北方生活了吗？伙食营养跟得上吗？学习紧张吗？与北方同学处得来吗？对学校有什么意见？你有什么建议就尽管反映，如果找不到我，可以让王焕勋主任、彭飞书记转告我。我们这些干部大多来自老区，对如何办好新中国的高等教育没有什么经验，一定会认真听取大家的意见的。"对于吴校长的一连串问题，陈信泰一一作答。

聊了没多久，王焕勋和彭飞就小跑过来，成仿吾就催促吴校长去处理公务。但吴校长并不急于跟王焕勋、彭飞谈话，一是让他们喘息一下，二是想通过陈信泰多了解一些学生的情况。他们一行人往外走的时候，吴玉章的步伐依然不紧不慢，他对王焕勋说："南方来的同志，生活习惯跟北方不同，要了解他们的饮食和生活习惯，可以跟食堂商量一下……"

陈信泰在鲐背之年回忆起与吴玉章校长相遇的那个瞬间时仍感慨不已："吴玉章校长有风度，关心人，不放过任何一个调查研究的机会，是真正的教育家、政治家。我后来还听说，1956 年时他顶着巨大压力保护了中国人民大学教师、'胡风分子'谢韬①，从那以后我更加敬仰吴校长的人格魅力。国务院任命吴玉章、成仿吾、胡锡奎共同组成中国人民大学领导班子，也真是知人善任：如果说吴玉章是运筹帷幄的元帅，那么成仿吾就是开疆拓土的大将，胡锡奎就是稳定阵脚的殿军。这样的组合搭配具有很好的互补性。"

对于一所大学来说，校长俨然是"定海神针"。北京大学陈平原教授在一篇文章中指出："大学主要由三部分人组成：学生、教授、校长（及其代表的管理层）。三者的知识背景及文化立场不同，其利益往往互相冲突，发生摩擦在所难免。对于史学家来说，倘从政治变革立论，关注的自然是（激进的）学生；倘从知识传播着眼，侧重的可能是（著名的）教授；而从教育发展的角度，校长的功能同样不容漠视。"②可以说，除了社会环境等外部影响，校长在大学教育中

---

① 谢韬（1921～2010），四川自贡人，1944 年毕业于金陵大学社会学系，1946 年加入中国共产党，曾任重庆《新华日报》记者、延安新华总社编辑、华北人民革命大学马列主义哲学课教员，1949 年后任中国人民大学教授、马列主义教研室主任，1955 年被定为"胡风反革命集团"骨干分子，1960 年被关入秦城监狱。1978 年平反后历任《中国社会科学》杂志编审、中国社会科学出版社副社长、中国人民大学副校长、中国社会科学院研究生院第一副院长等职。著有《论墨子哲学思想》《西藏宗教问题史略》等。谢韬 2002 年自题挽联写道："一生为真善美而努力，心中有人民，不为己，只为人，愿献身，吃苦头，历坎坷，但无怨无悔。胸中有个大世界，活得心安理得。半世纪与假丑恶作斗争，处事扬正气，眼里看，心里明，力不足，炼韧性，促觉醒，学有是有非。平凡做点小事情，死了未负此生。"

② 陈平原：《大学史的写作及其他》，《读书》2002 年第 2 期。

起着举足轻重的作用。以蔡元培为例,他以“思想自由,兼容并包”原则管理学校,使北大成为真正现代意义上的大学。他提出了“平民教育”思想,改变了中国传统的“贵族教育”和“学而优则仕”的僵化观念。因为他具有开放的思想,北大才引入了《新青年》,中国才揭开了新文化运动的第一乐章。不仅如此,蔡元培还奠定了北京大学的校风和校格——鲁迅在为北大 27 周年校庆所写的《我观北大》中说,“北大的好”或者说北大的“校格”在于:“第一,北大是常为新的,改进的运动的先锋,要使中国向着好的,往上的道路走。……第二,北大是常与黑暗势力抗战的,即使只有自己。”①这是鲁迅心中的北大校格,而这校格与蔡元培校长密不可分。鲁迅还说:“校长之类,最好是请无大名而真肯做事的人做。”②因为这样可以减少中国学界的官气,从而真正使大学成为社会的良心。鲁迅举例说,1927 年刘文典出任安徽大学校长不久,学校即因为时局原因而发生学潮,蒋介石亲赴安庆责令刘文典追查共产党学生并严惩肇事者,而刘文典面对蒋介石不卑不亢,不称“主席”而称“先生”,并以“情况复杂”为由拒不执行蒋氏“口谕”,进而与之发生口角,被蒋介石以“治学不严”当场拘捕,“关了好多天,好容易才交保出来”③。一位校长能在“四一二”后的白色恐怖中保持这样的骨气,冒死保护学生,的确难能可贵,鲁迅因此给予刘文典以好评。当然,中国现当代教育史上也不乏媚上欺下、溺职滥罚的大学校长,他们“尸位素餐,贻害学子”,“视学子如土芥,以大罚为儿戏”④;也不乏实施“寡妇教育”“奴才教育”的校长,他们扼杀青年的朝气,以旧道德杀人于无形;还有不少固步自封、缺乏规划、眼光短浅的校长,他们甚至把学校搞成了“一个秘密世界,外面谁也不明白内情。据我所觉得的,中枢是‘钱’,绕着这东西的是争夺,骗取,斗宠,献媚,叩头。没有希望的……”⑤在这样的对比之下,20 世纪 50 年代中国人民大学的吴玉章校长、清华大学的蒋南翔校长、北京大学的马寅初校长,都堪称当代中国大学校长的楷模。高校有这样的校长,真是学生之幸、教师之幸、学校之幸、国家之幸!

---

① 鲁迅:《我观北大》,《鲁迅全集》第 3 卷,北京:人民文学出版社 2005 年版,第 168 页。

② 鲁迅:《两地书·一九》,《鲁迅全集》第 11 卷,北京:人民文学出版社 2005 年版,第 70 页。

③ 鲁迅:《知难行难》,《鲁迅全集》第 4 卷,北京:人民文学出版社 2005 年版,第 347~348 页。

④ 鲁迅:《为北京女师大学生拟呈教育部文二件》,《鲁迅全集》第 8 卷,北京:人民文学出版社 2005 年版,第 169 页。

⑤ 鲁迅:《270112 致翟永坤》,《鲁迅全集》第 12 卷,北京:人民文学出版社 2005 年版,第 13 页。

(二)北京师范大学1953届研究生"0001号"毕业证

根据教育部关于高校院系调整的通知安排,中国人民大学部分院系于1952年3月合入北京师范大学,调整搬迁工作很快完成,一切就绪。因此之故,陈信泰、王策三、陶蔚扬、车文博等人在1952年春天进入北京师范大学继续他们的研究生学业①,而那一届研究生班的学员后来也成为北京师范大学的骄傲,正如顾明远为北京师范大学建校100周年所写的纪念文章中所说:"新中国成立后,北师大的教育科学有了蓬勃的发展。当时主要是学习苏联的教育理论。1950年开始请苏联专家来校讲学,我校先后聘请了十几位苏联专家来各系讲学,其中教育系就有8位。当时中国人民大学和北京师范大学都办起了大学教师进修班和研究班,后来中国人民大学的班并到北师大。当代著名教育学家王策三、王逄贤、梁忠义、陈信泰、王道俊等都是研究班的学员,直接聆听专家的讲授。"②

北京师范大学为教育学专业研究生开设的主要研修课程"教育学""教育史"和"心理学"分别由苏联专家普希金、崔可夫、彼得鲁舍夫斯基讲授,另由苏联督学波波夫开设"教育社会学"和"教育管理学"专题讲座。陈信泰回忆说:"波波夫50多岁,为人正派,工作一丝不苟,虽然是官员出身,但业务精熟、态度谦和,从没有盛气凌人的样子。有些同学不太重视波波夫讲授的内容,但是我都做了认真记录并结合现实加以思考,因为我认为教育社会学和管理学非常重要,都涉及重大问题,比如,教育在社会进步中的地位与作用如何,苏联学校的结构是怎样的,各种机构是如何组织和运转的,学校如何才能实现教育目的,教师在社会和学校中如何才能获得存在感等,至少在1959年我帮助筹建'临沂大学'时发挥了作用。现在反思起来就会发现:中国大陆之所以没有办出'人民满意的教育',与教育社会学研究不到位直接相关。比如,盲目扩招,学校向社会提供'低档货'且'供大于求';教育产业化,一些地方政府甚至打出了'大学经济'的招牌;鼓励大学生创业,无异于用'倒闭经济'拉动GDP;大学

① 《北京师范大学教育学部1951级校友名录》开列的研究生共有37人:郭佩瑜、徐彬、单傅英、曾贻颖、张燕生、陈联芳、魏嘉媛、朱佩珍、喻品娟、郑佩、李介贞、王南平、沈逸光、金恒玥、徐世桢、梁敬平、乔彬、全淑华、蔡韶华、杨若瑜、陈信泰、王策三、邓秉衡、张同善、叶国荃、赵瑞祥、韩之梓、姜兆坤、汪达之、李蔚、康庄、王逢贤、王道俊、陶蔚扬、瞿启栓、袁培芳、刘林。其实,这个大名单中有很多人是教育部选拔出来参加培训进修的干部,比如,汪达之(1902~1980)在1951年即担任南京晓庄师范学校校长,在北京师范大学培训结束后担任广东民族学院党委书记、副院长。

② 顾明远:《北京师范大学与中国教育》,《光明日报》2002年9月9日。

生和研究生的收入不如快递哥，导致新一轮'脑体倒挂'和'读书无用论'……这都是贻害无穷的短视行为，其原因则与教育社会学研究的缺位密切相关。"

为促进研究生更快地成长，北京师范大学教育系安排了大量教育实习实践活动，其中一项举措是让研究生担任助教，而最优秀者则被选作苏联专家的助手：陈信泰担任崔可夫的助教，王策三担任普希金的助教，陶蔚扬担任彼得鲁舍夫斯基的助教。陈信泰回忆说："教育史教授崔可夫，50多岁，曾经参加苏联卫国战争，右手受伤，无法握笔；他右手的伤疤令人触目惊心，故而一直戴着手套。除了我担任崔可夫的助手，学校还给他安排了一名翻译。崔可夫学识广博，学生每有所问，他必尽其所能地答复。他又很谦虚，'知之为知之，不知为不知'，他自己不明白的地方，就会坦承：'对不起，这一点我也不清楚。'而彼得鲁舍夫斯基不仅学问好，而且平易近人，有时会与学生边喝啤酒边聊天，以消除学生的紧张心理，拉近了与学生的距离。因此，我们这批研究生算是真正登堂入室了。教育学教授普希金大约60岁，脾气比年纪还大，学生如有不明白之处向他请教，他就觉得学生学习不认真或者是向他的权威挑战，于是就不高兴。"陈信泰通过与苏联专家的近距离接触，不仅学到了很多理论、知识和方法，而且对于"如何当一名好老师"这一问题得到了正、反两方面的启示。

作为助教，陈信泰除了要随班听课，还要参与辅导进修生的课前预习、课堂讨论、专题报告和问题解答等事宜。那个时候，北京师范大学教育系的研究生与进修生都住在和平门南校区南平院①，两人一间宿舍，大家自称"南平院院士"。陈信泰回忆说："进修生中的中年人多是学有所成者，他们后来都成了各高校的教育系主任或校领导。我记得年纪最大的是广东来的方登颐，快60岁了；汪达之，50岁左右，学习结业后任广东民族学院党委书记、副院长；萧毓秀40岁，其夫君就是后来担任南京师范大学副校长的张焕庭——萧毓秀2016年还给我寄来明信片，说是已过104岁生日，鼓励我好好活着！进修生里最年轻的是东北来的一个女生，来进修时大学还没毕业，非常活泼，可惜进修结业后没多久就病逝了。"陈信泰在南平院新结交了一些终生的好友，如瞿葆奎、王道俊、章志光、王天一、夏之莲等，他们在切磋交流、砥砺琢磨的过程中，实现了共同的成长。

既然从事教育学研究工作，教学法自然是陈信泰关注的一个重点。那么如何学习和总结优秀的教学法呢？陈信泰的方法是观摩名家大师的课堂教

---

① 据陈信泰1953年填写的《北京师范大学师生员工履历表》，他们当时住在"本校南校区，南平院6号"。南平院原是辅仁大学校舍，1952年院系调整后被北京师范大学接收。

学。北京师范大学前身是京师大学堂 1902 年设立的师范馆，正式定名是在 1923 年，它是现代中国第一所师范大学。北师大的师资力量本来就非常雄厚，加之院系调整后又集约了一批名家，一时人才荟萃、大师济济。梅贻琦有言："大学者，非谓有大楼之谓也，有大师之谓也。"大师当然要有学问，但大师不仅是"经师"，更要做"人师"。我们敬重"大师"，是因为"我们的智识，固有赖于教授的教导指点，就是我们的精神修养，亦全赖有教授的 inspiration"①，更因为教授在大学教育中起着主导作用。梅贻琦又在《大学一解》中说："学校犹水也，师生犹鱼也，其行动犹游泳也，大鱼前导，小鱼尾随，是从游也，从游既久，其濡染观摩之效，自不求而至，不为而成。"②这是对大学教授"教导""主导""导游"作用的生动描述。大师们身上有着许多共同之处，比如学高为师、身正为范、热爱教育、全心全意教书育人等。而校园中最美的风景就是老师和学生下课之后仍在教室里促膝交流或在校园中边走边谈——那是真正的"从游"。

陈信泰旁听过多位名师的课，收获颇丰，而当他听朋友说"中文系二级教授穆木天的课是'见面不如闻名'"，反而特意要去见识一下。1953 年春天，穆木天先生开设"巴尔扎克研究专题课"。第一次开讲时教室里人满为患，走廊里也站着学生，甚至窗户上"挂"着学生，大家都想一睹穆先生的风采。但一节课之后，走廊上的人不见了，教室里的人如坐针毡——听不懂又不好意思离场。穆先生第二次去授课时，教室里只剩两位同学。穆先生从容讲完两节课后对那两位同学说："下次课改在我家上。一来学校允许老师小班上课并可以自主选择授课地点，二来可以减少公共资源浪费……"陈信泰 90 岁时回忆起此事仍有些激动："我觉得这个案例值得认真分析。首先，从学校层面来讲，北京师范大学的'大'在于'有容'，真正做到了'一切为了学生'。只要学生需要，哪怕只有一两个学生需要，也允许教师开设这门课，绝不因为选课人数少而取消此课——须知：有的课程是冷门绝学，选修者必然很少；有的课程本来非常重要，但学生畏难逃避，选课人数也不会多，就像数学专业的'拓扑'、中文专业的'逻辑'、外国语言文学的'梵文'等。如果因为选修的学生数量少而取消这样的课程，显然是短视的；如果学校总是计算教学成本而取消这类小课，那就不配称为'大学'。其次，从学生成才角度来看，大学应当多开设小班额的研究型课程。穆木天先生的'巴尔扎克研究专题课'后来就改在家中开讲，他与那这两位学生泡茶、喝咖啡、聊天，指导学生开展研究阅读、撰写论文，这两个学

① 梅贻琦：《就职演说》，《梅贻琦谈教育》，沈阳：辽宁人民出版社 2015 年版，第 7 页。

② 梅贻琦：《大学一解》，《梅贻琦谈教育》，沈阳：辽宁人民出版社 2015 年版，第 52 页。

生后来都成了巴尔扎克研究名家。再次，从教育社会学层面来说，学生听不懂某门课不一定是因为教师'所讲甚深'，也可能是学生素质降低了，这一般发生在教育转型或大规模扩招时期[1]——如果出现这种情况，教育政策制定者就应当认真调研分析了。穆木天先生不降低教学标准，得英才而育之，算是因材施教；那两位弟子得到大师真传，也是幸福的。最后，从教学法层面而言，穆木天先生是二级教授，学问好，讲课却不一定热闹；或者说他的讲课方式更适合研究生，而不适合本科生，所以教师也应当注意研究教学方法。优秀教师讲课如同演讲，一定有'表演'的成分，只有吸引观众（学生）的注意力，才能授以知识，并触动其思想和感情，丰富他们的心灵。"

北京师范大学在20世纪50年代初期的校园氛围是宽松的。学校虽然经历了知识分子思想改造运动，但仍保持着兼容并包的自由风气，师生的思想和做派也不是格式化的，这一点仅从服装的多样化上就能显现出来。当时的男性着装主要有如下几派：一是绅士派。陈信泰举例说："比如邱椿先生虽然留学德国，但他只在出国时才穿西装，家居服装都是中式的马褂和裤子，真是亦中亦西，土洋结合。他自言是'到什么山头唱什么歌'，实际是达到了不为物役的境界。"二是西装客。陈信泰评议说："北京师范大学的教师本来就有很多留学国外者，加上从辅仁、燕京等教会大学合并过来的老师，因而西装客颇多。当然，从西装款式、配饰和领带打法就能看出他们曾留学哪个国家。"三是长衫客。中老年的"老师大"教师，尤其是从事中国古代史和古代文学研究的学者，多喜欢穿长衫，以区别于"短打"的洋装或人民装。四是人民装。青年教师和研究生多穿人民装。人民装由中山装演化而来，二者最大的差别在于中山装的四个口袋是暗袋而人民装是明袋。中央人民政府政务院1950年1月颁布"地方人员单衣式样"，规定地方机关、学校和工厂等单位"男干部一律中山服翻领，四个明口袋，勤杂人员四个暗口袋"，"学校教职员与机关干部同"。[2] 就北师大的女装来看，则主要存在地域差异：南方来的女学生穿西装衣裙的居多，北方学生穿俄式布拉吉的多；北京本地的女生还有一些穿宽松的旗袍，颇有身份优越感；倾向革命的女性则大多穿着实用的"延安服"，因为1950年政

---

① 张宗和1962年致张充和信中提到当时"大学生的语文程度真还不如我初中毕业时教的乐益初一叶至美他们文章"可为一证。（参见张充和、张宗和：《一曲微茫》，桂林：广西师范大学出版社2016年版，第206页）

② 《政务院规定地方人员单衣式样》，《国华报》（广州）1950年1月16日；张立宪主编：《读库0705》，北京：新星出版社2007年版，第102页。

务院发布的“地方人员单衣式样”规定“女干部一律延安服”。延安服的前身是“列宁装”：西装开领，双排扣，腰间束带。列宁装传入中国后最早在敌后抗日根据地流传开来并演变成了一种带有革命色彩的女装……

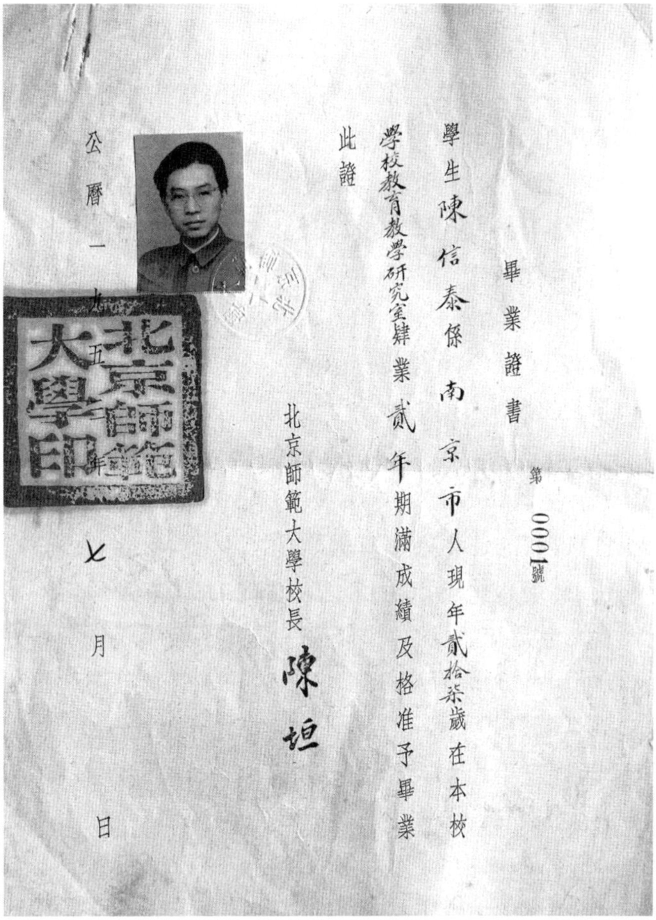
第0001號

畢業證書

學生陳信泰係南京市人現年貳拾柒歲在本校學校教育教學研究室肄業貳年期滿成績及格准予畢業

此證

北京師範大學校長 陳垣

公曆一九五三年七月 日

北京師範大學印

北京师范大学 1953 届研究生“0001”号毕业证

在这样宽松愉悦的环境中读书，时间好像过得特别快。1953 年 6 月，陈信泰研究生结业，毕业证书是北京师范大学研究生“0001 号”。按照学校最初的研究生培养计划，陈信泰留校从事教育史教学与研究工作，王策三从事教育学教学与研究工作，陶蔚扬从事心理学教学与研究工作。他们一起送走了那些朝夕相处的进修生，然后到学校人事、后勤部门报到，领取了教师宿舍钥匙，把行李从“南平院”搬到了青年教师宿舍楼——这是一座二层的“回”字宿舍楼，一层住的都是男教师，二层有一半住的是女教师。陈信泰与陈隆高合住在二层西侧的一间，窗朝西，门朝东。教工宿舍冬季有暖气，公共洗手间供冷、热水，洗浴非常方便。陈信泰回忆说："陈隆高属于教育学教研室。他是广东人，说一口广东普通话，平时不爱讲话，也很少待在宿舍。'反右'后他被分配到了青海，'文革'后调到了杭州师范大学。"

陈信泰自1951年8月离开上海后还没有回家探过亲：1951年寒假准备院系调整大搬迁；1952年暑假忙于教育调查，是年寒假担任苏联专家助手和论文写作；1953年暑假则因为教育史研究室给安排了新学期的课程，需要备课而未能回家。陈清泰回忆："当时讲课主要是根据学习凯洛夫《教育学》的笔记来编，参考资料有米鼎斯基的《世界教育史》和崔可夫的讲课笔记等。我主讲外国教育史，也讲中国教育史。"此时，"在苏联专家的指导下，完成学业的研究生学员，脑子里形成了社会主义教育学的新框架和新模式。他们教授教育学，所教授的内容，所运用的教学方式，以及所采取的基本立场和态度，都采用苏联专家的立场和苏联的模式"①。

1953年暑假，陈信泰除了备课，还拜访了教研室的老教师，虚心请教科研与教学问题。教育史教研室是教育系最大的教研室，师资中有数位大师级人物，其中，康绍言、黄淑范是北京师范大学的"老人"，毛礼锐、程舜英由辅仁大学调入，陈景磐②、张鸣岐由燕京大学调入，邱椿由北京大学调入，瞿菊农从铁道部参事室调入。但是，教育史这个研究领域并不为年轻教师看好，陈信泰评议说："年轻教师不大想到教育史教研室工作，一是觉得外国教育史太难搞，二是认为教育史不是研究'死人'就是研究'老人'，没意思。但我认为：观古鉴今，可以使人知其然并知其所以然；温故知新，历史能够让人预见未来；学习历史能知人论世，弄清楚古圣先哲当时为什么这样说，其合理性与合法性何在。故王充《论衡·谢短篇》说：'知今而不知古，谓之盲瞽；知古而不知今，谓之陆沉。'这值得后来者深思！那年暑假，我请教最多的是康绍言教授。康先生1922年毕业于北京高等师范学校教育研究科，是中国最早的'教育学士'；他博

① 郑玉飞：《新中国教育学历史发展的个体记忆——当代教育学家陈信泰早期研习教育学的口述史研究》，《教育科学研究》2012年第7期。

② 陈景磐（1904～1989），福建人，1927年，毕业于上海圣约翰大学，获教育学士学位；1929年，获得圣约翰大学哲学硕士学位；1931～1934年，在燕京大学研究院学习，获教育硕士学位；1938年，至加拿大多伦多大学留学；1940年，获得哲学博士学位后归国，任教于厦门大学等高校；1950年，受聘为燕京大学教育系教授；1952年，大学院系调整后任北京师范大学教授；1961年，开始指导研究生；20世纪80年代，担任中国教育史博士生导师。陈景磐著有《中国近代教育史》，1979年由人民教育出版社出版。

览群书，是个杂家。'杂家'似乎不如'专家'精深，我却觉得'杂家'更为重要，他们的经验、体悟、智慧和方法都不是书本上的'死'知识，他们懂得跨学科的会通与创新。康先生见我涉猎广泛，曾评价说：'陈信泰小老弟兴趣广泛并能举一反三，将来不可限量。'——康先生一直称我'小老弟'，还给我起过一个绰号'小博士'。"陈信泰通过与康老先生的交往发现：老人的思想不仅不腐朽，反而很注重集百家所长而成一家之言。

秋季开学后，陈信泰一方面在教育系任助教，负责教育系本科生的课堂讨论，另一方面给中文、历史等文科专业的本科生讲"世界教育史"。由于他认真负责，因而颇受学生欢迎，他的辅导甚至奠定了一些学生终生的学术基础。北京师范大学教育系1954届本科生、上海师范大学教授、全国非智力因素研究会会长燕国材在《山高水阔师友情——母校回忆二三事》中回忆道："大三时，我用较多的时间与精力钻研马卡连柯的教育思想，在《文汇报》《光明日报》陆续发表了多篇论文。如其中的《马卡连柯的教育思想论》，便是课堂讨论的发言稿。当时主持课堂讨论的陈信泰老师(现为曲阜师范大学教授)，认为我发言不错，鼓励我将该稿投寄《光明日报》，后来果真给发表了。1956年，湖北人民出版社来上海组稿，应约在已发表有关文章的基础上，撰写成《马卡连柯的教育理论与方法》一书并出版。1988年马卡连柯诞辰100周年时，我又以该书为基础，同老友何国华教授撰写成《马卡连柯教育思想研究》一书并出版。"①

除了教学工作，陈信泰还担任北京师范大学校报"教育通讯"专栏的特约记者和评论员，以"陈拓""陈文彧"等为笔名发表文章。他印象最深的是对几个教育活动的观摩、记述与点评：

一是对"快乐教育"的述评。教育系主任陈友松邀请英国快乐教育演示团来校交流，引起很大轰动。但陈信泰在新闻述评中指出：快乐教育是一种理想主义构想，因为教育不可能都是"快乐"的，一定还有"教训"和"挫折教育"。陈友松看了新闻述评后问询作者是谁，认为文中充满了辩证思维。——陈友松先生应该也意识到了"快乐教育"的片面与不足！

二是对"唐英事件"的述评。穷苦出身的唐英同学坚持学习声乐，但音乐系主任老志诚先生认为，唐英虽然嗓门大、声调高，但缺乏音准和节奏感，不适合学习声乐，劝她转学其他专业。此事竟然引起了论争，有人从阶级论出发，说"音乐专业不是资产阶级的特权，无产阶级也能学好，不能搞阶级歧视"；有

① 燕国材：《山高水阔师友情——母校回忆二三事》，刘锡庆主编：《北师大百年校庆征文·我与北师大》，北京：北京师范大学出版社2002年版，第180页。

人则说，“学生先天条件不足，后天教育可以补足”云云。唐英自己也表示一定会努力学习，为穷苦人争光。老志诚先生被逼无奈，只好给唐英配备专人做辅导老师。可唐英同学真的是五音不全，一年晨功把周围学生喊得汗毛凛凛，她自己也终于坚持不住了，自行要求转去其他专业。此事件证明，“后天教育不是万能的”。

三是观摩邰爽秋①的“图示教学法”实验。邰爽秋教授1949年前即因编写教育学书籍而颇负盛名，北京师范大学教育系资料室的教育学文集很多是他主编的。邰教授不仅衣着不修边幅，家居也“财不外露”。他住在一处四合院里，但屋里没有什么家具，只有小凳子，来了客人也不奉茶水。有一次，邰教授请十几位年轻教师和研究生到他家里观摩“图示教学法”实验：一群小孩子正襟危坐，邰教授敲响一口小钟宣告“开始”，然后一位年轻老师即带着孩子们演练起来。演示结束后，邰教授对陈信泰说：“久仰老弟您的文笔，可否给我宣传一下？”但陈信泰没有写述评，因为“图示教学法”是邰教授十几年前提出的教学法，至今已觉不新鲜。

（三）“投名状和江湖义气是不可靠的”——“三反”运动以及家变

陈信泰1953年夏天研究生毕业留校，却没能返回上海看望父母，一是因为他要为新学期的教学工作做准备，二是家庭发生了一系列变故：父亲陈智发在“三反”运动中被捕、获刑，陈家被抄家，排笔店也实行公私合营了……当陈信泰向系里请假时，党支部书记彭飞劝他暂时不要回上海，待一切尘埃落定后再回去也不迟。陈信泰回忆说：“彭飞这样劝告，当然有他的考虑。”

至1952年，陈智发已在上海电力公司工作了27年，虽然时局变乱动荡不安，但他都靠着谨慎和勤勉而平稳度过。1945年以后孩子们都经济独立了，他自己除了工资收入还有些外快，于是把积蓄转入私募和风投之中，即使遭遇了1948～1949年的通货膨胀，也没有受到太多损失。陈信泰回忆说：“1949年后，美国冻结中国大陆在美资产，中国也冻结了美国在中国大陆的资产。上海电力公司由新政府接管，改为国营。那时的上海还存在黑市私募，父亲也一直

---

① 邰爽秋（1897～1976），江苏东台人，1923年毕业于南京高等师范学校，同年公费留美，1924年获美国芝加哥大学教育硕士学位，1927年获美国哥伦比亚大学教育博士学位。回国后任教于国立第四中山大学（现为南京大学）、广州中山大学、河南大学等高校，后任暨南大学教育系主任、大夏大学教育学院院长、中国民生教育学会理事长、中国民生建设实验院院长、国民政府教育部战时教育委员会委员等职。1949年后任辅仁大学、北京师范大学教授。邰爽秋与晏阳初、梁漱溟、陶行知一度被并称为“中国教育界四大怪杰”。

在做这方面的投资。我到中国人民大学读研究生前，全家人聚会庆祝，我们扯到了这个话题，都劝我父亲停止风投——人到中年，不期多得。我母亲文绣更是从子女未来发展的角度对他动之以情、晓之以理，劝他不要再与景旭初等合伙。父亲遂逐渐撤身出来。不久，景旭初的风投资金被套牢，就挪用了公司的资金。我父亲‘讲义气’，在景旭初的授意和情谊‘绑架’下，一个人揽下了所有责任，以致一审获刑三年(复查时发现他是代人受过，量刑过重，减刑一年，提前释放，实际上已在苏北大丰盐场改造一年半)。电力公司的人把我家的金银细软和两套家具全部拉走，抵款退赔。那两套家具，一套是父母用的柚木老家具，一套是准备给我结婚用的胡桃木家具。——这次抄家直接毁掉了我与曹家订的一门亲事：上海人讲面子，你家都被抄了，人家怎会把女儿推进‘火坑’?！所以我一点都不责怪曹家提出退婚要求。相反，我在心里有些责怪父亲：为什么不听家人劝告？为什么不全面停止投机？又为什么替人家顶包？结果不仅他自己服刑、被开除公职、失去了养老收入，而且我们全家也因此而失去了上海的家园。”

陈智发交友不慎却偏偏“讲义气”，这是他被捕获刑的直接原因。而这颗苦果皆缘于京戏：陈家与上海伶家联合会的一个俱乐部相邻，陈智发常到俱乐部听戏，邂逅同在上海电力公司工作的景旭初。景旭初是京剧的“骨灰级发烧友”，不仅娶了一对唱京戏的孪生姐妹为妻妾，还把大女儿景妍娇培养成了京剧武旦——景妍娇在上海大世界“共舞台”演出半年就被捧成了头牌，后来嫁给了“共舞台”老板唐桂芳。另外，景旭初还与“中国的秀兰·邓波儿”陈娟娟结了亲戚，他的小女儿嫁给了陈娟娟的弟弟。

因为京剧这点因缘，陈智发与景旭初成了朋友，一起看戏，一起做风投，后来干脆结拜成了“桃园兄弟”。1952年“三反”最激烈的时候，景旭初成为被调查的重要目标。他为了脱身，就与陈智发商量“如何以最小的损失换取最大利益”，让职级较低的陈智发顶包，还信誓旦旦地许诺将来一定会照顾陈家，等这阵风过了也一定为陈智发安排工作。陈智发被义气冲昏了头，自己承担了一切责任，不仅退赔了全部资金而且被判刑入狱。

陈智发1953年初被发配到苏北大丰盐场改造，由于会唱京剧，书法也漂亮，因而主要从事“文化劳动”而非劳动改造。当时劳改农场的文化娱乐项目极少，监管人员就让陈智发演唱京剧。陈智发没有行头，就因陋就简，用硬纸板制成盔甲，演出的时候倒也博得满场彩，至少他因为会唱京戏而没有吃太多苦头。一年半以后，政府对“三反”运动中的过激行为进行纠偏，陈智发被减刑释放。文绣去大丰接陈智发，回到上海后先找一家理发店给他剃头，再找个澡堂让他泡澡，洗除秽气。

陈智发回到家中，面对着空落落的家室，一声叹息。他被上海电力公司“精简”，丢了工作；他去找景旭初寻求帮助，但总是“不遇”，其他朋友也都变得形同陌路。陈家的排笔店此时也已实行公私合营，即使他想变成店里的员工，也需要经过其他“工会小组成员”的同意。他从此变得沉默不语，足不出户，饭量越来越小，仿佛觉得“无用之人吃饭都是罪过”……在这种情况下，母亲只好写信让陈信泰回上海商量一下“全家人的活路”。

陈信泰与母亲文绣、弟弟信达、妹妹海玲在上海蝶来照相馆留影

陈信泰回忆说：“排笔店实行公私合营后，母亲除了把信达的存款1200万（旧币）垫入，还向邻居借了500万元（旧币），而货物存在家里卖不出去。她写信告诉我，想结束排笔店的营业，但工人不仅不同意，还提出改善住宿和生活条件，这让她觉得实在撑不下去了。母亲是个刚强的人，我长这么大还是第一次听她说出这样软弱的话，所以担心极了，便向系里请假回上海。但直到1953年冬天，我才被允许回上海看望母亲。我到上海后，先与区政府工作人员进行交流，了解政策，也从这里知道政府正在上海招募工人支援东北工业建设。我就对弟弟信达说：‘你看父亲现在的状态，还有母亲也濒临崩溃边缘，不如你带父母去东北换换环境。你是工人，是国家的主人，也有技术，一定会有所作为；东北物价低，生

活相对容易。我呢，现在北京住集体宿舍，无力照顾父母，但我以后会每月寄一部分工资给你。'信达同意了，报名上去，很快就批下来了。然后我和母亲把家具和存货卖出，以清还债务和工人工资，最后把排笔店上交给政府。政府按政策应该给一些定息补偿的，我们也一并捐出了，全家人等于净身离开上海，与过去彻底告别，身后什么都没有了。不过，这样也好，无牵无挂，一心往前走！"

陈信达本来已是上海中南电机厂的五级技工，收入颇高，但他带着父母和妻子陈丽英去东北后，最初被当作失业工人发配到了齐齐哈尔，收入一下子降到很低，而且一人工资供四人生活，颇觉困难，所以他给陈信泰去信时总有不少抱怨，后悔不该离开上海。直到稍后经过甄别，政府给陈信达落实了技工待遇并调往沈阳飞机厂工作，家人的生活才有了起色。1962 年国家从国防战略高度对军工产业进行重新布局，陈信达调到了成都一〇二飞机发动机厂，那时候他已是八级技工。

陈信泰一直觉得自己没有尽到长子、长兄的责任，对母亲和弟弟心怀愧疚，所以在 1954 年后每月给陈信达寄去 20 元钱供父母生活之用。他 1955 年晋升讲师后，工资涨到 78.5 元，就每月寄 30 元；1981 年晋升副教授后，给母亲寄的就更多了些。陈智发 1976 年夏天去世后，母亲文绣曾到曲阜住了数月。文绣 1986 年患轻度中风，行动不便，陈信泰就把母亲从四川接到了山东曲阜，以尽孝道，直到母亲 1996 年夏天去世。

陈信泰偶尔回忆起这次家变，禁不住潸然泪下："1954 年春节后，我到火车站送父母、弟弟和弟妹去东北。除了托运走的物品，弟弟、弟妹全身都背着行李。我把所有积蓄都塞到母亲手里，要她一定要保重身体。父亲满脸惭愧，清癯黑瘦，他的精神垮了，身形也就颓了，看起来就像个古稀老人。我于心不忍，嘱咐父亲好好吃饭，要相信将来一定会好起来的。火车就要开动了，父亲对我说了一句：'投名状和江湖义气是不可靠的。'然后快速转身上了火车。"

（四）初露锋芒——两篇批判杜威教育思想的文章

这场家变，对陈信泰有什么影响吗？至少他 1953 年申请加入教育工会时没被批准。此事在陈信泰心里留下了巨大阴影，他知道唯有更加努力地工作才能赢得较为宽松的环境。

陈信泰 1955 年迎来了他人生的"小阳春"：在《文汇报》和《光明日报》发表了两篇评论杜威教育思想的文章，成了受人瞩目的学术新秀。1955 年初春，民盟全国主委、《文汇报》学术版主编浦熙修找到北京师范大学教育系领导陈友松，说《文汇报》想组织发表一系列批判杜威教育思想的论文。陈友松向她推荐了陈信泰。陈信泰听清浦熙修的意图后说："虽然我的大学毕业论文评论过杜威教育思想，但那是初生牛犊不怕虎。现在我知道'杜威太大我太小'——杜威教育思想研究是一个宏大课题，绝非一两篇文章能够讲清楚。"浦熙修说："这是政治任务，你可以先集中批判杜威的教育作用论。"陈信泰只好答应一试。此后三个月里，浦熙修几次约见陈信泰，一方面了解论文写作进度，另一方面也就论文提纲、逻辑、资料及修改等提出了自己的建议。陈信泰终于在4月下旬拿出了一篇4000多字的《批判杜威关于教育作用问题的反革命反科学谬论》①，以马克思主义理论批驳了杜威的"个人主义人性论""人性天生论""人性永恒不变论""阶级调和论"和"教育救国论"等观点，从而论证阶级解放和教育革命的合法性。今天读来，此文虽然在行文上有着较为浓重的时代话语痕迹，但仍可以看出陈信泰在学识积累、比较研究、立论与驳论的综合运用方面已经具有了扎实基础和深厚功力。

陈信泰的这篇文章1955年5月3日在《文汇报》刊发后，在北京师范大学引起较大反响。教育系邵鹤亭先生当时兼任《光明日报·教育研究》专版主编，便邀请陈信泰再为《光明日报》写一篇论文，陈信泰遂又写了6000余字的《批判杜威关于教育目的的谬论》。此文是对前文的深化，主要批驳杜威的"教育无目的论""教育即生长论""教育超阶级超政治论""兴趣主义教育论"和"将来不可知论"，一方面为社会主义教育思想正名，另一方面则具体地倡导"教师的主导作用"和"教学的计划性"等主张。此文明显多了一些政治意识形态话语，如"美国帝国主义最反动的实用主义教育家杜威在这个问题上也没有放弃对豢养他的主子效劳的机会"，"杜威是非常狡猾的诡辩家"，"一个没落而垂死的阶级是怎样不敢正视现实、不敢正视人类美好的将来"，"杜威是劳动人民的死敌"等，但是更值得注意的是，陈信泰在论证过程中注重"前提追问"，注重对"历史条件和情况"的分析：杜威"教育目的论"的核心观点是什么？是在怎样的时代背景下提出的？其实质是什么？陈信泰的文章从史料出发，将杜威教育思想与美国政治、经济关联起来，揭示"教育无目的论"的内在逻辑悖论，并在此基础上鲜明地提出了社会主义中国的教育目的："我们的教育目的是以马克思列宁主义和系统的科学基础知识来武装年轻一代，使他(们)成为全面发展的社会主义—共产主义的建设者和保卫者。这个要求，在我们的国家里，是

① 陈信泰：《批判杜威关于教育作用问题的反革命反科学谬论》，《文汇报》1955年5月3日；收入《批判杜威的反动教育思想》，武汉：湖北人民出版社1955年版，第43～48页。

完全符合全体人民的利益的。”①可以说，陈信泰已经有意识地将世界教育史研究、比较教育研究与教育基本理论研究结合起来，自觉探讨马克思主义教育思想的中国化问题。这正是陈信泰这一代教育学专家的学术贡献和意义所在。

陈信泰评论杜威教育思想的两篇文章引起强烈反响，不仅很快被两部文集收录，而且湖北人民出版社邀请他专门写作一本批判杜威教育思想的专著。但是陈信泰不想再写，因为第二篇文章在修改与发表过程中，被编辑“指导”或“斧正”得太厉害了，不仅出现了语言暴力，而且违背了他学术批评的初衷。后来，胡克英、苏联专家彼得鲁舍夫斯基也想撰写批判杜威的文章，都向陈信泰讨要材料，陈信泰便将手头的材料转给了他们。

陈信泰1955年在北京师范大学晋升讲师后留影

批判杜威教育思想，对陈信泰来说有利有弊、得失参半。好处是：他得到了学术训练。正如陈信泰所说：“那两篇文章虽然还是以实用主义反对实用主义，但我在写作过程中明白了学术论文应当如何定旨选材，如何逻辑行文，此后写文章时虽不是倚马可待，至少能做到一气呵成。”不仅如此，陈信泰因为批判杜威教育思想而获得声名，在1955年新中国开启的高校教师职称评审工作中顺利晋升讲师，还在1956年被九三学社吸收为社员。坏处是：陈信泰与浦

① 陈信泰：《批判杜威关于教育目的的谬论》，《光明日报》1955年9月19日；收入《资产阶级教育思想批判》第2集，北京：文化教育出版社1955年版，第17～26页。

熙修的交往成为他 1957 年被审查、1958 年被发配“支援山东”的重要原因。

(五)“学莫便乎近其人”——北京师范大学“教育科学研究室”的大师群像

1955 年,北京师范大学教育系将全校教育研究领域的 16 位知名专家集中起来成立了“教育科学研究室”,其中最年轻的教授 50 多岁,年高者已逾80 岁。北京师范大学当时共有一级教授 6 人、二级教授 16 人、三级教授 43 人,而教育科学研究室有郭一岑和邱椿两位二级教授,可见此研究室实力之雄厚。教育系为教育科学研究室配备了两位学术秘书:陈信泰和郭经华。这使陈信泰有机会得到大师们的亲炙熏陶。

教育科学研究室成立后的第一项任务就是批判杜威教育思想。批判总得有个靶子,所以他们首先要做《杜威教育著作摘译》。陈信泰回忆说:“老教授们摘译杜威著作,我与郭经华负责帮助各位先生借阅资料,誊抄译稿,然后协调印刷事宜。老先生们非常喜欢我,可能是因为我比较好学,手脚勤快,能尽心做事,尤其是查找和整理资料的效率高,让他们颇为省心。而为老教授们做学术秘书,也给我提供了很好的学习机会,我感到非常幸运。”教育科学研究室有七位老先生提出让陈信泰担任学术秘书,研究室主任郭一岑一时不知如何解决,毛礼锐就出面协调说:“让陈信泰轮流为每位先生担任秘书,一年为期。当然,各位先生平时有事尽可以找他协助。”

陈信泰 1955 年秋天至 1956 年夏天担任邱椿教授的学术助手。邱椿教授曾留学美国、德国,不仅是杜威的学生,而且 1934～1935 年在柏林大学留学时还与希特勒会过面,所以在后来的政治运动中被批为“反动学术权威”。邱椿教授有着德式学者的严谨,平时不苟言笑,与人交往从不谈家事私事;当然,他身上也有着德式学者的傲慢与暴躁。对此,陈信泰曾以具体事例加以说明:“对比之下,我觉得留学美国的学者多属自由派,绅士气,礼貌多;留学德国的学者则讲规矩,脾气大。我担任邱椿先生的助手之前,毛礼锐先生就提醒我:对邱先生一定要忍耐,要有礼貌,要做好心理准备,因为邱先生此前已‘骂’跑了三位助手。我第一次到邱先生家,印象最深的是厅堂十分整洁,家具物品一丝不乱。先见到的是师母邓宗曼女士,她交代说:‘你进书房后,不要挪动任何东西,不要乱走乱动,不要站没站相坐没坐相……’师母说完后一脸歉然,又补充道:‘这是邱先生给我立的规矩,你也得遵守。’我说:‘师母,我都记下了。’邱先生此时已基本不研究外国教育思想,而是转向了中国教育史研究。他的中国古典文献功底深厚,重要资料都能大段背诵;他从图书馆或资料室借书,只不过是为了印证和校对。我在教育科学研究室还见识过这样的奇观：几位老先生交流对话，邱先生背一段文献，说见于某某著作第几卷第几页，说的是什么意思，其中有什么深意，对当下有什么启示；毛礼锐先生接着背一段文献，说见于某书第几卷第几页，可以与邱先生所说互参；康绍言先生接着说某子曰某经语，与某外国学者的主张有相通之处……他们都是过目不忘的大学问家，让我自叹弗如，后来我也只见过陶愚川先生能这样大段背诵古籍。这都是童子功！我给邱先生做了一年助手，没被他骂过，先生对我的评语是：'陈信泰这个年轻人还可以。'这也许就是邱先生对后学的最高褒奖了。在邱先生身上，我能体会到为什么德国教育思想往往带有一些军事化、服从性的痕迹。"

受邱椿先生影响，陈信泰一度想终生从事教育史研究，但他也由邱椿先生的学术路径体悟到："自己没有出国留学，故对于外国教育家无法做到知人论世；何况从事西方教育史研究如果缺少第一手资料，就难以进行深入研究。至于中国教育史研究，此时大体被划为'封建思想'①，禁忌太多。所以我最终转向了马克思主义教育原理研究。不过我一直认为，教育史研究是教育学研究的基础；如果没有历史做底子，则'眼光如豆，不足与之辩也'，其教育学研究很难有深广度……邱先生翻译的资料和著作手稿有很多，'文革'中被造反派抄走。20世纪80年代我到北京开会，曾向北师大同人问询邱先生身后的手稿，他们说'上交组织'了，并要我别再过问此事。……2015年听到消息说，邱椿先生的女儿邱同将珍藏和搜集到的邱先生手稿20种39卷，捐赠给了北京师范大学图书馆古籍与特藏部。"

陈信泰1956年秋天至1957年夏天担任陈景磐教授的学术助手。陈景磐先生是福建人，其太平天国教育研究填补了中国教育史研究的空白。陈信泰回忆说："他是信奉基督教的，故对太平天国教育的'现代性'深感兴趣。我为陈景磐先生当助手期间，他胃病发作，手术后卧床休养。其子女都不在身边，陈师母又有洁癖，偶尔为景磐先生端屎倒尿就恶心作呕，于是我就把这些事接手过来，一直陪护至先生痊愈出院。因为这种陪伴，加之我们都有在圣约翰大学学习的经历，故而陈景磐先生对我无话不谈。陈景磐先生注重史料搜集的'深全细实'，所以他对中国近代教育史的研究极为扎实，作出了重大贡献。陈景磐先生为人谨慎、恭敬谦和，是完全'无公害'的那种人，所以学校的很多公共活动都请他出席……"

陈信泰只在1957年秋天为瞿菊农先生做过几个月的学术助手。瞿菊农是

① 关于"封建"的歧义，可参见刘绪源：《"封建"二字可延用否》，《中华读书报》2013年4月10日。

瞿秋白的小叔，二人年龄相仿，但性格迥异，他选择了与瞿秋白截然不同的道路。陈信泰评议说："如果说瞿秋白一表人才，那么菊农先生自称是'一表丑才'：猴子脸，酒糟鼻，身材瘦小，衣服破旧不堪，就像一朵枯败的菊花。但人不可貌相，菊农先生满腹经纶，却没有尖巧轻薄的才子气；他为人低调，在所有公众场合都退后一步；他是书生，惧杀生，怕见血，所以在国内动荡的年代里选择去美国读书，回国后思想也没有'大进步'；他早期致力于西洋哲学和西方教育思想史的翻译与研究，后期对中国古代教育思想研究用力颇多。我曾问瞿先生出版过什么专著，他笑而不答，仿佛'悔其少作''有不如无'。向他请教问题，他总是谦卑地说：'不敢不敢。这个问题我也不太清楚，好像是……'他几次对我说起：'秋白是世界名人，而我是罪人，是被人唾弃的臭狗屎。'整个人好像都萎靡了。后来我才知道，他曾参与电影《武训传》的编剧工作。《武训传》是1950年最受国人欢迎的十大影片之一……在此后将近一年的批《武训传》风潮中，瞿菊农先生也受到了牵连。说实话，瞿菊农先生的文章写得好，译笔也好。"

陈信泰在北京师范大学学习和工作的六年里，与毛礼锐先生交往最为密切。毛先生的儿子去世早，二老看到孙子毛祖桓就难免伤怀，所以将其寄养在女儿家，两位老人家里就显得有些冷清，他们也因而特别欢迎陈信泰有空到家里聊天。日子久了，毛先生几乎将陈信泰视同己出，甚至想给他张罗一个女朋友，由此可见其师生情谊。陈信泰评议说："毛礼锐先生不谄媚，不说恭维话，不媚附权贵，始终保持着人格尊严；他的学术功底深，学界地位高，晚年完成的六卷本《中国教育通史》是空前的学术贡献。"

北京师范大学"教育科学研究室"大师云集，足以称得上年轻一辈效仿的楷模，正如陈信泰所言："总起来看，教育科学研究室的老先生们各有建树：有人善研究、能开拓，提出了许多新观点，如毛礼锐、陈景磐等；有的有真才实学，善于启发引导，让人受益无穷，如康绍言、邱椿等。荀子说：'学莫便乎近其人。'我为大师们做助手，得其亲炙，听其教诲，耳濡目染，学业日进，真是幸运！但那时的年轻教师大多认为这些先生的思想过时了、无用了，所以系里开会轮到老先生们发言时，有些年轻老师就'上洗手间'或'有急事'走了。我想：假如能为这些大师硕儒每人写一部评传，该是多么具有学术史价值的工作呀！"

(六)压抑与欢欣——50年代的爱情佳话

陈信泰作为新中国正式招考的第一届研究生，在1955年高校职称评定工作中顺利晋升讲师，一时被目为青年才俊，但他在现实生活中却并非意气风发，反而时时感到不安、压抑与焦虑。

压力首先来自家庭变故所产生的影响。组织先后几次找他谈话，询问其家庭变化情况。陈信泰回忆说："组织谈话颇具政治艺术。有的领导关心我家人的生活问题：'你父母现在去了东北，跟你弟弟在一起？他们生活怎样呀？你的情绪有没有受到影响？'他们虽然没有直接谈我父亲获刑之事，但他们了解事情经过，属于明知故问。这就成了一种提醒，暗示你的出身有问题——这实在是我'家庭出身'方面的软肋和暗伤，每次填表面对'直系亲属'那一栏时都会黯然神伤。有位女性党小组长兼工会主席Z则关心我的恋爱问题：'你年龄不小了，谈恋爱了吗？要不要组织帮助解决？有困难就提出来，要相信党，相信教育工会。'但实际上她一旦发现有女性向我示好，就立即告诉人家：陈信泰是九三学社成员，他父亲被捕获刑，他家也被查抄云云，让人家'知难而退'。有的领导则关心业务问题：'你最近读什么书呀？向哪位老先生求教啦？某某先生指名让你做学术助手吗？这位先生如何指导你开展研究的？他让你给他借过哪方面的书？他的邮件也要你帮助邮寄吗？他交往最亲密的师友是谁呀？……'这实际上是要我监视和汇报老先生们的动态，而我从心底痛恨'告密文化'，所以都是一问三不知。有的则关心我的'政治生命'：'你为什么加入九三学社？为什么不申请加入中国共产党？你对于我们新发展的党员有什么看法？你有个大学同学叫王世训？他是国民党员、历史反革命，已被逮捕，上海来人做外调，我们替你挡了回去……'这样的谈话让人精神紧张，有一种不被信任的感觉。直到1956年1月周恩来宣布'绝大部分知识分子已经是工人阶级的一部分'之后，这样的谈话才减少了。"

其次是因为与谢韬、卢玉夫妇的交往而接受问话。1955年，谢韬因为建议胡风上书并为其鸣不平而被定为"胡风反革命集团"骨干分子，只是因为中国人民大学校长吴玉章的保护，当时被取保软禁在家，限制在人大宿舍并接受隔离审查，其妻子卢玉则仍然照常上班。

陈信泰早在1951年即结识了卢玉女士。卢玉那时在中国人民大学教育教研室担任资料员，陈信泰时常借阅书籍杂志，而卢玉很欣赏这位爱读书的研究生。在陈信泰眼中，卢玉是个和蔼可亲的大姐，谢韬则是博学多闻、见多识广的师长，他们是一对模范夫妻。1952年院系调整后，卢玉调入北京师范大学教育系资料室工作，陈信泰与她的接触更多了；尤其是在担任邱椿、陈景磐等先生的学术助手后，陈信泰在借还珍善本图书资料时更是得到卢玉老师的热情帮助，于是渐渐熟络起来。陈信泰回忆说："谢韬和卢玉都是四川人，与我母亲文绣是老乡，这就让人有一种天然的亲近。她家搬到和平门内宿舍后，还邀我去玩过一次。我想深入研究苏联教育史，希望多找一些资料，卢玉就把我介绍给了俄语系教授高万里和助教苏玲。‘胡风案’发生之后，谢韬、卢玉夫妇并没有立即被限制自由。我记得 1956 年 5 月 5 日‘五一’游行后我去高万里先生家，卢玉和谢韬也在，大家就一起谈了一个多小时，或者说我听了一个多小时。谢韬讲周恩来轶事，说周恩来指挥淮海战役时三天三夜没有离开电话机，他称周恩来是一流的军事家、政治家；又说将来其他国家要发动革命运动的话，一定会请中国专家去讲中国革命史，但现在中国还缺少真正的革命史学者。卢玉拿出一本加拿大和平战士文幼章[①]撰写的英文版《红星照耀中国》，说文幼章与他们关系密切，此书中所写的大部分内容都是根据谢韬的讲述写成的。我后来与谢韬的交流机会不多，也不深入。记得有一次看电影时，谢韬正好坐在我前排，我就当时热议的‘空想社会主义者是哪个阶级的代表’这个问题向他请教，他略加思考后说：‘空想社会主义应是代表了无产阶级的思想。’我不认同，与他争辩了几句，电影开始放映后我们的讨论也就不了了之。”陈信泰与谢韬一家的关联还有一段“后话”：20 世纪 80 年代初期，山东师范大学本科生王丽想报考陈信泰的研究生，但陈劝她报考山东师大鲍兆宁的研究生；王丽硕士研究生毕业后又到北京读博士，并嫁给了谢韬先生的公子。在“异化”问题大讨论时，王丽曾想与陈信泰“商榷”，谢韬和卢玉知道后立即劝止：“学术问题当然可以争论，但你的理论水平远远不能与陈信泰先生比肩，你们无法对话。”

陈信泰 1955～1956 年积压在心底的抑郁，在 1957 年的“知识分子小阳春”里得到了部分释放。比如，1957 年 2 月份在毛礼锐先生的论文《陶行知教育思想的几个问题》研讨会上，陈称赞陶行知是中国现代伟大的教育家，并结合自己与陶先生的交往谈了切身体会，赞扬陶先生为民主自由而奋斗的风骨节操。在此后的民主党派座谈会上，他响应“反官僚主义、反宗派主义、反主观主义”的整风号召，支持毛礼锐关于“教授治学”的主张，主张推行校务委员会制度……瞿菊农和康绍言两位先生分别在会后与他聊天：“信泰，你不是布尔

---

① 文幼章(James Gareth Endicott，1899～1993)，加拿大联合会传教士，1952 年出版《红星照耀中国》(又译《综观中国》或《解放后的中国》)，1953 年获斯大林和平奖，1965 年被中国人民对外友好协会授予“人民友好使者”称号，入选 2009 年“100 位为新中国成立作出突出贡献的英雄模范人物和 100 位新中国成立以来感动中国人物”，获奖理由是：“致力于世界和平友好事业，世界著名的和平战士。”

什维克，也没有参加过革命；你就是一介书生，社会阅历浅，现在应当专心读书。以后说话做事都要三思而行，文章写好后也要放一放，免得将来自悔少作。”这让陈信泰心中一凛，似有所悟，在接下来的鸣放中噤口不言，更多的是观察思考，并努力静下心来投身教学科研工作：一是为老教师们做好学术助手，二是为北师大教育系正在编写的《外国教育史》撰写相关章节。

陈信泰在 1957 年经历了两个激动人心的欢欣时刻。其中一次是与周恩来总理的握手。1957 年新春佳节，中央统战部在北京饭店举办八大院校民主党派团拜会，陈信泰作为九三学社代表受邀参加。陈信泰回忆说：“北京师范大学副教务长鲁宝重先生是学校九三学社主委，他与毛礼锐先生是朋友，也是我加入九三学社的介绍人。我就是与鲁宝重先生一起参加那次民主党派春节团拜活动的。”陈信泰第一次参加如此隆重的团拜会，故而穿了一套米色西装，打了精致的红领结。刚进入大厅，鲁宝重就遇到了教育部部长杨秀峰，并将陈信泰介绍给他。陈信泰谈起了对杨秀峰等先生 1946 年参加“六·二三”和平请愿运动的印象，对杨先生的风骨表达了钦敬之情，杨秀峰则鼓励陈信泰多出成果、出好成果。这时，大厅里响起热烈掌声——周总理来了！人群分向两旁，让出一条通道。陈信泰回忆说：“当时的安全保卫工作有规定：首长步入会场时，人们要尽量原地不动，确保现场不拥挤、不骚乱、有秩序；首长不伸手，不要主动伸手，等等。周总理走向杨秀峰部长，我当时恰好站在杨部长和鲁宝重先生之间。杨部长向总理介绍了鲁宝重和我，总理与我握手并热情鼓励：‘三十岁，正是大有作为的年华！’然后转身向大家挥手致意。周总理日理万机，新年之际更是忙碌，他在那次团拜会上也没有公开发言，只与大家短暂交流后就匆匆离开。总理刚离场，人群就骚动起来：师生们纷纷拥过来与我握手，仿佛这样也等于与总理握了手！——人们对周总理的热爱是那样真诚，由此可见一斑。”

陈信泰在 1957 年的另一个欢欣片段是与徐特立先生的交谈。1957 年 10 月，北京举办纪念苏联十月社会主义革命 40 周年成就展，北京师范大学承办苏联教育成就展，教育系抽调陈信泰和王天一做展览筹备和讲解工作。11 月7 日展览开幕当天，陈信泰负责苏联革命教育史展室的讲解工作。上午 9 点，展馆外响起掌声，陈信泰知道有大人物来，遂肃立在展室门口迎接，见缓步走来的是“毛主席的老师”徐特立先生——他虽然年已八旬，但腰背挺直，精神矍铄，警卫员想伸手搀扶徐老，却被他用手轻轻拂开。

“徐老好！”陈信泰毕恭毕敬地说。

“哦，你认识我？”徐特立问。

“第一次见您，但早就见过您的照片。”

徐特立朗声大笑：“你是哪个学校的？研究什么专业？”

“北师大，教育史。”

徐特立拉住陈信泰的手说：“鉴往才能知来，教育史研究非常重要。你们不仅要研究外国教育史，还要研究中国教育史，尤其是中国革命教育史。”然后他谈了自己对鲁迅、瞿秋白等人的教育观念的看法，一直谈到毛泽东教育思想……他谈得太投入了，以致陪同人员不得不在旁边暗示、催促。陈信泰明白徐老一定有行程安排，于是说：“徐老的话我记住了，以后我会努力研究中国教育史，有成果的时候再向您汇报。”然后介绍展室的内容。陈信泰回忆说：“徐老非常朴实，保持着教师本色。受徐特立先生谈话的启发，我曾列出一个‘革命教育家’名单，拟开展《中国革命教育史》研究，但我不久被划为‘中右分子’，下放曲阜师范学院，不仅资料匮乏，而且运动一个接一个，这个课题最终没有完成——这是我一生的遗憾。”另外，陈信泰对于《教师报》上刊登的一篇通讯《徐老的嘱咐》印象非常深刻，认为这篇通讯对师范院校的师生有很大鼓舞，徐特立先生在接受采访时说：“做教育工作的人，一般总是先进分子，他们继承了民族的文化遗产和经验，他们是受尊敬的人。我希望你们一生都做教师，再也不想别的。想成为专家，只能钻研一门科学，我希望你们钻研教育科学。学习不能只学课本，把知识在实践中运用起来，才能丰富它。你们如果在教育科学中能解决实际问题，有创造，就是专家了。钻研科学不容易，要用心才行。没有条件，就自己创造条件，有了小创造才能有大创造。”①这些话教人立长志，有定力，做专家，可谓语重心长，对于“如何做一名好教师”具有方法论意义！

除了上述的片刻喜悦，陈信泰对1957年的总体印象是“饱受惊悸”。他因为老先生们的提醒而没被卷入“反右”运动的巨大漩涡，却眼见北京师范大学的一批学术大师和优秀学生遭受没顶之灾。有些重大事件更是令他惊心动魄、铭心刻骨，即使过去了一甲子也依然历历在目。

在令人惶恐的1957年，能给陈信泰以精神慰藉的是，他与黄锦凤女士的交往逐渐加深。而他们的相识过程，说来也是一段趣事佳话。

北京师范大学和平门老校区地处闹市，文化艺术活动较为丰富，周末还有舞会之类。但陈信泰不喜欢跳舞，他回忆说：“在中国人民大学时，舞会在广场

---

① 《徐老的嘱咐》，《教师报》1957年8月20日。

上开办，音乐也很蹩脚，舞会结束后广场上甚至会留下坏掉的鞋子。北京师范大学的舞厅设在小礼堂内，就在和平门外图书馆那儿，靠近南平院，有乐队伴奏，当然雅致许多。舞会一般是周六晚上直到星期天凌晨。我去过一两次就不去了，主要是太浪费时间，如果跳一晚上舞，第二天就什么也做不了。”因此之故，陈信泰宁愿一个人周末逛书店、拜访师友，或到学校北门的“学林社”餐厅吃饭、读闲书。他没想到在“学林社”竟然邂逅了一桩姻缘：1955 年 10 月 9 日是个星期天，时近中午，陈信泰逛完书店来到“学林社”，对服务员说了声“还是老样”，服务员就应声报出：“好来，小份的小肠卤煮、黑椒鸭胗，两个火烧。”彼时的北京，各类饭店虽然已实行公私合营，但还保留着一种传统，那就是服务员能记住老顾客的喜好，精准地报出回头客上次点的菜谱，透着一股京味餐饮服务的周到、热情和利落。北京的食客则熟悉各个饭店的拿手菜或最适合自己口味的食品，到这个店里就认准这几样，仿佛吃一辈子都不腻，这种饮食习性中透露出北京人的品位和型范。这样的“老北京”氛围是令人舒适的，而陈信泰在北京生活了几年就不自觉地养成了这种习性。

陈信泰一边等菜，一边翻看新买的书，这时门口响起一阵掺杂着南方软糯腔调的女声。陈信泰抬头一看，见是学前教育教研室的助教黄锦鸾正领着一位南方姑娘走进来。黄锦鸾见到陈信泰就招呼：“陈老师好，这么巧?!”陈信泰回道：“相请不如巧遇，那么一起用餐吧！”于是三个人就凑成了一桌。陈信泰在聊天中得知那位南方姑娘是黄锦鸾的姐姐黄锦凤，刚从福建医学院毕业分配到北京第一传染病医院，她是利用周末时间来看妹妹的。陈信泰问：“黄医生以前来过北京吗?”黄锦凤说：“我小时候与父母在北京生活过几年，1937 年‘七七事变’时我 7 岁，随全家逃难，离开了北京，到现在有 18 年了。”陈信泰不由自主地在心里算了一下：黄锦凤比他小 3 岁，但立马就觉得不好意思。黄锦鸾却打趣说：“姐，你以后要逛北京四九城，就跟陈老师一起吧！陈老师光忙着读书，北京城也没大逛过呢！”陈信泰爽快答应：“好呀，你有空闲的时候，我们一起游北京。”从此，黄锦凤偶有周末休班时间就与陈信泰一起游逛北京名胜，吃吃北京小吃。他们虽然最初并没有明确恋爱关系，但冥冥中却注定了一份姻缘。

陈信泰 1957 年年底被补划为“中间偏右分子”，怕连累黄锦凤，就想中止他们的关系。但黄锦凤通过妹妹黄锦鸾了解了情形之后，对陈信泰说：“我相信你是一个好人！”这让陈信泰莫名地感动。当陈信泰 1958 年 2 月 22 日离开北京到山东曲阜师范学院时，他已对这份感情不再抱太大希望。然而黄锦凤却不离不弃，她在 1958 年 7 月下旬完成了十三陵水库临时医院的任务后，从

7月27日至8月3日有一周假期，于是独自乘火车到兖州，再赶到曲阜，与陈信泰举办了一场简朴的“大跃进”婚礼。二人婚后两地分居长达八年之久，黄锦凤直到1966年2月才调到曲阜与陈信泰团聚。——后来有人谈起黄锦凤与陈信泰的婚恋，称赞黄锦凤就像“十二月党人的妻子”一样了不起。

三、粗缯大布裹生涯·曲阜(1958～1977)

从而立到知天命，应是一个学人最富创造力的黄金时期。但陈信泰那代学人在“反右”运动之后又遭逢三年“大跃进”和十年“文革”等反智主义运动，因而在1958年至1977年20年间不断接受“再教育”，斯文扫地，处处谨言慎行。在这20年中，陈信泰大约有总计八年半的时间在农村搞“社教”，还做过“鸭司令”和“火头军司令”，基本与教育学教学研究无关；在这20年间，他多次被人构陷，却始终不卑不亢，恪守人格底线；他在那个无法安放书桌的年代里，坚持研读马列经典，为新时期的“归来”奠定了理论基础。

(一)落脚“孔子故里”的大学

从“十里洋场”上海，到“政治中心”北京，再到“孔子故里”曲阜，外人认为陈信泰一定会有“谪仙”般的失落感。实际上，当上海已无家可归，当1957年的北京成为他的伤心之地，曲阜小城反而成了他的世外桃源。

1958年2月21日(正月初四)下午，陈信泰雇了一辆平板车，将四木箱书籍和两皮箱行李运往北京火车站。办理完行李拖运手续后，他在候车室长椅上坐下来等候检票，静静地望着人流，等待开往山东兖州的列车。本来黄锦凤、封根泉、王策三等朋友说好要为他送行的，但人生自古伤别离，与其大家悲伤，不如自己承担这一切！他不想打乱友人的新年生活，更不想搅扰大家难得的休息与团聚，于是他提前订好车票，又给师友邮寄了明信片以免他们责怪自己不告而别，然后只身来到了北京火车站。与1951年秋天北上时相比，除了多了几箱书籍和行李，他仍是孑然一身，好在有专业技能和中级职称傍身，自信能应付将来的各种难题，无须杞人忧天、悲观绝望。

从北京到兖州全程560公里，火车走走停停，从黄昏跨进黑夜。陈信泰望着车窗外的山山水水，心中思绪万千：他回首在合兴坊度过的快乐童年，忆及在中华职校的青葱岁月，想起在之江大学的读书时光，还有收到研究生录取通知书时的激动狂喜；他想念中国人民大学和北京师范大学的良师益友，也想到在《文汇报》《光明日报》发表文章、初露锋芒时的欢欣愉悦，还有与周恩来总理握手瞬间的内心幸福，当然更无法忘记"反右"运动中的惶恐惊悸……可是，向后看有什么用？过去的就过去了，无论美好还是悲伤，都已无法挽回。自己现在只不过30岁，人生的一大半尚在眼前，因而必须丢掉玄想，面对现实，规划未来。他在心中默默吟诵着大学时读过的朱自清长诗《毁灭》的片段：

从此我不再仰眼看青天，
不再低头看白水，
只谨慎着我双双的脚步；
我要一步步踏在土泥上，
打上深深的脚印！
……
那些远远远远的
是再不能，也不想理会的了。
别耽搁吧，
走！走！走！①

2月22日凌晨3点，列车停靠在兖州车站。陈信泰走出车厢，伫立站台，把随身携带的一只行李箱放到脚下，从大衣口袋里取出"大前门"纸烟，划着火柴点上一支，深深吸了一口，然后环视周围：萧瑟的车站，昏暗的灯光，白底的站牌上是黑漆宋体字"兖州站"。下车的旅客不算多，寒冷驱赶着他们迅速向出站口移动，仿佛大风吹卷着的落叶；上车的人也不多，但人们向前拥挤着，好像搭乘的是逃离洪水的诺亚方舟。发车铃响起，车站工作人员吹响哨子，挥动旗子。列车员返回车厢，收起踏板，关上车门。机车发出一声沉郁的长鸣，喷着灰色的烟雾和白色的蒸汽缓缓起动……站台警务人员打量着站台上的这位青年旅客：身材不高但筋骨匀称，是那种而立之年的男人身型；挺括的呢子大衣，将他与周围棉衣臃肿的旅客区分开来；精致的皮箱，精干的发型，俊朗的面容以及珐琅眼镜，自带一身书卷气；挺直的鼻梁，刚毅的嘴角，呼出的长长烟气，都显示出充足的内力。他将烟头丢掉，用皮鞋踩熄，戴上皮手套，提起行李

① 朱自清：《毁灭》，《小说月报》1923年3月10日第14卷第3号。

箱，迈步走向出站口。

在兖州下车的旅客已经散去，车站口只有几个抄手缩肩、跺脚驱寒的脚夫。他们凭着多年经验，一眼就能看出谁是外地来的旅客。陈信泰早就查过地图，知道从兖州到曲阜还有大约20公里，必须雇一辆地排车运送行李。他从围拢来的脚夫中挑了一位看起来淳朴壮实的汉子，谈好车钱，然后一起走向行李托运处。他与车夫一起装好行李，然后开始了徒步夜行。车夫点起马灯，脱下棉衣外套，只穿着夹衣拉车，口鼻呼出的热气在马灯前一闪即逝。陈信泰提醒师傅不要着凉，然后在车旁搭手推车，走了20分钟就浑身发热，觉得身上的呢子大衣有些碍手碍脚了。

陈信泰回忆说："'客从何处来？身向何处去？所来为什么？'车夫的问话打破了夜行的沉闷。我后来想了想，觉得这车夫就像一位哲学家，这三个问题不仅永远是交流的开始，而且是包含生命全部内容的'人生三问'呢！我简单地回答了他的问话，然后'入城问禁，入乡问俗'，探问当地的风土人情，所以那一路3个小时并不沉闷，反而觉得非常有趣。与车夫的聊天让我反省到：自己在'读万卷书'方面做得还不错，但在'行万里路'方面则远远不够。我们到达曲阜师范学院南校门时，太阳正在升起，校工开始打扫卫生。"此时正值年假期间，但是学校已经接到通知，知道陈信泰到校的时间并安排了后勤职工迎接。陈信泰刚到校门口，传达室里就走出两个校工，自我介绍是后勤处的老宋和小张，已在这里等候半个多小时了。他们说学校已为陈老师分配好了宿舍，就在单身教工宿舍东一排一号。老宋和小张带陈信泰到了宿舍，帮他把行李安顿好。陈信泰请两位校工和车夫吸烟。他向门外望去，看到不远处就是锅炉房。小张很机灵，拎起暖瓶去打来一壶开水。陈信泰先给脚夫倒满一茶缸开水，让他喝水歇息，然后付了8元钱行脚费。老宋就批评脚夫要得太多，不像厚道的山东人。脚夫立即脸红起来。陈信泰反而一下子感觉到了山东人淳朴实在，连忙制止老宋："师傅开口要这个价，我也不懂还价，既然讲好了就不能改悔，何况师傅这一路也很辛苦。"脚夫高高兴兴地走了，老宋还在旁边撇嘴、摇头。

陈信泰早餐到食堂吃了几块曲阜五香煎饼，喝了一碗豆浆，然后回宿舍整理物品。他刚挂好窗帘和门帘，就见外面走来一位颀长潇洒的男子，伴着一位优雅大方的女士，原来是教育教研室副主任李国榕[1]和他爱人刘淑成。李国榕1954年在北京师范大学研究生班学习时与陈信泰有过交往，所以学校特意让他来引导陈信泰报到注册。李国榕先问候北师大诸位先生近况，随后带陈信泰到人事、后勤、教务等部门报到，一路上向他向介绍教育教研室的情况：教育教研室是学校公共课教学机构，隶属教务处，目前共有李国榕、许澄远、刘蔚华、杨年、丁洁玉、王积莲、庄苍林、刘继向、刘淑成、印丽雅、胡寅生、朱本、汪幼芳、章日晖、梁锡华、余瑞坤等16位同事。他还说大家想用一种特殊方式欢迎“北京来的陈老师”，那就是请陈信泰在开学后为师生作几场关于苏联教育状况的报告。陈信泰爽快答应并商定了报告题目。李国榕与刘蔚华遂用假期时间做了块宣传板，上面除了报告题目和主讲人姓名，还画了马卡连柯画像。陈信泰回忆说：“开学之后，我就连续作了四场专题报告，地点就在学生食堂。听者很多，但没有扩音器，所以从头到尾嗓音需提高八度，一场报告下来嗓子就嘶哑了。报告会结束后，教研室同事告诉我‘效果甚佳’。”

陈信泰不知道的是，报告会的听众里就有曲阜师范学院院长高赞非。报告会后的一天，李国榕告诉陈信泰：“高赞非院长要见你！”于是他们一起来到校长室。高赞非起身迎上来与陈信泰握手：“欢迎陈老师！你的四场报告都很精彩！”高赞非询问陈信泰的学习和工作经历，然后简要介绍曲阜师范学院的创办历程与现状，并宣布陈信泰为教育教研室第二副主任。高赞非给陈信泰留下的第一印象是：胖，如佛；稳，如山；正，如钟。此后，高赞非几次找陈信泰谈话，或咨询北京师范大学的行政管理方式，或谈论苏联高等教育的经验，或讨论曲阜办学的利弊。陈信泰除了提出自己的建议，还赠送了一批资料，高赞非因此称陈信泰是他的“参谋长”。

（二）曲阜师范学院首任校长高赞非

一所高校缘何设立、何人主持、什么人任教，似乎都是上天安排的。高赞非先生与曲阜师范大学的缘分里似乎也有着天命的成分。

高赞非（1906～1969），山东临沂郯城马头镇人，是现代新儒学大师梁漱溟

① 李国榕（1921～2001），浙江杭州人。1944年毕业于重庆中央大学后，曾在南开中学、中央大学附中任教；1949年后任教于济南师范学校；1954年在北京师范大学教育系研究生班学习，后任山东师范专科学校、曲阜师范学院教师；1956年出版《危害孩子的几个问题》（湖北人民出版社1956年版）。新时期以来，任曲阜师范大学教育科学研究所心理学室主任、教授、研究生导师，发表《孔子社会心理学思想探析》《孟子心理学思想探析》《人的全面发展的心理分析》《对“非智因素”讨论及有关问题的几点意见》等论文并出版《老年心理学》（吉林教育出版社1990年版）等著作。

和熊十力两位先生的弟子。1924年，梁漱溟辞去北大教席，应山东省教育厅厅长王鸿一邀请，在菏泽开展乡村建设工作，同时着手筹办"曲阜大学"。那年夏天，高赞非经友人引荐，前往省立曹州中学拜见梁先生。恰好熊十力正在梁漱溟主办的重华书院担任主讲，高赞非遂以个人撰述的《论语研究》自荐，深得熊先生赏识。熊十力创构"新唯识论"，正欲觅衣钵传人，遂寄望于高赞非。高赞非勤勉事师，此后追随熊先生辗转武昌、北京、上海、南京等地。1927年秋，经熊十力介绍，高赞非入南京中央大学哲学系担任助教。1931年1月，山东省政府主席韩复榘划拨10万元经费资助梁漱溟开办"山东省乡村建设研究院"，高赞非回鲁襄助梁先生，担任山东省乡村建设研究院班主任、第一分院教育长、菏泽乡建师范教育长等职，并在深入研究地方自治合作组织、乡农学校等问题的基础上撰写、刊印了《地方自治与民众组织》一书。

全面抗战爆发后，山东乡村建设工作被迫停止，高赞非于1937年冬在菏泽组织了百余人的游击队伍开展抗日斗争，还创办了油印抗日宣传刊物《鲁西吼声》。高赞非的抗日行动受到中共重视。经范筑先（1881～1938）介绍，高赞非受到中共冀南抗日根据地领导人徐向前、宋任穷的接见。1938年夏，日军攻占郯城马头镇，高赞非的胞弟高佩经与父母皆投水自尽。高赞非奔丧至家，目睹惨状，悲愤万分，家仇国恨交织在一起，更激起他"舍生取义"的儒家精神。他从此全身心投入抗日运动，先后担任郯城县抗日动员委员会主任、鲁南抗日动员委员会四分会主任、山东抗敌协会四分会主任等职。抗战胜利后，高赞非曾任山东省文协研究部长、滨海区文协主任、滨海区参议会参议长等职。①

1949年后，高赞非在济南市文教局工作，不久升任局长。1955年，山东省政府委派高赞非筹建山东师范专科学校并任命其为首任校长。1956年，山东师专更名"曲阜师范学院"，迁址曲阜，高赞非带领师生筚路蓝缕，开启了孔子故里高等教育的璀璨篇章。——梁漱溟先生1924年萌生的创办"曲阜大学"的梦想，30多年后在其弟子高赞非手中实现了。

高赞非作为现代新儒学传人，自然重视孔子教育思想研究。在高赞非倡导下，曲阜师范学院1957年设立了新中国高校中最早的儒学研究专门机构"孔子研究会"，并与北京大学、中国科学院哲学社会科学部等联合开展了孔府档案整理工作。在"孔子研究会"基础上，学校1979年成立孔子研究室，1983年扩建为孔子研究所，1993年升格为孔子文化学院，2000年建成了山东省儒学研究基地，2005年取得"专门史（儒学）"博士学位授予权，成为国内儒学

---

① 参见荣言：《高赞非与山东乡村建设运动》，《春秋》2012年第4期。

研究的重要基地。不能不说，曲阜师范大学儒学研究的学科特色和优势都源于高赞非先生奠定的基础。

梁漱溟的乡村建设思想对高赞非影响很大，陈信泰为此评议说："高赞非师承梁漱溟，故认为乡村建设、教育救国至关重要。可以说他们抓住了中国现代化的根本问题：农民问题和教育问题。而在如何救国、强国问题上，革命家与教育家一直存在分歧，这一点在 1905 年孙中山与严复的争论中已显露端倪。严复主张科教兴国、渐进改良，而孙中山说：'俟河之清，人寿几何？君为思想家，鄙人乃实行家也。'这就是教育家与政治家的分野。无独有偶，1953 年 9 月 11 日，梁漱溟列席中共中央扩大会议，在即席发言中谈论农民问题，希望党和政府对农民施以'仁政'，认为'我们的建国运动如果忽略或遗漏了中国人民的大多数——农民，那是不相宜的'。这是梁漱溟乡村建设思想的自然延续，但是与主张优先发展工业的毛泽东发生了冲突。梁漱溟从此大隐于市。……可以说，梁漱溟与陶行知、马寅初一样性格鲜明，留下了颇有气节的士人故事。高赞非认同梁漱溟的主张，但为人处世更加宽厚、容忍、谦和、有礼，然而不管他如何卑以自牧，最终因为不能认同'大跃进'的急功近利，不能紧密配合政治形势，遂被认为'保守'，在 1959 年被免除校长职务，改任图书馆副主任、教务处长，'文革'时更是遭受了激烈的批斗……"

可贵的是，无论高赞非个人受到多大挫折，他一直进行着孔子教育思想研究。《文史哲》1962 年第 4 期刊发了一则学术报道《曲阜师范学院举行孔子讨论会》，报道称："曲阜师范学院于 5 月 21 日至 24 日举办了孔子问题学术研讨会，会上宣读了高赞非的《孔子思想的核心——仁》、王先进的《对论语上几个名词的解释》、李毅夫的《孔子的时代、阶级和政治思想的阶级性》、郭克煜的《论孔子与季氏的关系》和李国榕的《关于孔子的教育心理思想的研究》等五篇论文。"这五篇文章代表了当时曲阜师范学院在孔子思想研究方面的最高水平，高赞非的论文稍后发表在《文史哲》1962 年第 5 期。

但是，随着政治意识形态逐步收紧，《哲学研究》1964 年第 3 期发表了李青田、赵一民的《人道主义是资本主义关系的产物》，从社会学、阶级论层面批判了高赞非《孔子思想的核心——仁》，这是高赞非学术思想遭受批判的开始。在"文化大革命"中，高赞非被诬为"反动学术权威"，受到反复批斗，接受劳动改造。

1969 年 3 月，高赞非被"解放"，发配去孔林"五七"干校劳动。他在跨过一条小水沟时不慎摔倒，突发脑出血，被送回家后不久即去世，终年 63 岁。

高赞非一生勤奋好学，涉猎广泛，治学严谨，存世有《大学生的学习方法》《论孔子的心理》《孔子思想的核心——仁》等论著，此外《十力语要》第四卷《尊闻录》也由高赞非《问学日记》录出。

如果说梁漱溟先生是"最后一个儒家"[①]，那么高赞非继承了梁漱溟的精神衣钵，他们同样相信中国文化不死而必有创造性转化之日，同样具有筚路蓝缕、以启山林的拓荒精神，同样为人正直、胸怀坦荡，具有"道之所在，虽千万人吾往矣"的特操。陈信泰回忆说："即使在'文化大革命'期间，高赞非依然'君子坦荡荡'。有人逼迫他写假证明，被他严词拒绝。高赞非做校长时宽厚和蔼，从不疾言厉色；受批斗、参加改造劳动时，也不媚时趋附。高先生的人格风骨、道德文章，都证明他是一个醇儒哲匠。"[②]

高赞非先生是曲阜师大师生心中的精神雕像，激励着一代代优秀的曲园人去"立德立功立言"！

(三)"世外桃源""曲阜民间美食三绝"

曲阜师范学院设学于经济相对落后的曲阜，校址选在县城西郊田野之中，师生建校无异于白手起家、垦荒拓土。那时的校园面积不大，校舍隐于树木和农作物之中，俨然世外桃源。

陈信泰回忆说："1958 年初的学校'围墙'是铁丝网，大门还是木栅栏门，早上拉开'门'，晚上再关上。正对校门是图书馆楼；图书馆东面是一至五排东联教室，还有一座二层数理楼；图书馆西边是一至五排西联教室，加上一座二层文史楼——学校行政办公场所设在此处。学校教工宿舍在教学区西面，共有南、北两区。南区有东五排、西五排平房，房子较大，供有家室的老师居住。南宿舍区往北是食堂仓库和一片核桃园，再隔一条马路就是教工食堂。食堂东、西两侧各有三排单身教工宿舍平房，这是教工宿舍北区。东三排教工宿舍后来改成了校医院；西三排后来拆掉，建了教工宿舍一、二号楼(2017 年拆除)。教师宿舍门前都有一块空地，有的家里种了菜，还栽植了石榴、山楂、苹果树和无花果树。学校周边都是庄稼地，曲阜西关的农民下田劳动时常常牵牛荷锄过校园，真是一派田园风光。校门前有一条灌溉排水的河沟，下大雨时能捞出一尺半长的鱼；有几个体育系老师每逢大雨天就到沟里捕鱼，引来很多人围

---

① [美]艾恺：《最后一个儒家：梁漱溟与现代中国的困境》，郑大华译，长沙：湖南人民出版社 1988 年版。

② 典出杜甫《赠特进汝阳王二十韵》："学业醇儒富，辞华哲匠能。"

观……曲阜师范学院那时候在校学生不到1000人，教师100多人，后勤有正式编制的工人10多个。大家吃水靠辘轳井，手摇肩挑。供电不足，常常晚上9点就停止供电，如果老师要熬夜读书备课，学校会免费提供一定量的煤油——人们那时候比较单纯，公私分明，很少有人多贪多占，也很少有人把公家财物带回家。食堂饭菜便宜，最好的菜两毛钱，还有一毛、五分、三分的。我记得第一顿饭是与张志静、王伯兰、刘蔚华、杨年等人一桌吃的。我说曲阜师范学院像'世外桃源'，除了这种田园风光，还因为'反右'运动的风浪不大。当时的曲阜师范学院让我联想到南京晓庄师范，联想到梁漱溟先生的乡建运动。"

陈信泰在曲阜师范学院的住房和配套家具是按讲师标准配给的：一间16平方米的平房宿舍，一张棕床，一张三屉桌，一个书架，一把椅子，一个三脚圆凳，一个脸盆架，一个暖瓶。宿舍后面有一个灶间，但煤炭柴火、油盐酱醋都需要自己购买——单身教师嫌做饭麻烦，平时都到学校食堂用餐，只在周末偶尔自己动手变换一下伙食花样。

教务科长马鸣初的家室都在泰安，他一个人在曲阜，加之教育教研室隶属教务处，所以很快与陈信泰成为朋友，他们周末偶尔会一起动手改善伙食。陈信泰回忆说："马老师读古书出身，待人和气，为人正派，处世公正，从不背后说人坏话。他是一个君子，可以说是'最干净的人'。由于他和高赞非志趣相投，走得很近，所以'文革'时受到冲击，被红卫兵揪斗。他有天晚上跑到我家，说想不开、想不通。我就安慰他：'你没有太大问题，虽然宣传孔子文化思想，但你不是大保皇派，顶多是配角。你一定要想开，留得青山在，不怕没柴烧。'至新时期，马鸣初担任过曲阜师范学院附中校长、济宁教师进修学校校长、泰安'五七'干校校长等职。"

陈信泰来曲阜前从没进厨房做过饭，而马鸣初生活经验丰富，周末就会做几道小菜或者做他最拿手的饺子。两人边做饭边聊天，陈信泰也慢慢学会了做饭炒菜，而且琢磨着学做上海本帮菜。有的周末，陈信泰要进城购买生活用品，马鸣初就担任导购兼导游，二人一起到城里走走看看，顺路品尝曲阜特色小吃。

从学校出来一路向东，要走过一片庄稼地之后才能望见曲阜西城门和城墙。陈信泰对此念念不忘："曲阜城墙是明代正德八年修建的，'文革'时并未遭受重大破坏。可惜的是，这城墙1978年被拆除了，只保留了南门、北门以及东南、东北两个城角。当时不知哪位行政长官一时头脑发热做了这样祸国殃民的事！2002年，曲阜又重建城墙，但再怎么修也是假古董，那些明代城砖是再也找不到了！”

1958年时，孔庙正门、边门都是开放的，人们可以随意穿行。由于多年失修，孔庙已现破败景象，所有物件都灰头土脸，房顶和墙头长满杂草，树间的蓬草长到一人高。曲阜师范学院学生的义务劳动课有时会安排在这里除草，但总不及杂草疯长的速度快。忆及此种情景，陈信泰不无感慨地说：“孔家后人离开孔府、孔庙不过十年，‘中国第一家族’的庭院竟然如此‘速朽’，不能不让人想起《红楼梦》的《好了歌》，更想起孔子六十四世孙孔尚任《桃花扇》中的一段：‘眼看他起朱楼，眼看他宴宾客，眼看他楼塌了。’那么世上还有什么能够更为长久呢？这不能不让人产生一种荒芜、荒诞之感。所以我常常想，各民族、各国家都应妥善保存文物古迹以传承文化传统，绝不能把它们扫进‘历史垃圾堆’，否则很容易导致历史虚无主义！”

走过“十三碑亭”，由孔庙东门转出，再到孔府，同样灰败之色。陈信泰不由得感叹一声：“如此破败！”恰巧被看门老人听到，老者慢悠悠地说道：“年轻人，不要说‘破败’。乱世焚书，盛世尊孔，历来如此。孔门破败之时，一定是特殊历史时期。你不知道，当年日本人打到曲阜，也没敢对‘三孔’骚扰破坏，因为他们知道这里有中国人的信仰；淮海战役时，解放军把指挥部设在孔林，蒋介石明明知道，却不曾派飞机来轰炸……”陈信泰一愣，一是看出老百姓对于“斯文”的尊重，二是感悟到中国传统文化的“根”就在这里，因而不由得抱拳拱了拱手，对这位“看门人”肃然起敬。

民以食为天。在文人看来，美食小馔是落拓人生的苦中之乐，让人在品饮咂摸之中偷得半日之闲，庶使枯瘦生活不致沦于狼狈不堪，这正如苏轼以热爱美食的方式表达对生活的眷恋。陈信泰这个上海人也不例外，即使离沪多年，依然对上海美食如数家珍：“上海人受法国文化影响较大。在法国人心中，家庭第一，健康第二，饮食第三，工作第四。这个轻重顺序极有道理——有家才有我，健康是幸福之本，健康来自饮食，工作是为了生活得更好。所以法国人特别重视饮食。上海人重视饮食，除了中国‘食不厌精，脍不厌细’的传统外，显然受到法国文化的重要影响。上海饮食中西混杂，洋派的人喜欢西餐，但民间美食则多是中式的，比如‘老正兴’的红烧狮子头和‘全家福’、乔家栅的汤团、浦东汤包以及蟹壳黄、粢饭、糯米糕等，都是地道的中餐。上海人饮食方面特别精致，哪怕百姓的日常吃食也颇为讲究，绝不怠慢迁就，让人从一餐一饭中体会到生活的乐趣。仅以上海人的吃鸭为例，不仅鸭肉有多种烹饪方式，鸭头、鸭脖、鸭掌、鸭翅、鸭胗、鸭肝等可以单卖，鸭血汤则是上海人普遍喜欢的一道便宜而美味的汤菜；更特别的是，合兴坊每天下午5点都有一个小贩叫卖鸭屁股，有位邻居阿姨就喜欢这一口，说烤制的鸭屁股有一股松子香，一天不吃就像瘾君子断了大烟一样……我来到山东以后才知道，上海美食有很多源自山东，而曲阜作为衍圣公的食邑和孔府菜的发源地，自然不乏美食。不过，1958年的曲阜已无钟鸣鼎食之家，在全国上下厉行节约、反对浪费的氛围中，更无锦食细脍。但是，我和马鸣初还是发掘了'曲阜民间美食三绝'，这就是侯三的花生、杨二的狗肉和沙记的烧鸡。"

侯三不是曲阜本地人。他早年随父亲逃难至此，种地打杂，聊以为生。侯三在兄弟中应是排行老三，但没人见过其兄弟。侯三在父亲去世后，继续留在曲阜西关小庄生活。大概日子太过寒苦，侯三的身子骨没有长开，成年后仍是皮包骨头，身材瘦小，身高刚过一米五，让人第一眼看到他就往"鼓上蚤"或"娄阿鼠"一类戏曲人物形象上联想。土改时，侯三分得一处庙边土屋，但家徒四壁，室内仅有土炕、石桌和石凳，另以瓦片支起一灶，如此而已。他努力参加生产劳动，但以他的体力，每年所得粮食仅够个人糊口而已，自然讨不上妻室。不过，他为人善良，乐于助人，所以周围乡亲并没有因为他长相丑怪而产生厌恶感。

侯三的屋子旁边有一座破败小庙，已经没有住持和尚，仅能供行脚过客避避风霜。某夜，侯三听到庙里传出呻吟之声，往探究竟，见是一位感染风寒的道人。侯三心善，便请道人到家中休息，但道人怕传染侯三，婉言谢绝。侯三便回家热了一碗稀粥送来。此后数日，一日三时都送一碗粥饭来，直到那道士病痊。道士离去时觉得无以为谢，就给侯三留下一纸炒花生的方子，说这小小手艺虽不能让人发家，却能助其维持生计。

没人知道方子的具体内容是什么，但侯三炒制的花生确实与众不同：红衣完整，装盘美观，拿起轻捻则果皮尽褪；闻之有芝麻香馥，入口则咸甜酥脆，回味时齿颊留香。有好事者偷窥侯三制作花生过程，约略记之：花生分为大小两种，浸泡在明矾和食盐配比的水中，若干时间后捞出晾干；炒制火头的大小、时长则全靠感觉拿捏；云云。偷学者反复试验，但仅得其形而不得其味。

秋冬农闲时节，侯三常于近午时分挎一小篮炒花生踱到学校门口，叫几声"花生米来了"，很快就能卖完。卖完花生，他就踱进一家酒铺，从口袋里掏出预留的一小包炒花生米，慢慢就着花生米喝完二两散酒，面孔红扑扑地晃荡着回他的小屋。

陈信泰喜欢侯三的花生，隔三岔五就买一包存贮铁罐，夜读饥饿时当作零食。两人一来二去就熟稔起来，论起年龄，侯三还要年长几岁。陈信泰1966年与黄锦凤团聚，侯三见他们快40岁了还没有孩子，就热心地问："需要看医生吗？"陈信泰明白他的意思，遂解释说："我爱人就是医生。我们身体也都很健康。我们没要孩子，是因为两地分居。是不为也，非不能也。"但侯三还是从相熟的中医那里讨来方子送给陈信泰，而此时黄大夫已怀孕三个月了。不过黄大夫看过那些验方后直说"都是中医的好方子"。侯三是个热心人，他在陈信泰女儿出生后，还曾专门跑到家里送了一包红糖和10个鸡蛋"道喜"。陈信泰则以两瓶大曲酒回赠。

"文革"期间，纲纪荡然，祸乱相寻。陈信泰既要参加学校的各种活动，又要下乡搞"社教"，故而很久没有见到侯三。等他再想吃侯三花生时，一打听，侯三已经去世了，50多岁，死因不得而知，只听说是小庄三小队的杨二等人张罗着给侯三下的葬。侯三花生，遂成绝响。

实际上，关于侯三花生的手艺，陈信泰也曾向侯三打听过："我曾问侯三：'有人偷学你的手艺，却无论如何都做不出你那花生的美味，你的秘诀是什么？'侯三一本正经地回答：'老弟，根本没什么秘诀——只要你用当年新产的沙土花生就可以。'原来如此！说白了，侯三没有偷工减料，没有以次充好，他的花生全是良心之作！"

当然，当地人怀念侯三，不仅因为他的炒花生，还因为西关小庄有侯三和杨二这两位"义务保安"，小偷从不光临，民生得以太平。说到杨二，"曲阜民间美食第二绝"也就该出场了，那就是杨二烹煮的狗肉。

曲阜人吃狗肉多因其药用。狗肉又称"香肉"或"地羊"，能补脾、暖胃、温肾、壮阳，对于治疗尿溺不尽、四肢厥冷、腰痛膝软、精神不振、浮肿寒疟等虚弱之症大有助益，因而在秋冬季节最受欢迎。

曲阜料理狗肉者颇有数家，但坊间公认杨二做得最好。杨二家住西关小庄，有个哥哥是曲阜师范学院理发店的师傅，但兄弟俩不常往来，这倒不是大哥嫌弃杨二，而是杨二怕自己的浪荡形象给哥哥丢面子。杨大平时工作忙，但逢年过节一定会叫弟弟来家吃饭，二人倒真的是兄友弟恭。

杨二生得豹眼瘪嘴，身架精壮，身高一米七开外，平时喜欢在街上逛游，看上去不像善良之辈。不知什么机缘，杨二开始屠狗煮肉。杨大也不反对，只是嘱咐二弟"不偷不抢"。

杨二的院门平时总挂着锁头。如果听到他院子里传出狗叫，那就是他从外地收狗回来了。等狗不叫了，那就是已经屠完。再等到烟囱冒烟，定是开始烹煮狗肉了。

“狗肉滚三滚，神仙站不稳。”当香气飘逸出来，院里已有几位熟客或站或坐地等候多时了。食客间很少交流，大约嘴里满是口水，怕一张嘴就流出来吧！狗肉出锅后，食客把钱交到杨二手中，要多少斤两或某部位的肉，已成惯例，常年不变，彼此心照不宣。食客吃过杨二煮的狗肉后，往往会把这里当作不二之选。这是因为一般人做狗肉时会加入大量香料以压住狗骚，如此煮出的狗肉大多香得妖气，而杨二做的狗肉却是清香的，完全没有那种冲鼻子的腻味。

杨二懂得以质论价。他做的狗肉好吃，价钱也就比别家稍贵。若有人讨价还价，他就直愣愣地给人一个大窝脖：“不卖给你，你去找便宜的吧！”——据说，“不二价”是古代儒商的诚信标志和交易规则，没想到这传统规则竟在杨二这里得到赓续。

杨二煮狗肉，当然也卖狗皮褥子。陈信泰因为单身在曲阜，所以教育教研室每有“社教”任务，就首先指派他下乡。乡下的冬天极为寒冷，又无取暖设备，人很容易落下寒湿暗疾。马鸣初建议陈信泰弄条狗皮褥子防冷隔潮。陈信泰遂请杨二给留两张好皮子，价钱不论。不久，杨二送来两条认真鞣制的黄狗皮，皮质柔软，外形完整，金毛油亮。从此，陈信泰在秋冬季节下乡时就把狗皮褥子铺在身下，腰身再没有出现受凉和麻痛之感。陈信泰回忆说：“我后来下乡搞‘社教’，锦凤在‘文革’中下乡拉练，多亏了这两条狗皮褥子。野外露宿，早上起来，狗皮褥子底下全是水珠，一抖就掉。我母亲 1986 年中风卧床，冬天时也给她铺过狗皮褥子……算来这狗皮褥子前后用了近 30 年。”

杨二跟侯三一样没有成家，于是这哥俩就结成了“游侠”伙伴，有空就在村子周围“巡逻”，成了义务保安。他们有时也到曲阜师院校内逛逛，门卫都不阻拦，因为大家知道：他们虽然长相奇特，但皆有内心尊严和道德底线，从不做偷偷摸摸的下三烂事。陈信泰评议说：“杨二和侯三这样的民间人物，折射出了曲阜民间保留的仁厚性情和古道热肠。可惜这些民风民俗与孔子儒学一样，在‘文革’十年中播荡澌灭了。或者说，真正的民间已经消失！”

“曲阜民间美食第三绝”当属“沙记烧鸡”。这种美食的发现过程也有一个小故事：陈信泰尝过几次曲阜烧鸡后就认为“曲阜烧鸡味道不错，但体量小，好像都是小公鸡做的”。马鸣初却说：“非也。‘沙记烧鸡’专以母鸡为原料，个大味美，堪称一绝。”

“沙记烧鸡”店面不大，在孔府后花园北门斜对面，店主沙老者是个穆斯林。“沙记烧鸡”专用四五斤重的母鸡为原料，秘汁腌过，中火油炸，蜂蜜上色，然后与牛瘤肚一起炖煮，出锅后色泽红亮，入口绵软，香而不腻。邓颖超来曲阜时曾光临这家小店并与沙老者合影留念，这是店主引以为荣的事情。陈信泰说：“沙老者去世后，其女婿对烧鸡工艺进行了改良，更加适合现代人口味，店名也随其婿姓改为‘李记烧鸡’。此烧鸡可以入选曲阜民间美食三绝。”

除此之外，曲阜民间美食还有很多，比如香油馓子、苗孔萝卜、孔门豆腐等等，都令人叫绝。陈信泰非常喜欢曲阜的各种豆腐制品，无论卤水豆腐还是石膏豆腐，抑或熏豆腐和五香豆腐干，他都百吃不厌。他也因此留心“豆腐文化”，有时会说起典故：“瞿秋白临终《多余的话》最后一句：‘中国的豆腐也是很好吃的东西，世界第一。’真是耐人寻味！”

那些在今人看来毫不稀罕的小吃，曾给人怎样的慰藉呀！只需想一想：贫困时代，漆黑夜晚，一个人，一杯水，手边一碟零食，静静展读一本书，虽不能“思接千载，视通万里”，却让身体与精神不致贫瘠枯干；或者一盏灯，一支笔，断断续续书写一纸信札，想象远方的人收到书信、徐徐展读的样子，而这时候若有一只小鼠在墙角窸窸窣窣，便丢几颗花生或炒黄豆与之分享，因为那个小动物打破了寂寞与孤独，让人意识到这不是死的地狱，只不过是暗沉的黑夜而已！

（四）创办农村中学

在1958年“大跃进”和随后的“三年自然灾害”氛围中，一个知识分子已经无法像鲁迅那样书写“准风月谈”，即使那隐秘的“寻找民间美食之旅”也让人心生负罪感。陈信泰回忆说：“那时候大家都不富裕，到饭店用餐显得有点奢侈，如果被人撞到就感到很不好意思。我有一次在小饭馆遇见陶愚川先生，他立即满脸尴尬，眼睛无处安放，好像小孩子偷吃东西被抓到一样。我进门时，陶先生应是刚吃到一半，就把吃剩的烧鸡用纸包起来揣进口袋，冲我点了一下头，然后起身离开……后来有人传说陶先生把烧鸡揣在口袋里之类，大约就是这种情形。人们要是在那个时代讲究‘吃好一点’，罪同‘享乐主义’。”

陈信泰牢记着王焕勋、彭飞等老师在他离开北京之前的叮嘱，也不忘身上还背着“中间偏右分子”的标签，所以他在生活和工作中谨遵“君子不党”和“敏于行而讷于言”的原则，很少公开言说，也不参加任何小团体。曲阜师范学院当时颇有些南方城市来的教师，他们常在周末聚会，喝茶、聊天、跳舞，用胶片留声机播放华尔兹或用沪腔杭调哼唱《夜上海》《春天里》等老歌，他们也会烧制南方菜品以解思乡之情，顺便嘲讽一下北方饮食的粗放……这种近乎炫耀的做派引人瞩目，也招来一些人的嫉恨。学校就派人跟他们谈话，希望他们“不要搞小集团小宗派”，不要造成不良影响。这些南方老师就坚决反对任何“干涉个人自由”的行为。陈信泰回忆说：“这说明‘反右’运动没有在曲阜师院形成太大冲击，这里的老师们真如山林隐士般闲适。而学校老师之所以这样逍遥，大约与高赞非院长的‘不折腾’和‘无为而治’主张有关。”而陈信泰之所以没有加入任何小团体和同乡会，一是因为自己背着“中右”身份，怕给别人带来不必要的麻烦；二是他知道在群众运动中“交朋友”是种奢望，而各种运动中伤人最深的往往就是所谓“朋友”，就像舒芜对胡风的告发；三是他发现“上海帮”里很少有真正的上海人，多系在上海读过书或逗留过一段日子的人，何况他从不认为上海人或北京人就该有什么“地域优越感”。

美国诗人伊丽莎白·毕肖普说：“唯有孤独恒常如新。”一语道破人生本质。陈信泰此时也是宁愿独处，因为他有很多问题要思考，有很多东西要重新学习，他要对自己的人生作出新的定位。他晚饭后散步时，常见校门口有群人在路灯下闲聊，另一群人则在下象棋，其中的高手是历史系的王阁森和数学系的邵品宗。后来，陈信泰一直对邵品宗颇为钦佩，这倒不是因为他的棋艺，而是因为他的率性自任和宠辱不惊。陈信泰说：“邵品宗是数学家，中国科学院数学所所长华罗庚的学生，与陈景润共同完成了‘哥德巴赫猜想’。1958 年，华罗庚被‘拔白旗’，邵品宗也受到牵连。但人们都依然尊重他，他也照样口无遮拦、百无禁忌。而曲阜师院之所以氛围如此宽松，主要是因为高赞非院长对‘右派’的宽容与庇护，这在‘文革’时期也成了高先生的‘主要罪状’。邵品宗一直保持着赤子之心，就像孩子一样单纯。我因为与王阁森下过几盘，邵品宗就知道了我棋艺不错，有空就找我下棋，不赢一盘坚决不走；如果我正在忙事情，他就说‘我等着’。邵老师的可爱之处还在于，无论多么‘贪玩’，晚饭一定要回家喝他妻子煲的汤粥。”

校园不大，陈信泰散步一圈也就半个小时，然后回宿舍读书。陈信泰回忆说：“当时曲阜师院图书馆馆藏的教育类图书还不如我从北京带来的齐全，所以我很少去图书馆。我倒是常去新华书店看书单，有新书就请他们代购。我当时的月薪是 78.5 元，每月除给妈妈寄 30 元，吃饭 10 多元钱，其他多用于购买书刊。那时的书报杂志很便宜。我最多时一年订了 17 种报刊。可能因为我很早就勤工俭学的缘故吧！我相信自己的谋生能力，从来不为钱财发愁，也没想过积攒钱财。再说，知识分子即便省吃俭用又能攒下多少钱呢?！我那时不仅不攒钱，还颇有点‘仗义疏财’的样子，只要借钱给别人就从来不指望人家还钱——那些孩子多、老人多的家庭，日子过得真是紧巴呀！”

1958年4月起，学校开始部署“教育大跃进”工作，派遣部分教师和应届毕业生赴济宁各县区创办农村中学。[①] 陈信泰领到的任务是帮助曲阜县(现为曲阜市，由济宁市代管)各公社的文教部门将原来的普通中学改办成农村中学。曲阜县农村中学创建工作领导小组组长李政委同意陈信泰的主张：农村中学应当为学生开设农业生产、管理、技能以及蔬菜种植、畜牧养殖课程，使学生毕业时能成为农业生产劳动的技术能手；要为每所农村中学匹配“一亩园子十亩地”，以便学以致用，落实“教育与生产劳动相结合”的教育方针；农村中学还应该为村民开办“识字班”和技术培训夜校，使农民们成为有知识、有文化、懂技术的新型农民……

7月22日上午，陈信泰正在乡下指导农村中学建设时，接到了李政委派人送来一个信条：“信泰同志：北京黄锦凤女士来曲阜看望你，学校让你立即返校。”陈信泰大感意外，因为他以为两人的感情不可能跨越空间阻隔，而黄锦凤此前从来没说要来曲阜。他急忙借了一辆自行车赶往学校，一路上思前想后：“她是如何只身从北京到曲阜的呢？她此行的目的是什么呢？”他想了很多，却怎么也不会料到李国榕等人正在以“大跃进的速度”为他和黄锦凤筹备一场婚礼。不知道是天热赶路的原因还是心急所致，陈信泰听到黄锦凤要与他结婚的消息后一下子汗下如雨：此前她从没有提到结婚的事，他也没有准备任何订婚礼物！他不知怎么办，只好征询黄锦凤的意见。黄大夫淡然一笑：“不需要任何订婚礼物，老师们就是最好的见证！”于是，他们在教务处会议室里举行了简朴的婚礼：高赞非院长证婚，教务处和教育教研室全体同人参加；学校送给两位新人一对暖瓶作纪念，还给他们调配了一套“婚房”。虽然陈信泰此时在学校里还没有多少朋友，但人们都想见识一下“大跃进婚礼”的创举，因而会议室门口和走廊里挤满了人，都说“新鲜”！在婚礼仪式上，大家吃着西瓜和糖块，听黄锦凤介绍十三陵水库劳动情景，再由陈信泰介绍了曲阜农村中学的“教育大跃进”情况……

---

① 《曲阜师范大学60年大事记(1955～2015)》写道：“(1958年)5月15日至7月底，30多名教职工和557名应届毕业生分赴济宁等10县农村，举办了154所农村中学，进行教育实习、社会调查、劳动锻炼等工作。”[《曲阜师范大学史》编写组编：《曲阜师范大学史(2006～2015)》，济南：山东教育出版社2015年版，第224页]

陈信泰、黄锦凤伉俪1959年春节留影

陈信泰由单身教工宿舍东一排一号搬到了东一排十号,虽然住房面积增加得不多,但比原来的那间还是显得宽裕一些。接下来的几天里,陈信泰带黄锦凤到城里游览了一下孔府、孔庙,然后一起布置新房。陈信泰回忆说:“几天后我送锦凤到兖州车站,临别时给她一项任务:让她为我代购《马克思恩格斯全集》。《马克思恩格斯全集》第一版从1956年开始陆续出版,到1974年共出版39卷41册。① 那时购买《马克思恩格斯全集》还有资格限制,锦凤是用了她医院院长的名额才得以为我买到《马克思恩格斯全集》的。《马克思恩格斯全集》一本一本地出版,锦凤就一本本地购买寄我。《列宁全集》1959年开始陆续出版时,我也请她给我购买。因此,从‘大跃进’直到‘文革’结束,我一直在下功夫细读马列著作。有些人在‘文革’时与我辩论,我因为有马列理论的加持护身而没被‘打倒’。这些理论准备也成为我在新时期著书立说的底气。可以说,到那时我才真正明白了王焕勋先生让我多读书的意义。”送黄锦凤回北京后,陈信泰继续下乡参加创办农村中学的“教育大跃进”工作。

陈信泰在农村中学逐步落实着他的计划:除了课程改造,还开办农民夜校,一是扫盲的识字班和农业技术培训,二是进行社会主义教育宣讲。但他很

---

① 1979～1985年,中央编译局又翻译了俄文版《马克思恩格斯全集》补卷11卷(12册),即第40～50卷。到1983年,中文第一版《马克思恩格斯全集》50卷(共53册)全部出版,约3200万字。

快发现,"教育大跃进"与孔子的"学在民间"和梁漱溟先生的乡建运动大不相同,实际上是政府发动的政治普及和思想统一运动,所有学校、报刊、图书、广播和电影等都成了舆论一律的媒介。而那些有着丰富人生阅历的老农对此多持怀疑态度,宣讲材料中那些"放卫星"的指标甚至把他们惊到目瞪口呆。那些宣讲材料是李政委和曲阜师院中文系师生选定的,主要来自《人民日报》和《人民文学》。这些"特写"和"报告文学"在当时被拿来鼓舞农民的"大跃进"士气,但老农民听后直乐:"好家伙,一亩地 120 万斤山药,平地上摞起来也得一米厚,这怎么长的？要照这样,那几个县的粮食就够全国人民吃的了,就不用我们'大跃进'了哈!"老农民的这番话说得陈信泰心里一"咯噔"。

陈信泰渐渐发现,"大跃进"运动在本质上是一场急功近利的反智主义运动,完全脱离循序渐进的原则。比如,在农村中学建设工作方面,上级要求以"大跃进速度"落实,于是各中学立即换了牌子,但师资、教材、课程等都难以跟进。农民们白天参加劳动、大炼钢铁,晚上再去夜校接受社会主义教育,往往没过一会儿就打起了呼噜。因而在"大跃进"中出现的事物就像鲁迅《风波》中讽刺的辛亥革命那样:"招牌换过,一切从旧。"这种换汤不换药的形式主义运动在农民眼中就是"瞎折腾"。它既然不得人心,就注定难以为继。果然,农村中学运动在随后"三年困难时期"的饥荒之中偃旗息鼓了。实践证明,教育发展只能循序渐进、稳步推进,绝不能靠"革命""运动"或"大跃进"方式进行;行政命令、大轰大嗡,只能造成教育的混乱甚至是"大跃退"。——这应是"大跃进"和"文化大革命"给国人留下的深刻教训。但不幸的是,政绩工程式的变相"大跃进"行为,在中国当代教育中不时出现,屡见不鲜!

(五)援建"临沂大学"

在全国上下的"大跃进"氛围中,各地的"高等教育"也不甘落后。革命老区临沂不仅要推动基础教育"大跃进",还要进行高等教育"大跃进"。1958 年 8 月 25 日,中共山东省委、山东省人民委员会批准临沂地委和专员公署关于建立"临沂大学"的申请报告,"临沂大学"遂宣告成立并于 9 月 15 日举行开学典礼。然而,"临沂大学"虽然设立了师范、农、工三科并制定了《关于一九五九自然科学研究规划》等"大跃进"指标,却由于缺乏师资和工农业高级人才而很难落实下去。临沂是高赞非的家乡,所以"临沂大学"就向近水楼台的曲阜师范学院求助。高赞非无法推辞,他深知陈信泰对于教育行政管理和教育社会学颇有研究,且单身一人在曲阜,因而他在征求陈信泰意见后,又经校务会议研究决定，委派陈信泰去帮助援建“临沂大学”。而高赞非在私下里嘱咐陈信泰：临沂老区的经济和文化基础薄弱，所以开展工作一定要循序渐进、量力而行，切勿因为急于求成、急功近利而造成不必要的人力、物力浪费。高赞非之所以这样叮嘱陈信泰，是因为他曾协助梁漱溟先生开展乡建运动，深知在农村和老区开展教育工作的困难。

陈信泰到临沂后，协助曹伯衡着手规划和普查工作。陈信泰回忆说：“那时，临沂专区将临沂师范学校、临沂工业学校和临沂农业学校等合并成临沂大学，由临沂文教专员曹伯衡担任校长兼建设领导小组组长。1959 年 2 月初，我受聘担任临沂大学顾问，为学校合并重组、机构部门创建、系科专业设置、师资队伍培训、课程整体规划等出谋划策。我对曹伯衡说，创建一所真正的大学至少需要 30 到 50 年的积累，无论是师资和干部的养成，还是系科与专业的设置，都应稳中求进。可以分为三步走：先创办高等专科学校；发展到一定规模后再升格为学院；再经过一个时期的建设，在学科门类比较齐全之后才能升格为大学。即使创办一所高等师范专科学校，也不能盲目上马：首先要普查临沂地区共有多少适龄儿童，估算需办多少所中小学，大约设置多少个班额，共需多少师资，然后才能决定招生规模。其次还要普查临沂各县区、各行业部门和单位每年大约需要多少大学毕业生，从而确保招收和培养的学生数量既不能供大于求，也不能缺口太大。再次是明确大学内部必须设置哪些部门机构，各有怎样的分工职责，应配备什么样的人员，这些都必须认真规划……在那样的‘大跃进’氛围中，我提出的这些教育社会学问题都显得不合时宜。我当时的想法是：临沂老区底子薄，如果因为规划不当、盲目上马而造成人力、物力的浪费，那等同于犯罪；如果曹伯衡不接受我的建议，我就撤回曲阜。难得的是，曹伯衡同意我的看法，并确实派人从教育普查开始着手工作。”

在曹伯衡的感染下，陈信泰经常加班到深夜，据他回忆：“曹伯衡全身心投入到临沂大学的筹建工作中，常常陪我吃食堂，聊工作进程，谈论如何办好大学，想象学校建成后将对当地政治、经济和文化建设产生怎样的影响。我被他的理想主义情怀深深感染，所以加班加点地工作，分析整理他们的调研数据，然后从教育社会学、学校行政管理学方面进行深入研究，一点一点地设立规划，经过讨论后再进行落实。我借住在临沂农校教工宿舍，每天晚上都工作到凌晨。当时，‘反浪费、反保守’的‘双反’运动刚刚结束，学校对于用电有严格规定：学生晚 9 点下晚自习，教师和学生宿舍 10 点前熄灯。我晚上总是工作到很晚，全校就我宿舍亮着灯，值班人员就说我‘破坏了作息纪律’，向曹伯衡作了汇报。曹伯衡有天深夜过来看我，了解了情况后大为感动：'大家晚上10点熄灯，陈老师却工作到12点以后，也就是说他每天至少比我们多工作了两三个小时，这样能不出成绩吗？我们应该向他学习。'"

罗马不是一天建成的。临沂大学也不可能以"大跃进"方式建成。1959年8月，根据中央教育工作会议精神和山东省委关于整顿1958年新建高等学校的指示，山东省高教会议对临沂大学提出了调整方案，撤销临沂大学建制，改设临沂师范专科学校和工业、农业两所中等专科学校，同时宣布了三所学校的组织机构、专业设置和财产分配等方案。陈信泰本已完成援建工作，正准备返回曲阜师范学院，现在又不得不留下来参与临沂师范专科学校、临沂工业中专、临沂农业中专的规划论证工作，这项工作一直持续到了1959年12月。陈信泰回忆说："我的工作得到了临沂方面的高度认可，所以在援建工作即将结束时，曹伯衡想把我留在临沂。我说：'我个人没有意见，反正在哪里都是为国家作贡献。但我的人事关系隶属曲阜师范学院，所以必须征求曲阜师范学院的意见。'学校不同意并要求我立即返校。不过，在临沂方面的反复请求下，曲阜师范学院此后仍然支援临沂的高校建设，1960年把华东师范大学毕业的俞瑞坤、东北师范大学毕业的金之崑和林礼元等三位助教派送到临沂，帮助临沂师专成立了教育教研室；曲阜师范大学作为'老大哥'也一直无私帮助临沂师专培养师资和干部。"临沂师范专科学校自1959年建校到2010年正式升格为临沂大学，恰好历时50年，可证陈信泰当年的预言不虚。更有意味的是，陈信泰1959年帮助筹建临沂师范学专科学校，而他的学生韩延明则自2000年起担任临沂师范学院副院长、院长，并在2010年后担任临沂大学校长。陈信泰与韩延明师生二人同"临沂大学"的渊源关系，可谓山东省高等教育史上的一段佳话。

陈信泰1959年12月从临沂回到曲阜时，高赞非已被免去校长职务并在闲置一段时间后被任命为图书馆副主任、教务处处长。高赞非被免职的原因是他对于高校"反右"运动和"教育大跃进"运动颇有抵触，因而"1959年2月21日，省人民政府决定，免去高赞非院长职务"①。这应是中国当代教育史上"行政强硬干预高等教育"的一个典型案例吧！

"大跃进"引起的社会生活巨变，让陈信泰感到匪夷所思。陈信泰回忆说："我1959年年底从临沂回到曲阜时，西关小庄仍在坚持大办公社食堂，吃'大

① 《曲阜师范大学史》编写组编：《曲阜师范大学史（2006～2015）》，济南：山东教育出版社2015年版，第226页。

锅饭’而且‘吃饭不要钱’，说是要学习范县‘跑步进入共产主义’。村口支着几口大铁锅，煮着地瓜，热气腾腾，的确有暖老温贫的感觉，来来往往的人都可以随便吃。那时我脑子里就升起一个念头：欧美国家的人们喝牛奶、吃面包，才仅仅处于资本主义阶段，为什么中国老百姓吃着地瓜、窝头甚至衣不蔽体，却自称进入了共产主义？这应该不是马克思所说的各尽所能、各取所需、物质极大丰富基础上的共产主义吧?！当然，在当时政治氛围下这种想法是绝对要不得的，我自己赶紧把这些想法从脑子里抹掉。”

此后，陈信泰被动地参加到“大炼钢铁运动”和“除四害运动”中去。“我从临沂回曲阜后被安置在大炼钢铁办公室当秘书。老师们家里的废旧铁件收集完了，实在没有其他资源，有人就想到学校机械厂地里可能埋有废铁，于是大家把机械厂的空地掘地三尺，刨出了一些生锈的废料，运到城里去交差。为了‘除四害’，大家一起敲脸盆和锣鼓，要把麻雀累死……那都是什么事呀！我后来一直在反思，觉得中国知识分子在‘大跃进’运动中存在巨大的失职。法国思想家朱利安·班达1926年出版了《知识分子的背叛》(*La trahison des clercs*)[①]，对知识分子放弃理性而服务于种族主义、民族主义和阶级斗争的言行作了深刻批评，可以为我们提供镜鉴。另外，萨义德在《知识分子论》一书中对‘知识分子’作了明确界定，中国知识分子应当以此为标准，作出深刻的自我解剖。”

(六)饥荒与减灾——驻村篇

陈信泰1958年初到曲阜时觉得这里是“世外桃源”，而1960年的巨大饥荒则残酷地告诉他，那只是一种错觉或幻觉。

面对严峻的饥饿形势，曲阜师范学院接到了上级下达的一项任务：抽调老师到农村搞“社教”，同时对民心和舆情进行调研。根据学校的任务分解，陈信泰与阎泗明等人组成一个社教小组，在1960年2～12月的进驻曲阜西关五个村庄，与农民同吃同住同劳动。陈信泰联系小王庄和小庄两个村，具体负责小庄的减灾工作。小庄的底子本来就薄，加之“浮夸风”导致的超额征购和“公社食堂”造成的粮食浪费，此时村民家里已没有余粮。村民把地瓜田翻刨了几遍，把淘回来的冻烂的地瓜用水反复浸泡，尽量去除苦水后再掺上菜叶和树叶充饥。陈信泰问老农民有什么减灾办法，老农民一脸愁苦地说：“从没见过这样的饥荒。以前遇到荒年，可以逃荒要饭，闯关东，走西口。现如今，有户籍制

① ［法］朱利安·班达：《知识分子的背叛》，余碧平译，上海：上海人民出版社2005年版。

度，逃荒是犯法的事，也只能让老人、孩子在家晒太阳——不是有个大科学家说这叫‘吃太阳鸡蛋’吗？……哄傻小子吧！要是晒太阳能顶饱，那还劳动个啥？”老农所说的“逃荒犯法”，是指1959年中国启动户籍管理制度，所有人都成了“单位人”。而当饥饿来临时，为了国家稳定，百姓逃荒就成了被明令禁止的事情。

陈信泰当时接到的任务是，用每月60斤黄豆的配额为小庄300名村民办食堂。陈信泰只是一介书生，怎么可能比老农有更好的办法解决饥饿。他所能做的就是把自己每月21斤粮食（老师们的粮食配额原为每月30斤，饥荒来临后逐渐减为27斤、25斤、23斤、21斤）全部拿出来，与村民们一起吃“瓜菜代”。虽然这只是杯水车薪，但农民们很是感动。

“瓜菜代”是三年困难时期创造的一个新名词，是瓜果、蔬菜、代食品的合称，这也是中央提出的渡过饥荒的措施之一。中共中央在1960年下半年成立了由周恩来、李富春、李先念、谭震林、习仲勋等人组成的“瓜菜代”领导小组，不仅中国科学院向中央报送了《关于大办粮食代用品的建议》，而且中共中央于11月14日下发的《关于立即开展大规模采集和制造代食品运动的紧急指示》也“提供了若干代食品的制造方法，如玉米根粉、小麦根粉、玉米秆面粉、橡子面粉、叶蛋白、人造肉精（一种食用酵母）、小球藻、栅藻、红虫（水蚤）等等”。陈信泰对此记忆犹新：“其实，当时农民们吃的代食品里基本没有瓜果和蔬菜。野菜刚出地皮就被农民给挖走了，柳眉、槐叶和榆叶刚刚发芽就被捋光了，很多树枝甚至被捋过若干遍，以至于树都死了。实在没有吃的，大家就开始吃树皮粉、玉米根粉、小麦根粉、玉米秆面粉、橡子面粉——我就跟村民到孔林里采摘过橡子。还有人偷偷从新泰弄来了观音土……”

陈信泰驻村期间不仅拿出了自己的口粮，还搭进去大部分工资。老百姓向他借钱，他明知有去无回，但还是借出。陈信泰回忆说：“农民总体上是朴实的，若不是实在没办法，不会轻易张口。有个男孩爬树采树叶，掉下来摔得头破血流，家里人因为拿不出挂号费和医药费，只抓把草灰摁在他伤口上就算完事了，结果那孩子的伤口溃烂了。这种事我不能不帮，为那男孩疗伤花了10元钱。这个男孩长大后参军，临行前特地到学校来跟我告别，跪下给我磕了个头。他入伍后被选入摩托化步兵师，不久就因出事故牺牲了，太可惜了。还有个小女孩，手指头长疔，家里没钱治，她母亲就在她手指上套了个鸡蛋壳。几天后，那个孩子哭个不停。我把她手指头上套着的鸡蛋壳取下来，看到那手指头已经化脓腐臭了。我看着心疼得眼泪都要掉下来了，给她看好病，共花了6

元钱……农民真苦呀！我们的'社教'搞了一个阶段后回学校汇报，领导问驻村工作苦不苦，其他成员说：'不苦不苦。我们与贫下中农同甘共苦。'我就想，农民真的不苦吗？农民就该这样苦吗？这样下去是否会动摇农民的信念呀？这种'大跃进'道路走得通吗？历史会如何评价这段荒诞的人事呀？想呀想，还是想不通。

陈信泰的付出却招来了社教小组其他成员的误解与非议。起因是其他村的村民质问驻村教工："为什么小庄的社教队员陈老师拿出自己的口粮与工资，与村民同吃同住同劳动，而你们却不拿出钱粮来？"这其中当然有着农民的小算盘，他们也不知道陈信泰是单身一人在曲阜，而社教组其他成员都有家有室、有老人和孩子，根本不可能像陈信泰那样"一人吃饱，全家不饿"。社教小组的同事因此对陈信泰就有了误解和怨气，要把他"赶回"学校。恰好上级部门下达通知：社教工作"胜利结束"并"圆满完成任务"，社教队员可以回原单位了。陈信泰叹口气："我那时快要顶不住了，因为我已患上B型水肿。由于我在1960年拿出了大部分工资帮助小庄村民，所以给父母寄的钱就减少了。弟弟后来告诉我，母亲文绣把她压箱底的东西如貂皮大衣、手镯、戒指等拿出来换了地瓜干……"

现在人们谈起曲阜师范学院1960年的"最大的荣光"，是"公社数学"和"土蒸馏釜"等项目被选送参加山东省文教战线群英会和山东省技术革命最新成果展：1960年5月4日，毛泽东视察山东，参观技术革命成就展，浏览并赞扬了"公社数学"和"土蒸馏釜"。从此，那张《毛主席审阅〈公社数学〉》的照片就成为曲阜师范大学校史展或校庆画册上最重要的图片之一。曲阜师范大学校史殊少记录当年的"生产救灾情况"，更没有涉及全国的饥荒灾情。陈信泰在谈起"三年困难时期"时感慨："回首历史，我们应当记住光荣，也不应忘记那些惨痛教训。记住教训为了保持警醒，哀之复鉴之，以免类似悲剧再次发生。"

（七）饥荒与减灾——"鸭司令"的牧鸭记

1960年冬天至1961年春天，曲阜师范学院师生中出现了大面积的营养不良和浮肿病症，面临巨大的减灾自救困难。曲阜师范大学原校长徐宝庆在一篇回忆文章中写道："当时保证师生吃上饭是头等大事。（武静安、于勋忱）两位老书记先后多次找济宁地委和专署领导、曲阜县委县政府领导，请地方政府保证学校的粮食供应。学校也先后向上级申请了两部载重4吨的大货车，保证了粮食、煤炭等生活物资的供给。学校还通过多种渠道沟通与周围农村和周边地区的联系，解决蔬菜等副食品的供应问题。学校领导还发动师生把校内空闲的土地利用起来，种粮、种菜，补充生活物资的不足。学校还自办了农场，在校内办了一处，在南阳湖办了一处，南阳湖农场主要是养鸭。陈信泰老师就曾在那里养过鸭。……学校还派人与有关方面联系，弄到了一批黄豆和'康复饼干'(用谷糠做成)发给部分干部和教师以及因营养不足而患病的师生，使他们的健康状况有了好转……"①

时任曲阜师范学院副院长赵紫生②老家在南阳湖③，学校设立南阳湖农场和建立捕鱼队、养鸭队的提议就是他提出的。捕鱼队由体育系李洪林老师担任队长，养鸭队则由陈信泰牵头负责。养鸭队最初只有陈信泰一个人，他在1961年初春作为"先头部队"被送到微山县南阳湖公社小赵庄去建立基地。"减灾工作组"把陈信泰和一条木船送到小赵庄，安排他借住在一户渔民家里。

万事开头难！陈信泰，这个生长在上海、北京的读书人，一个不会游泳的大学讲师，一个根本不懂养殖技术的教育学者，望着那条木船，一时手足无措。他想了想，决定从划船学起。陈信泰回忆说："那船拴在岸边，船头高高。我解开缆绳，好不容易爬上船，用竹篙撑岸，结果船一离岸就摇晃得厉害，好像随时都会翻扣过来。我放下篙，用桨划了几下，那船就在湖里打起了转，完全不听使唤。渔民兄弟赶紧过来告诉我：按渔民的规矩，新船下水要有个祭祀仪式。你们知识分子是'唯物主义者'，不敬鬼神，所以我们也不敢提示。不过，船里一定要有重物压舱，船有一定的吃水才能找到平衡。接着他还给我讲了应如何划桨才有最佳功效等等。"在渔民的帮助下，陈信泰掌握了一点行船要领，也慢慢学到了渔民生活的一些常识。

"靠山吃山，靠水吃水。"这句话里有着常识性的真理。举例来说，山里人少有大富大贵者，但山中多野物山味，因而即使饥馑年代也很少会饿死人；有水的地方多是鱼米之乡，即使稻米歉收，至少水里还有虾、蟹、螺蛳可食；平原

---

① 徐宝庆：《武静安、于勋忱两位书记在我校的二三事(一)》，《曲阜师大报》2014年1月9日。

② 赵紫生(1911～1998)，山东鱼台人，1932年毕业于山东第一师范专修科，1935年肄业于南开大学，1937年5月参加革命，历任鱼台抗日运动委员会主任、八路军惠河支队副支队长兼参谋长、冀鲁豫十五团副团长、济宁市副市长兼教育局局长、冀鲁豫七专署文教科长兼教育局局长。1955年调任山东师范专科学校教务主任，1956年任曲阜师范学院教务长，1960年11月起担任曲阜师范学院副院长，1971年1月任山东大学革委会副主任，1978年6月任曲阜师范学院院长、代书记，1984年4月离休。

③ 南阳湖是微山湖区的一部分。微山湖区位于鲁南，由微山湖、昭阳湖、独山湖和南阳湖组成，是中国北方最大的淡水湖区。

地区虽然好种粮棉，但荒年来临、青黄不接之时，反而要外出讨饭。陈信泰初到南阳湖时，身体已因为营养不良而浮肿，幸有善良的渔民教他如何在清晨到湖边捉田螺、泥鳅，如何用鱼篓捉小虾、小鱼，如何辨识采摘可食用的水菜，然后把这些东西与大米一起煮食……一个月后，陈信泰的浮肿消退了。

等到另外两个年轻老师带来200只鸭苗，三人组成的养鸭队就开始牧鸭了。他们先是赶着鸭群沿着湖边向南走，每行至一处芦苇荡或荷叶繁盛区域就停下来，因为那里一定会有鸭子的吃食。他们每天大约行进几里，黄昏时鸭子游到哪儿就在哪儿住下：他们会先派一个人到岸上用竹钉和绳网围起一个鸭圈，然后把鸭子赶进去；待把鸭子围好后，三人再分三处搭起草窝棚以看护鸭群。那种草窝棚两头透风，只能防一防露水，却不能挡风避雨，下雨时被褥几乎都会浸湿。他们由小赵庄一路往南，用一个多月时间行至南阳湖南端；然后折返往回走，又用了一个月回到小赵庄，鸭子已渐渐长大。

在牧鸭过程中，风餐露宿之苦倒不算什么，令陈信泰感到后怕的是两次险些有生命之虞的经历：一次是学习游泳时险些溺水。“工欲善其事，必先利其器。”陈信泰认为自己养鸭子就算半个渔民了，无论如何都应学会游泳，这样至少在落水时能够自救，于是他向渔民兄弟请教游泳技巧。对于水里讨生活的渔民来说，游泳仿佛是天生禀赋，就像孩子生下来就会吃奶一样自然，但真要让渔民教习游泳的分解动作，他反而一时说不清楚。那位渔民兄弟连说带比画，比如，双手如何划水，双脚如何踩水，嘴巴如何浮出水面呼吸，如何在头部入水时屏住气息不呛水……总体意思是说，只要你了解水、不害怕水了，就能与水和平相处，自然就会游泳了。陈信泰一时无法把游泳动作协调组合起来，那渔民兄弟就有些着急，他把一支竹篙抛到水里，然后对陈信泰说：“你先试着一手扶竹篙，一手练习划水吧！”他看着陈信泰小心翼翼地走入水中，扶着竹篙慢慢往前划去，觉得不会有大事，就转身去忙别的事了。陈信泰推着竹篙往湖中游，等发现离岸已经很远而渔民已不在岸边时，一时心慌就下意识地抬手向岸上的渔民呼救，结果竹篙离他而去。他手脚乱抓，呛了几口水，趁浮出水面时大喊救命。渔民闻声赶过来把他拖上了岸……陈信泰从此放弃了学习游泳的念头，甚至多年后提起此事仍心有余悸：“有时夜里会梦到那个溺水情景，手划脚蹬，呼喊救命，醒来时已惊出一身冷汗……”

另一次溺水发生在1961年夏末秋初的一个雨夜。有天晚上风雨大作，湖水猛涨，鸭栏被淹，鸭子“嘎嘎”叫着顺着风向游去。陈信泰让一位老师在高处另圈一个鸭栏，他与另一位老师去追赶鸭子。他一边跑一边唤鸭子，脚下突然踏空，掉进渔民在湖边开凿的水井，一沉到底，好在他用脚一蹬井底，凫了上来，爬上了岸。幸亏附近的渔民赶来帮忙，他们才把鸭子重新围拢起来……

两次历险，深化了陈信泰对生活的体验，拉近了他和工人、农民的距离。陈信泰不无感慨地说："经历这两件事以后，我更加真诚地与农民和工人交朋友。他们拥有的技能或许卑之无甚高论，但他们的那些'偏方''验方'都是能活命的常识。知识分子高蹈空谈、坐而论道，四体不勤、五谷不分，大难来临之际却可能百无一用、害人害己。因此，我后来无论走到哪里，都扑下身子劳作，老百姓也就把我当成自己人，哪怕蓖麻叶卷的土烟也递给我一支，用石榴叶泡的茶水也端给我一碗。在'文化大革命'最暗沉的日子，有时候自己都快承受不住了，就想一想：农民、工人能吃的苦、能做的事，我也应该能做得到、能降得住！人生遇到困难就是要挺、要忍、要耐得烦，忍耐之后才有勇猛精进。这样想想，心里就通了。我在农村学会了种庄稼和蔬菜，在学校食堂里学会了做饭、炒菜，在孔林'五七'干校劳动时能胜任所有劳动……我后来获得过一些荣誉，但相比起来，徐宝兴等老工人说'陈信泰是我们工人的教授'，是最让我高兴和自豪的。"

养鸭队已把鸭子养得比较肥壮，本想等中秋节给老师们送一份惊喜，没想到夏末秋初一场连绵大雨却给了大家一个不小的惊吓。持续大雨引发南阳湖的高水位，鸭子连续 20 天无处觅食，先变成瘦鸭子，接着就开始零星死掉。当地渔民不管那鸭子是饿死的还是病死的，都捡去煮了吃。等天气放晴，养鸭队立即向学校请示，学校同意把这批鸭子撤回来。陈信泰等遂撑着木船把活下来的 101 只鸭子拉到码头，学校派来的汽车已在那里等候。陈信泰随汽车回到学校，没想到学校竟然组织了一批人敲锣打鼓地欢迎。但当看到那群"骨骼清奇"的鸭子后，便有人揶揄："啧啧，乖乖，这么骨感的鸭子，精品呀！"有人则提醒："你没看见陈信泰比鸭子还瘦?！老陈这个'鸭司令'真是辛苦了！"人们这时才看到陈信泰脸颊黑黑瘦瘦，须发数月未理，衣服脏旧破损，形象如同电影里遭受长期监禁而宁死不屈的革命志士。——那天，校园里喜气洋洋，食堂把鸭子杀掉、炖好，师生都可以分到一份。大家都说鸭子好吃，因为很久没有吃到油水了，但人们没看到陈信泰到食堂吃鸭子，他此时正在家中蒙头大睡——他已经很久没有在床上舒适地睡一觉了。

学校核算了一下成本，觉得养鸭子不合算，加上 1961 年夏秋农业丰收后灾情有所缓解，于是把养鸭队从南阳湖撤了回来。不过，陈信泰由此落了个"鸭司令"的绰号。

在短暂的休息后，陈信泰开始重新捧读《马克思恩格斯全集》。而在拂去书封上的灰尘时，他恍然一怔，若有所思：牧鸭半年没读书，那么不读书还能叫“知识分子”吗？1959年援建临沂大学回来后就大炼钢铁、下乡“社教”、减灾自救等等，与教育学专业基本无关，那么丢了专业还能叫“专家”吗？当初离开北京时自以为有专业知识和中级职称傍身就不必担忧未来，现如今却要向贫下中农学习生存技能，那么这样从城市回到农村，由启蒙教育者到“接受贫下中农再教育”的身份转换，真的标志着“时代进步”抑或走向了“另一种现代化道路”？

(八)“伙头军司令”

1962年，国家针对刚刚过去的严重灾情，宣布国民经济进入调整期，曲阜师范学院也相应进入较为平和的教学状态。陈信泰则除了完成教学任务，还担任了学校伙食委员会主任。

陈信泰说：“伙委会是一个纯粹义务性的组织，学校十五六个单位、系科各派一人担任委员，对学校伙食工作起到咨询和监督作用。伙委会主任和委员都是虚职，没有津贴，所以担任伙委会委员的老师必须有公益心。”学校伙委会原主任是数学系的一位李姓副教授，他工作尽心，与食堂工人师傅相处得也不错，本来无须改换，但他在“大跃进”中进行的一项伙食“技能革新”砸了招牌：李老师不知从哪里学来了“开水炸油条”，还说已在家中进行了几次实验，现在要传授给食堂工人。消息传开，人们都来观摩：水在锅中慢慢煮，慢慢加入食用油，达到一定温度后，把油条坯子轻轻放进去。人们都期待着奇迹的发生，然而也许是油水比例没有调配好，也许是炉火温度没控制好，或许这种方法根本就行不通，反正那口锅没多大会儿就“噼噼啪啪”爆成一团，吓得工人们纷纷躲避。等炉火渐渐熄灭，油锅不再爆响，周围已是一片狼藉，油条坯子在锅里一沉到底，成了面疙瘩；李老师满头大汗，赧颜而退……

人们推举陈信泰担任伙委会主任主要基于两个理由：一是后勤处领导和伙食科工人熟悉他。陈信泰1958年初背着一个“中右”分子的标签来到曲阜师范学院，当时的心情颇为压抑。他觉得除了读书，运动和劳动也可以使人忘记烦恼——身体劳累的时候，脑子就不会胡思乱想，倒头就能睡着。他最初选择的是足球运动，穿上一身短打，换上长筒足球袜，奔向了运动场。但当时会踢足球的师生很少，大家在场上乱踢一通。有几位青年教师倒是对陈信泰那双袜子颇感兴趣。几天时间就让陈信泰觉得：与一群没有基本技术和运动规则的人踢足球，绝对是自讨没趣。没奈何，他脱下袜子送给了一位最感兴趣的年轻老师，从此不再去足球场。他又到校办工厂、食堂走走看看，发现真正与劳动相关的有四个单位：印刷厂、机械厂、木工厂和学校食堂。印刷厂的活字印刷工作是一项技术活：若想胜任铸字、拣字、排版、印刷等工序必须跟着师傅学个一年半载；机械厂的钳、镗、车、铣等工种更需要专业技能；木工厂的工具容易伤人，门卫师傅根本就不让“闲人”进厂；唯有食堂，只要你去，总能找到自己胜任的工作，比如洗菜、切菜、和面、运煤等，虽然脏一点，但体力和能力都应付得来。所以陈信泰1958年来校后就不时地到食堂参加义务劳动，以至于教研室如果有事找不到他，那么到食堂一定能找到。据说推选陈信泰担任伙委会主任的另一条理由是：“陈老师是上海人，又在北京生活、工作过，见多识广，懂得饮食，一定能改善我们的伙食！”总之，无论由于何种原因，既然被推为伙委会主任，陈信泰也就不好再推辞：“我试试。如果做得不好，大家就把我换掉！”

没想到从1962年至1976年，陈信泰连续担任了15年曲阜师范学院伙委会主任，也真为学校伙食改革工作做了些实事：一是岗位练兵，提高伙食质量。他促成了“伙食技能大比武”，让厨师们比比谁的饭菜做得好，看看谁能提高饭菜质量。二是核算成本，杜绝贪污浪费。在此之前，学校食堂从没有人精准预算过每锅菜的成本以及每份菜应折合成多少量多少钱——就此而言，陈信泰是曲阜师范学院最早的伙食“预算分析师”。在此之前，也没有人想到清理食堂库存与地下储藏，而清理库存可以有效防止乃至杜绝贪污、浪费——就此而言，陈信泰又像是一位“职务犯罪与腐败预防专家”。陈信泰还利用其在中华职业学校高级商科所学知识，为各食堂培训会计和出纳，从而使伙食财务管理更加精细化。三是改善伙食，翻新饭菜花样。比如，增加南方菜品，尤其是增加了适合北方人口味的川菜品种。又如在周末为老师们提供成本价的肉、馅、菜料、饺子皮等，以便于老师们改善家庭生活。再如自制烧鸡并低价售卖给师生，陈信泰回忆说：“那时候，烧鸡在人们日常饮食中还算奢侈品，老师们想吃烧鸡要到曲阜城里去买，而且价钱不便宜。食堂做烧鸡，成本低，鸡内脏还可以单独做成其他菜品，同样受到大家欢迎。我记得第一次卖烧鸡时，一位老师来得晚，看到烧鸡已经卖光，就露出非常失望的样子。工人师傅给我预留了一只，我让他们拿出来给了那位老师。——看到老师们高兴，我也开心。”

陈信泰由此在工人中赢得了“陈老总”和“伙头军司令”的绰号。即使到了“文革”时期，工人们也依然信任他，因为他不参加派系斗争，而且能虚心、耐心地听取工人的心声。陈信泰在90岁时感慨道：“其实工人们最好相处。他们真诚直率，与人为善；他们外粗内细，明辨是非；他们眼里容不得沙子，也最看不起那种唱高调、欺骗人的人和事。”陈信泰的踏实认真得到工人师傅的认可，一些老工人就把“核心技艺”传授给他，比如采购员老神有个绝活，那就是骑自行车驮四箱鸡蛋从市场到食堂保证一个都不碎，他的秘诀是对自行车加以“改良”：车胎的气不能打太足，绑挂鸡蛋箱子的绳子要有一定弹性……老神退休时把他那辆“宝马”送给了陈信泰，而陈信泰后来在孔林“五七”干校办食堂时进货就全仗着这辆自行车。不仅工人们信任陈信泰，负责伙食管理工作的后勤处领导王贯一等人也对他的正直实干给予好评，后勤处每当有查账反贪之类的事也都让陈信泰主持，因为他精通会计业务，而且从来都是只对事不对人，绝不偏袒任何人。

1974 年春末，有位村民带孩子到黄锦凤医生家里来问诊，黄大夫发现那个小女孩患有肝炎。送病人走后，尽管陈信泰小心翼翼地处理那个小女孩摆弄过的玩具，但还是被传染了急性肝炎。虽然数月之后病愈了，但他自知不能再参与伙食管理工作；加之 1975 年“拨乱反正”后，教育教研室恢复教学科研工作，陈信泰受命担任教研室主任，此时才卸去了学校伙委会主任一职。在辞去伙委会主任之前，他与食堂会计一起对 1962 年以来的全部伙食账目进行了清查，“公布结余，还利于民”，每位教职工都分得了一定数量的饭菜票，食堂账面只保留了50 元结余款和不到 1000 斤米面，达到了结余不超过 5‰的“模范食堂”的标准。

从 1962 年至“文化大革命”结束，在那段无法安放一张书桌的年代里，陈信泰义务担任学校伙委会主任，扎扎实实做了一件值得回忆的实事，一件真正“为人民服务”的民生大事，使曲阜师范学院伙食质量有了大幅度提升。山东省高校师生中在很长一段时间里流传着这样一个顺口溜：“山大的牌儿，山师的院儿，曲师的饭儿。”而在曲阜师范大学高质量的伙食工作的底蕴中，有着担任了 15 年伙委会主任的陈信泰的一份功劳！

(九)“看透、想开、放下”

1961 年 1 月，中共八届九中全会正式通过了“调整、巩固、充实、提高”的八字方针，此后国民经济和社会建设进入调整期。1961 年 9 月 15 日“高校六十条”发布之后，高等院校反思“教育大跃进”的危害，努力提高教育质量。此时，曲阜师范学院教育教研室开始着手编写各科教材，陈信泰作为分管科研的教研室副主任则尽一切努力促成其事。由于教材拟在济南出版，故而参与教材编写的六七位同事在 1962 年夏天借用山东师范学院学生宿舍进行最后的通稿审定工作，老师们每天晚上都忙到 9 点以后，陈信泰见大家都饿了，就出去想办法弄点吃的：花生、炒黄豆甚至大葱加馒头。他回忆说：“那时候什么东西都贵，一个月下来花了 200 多元(我每月工资只有 78 元)，都是我自掏腰包。后来教材没出版，这些费用自然也无处报销。你看，我是不是有点共产主义精神？”

陈信泰给1960级中文、政史等系科学生讲授“教育学”。这一级学生在极为艰苦的条件下努力进取，刻苦用功，走出了宋法棠等高级干部，也走出了朱德发这样的“首届国家级教学名师”，正应验了那句“艰难困苦，玉汝于成”的名言。2015年10月17日，朱德发先生回校参加曲阜师范大学建校60周年庆典，在西联教室前回忆当年给他上课的那些老师：“陈信泰老师教‘教育学’，不带课本，教学内容烂熟于心。他讲课时，以关键词和中心问题为线索进行串连，先运用发散思维，放射出去，融通古今中外，理论结合实际；然后运用收敛思维，总结陈述，概括升华。我们称陈老师这是‘放风筝’的讲课法，放得开，收得回，是真正收放自如的启发教育，对于我们的学术思维、学习方法都有很好的启发。”

但是，陈信泰真正能这样投入教学工作的时间其实并不多，因为教学工作会不时地被各种“运动”打断，比如“社教”工作。陈信泰虽然在1958年便结婚成家，但与妻子黄锦凤两地分居，他一个人在曲阜工作，形同单身汉，所以教育教研室每当有下乡“社教”之类的任务，他都是第一人选。陈信泰90岁时回忆说：“最初我搞不清楚，教育教研室一共有16个老师，为什么有下乡任务就找我：‘老陈你去吧，这可是接受贫下中农再教育的好机会！’其他人则有这样那样的理由：有人讲福建话，老乡听不懂；女的下乡不安全；有的是家里人口多，需要照顾；有的身体不好……我后来大体计算了一下，我自1958年来曲阜后，直到‘文革’结束，累计下乡时间约有八年半。我起初不明就里，后来从马鸣初的话里听出了一点意思：‘老陈呀，如果让你下乡，一定不要推脱，不要犹豫，要痛痛快快地去。吃苦受累掉层皮，没什么大不了，咬咬牙就过去了。吃点苦还能多学点东西呢！’我真是感谢这位兄长的提醒：人家安排我下乡，那是因为我档案里有份‘中右’鉴定材料呐！我也由此抱着自我救赎的心情去工作。每当接到任务，二话不说，背起行李就走，直到学校叫我回来参加其他运动为止。后来，锦凤和我看到周围农民无钱就医，就想用中医药帮人解除病患，我们遂利用‘文革’的荒芜时光，对中医药下了一番功夫，还整理出一些验方，下乡‘社教’时就免费给村民提供方便。而与淳朴的老百姓在一起，我的身心反而得了‘大自在’。就此而言，吃亏是福呀！”陈信泰就这样咬牙坚持，一咬就是20年，直到改革开放。后来黄锦凤常打趣他：“老陈，你要强呀！凡事咬牙坚持，牙就掉得早吧？70岁就满口没有一颗牙了吧！”

陈信泰不仅“上山下乡”时任劳任怨，生活中也总是尽己所能帮助同事。比如，胡寅生老师女朋友在中国驻蒙古人民共和国领事馆附属小学教书，即将回国，胡寅生知道陈信泰爱人黄锦凤在北京工作，就约他一道去北京。胡寅生接到女友后就借住在北京第一传染病医院宿舍，节省了一笔开支。陈信泰还花高价买了两斤高级点心(27元)送给他们做贺礼。再如，每到调工资时，陈信泰都把机会让给别人，连续让了三次，以致几位助教的工资都比他这个“老讲师”的工资高一档。陈信泰回忆说：“我那时候一个人在曲阜生活，除了每月给父母寄点钱，其他也没有用处。而且我相信：未来一定比现在好，钱财皆身外之物，人不应为物所役；人若是汲汲乎功利，斤斤于钱财，那么格局与境界就都不会太大。因此，只要有利于事业，有利于他人，我都尽力施以援手。后来，申报硕士点和创办教育系的时候，我请全国各地的学界朋友来讲学或作报告，常设家宴款待他们，像常春元等则要求吃住在我家里，我个人的花费也不少，所以我到退休时几乎没有什么存款。”周围还有极个别小市民式的人总是自作聪明地寻找各种机会从陈信泰身上揩油、占小便宜，他心中明白，但看得透、想得开：“就当看演员表演吧！看戏还得付费不是？传曰：‘君子役物，小人役于物。’荀子说：‘身劳而心安，为之；利少而义多，为之。’我认同这些观点。”

“教育要走与工农相结合的道路”，这是新中国教育事业的重要方针。曲阜师范学院设学于曲阜县城西郊，其诞生本身就是对这一教育方针的实验。在“大跃进”年代里，教师们更是要走出校园为工农业生产服务。陈信泰回忆说：“曲阜师范学院师生在为工农业生产服务方面的代表成果是《公社数学》，其中，郑又樵①、巩宪文②等功莫大焉。他们1959年带领数学系师生组建了‘公社数学’研究小组，其成果在1960年5月受到毛泽东主席的称赞。1960年7月29日《人民日报》刊登《广阔的路》，对曲阜师范学院数学系师生将运筹学

① 郑又樵(1916～1999)，1937年毕业于山东省立第二师范学校，1939年参加革命工作，1949年后任济宁市政府办公处副主任、济宁市教育局副局长兼联中校长、济宁一中校长兼党支部书记等职。1958年后任曲阜师范学院数学系党总支书记、主任等职。

② “巩宪文，男，1907年生，籍贯山东广饶。1932年毕业于前国立北京师范大学数学系。先后在济南、青岛、北京和昌乐等中学任教。1948年参加革命工作，任山东潍坊第一中学教导主任、副校长，1954年调入济南师范学院任讲师，1955年参与筹建山东师范专科学校。曾任省中学数学教学研究会理事长和省中学数学教育研究会会长，曲阜师范大学教授。巩宪文同志多年从事数学教学和研究工作，取得了重要成果。1964年提出以辩证唯物主义指导教学并应用于实践，在全国产生良好的影响，并受省教育厅委托编写了高师函授教材《数学分析(一)》；1965年负责完成了部委高师物理系高等数学和厅委农业中学数学教材的编写工作；自60年代起即组成公社数学研究组，探索数学为农业服务、走教学科研与生产相结合的途径，并参与曲阜师范学院运筹学研究所的筹建工作；1976年恢复工作后，先后任院学术委员会副主任、学位委员会主席，培养出大批教学骨干。发表论文20多篇。1992年被国家批准享受政府特殊津贴。”(中共山东省委组织部、山东省人事厅编：《山东省有重要贡献专家名录》，济南：山东科学技术出版社1999年版，第763～764页)

知识应用于农业、工业、交通运输等方面所取得的成果进行了述评;同年,数学系被国务院评为'全国社会主义建设先进单位',郑又樵出席了全国群英会。数学系由此建成了曲阜师院第一个非师范专业——运筹学专业。今天真正去看《公社数学》的人已寥寥无几,仿佛只是一个美丽传说,但它的奠基作用却不容小觑:曲阜师范大学运筹学学科几十年来不断发展壮大,不仅培养了一大批人才,而且取得了丰硕的科研成果。"

"上山下乡"整体上呈现出"新村主义"性质,虽然具有特色却无法长期坚持,很多师生还因为不了解生活和生产实际而闹出不少笑话。比如:有师生通过测量猪的腹围和头尾长度,能大约估算出此猪的重量,这算是数学在农业生产中的应用成果;但猪的品种太多,腹围和头尾长度不同,所以这种算法无法广泛应用推广。而在老农或屠户眼中,猪的体重几乎无须测算和称量,打眼一瞧就八九不离十。因此,老农们看着一群师生忙忙活活,演算来演算去,他们就叼着烟袋,眼露不解甚至讥讽之色。

服务社会是高等学校的一项职能。曲阜师范学院除了推广"公社数学"和土蒸馏釜等应用成果、参与社会主义教育等运动之外,还应曲阜县要求为当地培训基础教育师资。为做好师资培训工作,学校安排陈信泰与曲阜县教育局局长管象敏进行对接,先后为曲阜县培训了 97 位中小学骨干老师。但曲阜县教育局财政困难,这笔培训费就一直拖欠着。这个时期,曲阜师范学院李季平、王阁森等 14 位教师的妻子或亲属在曲阜中小学工作,令他们的家庭生活极不方便;这些老师就向学校提出申请,希望能把家属调进学校或附属中小学。然而,曲阜县基础教育师资不足,所以教育局迟迟不肯放人。学校领导责成人事处派人协调,但人事处工作人员也无计可施,遂向学校建议:陈信泰与曲阜县教育局交往较多,可以让他去"谈判"。陈信泰遂与管象敏局长进行了协商,最后双方达成意向:曲阜师范学院免除曲阜县 97 位中小学教师的进修培训费,并继续为曲阜县培训基础教育师资;曲阜师范学院优先分配毕业生到曲阜县中小学工作;曲阜县教育局则同意那 14 位家属的调动……此事之后,曲阜县教育局历任局长都与陈信泰保持着友好关系,还聘请陈信泰担任曲阜县教育发展顾问。陈信泰感慨道:"学校与曲阜县教育局建立友好关系,是互利共赢的事:我们是师范类高校,曲阜就是我们教学实习的基地;我们做教育学研究,必须使理论与实践相结合,曲阜就是我们进行教育社会学调研的平台;高等学校负有服务社会的职责,为当地培训师资也是应尽义务;地方尊重高校,则有利于当地经济、社会的发展,也有利于城市文化素质的提高。"

(十)参加“四清运动”

1963～1966 年,全国城乡开展了新一轮声势浩大的社会主义教育运动,即“四清运动”。运动初期是在农村“清工分、清账目、清仓库和清财物”,后期是在城乡“清思想、清政治、清组织和清经济”。运动期间,中央领导亲自挂帅,数百万干部下乡进厂开展工作。为贯彻中央精神,山东省委也在 1964 年 10 月组织了 1.3 万人的“四清”工作团,下到乡村、工厂开展“四清运动”。

陈信泰在“四清运动”中先后在兖州和曲阜的郭家村、东颜、西颜、陵城等多个村庄驻队。但在“四清”中真正起实际作用的是担任社教工作组组长的农村干部,陈信泰多是负责宣传发动、宣读文件等纸头工作。工作组组长对“五类分子”管理甚严,时常把他们召集起来开会、学文件。有的“五类分子”妇女抱着还在吃奶的孩子来开会,孩子一哭闹,妇女就当众解开衣服喂孩子,孩子吃完奶就在母亲怀里睡得东倒西歪。成年人白天劳动已经非常疲累,这时候就低着头“听”文件,不一会儿就有人打起呼噜来。每当此时,工作组的人就拿棍子敲敲墙面或者桌椅板凳,让大家打起精神;但这样一敲打,又把孩子从睡梦中惊醒,少不了再来一阵哭闹。这样的学习往往持续到深夜才结束,效率之低可想而知。陈信泰提醒工作组组长:“那几个哺乳期的妇女就不用来开会了吧？另外,文件能否精简？读文件的时间能不能缩短些?”组长说:“她们不来听宣讲,思想不就更落后？不学这么长时间,上级下发的文件怎么传达得完?”陈信泰说:“这样学习,有效果吗?”组长翻了个白眼,反问道:“你说呢?”

20 世纪 60 年代的曲阜乡村十分贫穷,很难挖出“四不清分子”。曲阜县由于水利设施落后,地多盐碱,农作物难以生长,以致有民谣唱道:“到处荠荠菜,遍地茅草荒。无雨地裂缝,大雨一片汪。”农民的贫穷状况令人难以想象。比如东陶洛村的杨焕青兄弟姊妹四人,只有二弟焕荣过冬有棉裤;焕荣、焕玉和小妹三人在东间的一个炕上睡觉,夜里合盖一条被子;焕青在西间睡地铺,没有被子,只有一条破棉絮……[①]这样贫穷的地方会出现走资本主义道路的“修正主义分子”吗？陈信泰 90 岁时回忆说:“三年困难时期刚过去,大家都是一穷二白,你看看那房子、那穿戴就能明白。有的家里两个成年人只有两条裤子,如果要洗一条,就必须有一个人窝在炕头,你说还能‘清’出什么来？当时也看不出‘五类分子’与普通百姓有多大差别,他们彼

① 参见《曲阜市志》,济南:齐鲁书社 1993 年版,第 378、380 页。

此私下里还是叔伯婶子、兄弟姊妹地称呼着，嘻嘻哈哈地说话。”

大学师生参加农村社会主义教育运动，走与工农兵相结合的道路，实际上是接受贫下中农再教育，然而知识分子在接受再教育的过程中有时会遭遇不公平的待遇。陈信泰回忆说：“曲阜县培养了几个劳动模范，其中有个叫孔昭君的姑娘是植树劳模——她的师傅就是县贫协王主席。数学系有位上海籍的周老师，出身资本家家庭，表示要赎罪，要真心诚意地改造自己，要捐出所有家产，还要娶个农村姑娘做妻子。周老师对我说他喜欢孔昭君。我认识县贫协王主席，就请他为周老师和孔昭君牵线搭桥。周老师与孔昭君认识后，本来恋爱谈得好好的，不知怎么被县长知道了，他就发话：‘一个劳动模范，怎么能随便嫁给臭老九？这是自毁前程。政府不同意。’就把他们拆散了。孔昭君后来嫁给了兖州的一位复员军人，离开了曲阜。周老师精神倍受打击，抑郁生病回上海治疗，不久病逝。”

陈信泰之所以认识曲阜县贫协王主席，完全缘于“好奇心重”。王主席是曲阜县植树能手，对全县绿化事业作出了重要贡献。那时候，泗河、沂河周边村庄非常贫困，河堤也是光秃秃的，王主席就带领人们植树固堤。陈信泰回忆说：“曲阜师范学院最初的绿化工作全是由王主席带人完成的，那棵著名的迎客松就是他亲手栽下的。我对绿化工作非常好奇，也想业余时间参加劳动，因而王主席来学校搞绿化时，我就前去帮忙、请教，一来二去就熟悉了。王主席有时周末在曲阜县城搞植树造林活动，也会叫我一起参加。由于王主席的介绍，我逐渐结识了曲阜县、乡和各部门的人士……说个题外话，王主席去世前向学校提了个心愿：‘能不能给小孙女王纯安排个工作？’学校就把老人的孙女王纯安排在印刷厂当学徒。王纯那时候才 14 岁，从打字员做起，后来自学了两个学士学位，转到学校图书馆工作。她晋升研究馆员时，发表论文的杂志是用行李箱拖到评审室的，评委们大为震惊。她的秘诀就是欧阳修的文章之学：‘无他术，唯勤读书而多为之。’”

“四清”工作刚刚告一段落，全国又掀起了“农业学大寨”运动。① 对于鲁西

① 1964 年 3 月，山西省委第一书记陶鲁笳向毛泽东汇报大寨事迹。1964 年 6 月，毛泽东在中央政治局扩大会议上说：“农业主要靠大寨精神，靠自力更生。要多出几个大寨，多出几个陈永贵。”1964 年 12 月 21 日，全国人大三届一次会议召开，周恩来在《政府工作报告》中郑重号召：全国人民“都要学习解放军、大庆、大寨的彻底革命精神和工作作风，使自己在革命化的道路上向前迈进”。报告明确提出：“大寨大队所坚持的政治挂帅、思想领先的原则，自力更生、艰苦奋斗的精神，爱国家、爱集体的共产主义风格，都是值得大大提倡的。”这三点被称为大寨“基本经验”，其他具体做法被称为大寨“具体经验”。稍后，毛泽东发出“农业学大寨”的号召，大寨由此成为全国农业战线的一面红旗。

南地区来说，学大寨运动主要是抽沙换土、以沙压黏土、以黏土压沙、深翻土地、改造粮田。当地还提出了土地改良的“三化”标准：平原土地园田化，山区丘陵梯田化，涝洼条田台田化。1965 年春末至 1966 年年初，陈信泰被派到兖州大安公社李家宫村参加“农业学大寨”运动，长达 10 个月。

“农业学大寨”给陈信泰留下了两桩值得骄傲的事情：

一是种五谷，植蔬菜，学会诸农事。陈信泰在农村学会了种小麦、玉米、地瓜、高粱等庄稼，也学会了种植各种蔬菜。种蔬菜在各种农活中最为辛苦。谚曰：“一亩菜园十亩田。”这既是说种 1 亩菜园子的收入可抵 10 亩庄稼的收成，也是说种菜的劳动量能顶上种 10 亩粮田的辛劳。种菜是个技术活，施什么肥，用多少药，对什么虫害用什么药，大有讲究；菜农每天起早贪黑，从早忙到晚，精耕细作……这些劳作让陈信泰深切体会到了农民的苦熬苦作。

二是灭刺猬，破迷信，保护农作物。那时候，农村的刺猬特别多：一是因为刺猬的天敌少且自我保护能力强；二是因为老百姓将刺猬视为“财神”，发现刺猬后多是“礼送”出去，还要双手合十拜一拜，很少打死刺猬；三是因为刺猬属于杂食动物，除了吃昆虫、蚯蚓等，还以玉米、高粱、小麦、瓜果、野菜等为食，故而生存能力特别强。因此，到了夏秋季节，很多庄稼、瓜果都被刺猬咬坏了。农民虽然心疼，但怯于迷信而不敢消灭刺猬。陈信泰此前研究过一些民间中医药验方，知道刺猬是中药材且有经济价值，因而他在与工作组商量后，决定破除老百姓的迷信思想。他与另一个工作组员一起公开剥了两只大刺猬，刺猬肉炒了吃，刺猬皮晾干后卖给了药店——每张刺猬皮 1 元钱。那时，1 元钱可以买一斤半猪肉，而一个小学老师的月薪也不过 40 元左右。老百姓从没听说过刺猬皮可以卖钱，因而颇为吃惊。陈信泰这时才对村民宣讲：“刺猬的药用价值很高，刺猬针、脑、心、肝、胆、肾、肉和脂肪都是中药，能降气镇痛、止血祛漏，还能治疗胃病、肾病、乳腺病、痔疮、烧伤、烫伤；刺猬皮又称‘仙人衣’，具有凉血止血、行气解毒、消肿止痛的功效，主治痨伤咳嗽、反胃吐食、腹痛疝积、痔漏便血、遗尿尿频等病。”农民听后大吃一惊，才知道“刺猬全身都是宝”。此后虽有极个别老年人侧目而视，无奈年轻人都开始捕杀刺猬，吃刺猬肉，卖刺猬皮，为当地除了一害。

事实证明，“农业学大寨”与“大跃进”一样，根本不可能改变中国农村的整体贫困状况。中国农业状况尤其粮食产量的真正改善是在 1979 年中国化肥特别是氮肥的生产革命之后，中国农业才由此步入了大型化、低能耗、高产量的发展道路。化肥极大地提升了中国粮食产量，确保了中国能以不到全世界

10%的耕地来养活全世界1/5的人口。可以说,“大跃进”和“农业学大寨”从反面证明,唯有实现“四个现代化”①才能使中国走向富强之路。

正当陈信泰在农村参加“农业学大寨”运动时,黄锦凤1966年元旦来信说,北京第一传染病医院将与第二传染病医院合并,经她申请,组织同意她调往山东与丈夫团聚。她本可以选择到济南、济宁的大医院工作,但曲阜师范学院校方表示,学校近年出现过几起大型群发疫情,尤其是幼儿园发生了多起脊髓灰质炎等急性传染病,造成了数名幼儿的瘫痪与死亡,因而学校卫生所急需引进一位高明的医生,所以特别欢迎黄锦凤大夫到学校卫生所工作。就这样,陈信泰1966年2月去北京接来了黄锦凤。

陈信泰本以为与妻子分居八年之后终于团圆迎来了幸福的生活,没想到“文化大革命”的风暴来临了……

(十一)60年代的独生子女家庭

1967年9月30日,女儿陈晓青出生。陈信泰抱着女儿,看着产床上的妻子,流下了眼泪。

这个孩子真是来之不易!陈信泰与黄锦凤1958年结婚后两地分居八年,及至孩子出生时,黄锦凤已是37岁,属于典型的大龄产妇;黄锦凤怀孕3个月时还参加拉练,怀孕6个月时因为出诊而险些流产,临产时又难产两天两夜,因大出血而有生命之虞。陈信泰托关系请求曲阜县革委会从“牛棚”里调回著名的产科医生金大夫,才使母女得保平安。为了迎接这个孩子,父亲陈智发和母亲文绣特意从成都赶来照应。母亲听说儿媳在医院难产了两天,也不管什么“破四旧”的规定,在家里跪地磕头求菩萨保佑。陈智发则一直在医院陪着陈信泰,父子两人因为着急上火,都起了一嘴燎泡……

父母本来计划在曲阜多待些时间,帮他们照看孩子,但是不久就接到成都

① 1959年12月到1960年2月,毛泽东读苏联《政治经济学教科书》时批注:“建设社会主义,原来要求是工业现代化、农业现代化、科学文化现代化,现在要加上国防现代化。”这是毛泽东首次较完整地提出“四个现代化”的内容。周恩来在阅读苏联《政治经济学教科书》时则将“科学文化现代化”改为“科学技术现代化”,并在11月17日至12月3日召开的第二届全国人大第四次会议上号召全国人民“奋发图强,自力更生,为把我国建设成为一个具有现代农业、现代工业、现代国防和现代科学技术的强大的社会主义国家而奋斗”。可惜这一正确主张被“大跃进”和“文化大革命”打断,直到1979年由邓小平、叶剑英重提“四个现代化”。正因如此,邓小平1979年在一次会见外宾的谈话中指出:“我们现在讲的四个现代化,实际上是毛主席提出来的,是周总理在他的政府工作报告里讲出来的。”(《邓小平文选》第2卷,北京:人民出版社1994年版,第311~312页)

方面的通知，要求回当地参加“文化大革命”。他们找了各种理由拖延，也只捱到12月。父母回成都前，陈信泰将西装、呢子大衣等打了一包，让他们带给弟弟信达。陈信泰回忆说：“我是早就不穿西装了，那几套西装成了学校排演批判知识分子的活报剧的道具，我送了两套给‘宣传队’。弟弟的身份是工人，呢子大衣总还是可以穿的。父母离开前，我们抱着孩子照相留念。那个时候流行‘越穷越革命，越穷越光荣’观念，穿新衣服似乎就是贪图享乐，因此有些人添新衣服的时候会先缝上几个补丁。我是好几年都不添新衣了，频繁的上山下乡也让我整个人都变得很粗糙了，真可谓‘粗缯大布裹生涯’。我那个时候是什么样子呢？反正锦凤的父母看了照片后说：‘锦凤好像嫁给了一个杀猪的屠夫！’”

父母回成都后，陈信泰和黄锦凤就只能抱着女儿参加“早请示”“晚汇报”。早上6点半，教工食堂敲钟集合，各单位点名答到。在“早请示”过程中，半睡半醒的孩子会被突然爆发的呼口号声吵醒，不免哭闹起来。母亲们就把孩子抱到人群后面。有的人在“早请示”时还没完全睡醒，恍恍惚惚，就免不了吃上负责监督的人的巴掌拳脚。陈信泰与黄锦凤权衡再三，在女儿6个月大时，也就是1968年春季开学时，把她送到学校幼儿园全托，只在周末接她回家小聚。有时周末无法接她，幼儿园的管淑荣园长和阿姨们就把陈晓青带回家去。管园长后来开玩笑说：“陈晓青是吃百家饭长大的。”陈信泰听后心里很不是滋味，因为“吃百家饭”在民间固然有祝福孩子消灾去病、健康成长的意思，同时也是对“乞丐”的代指。襁褓中的孩子本应在父母怀抱中享受最温暖的呵护，但他们当时情况下却无法尽到为人父母的责任，这让他们内心甚是不安。

陈信泰目睹了校园里的武斗和死亡，黄锦凤医生则要为众多伤者处理伤口，还为死难者开具死亡证明。他们看到那些被揪斗的“五类分子”被安置到学校专门在孔林设立的“五七”干校去“垦荒”，而陈信泰则被派去管理伙食工作……陈信泰90岁时回忆说：“那个时候，各地造反派来校抓人，有的人就像蒸发一样消失，大家的内心充满惶恐。”正是由于这样的恐怖感，当黄锦凤1968年再次怀孕时，他们考虑再三，还是决定不要这个孩子，因而他们也就成了20世纪60年代极为罕见的独生子女家庭！

（十二）在“五七”干校管伙食

曲阜师范学院“五七”干校设在孔林，“牛鬼蛇神”们就在这里垦荒割草、铲平坟岗。当时，派陈信泰（总务兼采购）、朱纪三（兼会计）、徐宝兴（勤务）、纪师傅(红案)和"孔老三"(白案。因其脸型颇似"孔老二"故得此绰号)一起开办干校食堂。

纪师傅受"文革"氛围影响,最初也从心里看不起知识分子,还暗算过陈信泰。陈信泰回忆说:"有一次,老纪和我一起下笼屉。他抬笼屉时双手都垫着抹布,能隔热,所以动作慢慢悠悠。我抬起来以后才知道笼屉滚烫,但又不能撒手。老纪个子高,我身材小,笼屉都向我这边倾斜。当放好笼屉后,我的两条胳膊已经烫起了大片水泡,有一片直接烫脱了皮。我心里清楚他是有意为之,但并没有责怪他。朱纪三和徐宝兴批评了老纪,老纪后来就不敢正视我受伤的胳膊,直到有一次喝了一点酒,他掉着眼泪向我道歉。"经过一段时间的磨合,朱纪三、徐宝兴、纪师傅和"孔老三"都成了陈信泰的朋友。陈信泰一心扑在工作上,每天骑着一辆二八自行车采购进货;他当时体重只有 95 斤,所载货物却常常在 100 斤以上……

干校食堂办到第 11 个月的时候,学员们突然提出要查账。伙食账目一直由朱纪三管理,账面收支十分清楚。但鉴于学员提出的查账要求并非无理取闹,于是由两位老师一起查账,所得结果是:11 个月,结余 12 元,粮食剩余不到 10 斤。陈信泰回忆说:"按照食堂、饭店管理的惯例,结余不超过 5‰即是模范食堂,我们是 0.5‰。没话说!"

干校食堂查账没有发现任何问题,然而陈信泰已不打算接着干下去,于是毅然辞去了干校伙食组组长。原来的伙食组成员没人愿意接手,倒是学校伙食科的小张想挑战一把,但小张总是做不好预算。他为了给大家一个好印象,上任后前半个月大力改善伙食,后半个月经费不足就用兔子肉冒充猪肉,最后几天眼看要赔本又改为粗粮咸菜……干校学员最后把小张赶回了学校。

在干校期间,最让陈信泰痛心的事情是老校长高赞非之死。"文革"开始后,高赞非一直是各种批斗会上被揪斗的对象,但他一直不进行任何抵抗和辩解,让扫大街就扫大街,让打扫厕所就打扫厕所,让写检讨就写检讨——只检讨自己而不揭发别人。陈信泰回忆说:"1969 年 2 月 23 日,高赞非和其他 92 人被宣布'解放',他感到如释重负,表示会继续努力工作。他扛着锄头,跟着队伍去孔林劳动,但毕竟年纪大,血压高,身体还虚胖,要小跑才能跟上队伍。途经一道沟坎,他跳过去后就歪倒了,送回学校后因未及时救治而去世。高赞非一生不弄权、不整人,真懂教育而谦逊有礼。他是个好校长,在我心里的位置与中国人民大学的吴玉章校长一样。高先生因为反对'教育大跃进'而被免去校长职务,平生抱负没有得到施展。他的去世,是曲阜师范学院的重大损失。"

“文革”造成的损失，有一些是有形的、看得见或可以用数字计量的，更大的损失则是那些看不见、摸不着的，而这些损失往往难以修补和重建。在“文革”那些“阳光灿烂的日子”里，到处都是告密、暗算与陷害的勾当，多少罪恶假借“正义”之名而祸及无辜。陈信泰夫妇也受到过暗箭伤害，但他们仿佛陷入“无物之阵”，大多时候不知那暗箭从何处射来，但有时也能明了是何人所为，比如陈信泰几次主持查账就招来了挟私报复。事情的经过是这样的：

曲阜师范学院1966年秋季停止招生后，在校学生逐渐减少，至1970年时基本没有学生了（直到1971年3月第一批工农兵学员进校，学校才重绽生机）。在这种情形下，老师们就要参加各种垦荒种地、农场劳动或上山下乡运动。陈信泰因为有商科背景，先后被调入“一打三反办公室”和“清查仓库办公室”等新成立的部门，主要工作是清查贪污犯罪嫌疑人。财务科长盛之忻对陈信泰的审计本领钦佩不已，曾送给他一把上海算盘生产合作社生产的红木算盘作纪念并称赞道：“很少见到老陈你这样博学而正直的人，你帮了我们大忙。”其实，有些财务和审计人员并非完全查不清账目，而是懂得“宁得罪君子，不得罪小人”的处世之道，他们知道那些贪污蛀虫要么是伪君子要么是真小人，都是得罪不起的。而陈信泰一心为公，嫉恶如仇，敢于铁面无私地去查账。不过，有一次查账的经历和结果令陈信泰颇为震惊：他用一个月的时间清理某校办工厂十余年的账目，落实了该厂厂长、会计等人的贪污事实，但总账目送到学校“革委会”保密室后不翼而飞，而“革委会”竟然没有追查，仅对工厂会计进行了轻微处罚后即草草结案。很难想象此案背后究竟牵扯到多少人，陈信泰事后想起来不免有些心悸。就这样，陈信泰虽然因为查账而赢得了“陈青天”的绰号，却也招致一些人暗中寻机挟私报复：斗不过陈信泰，就贴陈信泰妻子的大字报，说黄锦凤是“资产阶级小姐”，是“黑五类的医疗专家”；即便斗不倒陈信泰，也要恶心陈信泰一把……还好，不少后勤工人看不下去，站出来替黄锦凤大夫说了话。

陈信泰在“文革”中忍受了很多委屈。他虽然有鲜明的是非观念，但绝不想当殉道烈士，更不会自杀明志：一是要为父母妻女活着；二是要像鲁迅那样对暴力与昏聩采取“堑壕战”和“韧的战斗”；三是即便被诬陷构罪，也要像《苏格拉底的申辩》那样保持人格底线：“我被定罪，不是因为我的申辩缺乏说服力，而是我没有采取阿谀奉承、取悦讨好的方式辩论，那是有辱我的人格的。”因而陈信泰90岁时自评道：“我的一生，只有公敌，没有私仇——包括在‘文化大革命’期间。”

(十三)在“三大部”轮转了两圈半

在“文化大革命”期间,中国高校进行了第二次“院校调整”。1970年,山东大学中文、政治、外语、历史等四个文科系迁至曲阜师范学院,合并组建新的“山东大学”,同时撤销曲阜师范学院建制,直至1974年2月16日中央批准重新恢复山东大学和曲阜师范学院的原有建制。这是曲阜师范大学的一段特殊历史。

山东大学的老师们来了,原曲阜师范学院的员工为表示欢迎,把最好的楼房(教工1、2号宿舍楼)全部腾出来,重新搬回了平房。省里拨款先建了教工宿舍3~7号楼,接着又建了8~11号楼,结果楼房还没建完,山东大学和曲阜师范学院即各自恢复建制,原山东大学的绝大部分教师就返回济南了——曲阜师范学院的教师们笑了:“这是曲阜师范学院老师们与山东大学合校工作后获得的最大福利!”

山东大学来的教师最初疏于同曲阜师范学院的员工往来。其实,任何人初到生疏之地都会有这种自我保护意识,何况处于“文革”盛期,人人自危。只有等到深入接触之后,大家才会慢慢打开心扉,赤诚相见。比如,庞朴[①]先生最初住在教工平房宿舍,重新搬回平房的陈信泰住在他斜对门。庞朴是中国人民大学1952级研究生,当他得知陈信泰1951年考取中国人民大学研究生后,立即尊称陈信泰为“师兄”。待二人深聊过几次之后,庞朴就称陈信泰是“曲阜师范学院的宝贝”;及至通过陈信泰了解了曲阜师范学院的情况后,庞朴又说此地“卧虎藏龙”!

在经过一段时间的适应磨合之后,“新山东大学”教师的人际关系渐趋和谐,他们一起在1971年3月迎来第一批801名工农兵学员,又一起在1972年4月迎来了第二批741名工农兵学员……但是,发生在孩子之间的几起事件又给本已缓和的人际关系蒙上了一层阴影:原山东大学政治系干部欧老师为人和善,但其妻张老师却是出了名的“护犊子”的“母老虎”;其子打伤一位工人的孩子,工人敢怒不敢言,就向陈信泰诉苦。陈信泰就去找欧老师,一是希望他管教好孩子,免得再惹是生非,二是要求欧老师的孩子向工人师傅及其孩子道歉,免得人们心生

---

① 庞朴(1928~2015),江苏淮阴人。1954年中国人民大学哲学系研究生毕业。曾任山东大学讲师、中国社会科学院研究员、《历史研究》主编,致力于中国哲学史、思想史、文化史以及出土简帛方面的研究。晚年提出中国人的思维是三分统一而不是二元对立的,而且通过《三分法论纲》《中庸与三分》《三极:中国人的智慧》《三分法:解读中国文化的密码》《关于中国古代三分法的研讨——四圣二谛与三分》《一分为三论》等完成了他的“一分为三论”的建构。

不满。没想到欧妻张老师却声言："这是孩子们闹着玩，何必小题大做?!"陈信泰反问："如果是你的孩子受伤，你还会说这是闹着玩吗？人格平等，不能欺负工人的孩子。"欧老师认为陈信泰所说有理，遂真诚地向那位工人及其孩子赔礼道歉。但遗憾的是，就在山东大学教师回济南之前，欧老师的孩子闯下了大祸：他用弹弓把化学系郭老师儿子的左眼给打瞎了。欧老师前后赔偿4万元医药费，这笔钱在那个年代可谓一笔巨款；而郭老师孩子的眼睛也没能医好，其一生幸福由此大打折扣……后来两校由合而分，欧老师夫妇带着孩子回到了济南，而郭老师为了给儿子治眼睛也调离了曲阜师院。

1970年前后的院校调整是在"破旧立新"和"文化大革命"的旗号下进行的，没有经过调研论证，干扰了高校教学和管理秩序，造成了物资和财产浪费。仅就教育科学研究而言，不仅心理学被批为"伪科学"，而且教育史涉及的大部分内容也成为批判的对象；更有甚者，很多高校取消了教育系、教育教研室设置，教育学和心理学教师成了"零余人"，被迫分流到其他岗位或转向其他专业，这使得各高校当时一度出现了教育学、心理学师资严重匮乏、结构断层的现象。就教育与国家发展的关系而言，《荀子·大略》早有断言："国将兴，必贵师而重傅，贵师而重傅，则法度存。国将衰，必贱师而轻傅；贱师而轻傅，则人有快；人有快则法度坏。"十年"文革"所造成的经济损失只是"外伤"，对于教育、文化的践踏才是致命的内伤和巨大的灾难。

曲阜师范学院教育教研室被取消后，陈信泰被迫转岗。他曾在学校政治部（组织、人事、宣传、统战等部门合署）、教革部、后勤部这"三大部"轮转了两圈半，哪里有任务就调到哪里去。陈信泰说："反正总是有运动有任务，职务则基本是秘书，手下有一两个工人帮忙。在教革部的时候最忙，因为上面有正、副处长七人，只有我一个秘书。"正如李炎主任后来对陈信泰所说："处长们发布指令，你去执行。你有能力，人又实在，所以大家都愿与你合作。"

这期间，陈信泰只休息过一次，那是1974年，他因为得了急性肝炎而住进医院。事情的起因是黄锦凤在家中为病人诊病而"引病入室"。曲阜彼时的医疗条件非常落后，加上各医院好多医生不能正常工作，所以百姓就医非常困难。而黄锦凤曾多次下乡送医，所以周边村民知道曲阜师范学院医疗所有个"北京来的黄大夫"，于是就慕名前来求医问诊，有些人甚至直接找到黄大夫家里。有一次，一位村民领着一个小女孩到黄大夫家看病，然而小女孩看到陈晓青的玩具就玩了起来；等黄大夫一检查，发现这个小女孩得了肝炎，立即嘱咐他们去传染病医院。送走他们后，尽管陈信泰很小心地处理那些玩具，但还是被传染上了甲肝，全身发黄，住进了兖州九一医院。即使生病住院了，陈信泰依然爱管“闲事”，结果因为生气而病情加重，黄疸变得极高，院方就下达了“病危通知”。黄锦凤赶到兖州九一医院，亲自给陈信泰做了复诊，然后与该院革委会主任谈了一次话。对方得知她原是北京第一传染病医院医生，立即请她制定新的治疗方案。一个月后，陈信泰渡过了急性传染期，身体各项指标都接近正常水平，黄锦凤就把他接回学校医疗所隔离休养。陈信泰生病被隔离，加上黄锦凤工作太忙，所以女儿陈晓青被长期托管在幼儿园。陈信泰实在想念女儿了，黄锦凤就与幼儿园园长管淑荣商量，让他远远地看看孩子。幼儿园放学后，保育员特意安排陈晓青在院子里唱《小燕子》，陈信泰则躲在远处观看。陈信泰一高兴就跟着唱起来，还打起了拍子。陈晓青唱完、跳完，发现了爸爸，就朝爸爸奔来，但被幼儿园阿姨抱住拦下。陈晓青就哭喊：“我要爸爸，我要爸爸……”女儿近在眼前，自己却不能抱一抱！陈信泰和黄锦凤潸然泪下，连幼儿园阿姨也抹起了眼泪。

在陈信泰生病的危难之机，当年被他查过账的人就跳出来落井下石了。有人给学校革委会写匿名信，又张贴大字报，说黄锦凤用公家的煤炉子给陈信泰取暖做饭、沾公家便宜云云。后勤处王贯一立即赶到校医院查看，发现黄锦凤早在陈信泰回医疗所就诊之前，就为避嫌而把炉子拆掉啦！黄锦凤又因为工作特别忙，他们的饭菜都是从食堂打回来的……王贯一明白，陈信泰当年帮后勤处查账得罪了一些人，现在有人想趁机报复；而他们明知肝病患者最不能生气却偏偏这样闹！王贯一本来就信任陈信泰，经过此事后更是把陈信泰当作朋友。陈信泰回忆说：“王贯一有本领，有性格，作风硬。他任菏泽师范学校校长时，学校设门岗，来人要通报，实行封闭管理，以免学生受各种运动冲击；他到曲阜师范学院工作后，仍然保持了这样的强硬作风。”

(十四)于无声处

陈信泰1974年因患急性肝炎处于休养状态，因而没有参与“批林批孔”运动。但老友王阁森、刘蔚华来探望他时鼓动他写文章，又把他间接地扯进了运动。事情起因是：中共山东省委宣传部1975年批准曲阜师范学院公开出版发行《破与立》(《齐鲁学刊》前身)杂志，以响应“批林批孔”运动形势。为了给杂志创造声势，主编王阁森邀请了一批有实力的学者撰写论文。王阁森、刘蔚华来看望陈信泰时约他“利用养病的时间写一篇《学记》的评论文章”。陈信泰想了想，此时距离他1955年公开发表论文已过去20年，不禁手痒心动。陈信泰回忆说：“我写了一篇《〈学记〉：中国第一本教育著作》。但编辑看后觉得不够凌厉，就让我修改。我觉得编辑们都是老朋友，就全权托付他们‘斧正’。结果论文①刊出后已被‘润色’得面目全非，气得我想把样刊都撕了。从此之后，我给杂志写文章时都事先声明‘文责自负’，宁愿不发表也不允许编辑‘润色’。”

邓小平1975年主持拨乱反正，深得人心，因为经历了十年动乱，人心思定，教育界也在“于无声处”酝酿着惊雷。“1975年春末夏初，潘懋元和张同善来曲阜师范学院找我，说教育部部长周荣鑫②召开了一个小范围的内部会议，要反击‘梁效’，批判‘文革’施行的错误的教育路线，并让他们把会议精神传达下去。我把他们引见给学校领导赵紫生，赵紫生了解情况后说：‘知道了，容我再想想。’然后我就带着潘懋元和张同善去城里逛逛，实际是为了避开人群作进一步交流，看看如何行动。我建议他们：一是用笔名发表文章以保护自己；二是既批实用主义也批赫尔巴特，因为实用主义最早是批判赫尔巴特的……我们刚从城里返回学校，就有人让我立即去见赵紫生。赵对我说：‘学校领导班子碰了个头，觉得在这样的关键时刻，只要没有红头文件就不能擅自行动，否则我们承担不起后果。’然后就叫来司机礼送潘、张二人去兖州火车站……现在想来，我真是很钦佩潘懋元和张同善的勇气，他们的文章③发出后，‘梁效’班子曾追查作者是谁，但厦门大学把潘懋元保护起来了。现在看来，当时拨乱反正的数篇文章虽然还存有那个时代的文风特点，但毕竟发出了批判‘两个估计’④的先声，具有划时代意义。当1977年1月《人民教育》发表了‘教育部大

① 陈信泰：《〈学记〉是复辟奴隶制的反动教育纲领》，《破与立》1975年第3期。

② 周荣鑫（1917～1976），山东蓬莱人，革命家、教育家。1975年主持教育部期间，拨乱反正，落实知识分子政策，开展基础理论研究，起草了《教育工作汇报提纲》，着手全面整顿被“文化大革命”破坏的教育事业。“北京大学大批判组、清华大学大批判组”1975年发表《教育革命的方向不容篡改》（见《红旗》1975年11月、《清华大学学报》1975年第3期、《北京大学学报》1975年第6期），给周荣鑫罗织了“制造和散布政治谣言，反对伟大领袖毛主席，攻击和分裂以毛主席为首的党中央”和“推行反革命修正主义路线”等罪名。周荣鑫被剥夺一切职权，受到无情打击。周荣鑫1976年4月13日去世，终年59岁。

③ “（1975年）10月（潘懋元）以‘夏敏’为笔名，与吴式颖合写《传统教育思想评析》、修改张同善等的《实用主义教育思想批判》，在《教育革命通讯》上发表。两文后来成了‘反击右倾翻案风’的教育大批判靶子。”（韩延明、张耀荣、肖海涛编：《潘懋元文集》卷八《图片与纪事年表》，广州：广东高等教育出版社2010年版，第117页）

④ 1971年4月15日至7月31日，全国教育工作会议后，由迟群挂帅起草，经姚文元、张春桥修改并确定为《全国教育工作会议纪要》，用以指导全国高等教育工作。其中，“两个估计”分别是“‘文化大革命’前17年教育战线是资产阶级专了无产阶级的政，是黑线专政”和“知识分子的大多数世界观基本上是资产阶级的，是资产阶级知识分子”。

批判组'的文章①,我知道真正反思和批判'文化大革命'的时候到了。此时'梁效'也随着'四人帮'倒台而失势了。——可以说,纪念周总理和批'梁效'是两个象征事件,标志着人心正在觉醒,理性正在恢复,一种新启蒙精神正在民间悄然萌生。"

1975年冬天,兖州的山东拖拉机厂中学(以下简称"山拖中学")准备恢复教学,想请一位教育学专家给老师们讲讲教学论。当时学校教务处的"工人代表"来自山东拖拉机厂,就委托陈信泰去山拖中学作一场报告。没想到陈信泰这次又惹了事——

山拖中学校长请陈信泰下榻在厂招待所,校长说:"陈老师您住一楼,二楼是日本专家和翻译……"此话一语双关,一层意思是说:"您看,我们山拖已经是国际化的工厂了。"另一层意思是指:"给您的待遇与日本专家一个档次,不错吧!"但说者无心,听者有意!陈信泰听到"日本专家"这几个字就觉得别扭,遂反问:"楼上多少房间?"招待所工作人员答:"20间。只给外国专家用。"陈信泰追问:"就因为一个日本专家,二楼20间就不对外开放了吗?如果日本专家长期在此工作,楼上20间房就一直不对外开放?这不是浪费吗?"陈信泰对陪同的山拖工作人员说:"我要给你们厂革委会主任打电话。"但山拖革委会主任听说一个大学老师要跟他通电话提意见,就颇为生气:"一个臭知识分子,还叫我听电话?不接!……真该把他们打翻在地,再踏上一只脚。"——这是"山拖"驻曲阜师范学院的工人代表后来反馈回来的信息。

陈信泰的犟脾气也上来了,他生气地说:"内外有别,这是妄自菲薄;闲置房间,这是浪费国家资产,而不是闹革命!我回曲阜,你们另请高明吧!"山拖工作人员再次向革委会主任请示后,才同意安排陈信泰住在楼上。陈信泰则执意要求住日本专家对面的那个房间。结果,日本专家回来见到陈信泰后鞠躬致意,围观的工人们像看戏一样,觉得长了中国人志气。山拖工作人员对校长说:"快准备晚饭,我陪陈老师用餐。"该工作人员又悄悄对陈信泰说:"您这样做,让我们革委会主任很没面子。"陈信泰大声说:"他那样做,让山拖工人、让中国人没面子!我明天作报告时必须说:你们可以招待外国专家,但不能瞧不起自己的专家;你们可以优待外国专家,但不能浪费国家资源……"校长恳请陈信泰第二天务必免去这个环节,但陈信泰说:"现在正是工人下班时间,那么多工人都看到了。我明天如果不讲反而不好。周总理早就说过,对外国人

---

① "教育部大批判组":《一株反党乱校的大毒草——批判北京大学、清华大学大批判组的〈教育革命的方向不容篡改〉》,《人民教育》1977年第1期。

要不卑不亢，尤其是对日本人！”山拖陪同人员只能说：“包涵！包涵！”那天晚上，陈信泰正在整理讲稿，听到有人轻轻敲门，开门见一个60多岁的老工人手里拎着一瓶白干、一包猪头肉。老工人自我介绍是招待所看门人：“陈老师今天说的话，我们听了很高兴。我们请日本专家来，当然要尊重他，但不能跪下来。你的话让我们工人振奋，几个老哥们要我一定来敬你喝口酒、吃块肉。”陈信泰第二天做报告时，听众除了教师还有一些工人，挤得满满一礼堂……

但等陈信泰回到曲阜师范学院，六一八五师军代表邢副政委和“山拖”的工人代表都批评他，说他让“山拖”革委会主任丢了面子。陈信泰复述了全过程后说：“如果你们说我错，那你们跟‘山拖’革委会主任一样是非不分。你们要给我什么处分，我都接受，反正我这几年一直在‘修理地球’，再接着去‘修理地球’好了。”陈信泰果然又被派到某村驻队劳动，恰好六一八五师张师长到该村视察，陈信泰就向张师长谈了邢副政委的一些事情，谈到工人们给邢副政委贴的大字报：他与女工小刘暧昧不清，许愿保证女工能以“工农兵学员”身份上大学等等。张师长听后很愤怒：“他这样败坏军队名声，影响极为恶劣。我要让他滚回去！”邢副政委不久即被调回部队，随后转业回家了。

1976年的中国接连发生了几件大事：周恩来逝世，毛泽东逝世，朱德逝世，唐山大地震……每一件都事关国家命运。人们处于悲痛、震惊和惶恐之中，似乎忘记了工作和生活，不知道未来的中国将走向何处。陈信泰回忆说：“清明节后，政史系一位老师上课，登上讲台却不说话，先在黑板上写下一首悼念周总理的诗，然后朗诵一遍，哽咽哭泣。学生们大为感动，开始酝酿大规模的悼念周总理的活动。但是立即有人出面反对，双方就在广场上辩论。很显然，绝大多数人希望悼念周总理，随后人们就举行了集会。”

1977年，大风暴过后，一切都在调整，形势向着好的方向发展，人们需要渐渐适应这样的转变：揭批“文化大革命”对教育事业和对知识分子的伤害，揭批“四人帮”的罪行。是年5月，曲阜师范学院提升89位教师为讲师，恢复5位同志的讲师职称；年底评选了1977年度先进集体和先进工作者……

“文化大革命”终于结束了，人们仿佛经历了一场长达十年的噩梦。那场浩劫到底给中国造成了多大损失，至今没有官方统计数字，或许我们不妨借此说“文革”造成的损失是“无法估量”的。即使多年以后，陈信泰依然不愿回忆“文化大革命”，因为那是一个令人充满痛苦的巨大伤痕；但另一方面他又特别强调反思“文革”的重要意义，因为“文革”毁坏力就像一个巨大的“黑洞”。十年时间，损失的不仅是生命，倒退的不仅是经济和社会，它破坏了中国数千年累积的文明体系，对中国人的精神信仰产生了巨大的冲击。

从1958年到1977年，是陈信泰定居曲阜的前二十年，也是他从31岁到50岁的二十年。一个人由“而立”到“知天命”，本应是他年富力强的“黄金时代”，但是陈信泰在这二十年中总计有八年半时间在“上山下乡”或驻村“社教”，其他时间里所从事的工作也几乎与教育学教学和研究无关。后来曾有无数学生问他：“浪费了这么多时间，蹉跎了美好年华，觉得可惜吗？”陈信泰回答：“岂止可惜？是万分心痛！可是又有什么办法？整个国家都处于停滞、动乱的状态。”只有亲历者才知道二十年的损失对于个人和国家来说意味着什么——南京师范大学鲁洁教授就曾沉痛地总结说：“1956年到1966年整整十年，其中除了1961年以后的两三年，基本上都是在运动、劳动中间度过的。接下去又是十年浩劫，我们这代人，有二十年被政治运动消耗掉了，而且这二十年是最宝贵的。二十年的历史可以说毁掉了整整一代人，甚至不止一代人，上一代的传统、底蕴实际上就断裂了。”①

不过，这二十年蹉跎岁月也让陈信泰懂得了福兮祸兮的辩证法：“换一个角度来看，相对于那些‘文革’受难者来说，我又是幸运的！我毕竟还活着，‘留得青山在，不怕没柴烧’。我毕竟还有后面奋斗的时间！我也正是在‘上山下乡’的过程中爱上了山东，爱上了曲阜小城：与上海、北京相比，这里没有那么复杂的人际关系，而曲阜是孔子故里，最适合进行中国传统教育思想研究。我在这里活过了‘文革’，那么我就要回报山东，所以新时期以后，毛礼锐和王焕勋先生曾几次与我谈话，想把我调回北京师范大学，但我都婉言谢绝了。”

四、为天所命非虚生·曲阜（1978～2018）

1978年，中国实行改革开放政策，人们欣喜地迎来了“科学的春天”“教育的春天”。当国门重开并睁眼看世界时，知识分子看到了中国与发达国家之间的巨大差距，誓以“振兴中华”为时代使命，以“从我做起，从现在做起”为行动准则，揭开了新启蒙时代的序幕！

陈信泰在半百之年重装出发，开启了教书育人与科学探索的新征途。在人生的后半程，他辛勤耕耘育桃李，门下研究生正合“贤者七十二”之数；他执

① 鲁洁：《回望八十年·鲁洁教育口述史》，北京：教育科学出版社2014年版，第177页。

着于马克思主义教育理论研究，著书立说发新声，为中国新时期教育科学的探索作出了重要贡献。

（一）“知己为天所命非虚生也”——趁着“教育的春天”再出发

1978年，陈信泰51岁，步入“知天命之年”。在传统儒者看来，“知天命”不是相信随遇而安、与世无争的宿命，而是“知己为天所命非虚生也。……知天之所以生己，所以命己，与己之不负乎天”①，从而步入了修德、忘忧的年纪，达到了“只问耕耘、不问收获”的境界。

曲阜师范学院1978年恢复了教育教研室建制，陈信泰担任教研室主任，李国榕为副主任。由于“文革”期间多人调离或转岗，此时的教育教研室仅有两名教育学教师和三名心理学教师，人员编制严重不足。他们要承担全校各系科的教育学和心理学公共课，授课任务极为繁重。陈信泰遂向山东省教育厅反映情况，请求帮助调配师资，但得到的反馈是：全省乃至全国高校、中专、中学都匮乏教育学和心理学师资。

陈信泰从省教育厅反馈的信息中推导出应立即着手开展的三件大事：一是人才抢夺战即将打响，应当尽快到各地延揽人才；二是重建、扩建资料室，开展学术研究，提高在国内教育学界的知名度；三是抢抓机遇，在教育学和心理学人才培养方面有所作为。陈信泰的想法得到了学校领导的认可和支持，于是他挑选教师，补充人员编制。

这些老师虽然都有较好的学养基础，但毕竟弃置专业多年，加之屡经运动和改造，不免心有余悸，怕讲错话，甚至不敢讲课了。陈信泰和李国榕就分别把教育学和心理学讲义复写稿发给他们：“你们就按照这个讲义去讲，别走样。你们要有信心，要勇于为国家立点新功。人到中年，时光易老，大家要好好珍惜，否则就再也没有机会了。”就这样，各系科的教育学、心理学公共课总算开设起来。

陈信泰绝不满足于教育教研室仅在学校开设公共课，他还要求同事们开展学术研究。陈信泰说：“1977年5月，学校聘任了89名讲师，这就意味着职称评聘工作将重新启动。高校评聘职称需要有标准，那么学术研究一定是最重要、最公平的指标。所以我让教研室同事未雨绸缪，开展学术研究。就个人来说，学术研究是高校教师职称评审、安身立命之需；就教育教研室来说，只有进行学术研究才不至于停留在边缘化的‘公共课教研室’的位置；就当时的教

① （清）刘宝楠：《论语正义》，济南：山东友谊书社1991年版，第80页。

育学界来说，在拨乱反正的过程中存在大量需要正本清源的问题，我们应当作出自己的学术贡献。我还有一个更大的想法，就是要创办教育系，要招收研究生，要为山东省乃至全国各地高校培养教育学和心理学人才。当然，我当时没有公开提出创办教育系的想法，因为中国人向来主张'讷于言而敏于行'，如果在时机不成熟的时候高谈规划蓝图，往往会被视为'口出狂言、痴人说梦'。"

2016年12月20日，顾明远先生看望陈信泰时留影

学术研究必须有资料保障。陈信泰扩建资料室的途径主要有三条：一是从新华书店订购最新图书。新华书店每有新书单就给陈信泰送来一份。陈信泰除了建议学校图书馆订购一批新书之外，还让教育教研室的资料室订购一部分，他也会自费购买一些个人用书。陈信泰说："'文革'中我烧过邮票、照片、西装，但从没有卖过、烧过一本书。'文革'后，有的老师连教学用的教材和参考书都没有，我就把藏书拿出来给他们当参考书用，然而很多书都是有去无回，我不知散出去多少本。无论是一所学校、一个系科，还是一个学者，如果不舍得在图书资料方面下血本，就不可能收获重大的研究成果。"二是清理资料室库存，将中国教育史、孔子教育思想资料归类上架，确保"孔子教育思想研究"成为本校教育学与心理学研究的一个特色方向。三是向中央教科所、北京师范大学和人民教育出版社求援，搜集历史资料和外国资料。陈信泰说："在

这方面，张同善和周蕖[1]老师给予了无私的帮助。”——2016 年 12 月 20 日，顾明远、周蕖夫妇来曲阜看望陈信泰，他们一起聊起了往事：周建人先生在之江大学沪校区担任教授，为文学院（教育系设在文学院）学生开设“生物”（含生理）的讲座，陈信泰得以聆教；周建人先生的长女周晔那时在之江大学英文系读书，比陈信泰高两级，她毕业时正是之江大学与圣约翰大学合校期间，故而从圣约翰大学毕业；周晔曾任上海译文出版社社长，后来辞去行政职务，专事写作，其《鲁迅故家的败落》写得极好，可惜周晔于 1984 年因肺癌而早逝。陈信泰 1953 年研究生毕业后留校，那时与顾明远、周蕖没有交集，因为顾明远 1951 年读本科三年级时被选拔到苏联国立莫斯科列宁师范学院教育系留学；周蕖最初留学俄国时学习印刷，后来转学“学前教育”，与顾明远同窗；顾明远 1956 年回国后，先在北京师范大学第二附中任副校长，后来调入北京师范大学教育系工作；周蕖回国后主编《外国教育》杂志；陈信泰 1956 年以后到北新桥附近的周氏寓所拜访周建人先生，才开始与顾明远、周蕖交往；陈信泰“文革”后搜集教育学资料时向周蕖求援，周蕖二话没说就将全套《外国教育》杂志无偿赠送，甚至把办公室里的资料也毫无保留地打包送给陈信泰……忆及这些，陈信泰不无感慨地说：“周蕖老师知道我们在曲阜办学不容易，所以给予无私帮助。后来我到北京等地开会时，与顾明远见面的机会比较多，就成了深交的朋友。顾明远到山东开会时经过曲阜一般都会来跟我见个面，如果不能见面也会让人代为问候……我们的友谊就是这样单纯。顾家、周家都是长江边上的大户，世家通好。顾明远是顾炎武的直系后裔，周蕖是周建人的掌上明珠，二人又是留学同学，真是门当户对，天造地设。”

陈信泰就这样忙碌着，不仅坚持给多个系科讲授“教育学”（最多时每周达 24 节），而且每天都有干不完的事、看不完的书，所以每天只睡五六个小时。但他总显得精力充沛，似乎全然不知疲累，反而充实而快乐；上课驾轻就熟，脸上的笑容也多了起来，仿佛焕发了第二青春。当时在外文系听他讲授“教育学”的韩延明曾这样深情描述：“陈老师知识的渊博、才思的敏捷、授课的认真、析理的透彻和对学生的耐心与热情，以及那儒雅的学者风范、温厚的长者风度与和善的师者笑容，给我留下了非常深刻的印象。我原本对枯燥的教育学不怎么看好，而且最初也感到这门课程没多大用处，但在陈老师的娓娓道来和循循善诱下，我逐渐对教育学产生了浓厚的学习兴趣，一度爱不释手，以致最后决

① 周蕖是周建人先生与王蕴茹女士的三女儿，为北京师范大学教育系比较教育学教授。

定报考教育学研究生。”[①]由此不难想象，陈信泰开始步入一个新的“激情燃烧的岁月”。陈信泰信心满满地说：“50 岁是人生的另一个开始，是我学术事业的‘再出发’。你看孔子不是在 51 岁时才做中都宰，55 岁才开始周游列国吗？”然而只有妻子黄锦凤能在细微处发现这忙碌紧张的教学和管理工作给丈夫带来的变化：皱纹增多了，头发稀疏了，发际线迅速后移，原本乌黑的头发斑白了……

（二）为打破“一言堂”和清理“极端思维”而发声：出席全国教育科学规划会议

要进行学术研究，就必须拓展学术视野、及时了解国内外学术前沿动态，而获取最新学术动态的方式就是参加学术会议。新时期的学术会议具有浓烈的“百家争鸣”氛围，极大地促进了思想解放运动，不仅加快了“拨乱反正”的步伐，更推动了新启蒙运动的兴起！

陈信泰在新时期第一次参加重要学术会议，距离他来曲阜已整整 20 年。1978 年 9 月，由上海师范学院、安徽大学、南京师范学院、苏州大学、扬州师范学院和徐州师范学院共同发起的“沪、皖、苏六院校教育学教研协作会”在扬州召开会议，曲阜师范学院教育教研室陈信泰等人受邀列席了会议。会上鲁洁的激情发言，曾一度赢得了与会者的广泛认同。部分与会者由此出现了狂热冲动，好在陈信泰、陈桂生等学者的发言让大家冷静下来。陈信泰回忆说：“鲁洁是很有个性的学者，她后来发现教育学原理研究的局限太多，大多时候只能‘照着说’而难以‘自己说’‘接着说’，于是她转而致力于德育研究，自成一派，多有建树。”[②]当然，张焕庭先生也高度重视德育教育研究[③]，他们合力使德育研究成为南京师范大学教育学科建设和发展的最厚重的基点。”扬州会议总体上是愉快的，陈信泰还与鲁洁、张焕庭等成了朋友，但等他回到曲阜师范学院

---

① 韩延明：《陈信泰：曲园传道育英才》，《联合日报》2015 年 11 月 9 日。

② 鲁洁在德育课程本体观、知识观、学习观和主体观等方面的研究多有开拓。她认为：“新德育课程的基本理念是回归生活。德育课程要‘源于生活，通过生活，为了生活’。在课程的实施中，不仅要关注课程的内容贴近生活，还要努力促使课程学习能真实地改变生活。”（鲁洁：《回望八十年 · 鲁洁教育口述史》，北京：教育科学出版社 2014 年版，第 251 页）

③ 张焕庭先生十分重视德育教育研究，他在 20 世纪 80 年代初即意识到：我们近年“忽视了全面发展，片面地强调智育。在智育方面，又猛抓智力，以智力代替一切。教师、学生、家长都单纯地追求高分数，追求升学率，致使学生负担过重，损害了他们的健康”；而“德育在与智育和体育的关系中，是带有方向性的，是具有一定的指导意义的”，“一个人德育的水平低下，就容易失去前进的方向，走到邪路上去，从而败坏了智育，损害了体育，后果是不可设想的”。（参见张焕庭：《德育问题刍议》，《教育丛刊》1983 年第 4 期）

不久就听到有人嘁嘁喳喳地议论陈信泰的观点。陈信泰回忆说:“那个人是大学期间就引诱同学‘鸣放’,然后告密,成了学生干部,还入了党;其在‘文革’中也是极‘革命’的,是教育教研室的造反派骨干;现在摇身一变,又站上了‘彻底否定’的潮头,真不愧是‘弄潮儿’。实际上只不过是一个投机分子、见风使舵者而已。”陈信泰无奈之下,向学校党委书记王路宾①说明了事情原委并谈了自己的看法。王路宾支持陈信泰的观点并批评了那位“弄潮儿”,风波才暂时止息下来。

1979年春天,陈信泰参加了全国教育科学规划会议暨中国教育学会成立大会。《人民教育》记者在此次会议的综述中说:“中央教育部、中国社会科学院于今年三月二十三日至四月十三日在北京联合召开了全国教育科学规划会议。出席会议的有来自全国各省、市、自治区的教育专家、学者、优秀教师、学校领导干部,以及教育行政部门的负责同志,共二百六十九人。这次会议是我国教育科学界一次规模空前的盛会,是一次向教育科学进军的动员大会。中国社会科学院副院长于光远、教育部副部长张承先、董纯才先后在会上讲了话。教育部部长蒋南翔会见了大会主席团全体成员,并出席了闭幕大会……”②东北师范大学徐毅鹏教授在多年后回忆起此次大会仍然激情满怀:“1979年3月召开的全国教育科学规划会议规模很大,是党的十一届三中全会召开后的一次层次很高的会议。出席这次会议的主要有三部分人:一部分是各省市教育行政部门的负责人,一部分是中小学的模范教师,大部分则是来自高等师范院校从事教育理论教学与研究的人员,其中许多知名的资深学者都参加了会议。我的母校北师大是由当时任党委副书记的彭德怀的夫人浦安修带队,毛礼锐、朱智贤、陈景磐、彭飞、王焕勋、顾明远、符娟明、汪兆悌等知名学

---

① 王路宾(1913～2003),山东聊城人。1929年11月,在济南参加革命工作;1933年8月,考入青岛国立山东大学生物系;1936年8月,考取成都国立四川大学生物系,参与发展“民先”组织,任四川省总队部副总队长;1938年2月,因组织革命活动被四川大学开除;1939年秋,随董必武到达延安,在中央社会部工作,后赴莫斯科学习;1942年,任陕甘宁边区保安处研究组组长;1945年、抗战胜利后,被派往冀鲁豫边区工作,先后任边区社会部副部长、公安处处长等职;1949年以后,任山东省公安厅厅长、省委常委兼秘书长、济南市委第一书记等职;1959年,被划为“右派”,开除党籍;1965年,恢复行政级别;“文化大革命”期间一度被关进监狱,1975年彻底平反后,担任曲阜师范学院党委书记;1979年3月,赴中央党校学习;同年11月,调任北京大学党委副书记兼常务副校长,协助周培源校长做好拨乱反正、平反冤假错案工作,为北京大学的稳定作出了贡献;1983年担任中纪委特邀检查员;1984年,任北京大学顾问;1990年,离休。

② 《教育部、社会科学院召开全国教育科学规划会议　中国教育学会正式成立》,《人民教育》1979年第5期。

者都出席了那次会议，上海的刘佛年、沈灌群、张文郁、江铭、张家祥、张人杰，杭州大学的陈学恂、王承绪，福建师大的檀仁梅，山东师范学院的傅统先，曲阜师范学院的陈信泰，西南师范学院的张敷荣等都到了会……”[①]会议明确了教育科学研究工作的方向和任务：把教育科研的重点转移到为社会主义现代化建设服务的轨道上来，立足新形势，研究新情况，解决新问题；会议重申“百花齐放、百家争鸣”的学术方针，提倡学术自由，发扬社会主义民主；肃清林彪、“四人帮”极“左”路线的流毒，分清教育战线上的路线是非和理论是非。张承先在大会上代表教育部为心理学等学科和“母爱教育”等理论在“文革”期间所受的错误批判给予彻底平反……因此，这次会议对于中国教育科学界来说具有划时代的里程碑意义。

除了认真聆听一场一场的大会主题报告、紧锣密鼓地参加分组讨论，最让陈信泰高兴的是见到了新朋故交，他们又在不同的房间里组成了临时沙龙而得以畅叙友情。在这种聚会中，不可避免地会有人悲愤地诉说“文革”中的遭遇，但更多的则是彼此分享学界信息，并相互鼓励以“时不我待只争朝夕”的精神投入工作，为教育学在新时期的复兴作出自己的贡献。会议最后一场讨论会由北京师范大学王焕勋和甘肃师范大学（西北师范大学前身）李秉德共同主持，讨论“教育的本质是生产力还是上层建筑”问题，以期为新时期教育基本理论问题研究发出新声。当时，于光远（1915～2013）提出了“教育是生产力”说，拓展延伸了邓小平阐述的“科学技术是生产力”观点，此说不仅形成声势而且被确定为本次大会的主要议题之一。历史地看，于光远是一位启蒙思想家，也是邓小平智囊团的重要成员，他从改革开放和市场经济的角度出发，对教育改革发展作出了自己的思考，并在 1979 年前后发表了《关于教育是生产力的问题》[②]等文章进行了系统阐述。教育学界有部分学者一直对“教育是生产力”以及教育市场化等观点持保留态度[③]，华中师范大学王道俊当时拟领衔五院校编写《教育学》教材，也对“教育本质是否属于生产力”问题拿捏不准。由于于光远出席了本次大会，因而虽然部分学者有不同看法，却没有勇气公开讨论于光

① 徐毅鹏：《我与陈元晖先生交往的十六年》，于伟、李祯、缴润凯主编：《教育学家之路：纪念陈元晖先生诞辰一百周年集》，长春：东北师范大学出版社 2013 年版，第 26 页。

② 于光远：《关于教育是生产力的问题》，《教育研究》1980 年第 5 期。

③ 相关讨论一直持续至今，可参见冯增俊：《关于教育是上层建筑之我见》，《学术研究》1981 年第 1 期；孟明义：《高等教育不能产业化》，《高等教育研究》1999 年第 6 期；孟明义：《高等教育不是产业，更不能产业化》，《北京科技大学学报（社会科学版）》2000 年第 1 期；陈桂生：《关于教育属于社会上层建筑问题——唯物主义教育历史观的探求》，《教育发展研究》2018 年第 8 期。

远的观点。即使主持人再三敦请大家踊跃发言，会场也依然静默，在很长时间里无人站起来发言。陈信泰当时坐在会场前排，也对此问题有想法，但由于有很多前辈名家在场，所以他更想听听他们的观点，而不是做“饭桌上第一个动筷子的人”。王焕勋眼看讨论会要冷场，就点名道：“信泰同志，你讲一讲嘛！”于是陈信泰走上讲台阐述自己的观点：“现在很多人认为‘教育是生产力’，我个人却认为‘教育主要是上层建筑’……”接下来，他引经据典，有理有据地充分阐释他所理解的马克思主义教育本质论。陈信泰大约讲了半个小时后走下讲台，会场依然是一片静默，对于他“不识时务”“挑战权威”的即席演讲不知是否该鼓掌赞同。王焕勋先生说：“陈信泰同志谈了个人看法，刚才有人递条子说，应当将演讲录像整理后发给大家。现在欢迎大家就此进行讨论。”这时才响起掌声并持续了很久，但没有人接着发言。于是王焕勋宣布：“全国教育学研究会第一次年会将在甘肃师范大学举行，届时我们在兰州会议上再继续，就此话题进行讨论。”又是一阵掌声。

散会后，有人上来祝贺道：“陈老师一席话令人茅塞顿开。”有人索要讲稿，陈信泰说：“没有讲稿，只是即兴发言。”北京师范学院（首都师范大学前身）教育系主任则借了一间会议室，请陈信泰与该校教育系的30多位老师进行了一次深度交流，陈信泰指出：“在社会主义国家，至少在当前情形下，教育的本质和目的主要是培养什么样的‘接班人’的问题，主要是为政治服务，故应属于上层建筑。这个观点不是我的创造，苏联早在1951年就讨论过，但只给出了结论，而没有提供理论说明和逻辑推理过程。我自己在学习、研究过程中，思考了这些问题……”

陈信泰回忆说：“我当时之所以敢于站出来抛砖引玉，是觉得应当打破‘一言堂’，恢复‘百花齐放，百家争鸣’的学术风气。当时学界还保留着浓重的‘文革’思维，甚至可以说是以实用主义反对实用主义。这种急功近利的思想对于人文学科来说极为有害。……李敖1970年在《粗谈中国知识分子五病》中指出了中国‘读书人’身上的拙于谋生、急于用世、昧于尽忠、淆于真知、疏于自省等五大病症①，这是说中国‘读书人’还没有真正建构起现代知识分子人格。北京大学陈平原也提醒知识分子‘政与学，合则两伤，分则两利’，真学者‘之所以苦苦维护学术的独立和尊严，不外认为它比政治更永久，代表人类对于真理的

① 李敖：《我中华大赌特赌史》，《李敖全集》第4集第2分册，台北：达流出版事业股份有限公司1986年版，第171～177页。

永恒不懈的追求'[1],但在实践层面上,以'独立之精神,自由之思想'为基础的现代学统之建立,何其难也!"

(三)"予岂好辩哉?予不得已也"——在兰州会议上"舌战群儒"

陈信泰在全国教育科学规划会议上听到一个倍受鼓舞的消息:全国即将恢复教育学研究生招生。于是他在返回山东的火车上就思考如何着手组建研究生导师队伍,但屈指盘点曲阜师范学院教育学、心理学的全部师资家底之后却发现,学校相关学科的老教授们大多已在"文革"动乱中风流云散——

许澄远[2]是一个典型的书生,在历次运动中被拉出来做批斗的靶子,已被改造得规规矩矩,树上掉下叶子都怕被砸到。每当教研室开会时,他都拿出小本子认真记录。有人恶作剧地调侃他:"你为什么记我讲话的内容,是不是准备打小报告?"许澄远立马收起本子,郑重回答:"我,我,我……只是记下自己的感想。"许澄远家人在南京,他自己又不会做饭,平时吃饭全在教工食堂。有一次过节,学校给每位教工发了一斤油、一条鱼;许澄远回到家就把油倒进锅里,仅将那条鱼简单清洗了一下,也没有开膛破肚、收拾内脏就要放进油锅。陈信泰路过许澄远家,见此情形,赶紧帮他做好一道红烧鱼后才离开。许澄远高度近视,走路碰到树上还对着树桩直说"对不起"。有一次晚上去公厕,拿个大手电筒晃来晃去,红卫兵就说他"发送反革命信号",把他的手电筒掠走了。陈信泰知道后找到那个红卫兵,帮许澄远要回了手电筒。还有人向许澄远"借钱"不还,致使他的生活曾颇有压力……故此,许澄远先生退休后就回南京老家了。

刘明樾因为拖着一条历史辫子,"文革"前就以"身体有恙"为由申请退休,但"文革"爆发后一度被抓回曲阜游斗。1970 年以后,他又回到北京躲在几个女儿家……

星兆钧 1949 年前曾任齐鲁大学教务长,是一名有主张、有见地的学者,而他却在 1949 年后的历次运动中被改造成一个凡事"好好好,哦哦哦"的老好人。星兆钧 1975 年退休后回到聊城老家,后来被聊城师范学院外语系返聘。

---

① 陈平原:《学者的人间情怀》,《游心与游目》,成都:四川人民出版社 1997 年版,第 30 页。

② 许澄远又名许镜涵,江苏南京人,1930 年中央大学教育系毕业,教育学硕士,曾任中央大学讲师、重庆大学教授;1950 年任西南师范学院教育系教授,讲授教育学、中国教育史。著有《小学教育原理》(1936 年)、《中学普通教学法》(1940 年)、《中国教育史参考资料》(1936 年)、《中国教育之特质》(1940~1945 年论文集)、《魏晋南北朝史》(1945 年)等。(参见《西南师范大学教授名录》,西南师范大学出版社 2000 年版,第 65~66 页)

王锡昌[①]也是与教育学有关的老先生，但中文系申报硕士点却又离不开他……

1979年曲阜师范学院教育教研室欲申请研究生招生资格，必须在教育学、教育史和心理学等三个方向各有带头人，当时除陈信泰、李国榕外，唯一可以挖掘的"宝藏"就是陶愚川先生啦！

陶愚川（1912～1998）是毛礼锐先生的师弟，所以毛礼锐不止一次写信让陈信泰照顾陶愚川。陈信泰之所以特别尊重陶愚川，除了由于毛礼锐先生的嘱托，还因为他在少年时代就与陶愚川有过一面之缘："我1940年报考立人中学，考场是借用乐群中学的，而乐群中学当时的校长就是陶愚川。我那天早上刚走到乐群中学校门口，一辆小汽车鸣笛驶进学校，车上下来一个西装革履的青年，人们说那是校长陶愚川——真是少年英俊，意气风发。我当时就想，原来读书人可以有这样的风范气派！"

陈信泰回忆说："1949年后，各地对待'民国书生'的方式大不相同。比如，北京师范大学是把老教授养起来，而有的地方和学校则把'有问题的'老先生挤出去，比如，上海就把傅统先、章益[②]、陶愚川等人'再分配'到了山东。各地高校不同的待人方式，显示出不同的格局和境界。傅统先和章益被山东师范学院接收，陶愚川却因其兄陶百川[③]是国民党要员而被视为'烫手山芋'，下放到泰安部队转业干部速成中学教历史。曲阜师范学院建校后，接收了陶愚川。

---

① 王锡昌（1912～1980），山东无棣人。1938年请准哈佛奖学金，入燕京大学研究院深造，后获硕士学位，颇受司徒雷登赏识。1939年发表论文《释墨》（载燕京大学《文学报》）；1941年燕京大学停办后，王锡昌至济南懿范女中任教；1946年秋任省立师范学院讲师，1948年转任齐鲁大学副教授，有《唐代古文运动》行世。1950～1956年，先后在华东大学（济南）、山东大学（青岛）、山东师范学院、曲阜师范学院任教。1957年"反右"期间，王锡昌认为曲阜是"文化孤岛"，提议曲阜师范学院迁校而被划为"右派"，1962年始得甄别。王锡昌"文革"中历尽浩劫，身遭摧残，至1975年才被平反并恢复工作，参与编写《汉语大词典》。1980年8月2日，因病去世，享年68岁。（参见无棣县政协文史资料研究委员会：《齐鲁大学讲师——王锡昌》，《无棣文史资料》（内部资料）第2辑，1989年印，第37～38页）

② 章益（1901～1986），1924年自费留学美国，在华盛顿州立大学攻读教育学和心理学，获得博士学位。1927年回国后历任复旦大学教育系主任、教务长、安徽大学文学院院长、上海劳动大学教育系主任等职。1938～1944年任国民政府教育部总务司司长、中等教育司司长、第一届国民大会代表、中国国民党第六届候补中央监察委员。1944～1949年任复旦大学校长。上海解放后，章益初为复旦大学校务委员、外文系教授，1952年调任山东师范学院（现为山东师范大学）心理系教授。1955年参加中国心理学会第一次代表大会。1957年被划为"右派"，1979年平反。

③ 陶百川先生的思想可以参见《陶百川全集》（共31卷），台北：三民书局股份有限公司1992年版。从《困勉强狷八十年》和《困强回忆又十年》所附陶百川小传可知，陶百川是最早呼吁台湾民主化、两岸"三通"、反对"台独"的人士。

现在想来，我们真要‘感谢’上海方面把陶愚川先生排挤到山东，也得感谢其他学校没有收留陶愚川，否则曲阜师范学院1979年申请招收教育学研究生学位授予权时，根本无法组建导师组。”

陈信泰1958年来曲阜后不久即在西关一个小饭馆里碰到了正在用餐的陶愚川，他头发花白，形容憔悴，一身皱巴巴的中山装，与1940年初见时已判若两人。陶愚川见有人来，就默默收拾好自己的东西准备离开。陈信泰寒暄问好，但陶愚川低眉垂目，仅微微点头便侧身而过。陈信泰回忆说：“陶愚川那时也刚调入曲阜师范学院，在外语系教英语。他学问扎实，很受学生欢迎，但他专心读书写作，很少与人来往，对自己的身份很有‘自知之明’，生怕牵连别人。‘文革’期间，外语系陈书记搞了一个针对陶愚川的‘grammar’案件，弄得陶愚川很是紧张，从此更加谨言慎行，蛰居斗室，足不出户。陶愚川独居的平房被各种大字报糊了一层又一层，门窗都被糊上了，房子变成了小黑洞。他屋里只有一盏瓦数不高的电灯，灯泡坏了也不换——反正不让读书。这种情形持续了一两年，算是他对荒诞时事的无声抗议。陶愚川在‘文革’期间就着手写作《中国教育史比较研究》了，每写完一卷，就把书稿包好送交学校革委会‘审查’，总共上交了三四部书的手稿。但等到1979年陶愚川被返聘回教育教研室以后想讨回那些书稿时，却被告知已全部丢失。有知情人说，那些书稿都被人撕去当手纸用了。由此可见‘文革’时的斯文扫地。陶愚川没能要回书稿，也没有怨天尤人，而是选择埋头重新写作。”

陈信泰想请陶愚川出山，但学校人事处说：“陶愚川已经办理了退休手续，想返聘必须有上级部门的批示。不过值得庆幸的是，中共中央和山东省政府都意识到了‘文革’造成的人才断档问题，同意各高校续聘、返聘一批著名学者。”陈信泰立即找学校领导咨询返聘陶愚川事宜。在得到学校领导的同意后，陈信泰又去拜访陶愚川，对他谈了申请招收研究生的想法。陶愚川斟酌再三之后同意复出工作，但约法三章：一是不参加政治学习，“我是读书人，自己可以阅读和领会文件”；二是可以给研究生开设教育史和专业外语课程，但个人名下不招收研究生，不管其他事务；三是请教研室和学校协助完成《中国教育史比较研究》的出版工作。[①] 当时的学校领导非常开明，特事特办，立即向省委统战部、省教育厅和人事厅打报告，省有关部门也立即回复，恢复落实了陶

---

① 陶愚川《中国教育史比较研究》完成后，陈信泰、郭廷良安排年轻教师帮助校对注释，《齐鲁学刊》主编徐文斗教授最后审校了文稿，前后历时一年。此著1985年由山东教育出版社出版。《中国教育史比较研究》面世后，曾获得全国首届教育科学优秀成果奖二等奖。

愚川的教授待遇。

陶愚川生活节俭，以致后来在他存款的基础上设立了“陶愚川教育科学研究奖励基金”。对此陈信泰回忆说：“陶愚川的约法三章，让人想起郭沫若1952年欲请陈寅恪到中国科学院历史所工作时陈寅恪先生所提的约法三章，同样体现了知识分子的风骨节操。陶愚川经历了太多磨难，此时真是达到了宠辱不惊的境界。他在恢复教授待遇、补发工资以后，依然每个月只取少量薪水用于生活和购书，其他的都存在办公室秘书窦洪德那里。窦洪德问我怎么办，我说：‘先把陶先生的房子粉刷整理一下，被褥、衣服洗换一下。人工费从工资里出，其他的先存起来。’[①]我后来听说有人到陶愚川那里‘借钱’，就让窦洪德老师注意提醒和警告这些‘打秋风’的人。待到《中国教育史比较研究》（古代卷、近代卷、现代卷）出版后，稿费来了，陶愚川依旧不取，存了起来。陶愚川终生未娶，没有子嗣，晚年生病后一直住在泰安疗养院。他后来问我那些存款将如何处理，我说：‘如果您不想赠予亲朋甥侄，那么就成立一个陶愚川教育科学研究奖励基金吧！’陶愚川欣然同意。学校党委为此在1986年4月9日作出了《关于开展向陶愚川教授学习活动的决定》，并于当年9月10日举办了‘陶愚川教育科学研究奖励基金’设立仪式。学校领导让我讲话，我就说了几句扫人‘雅兴’的话：‘陶先生的风骨和作为，我本人做不到，我估计其他人也学不了。陶先生长期遭受贬抑，无改其道；他在“文化大革命”期间饱受冤屈，每月只有18元生活费，依然安之若素，有君子之风；陶先生《中国教育史比较研究》初稿完成后上交学校，手稿却莫名其妙丢失了，他也没有抱怨，重新起笔；我们应当借这个基金会设立之机，反思过去的错误，而不是做形式主义的文章。’”

陶愚川1978年被选为山东省政协第五届委员会委员；中共中央提出“九二共识”后，陶愚川成为重点统战对象，其事迹经过渲染已成为传奇。其实，传说多源于人们的附会、想象、美化乃至神化，很少有人能真正知悉和理解陶愚川的苦闷。陶愚川终生未婚，没有妻子和儿女，孤独终老，有其不得已的苦衷。他在曲阜隐居的四十年，除了几个学生曾得其亲炙或在泰安疗养院照顾过他，很少人有资格忝列门墙。由于特殊的历史和现实原因，陶愚川中年以后可以

① “陶愚川恢复教授待遇后，工资涨到200多元，但每月只领原来的87元。教育教研室主任陈信泰来劝他，他写了一张纸：‘谢谢领导对我的关心。但我一个人每月80多元，生活已很好了。其余数额由领导存放，购买图书交院图书馆或成立教育史研究室，以此款资助。’他签上了名，递给了陈信泰老师。”（刘健：《红灯警示录》，中国社会科学出版社1992年版，第149页）

说“没有什么朋友”;他特别不喜欢公开场合的聚会和应酬,在曲阜师范大学也仅到陈信泰家吃过数次“年饭”。

有一年春节前,学校统战部要去拜访陶愚川,但被拒绝了;学校领导要完成上级安排的“统战工作任务”,就想换一种方式,欲请陶愚川一起吃年饭、做团拜,陶愚川回答:“领导们工作忙,不必浪费时间。我到陈信泰家吃饭过年。”校方遂征求陈信泰意见:“能否订一桌菜送到你家,学校领导一起出席?”陈信泰回道:“免了吧,大家都轻松过个节!”从此,陶愚川只要寒假不回上海与其侄子陶天江过年,就到陈信泰家吃年夜饭。他每次到陈信泰家,一定会同“老大姐”文绣用上海话聊聊天,也一定会按惯例带一瓶鱼台米酒来。陶愚川面对陈信泰精心准备的一桌上海本帮菜,一下子变得像个孩子:“你们先别跟我说话,我要认真品尝。”然后静静吃菜,每尝过一道菜,都会点头微笑或眯起眼睛若有所思,似乎想起了过往的岁月。陈信泰看着陶愚川大快朵颐,心情也十分快乐——“客人认真品尝食物,就是对厨师手艺的最高赞赏!”陶愚川一直吃到五六成饱才会停下筷子,然后一手掩口一手拿根牙签剔牙,再微眯一会儿眼才说:“好久没吃到这么美味的本帮菜了。”然后二人就慢慢品酒聊天。陶愚川谈话时会不时地夹杂英语或日语,这当然不是在炫耀或卖弄,恐怕只有那些具有国际视野的学者才能懂得汉语表达的局限以及中外语言修辞之间的微妙差别。他们就这样慢慢聊天,直到陶愚川酒至微醺,再喝上一杯清茶之后,陈信泰才送他回住所。

关于《中国教育比较研究》,陈信泰的评价很高:“中国教育与西方教育的观念体系不同,比较研究的难度很大。陶愚川的《中国教育史比较研究》提出了很多重大问题,是此领域的开山之作。而后来者若想解决其中开示的那些重大学术问题,至少还要花上几十年功夫!”陶愚川最后的日子在泰安市疗养院度过,由几位青年教师轮流陪护。陶愚川 1998 年去世,享年 86 岁。[①]

陶愚川的复出,使曲阜师范学院教育教研室在教育学、心理学和教育史三个方向上都有了带头人,在“内涵”上具有了招收研究生的资格。而要扩大曲阜师范学院在全国教育学界的影响,则还必须争取“外援”的支持。于是陈信泰决定参加 1979 年 8 月 26 日至 9 月 6 日在甘肃师范大学召开的中国教育学

① 参见陈信泰口述,于述胜、王俊明采访整理:《忆陶愚川先生》,《中国教师》2010 年第 23 期。又见于述胜访谈整理:《中国教育口述史》第 1 辑,重庆:重庆大学出版社 2011 年版,第 225～231 页。

研究会第一届年会[①]，以期结识更多的志同道合者。

中国教育学研究会第一届年会在兰州友谊饭店举行，170多位代表分成了四个研讨小组："教育本质"研讨组、教学论研讨组、德育研讨组和学校行政管理研讨组。陈信泰加入了"教育本质"研讨组。陈信泰那年春天在北京会议上的发言已引起很多人的关注，当时就有不少人讨要会议录音，有的是认同他的观点，有的则是为了寻找靶子，故而兰州会议进入分组讨论阶段后，陈信泰就成了一个焦点。他在会议上舌战群儒，与学者们展开了热烈而深入的学术讨论。很多人听到消息后就前来观战。参加"教育本质"研讨组的代表在分组讨论的第一天只有30多人，第二天增至60多人，讨论到第七天时已接近百人，而学校行政管理研讨组则因为组员逃会而停止了活动。陈信泰90岁时回忆说："那场学术讨论会具有象征意义，标志着'百花齐放，百家争鸣'氛围的恢复。大家为追求真理而开诚布公，为了把自己的思想理清楚而彼此争论。大家虽然在会场上唇枪舌剑，私底下却成了好朋友。"

兰州会议闭幕式由教育部部务委员会委员、中国教育学会副会长张健主持。他根据各组研讨的实际情况，特许陈信泰代表第一组作了20分钟的总结发言，其他组则只给了10分钟的陈述时间。陈信泰的发言博得热烈掌声，还有人递纸条，希望他多讲一会儿或者把这个总结发言整理后全文发表。1979年4月15日创刊的《教育研究》要刊发此次会议的纪要，就把整理纪要的任务交给了陈信泰。因而当其他与会代表外出参观考察时，唯独陈信泰在友谊饭店整理会议纪要。此次会议还有一项议题就是正式成立中国教育学研究会各组织机构。经过会议推荐并报请中国教育学会同意，会后公布了中国教育学研究会会长、副会长和15位理事的人选名单，陈信泰担任中国教育学研究会首届理事。

出席兰州会议的陕西师范大学教育系主任兼教科所所长张安民[②]，会后邀请陈信泰、潘懋元和斯霞到西安分别作关于教育基本原理、高等教育和学前教

---

① 甘肃省教育学会第一届年会与全国教育学研究会第一届年会于1979年8月26日至9月6日在兰州合并举行。甘肃师范大学负责筹办这次年会。全国29个省、市、自治区的179名代表参加了会议。与会者共向大会提交论文170篇，充分反映了1979年春天全国教育科学规划会议以来教育科学研究工作的新进展。（参见陈信泰：《全国教育学研究会、甘肃省教育学会联合第一届年会纪略》，《教育研究》1979年第5期）

② 张安民生平参见张建祥主编：《陕西师范大学校史人物传略1967～1984》，西安：陕西师范大学出版社2007年版，第138～142页。

育的报告。报告之余，陈信泰抽出一点时间去看望多年未见的堂兄陈信规，二人谈起分别后的经历都唏嘘不已，而可喜的是，陈信规的孩子陈孝英[①]和陈孝星那时已是初崭头角的学者和作家。

从西安到北京的列车上，陈信泰与教育部部务委员会委员张健、教育部高教司司长肖岩同行。张健得知陈信泰亦师从陶行知先生后喜出望外，二人为此认了“师兄弟”；而且经过交流，还知道“教育部副部长董纯才也是陶门弟子”。陈信泰讲述了与陶先生交往的经历，张健听后激动不已，两人情不自禁地朗诵起了陶行知的《自立立人歌》：

滴自己的汗，吃自己的饭，
自己的事自己干，
靠人靠天靠祖上，不算是好汉！

滴自己的汗，吃自己的饭，
别人的事我帮忙干，
不救苦来不救难，可算是好汉？

滴大众的汗，吃大众的饭，
大众的事不肯干，
架子摆成老爷样，可算是好汉？

大众滴了汗，大众得吃饭，
大众的事大众干，
若想一个人包办，不算是好汉！

由于申请书论证充分且独具特色，各个方向规划布局合理，加之张健与肖岩等人的支持，曲阜师范学院招收教育学研究生的申请很快得到了教育部的批复，曲阜师范学院遂与北京师范大学、华东师范大学一起成为全国新时期最早招收教育学研究生的高校。

“陶门弟子”张健对陈信泰的支持不止于此，他作为中国教育学会副会长、中国教育学研究会理事长、中国孔子基金会副会长，先后数次来曲阜师

① 陈孝英（1942～），1962年从西安外国语学院俄语系毕业后留校任教。1980年后曾任陕西省艺术研究所所长、中国喜剧美学研究会会长、中国戏曲学院喜剧美学研究所名誉所长等职。著有《幽默的奥秘》《喜剧美学论纲》《世界喜剧艺术概观》《喜剧小品纲要》《苏联文学史》，以及自传《哀泪笑洒》、散文集《文友剪影》、译著《托翁铁影》《初恋》《讽刺理论问题》等。

范学院作报告，提供了很多前沿动态信息协调教育部相关部门为教育统计学等领域的研究提供数据资料，甚至在某种程度上帮助 40 多名教师得以平反并落实待遇……

陈信泰回忆那段“走出去”的经历时感慨说：“高校不应是自我封闭、自娱自乐的围城和象牙塔。高校教师也只有破门而出、走向广阔天地，才能获得更多优质的资源，才能不断发展，不断自我优化。对于大学和高校教师来说，这就是‘解放思想，改革开放’的真义所在。”

(四)“得天下英才而育之”——研究生招生与培养

2009 年，曲阜师范大学教育学院在回顾成立 30 年来的发展历程时有如下总结：“1979 年，以陶愚川、陈信泰、李国榕为导师组，招收首批教育基本理论方向硕士研究生，刘世峰①、杨启亮、苏富忠为首届硕士研究生；曲阜师范大学也因之成为恢复研究生招生以来全国最早招收、培养教育学硕士研究生的高校之一。1980 年，受山东省教育厅委托，为山东省中等师范学校培养教育学和心理学教师 120 名，极大地提高了我省中等师范学校教育学科教师的专业素质和教学水平。1981 年，由曲阜师范大学发起成立‘华东华北七院校教育学讨论会’，首次会议在曲阜师范大学召开，陈信泰先生任首届理事长。1981 年，硕士研究生招生规模扩展到 5 人，其中，教育基本理论方向 3 人，即张武升、韩延明、李晓燕；心理学方向 2 人，即宋广文、龚震伟。1983 年，从全校 10 个系 1981 级优秀本科生中招收教育学师资班学生 30 人，毕业后均进入高等学校工作，成为所在学校教育科学、心理科学的教学与研究骨干。1983 年，硕士研究生招收 6 人，其中教育基本理论方向 3 人，即王金波、宁虹、王志平；心理学方向 3 人，即胡竹菁、孙时进、侯春在。1984 年 12 月，经山东省人民政府批准成立教育系，李国良为党总支书记，杨启亮为副主任（主持工作），王秀华为党总支副书记。1985 年，教育系实现了人才培养的常态化、规模化、规范化，从高中

① 刘世峰（1943～1996），山东胶州人，1979 年考取曲阜师范学院教育学原理专业研究生，研究生毕业后分配到山东省教育科学研究所工作。1989 年赴苏联教育科学院访学，后因苏联内乱而回国；1991 年再赴莫斯科，在俄罗斯教育科学院攻读博士学位，年底获得教育科学博士学位并回国工作。主要研究领域是劳动技术教育和“教育同生产劳动相结合”理论。著有《中小学的劳动技术教育》（人民教育出版社 1987 年版）、《中国教劳结合研究》（教育科学出版社 1996 年版）等。在全国哲学社会科学“八五”规划国家级重点课题“教育同生产劳动相结合的研究与实验”成果鉴定会上，其著作《中国教劳结合研究》被评价为“为教育学学科建设作出了创造性杰出贡献”。刘世峰于 1996 年 11 月因胰腺癌医治无效去世。

毕业生中招收首届全日制学校教育专业本科生 59 人；同年，招收硕士研究生 8 人，其中教育基本理论方向 3 人，即庞学光、杨秀治、庞桂美；心理学方向 5 人，即杨昭宁、陈永胜、崔少波、赵富才、宋尚桂。1985 年 5 月、12 月，陶愚川先生的专著《中国教育史比较研究》(古代部分、近代部分)于山东教育出版社出版，该著作采取代与代、中与外、事与事、人与人比较的方法，填补了我国教育史比较研究领域的空白，受到教育史学界的普遍关注；我国著名教育史学家、北京师范大学毛礼锐先生欣然赐序，称之为'把比较法系统地应用于教育史研究尚乏先例'的开山之作，'为教育史学界打通了一条新的科研道路'，称陶愚川先生为此领域的'开路先锋'。"

从这段简要的概述中不难看出，曲阜师范学院 1979 年招收教育学研究生时还没有教育系或教育科学研究所等机构建制，而是以教育教研室为班底的，这在全国高校中是极为罕见的。相比于曲阜师范学院 1978 年开始招收研究生的中文、数学、历史等师资力量雄厚的系科而言，教育教研室在"文革"风浪中一直被边缘化，人员梯队处于凋零状态，因而很多人对陈信泰能促成教育学硕士研究生的招生感到不可思议。陈信泰回顾说："我们之所以能申请成功，首先是因为形势使然。新时期的中国百废待兴，社会和高校亟需教育专业人才。这是大形势；我看清了形势，所以能够抢抓机遇，乘势而上。其次，陶愚川、李国榕和我都接受过研究生教育，了解研究生教育的过程，能胜任研究生培养工作。我当时发现，从各地招聘的老师存在知识结构老化、不能适应教育发展需要等问题，觉得只有招收硕士研究生才能培养高层次人才，才能自主选拔和培养师资，从而使学科突围发展，这可以说是我申报研究生招收资格的重要动力。再者，曲阜师范学院数学、中文、历史专业已经招收研究生，开了先河，有例可循。可以说这是内外合力攒聚的结果。"

对于当时的曲阜师范学院来说，研究生招收与管理工作还是一个新生事物。当时，学校还没有专门设立研究生处之类的管理机构，研究生招生、培养和管理工作起初附属于学校人事处，后归于科研处，无论归于哪个部门，相关工作都处于"摸着石头过河"的阶段，还没有完全达到"标准化"和"科学化"，不过这反而使陈信泰在招生时有了"不拘一格降人才"的空间。

陈信泰特别重视学生的志向与胸怀。陈信泰的开门弟子刘世峰，20 世纪 60 年代初就读于曲阜师范学院外语系俄语专业，本科毕业后留校任教，"文革"期间被批斗并下放惠民地区(旧地名，现为滨州市沾化区)。他报考研究生时已年近不惑，但视野宏阔，志存高远，学养扎实而阅历丰富，对未来有着清晰的规划。他由于身份比较特殊而在研究生入学复试时受到了一系列审查，陈信泰为此做了大量协调工作。之所以尽管颇费周折也乐于为之，陈信泰后来解释说："刘世峰是读过万卷书、行过万里路的人。他那时急于摆脱困苦之境，所以目标感很强。我觉得刘世峰如果从事教育社会学研究一定会大有成就，所以我力排众议而招收了他。"

陈信泰注重研究生的实际学力。杨启亮中学毕业时正值"文革"，1971 年起即担任中小学代课教师；他在全国恢复高考后于 1978 年考入枣庄师专，只读了半年即参加了曲阜师范学院教育学专业的研究生入学考试。学校人事处认为，杨启亮学历不达标，不符合研究生录取条件。陈信泰就拿着杨启亮的试卷给人事处负责人传阅，而且给予杨启亮很高的评价："这么漂亮的钢笔字，素质会低吗？大学老师也少有的好书法啊！你再看这逻辑的行文与丰富的内容，不亚于一般大学教师水平吧？"陈信泰就这样破格录取了杨启亮。

陈信泰注重学生的诚信品格。王志平参加研究生入学复试时，陈信泰问他读过几种《教育学原理》？王志平如实回答："只认真读过一种。"陈信泰追问："为什么只读了一种？"王志平答："基本原理具有规律性和恒定性，万变不离其宗。与其浏览十种，不如精熟一部。"陈信泰让他谈谈对教育学原理的认识，王志平就从本体论、认识论讲到方法论，头头是道。陈信泰认为王志平有头脑，即便不是"闻一知十"，至少也能"举一反三"。尤其是王志平的诚实态度让陈信泰从心里喜欢。"而另一位复试候选人则自我夸大，说读过十几种《教育学原理》著作，但说不出其内容和体系，甚至连著作者的名字都不记得。相比较而言，王志平诚实不伪且能举一反三，我当然招收他。"

陈信泰喜欢刻苦向学的学生。张华从中等师范学校毕业后，一边做小学教师，一边通过函授取得了本科学历。在研究生入学复试时，陈信泰问他："为什么喜欢教育学专业？"张华回答："我中师毕业后在基层当老师，在教学过程中发现想做个好老师并不容易，于是想多学点理论和方法，就读了一个函授本科。在函授阶段读了教育学和心理学，我就喜欢上了教育学……"陈信泰在张华身上看到了激情、聪颖、进取心和目标感；他认为张华做过基层教师，有实践经验，将来如果做教学论研究，应该有所作为。事实证明，陈信泰没看走眼：张华在读研期间废寝忘食、如饥似渴地求学，即使放假也不曾离校；研究生宿舍楼在放假期间要封楼，张华就把铺盖搬到研究生教室；陈信泰外出讲学或参加学术会议，张华就跟随左右。三年研究生读下来，张华学问大进，毕业后留校任教。张华还是一个有学术操守的人，第一次参加博士生复试时曾因为与导师观点相左而当场发生争论。后来，于1997年考取了华东师范大学钟启泉先生的博士研究生。2000年毕业后留校任教，如今已是全国教学论研究领域的实力派人物。①

陈信泰回忆说："我在招收研究生时之所以不拘一格，一是因为一大批有志青年在'文革'中受到压抑，只要给他们一个平台，他们一定能加倍珍惜。二是因为我反对'血统论'和'出身论'，认为大学生和研究生教育更应坚持'有教无类'原则，'英雄不问出处'。三是因为我注重学生的问题意识和创新潜力，希望研究生入学前就具有一定的理论水平和较强的实践能力。当然，我更注重考量学生的道德水平。'德者，才之帅也'；有才无德是为贼，有才之贼是奸佞。"

完成招生工作后，课程设置和培养方式的拟定就成为研究生教育的关键。陈信泰尝试应用、实施了多种研究生育成措施和方法，其中具有鲜明特色的做法主要有如下几点：

一是"请进来"，借力打力，撒豆成兵。林汉达主持之江大学上海校区教务工作时采取了灵活机动的办法，师资不足时就邀请名家来校讲课。这对陈信泰有很大启示。陈信泰邀请名家的渠道主要有如下几种：首先请来最亲近的"师友团"，如中央教科所张同善、吉林大学车文博②等，他们都是陈信泰在北京师范大学南平院的师兄弟；然后再由师兄弟扩大到中央教科所孟明义③、江苏

---

① 张华2000年博士学位论文"后记"中写道："我在曲阜师大教科所攻读硕士期间的两位导师陈信泰教授、李国榕教授，他们为我的学术生涯奠定了基础。两位先生博大精深的智慧令我真正感受到学问的'道'境。"（张华：《经验课程论》，上海：上海教育出版社2001年版，第293页）

② 胡竹菁在《车文博先生与〈心理学探新〉》一文中提道："大约1985年春，应我们导师组成员之一陈信泰先生的邀请，车（文博）先生专程从吉林长春到曲阜师范大学来给我们这一届的心理学和教育学的研究生讲授了约一周的'西方心理学史'的专题课，使我有幸见识了先生大家的学术风采，增长了许多心理学史的知识。这近一周的师生情真令人终生难以忘怀……"（彭运石主编：《探索与感悟：车文博心理学思想探析》，长春：吉林人民出版社2011年版）

③ 孟明义（1934～），中央教育科学研究所高教室主任、研究员，主要致力于教育经济学研究，代表著作有《高等教育发展战略简论》《高等教育经济学》《高等教育思想与教学方法》等，代表论文有《高等教育不能产业化》（载于《高等教育研究》1999年第6期）、《高等教育不是产业，更不能产业化》[载于《北京科技大学学报（社会科学版）》2000年第1期]等。

教育学院常春元①、山西省教育学研究会理事长萧according②等朋友圈；而后是通过组织“华东华北七院校教育学讨论会”而结识的新朋友，如河北贾韫武③、天津师范大学田本娜④等人；再次是通过全国教育学研究会认识的“同道者”，如教育部张健、南京师范大学张焕庭等人。另外，他还请王焕勋、毛礼锐、陈景磐、王策三等名师来校参加研究生答辩、指导学科建设，并给研究生和进修生开设讲座。陈信泰回忆说：“这些专家大都平易近人，来校后集中时间讲一门课，极大地节省了研究生培养成本。他们不挑剔饮食，平时与学生一起吃餐厅食堂，一边吃饭，一边与研究生交流，俨然西方高校的‘教授餐会’。我有时请他们到家里吃饭。我做的菜在朋友圈里最知名的就是‘黄浦蛋’，那本来是黄浦江上船家女的家常菜，我在此基础上作了改良。常春元来曲阜讲学时，来信说一定要吃、住在我家里。他还没进我家门就喊：‘老陈，老陈，我来了！黄浦蛋，两份，我要两份！’那时候我家的住房也不宽绰，就只能让晓青到同学家借住。”待教育系有了一栋独立的教学楼后，陈信泰争取了一间“专家工作室”，实际上相当于一间临时招待所，请来的专家就住在那里。他们一般讲一至两周。曲阜师范学院教育学专业付不起高额讲课费，只给一点伙食补贴。陈信泰请专家来讲课，也并不要求专家完整讲完一门课，而是讲授其最得意的精华部分。随着曲阜师范学院教育学专业在国内声誉日隆，学界朋友开始主动要求来曲阜交流。比如，1988年庞学光、杨秀治那届硕士学位论文答辩时，陈信泰邀请王焕勋先生担任答辩主席，厉以贤教授就提出要“护送”老师来曲阜，还带来了香港

① 常春元(1918～2010)，江苏泰兴人，1935年在上海参加“一二·九”学生运动，后参加新四军，1947年任华东区《支前报》主编，1948年任华东南下干部大队长、中原大学政治教师、中共中央中南局马列主义讲师团讲师，1954年任中国留学生出国(去欧、亚)总队长，在国立莫斯科列宁师范学院做教育研究生、中共联合党支部书记，1958年回国后在华中师范大学从事党政工作，1983年任江苏教育学院教授等职。

② 萧according，1924年生，河南孟津人。1947年毕业于北平师范大学中文系，在校时即参加地下党活动；1948年6月，赴华北解放区参加革命；1949年2月，参加北京解放和接管工作，后在北京市教育局和中央教育部工作；1959年，调入山西省教育厅工作，任《山西教育》编辑；1980年，任山西省教育科学研究所教育理论研究室主任、山西省教育学研究会理事长、《教育理论与实践》主编和研究员，承担、主持过“六五”“七五”国家哲学社会科学重点教育教研项目等课题。

③ 贾韫武(1929～)，河北清苑人，1954年毕业于河北师范学院教育系，曾任河北师范大学教育科学研究所所长、教授。

④ 田本娜(1928～)，天津师范大学教育科学学院教授，长期从事教育科学及小学语文教学的研究工作，著有《小学语文教学论》《小学语文教学研究》《我与小学语文教学》《集中识字教学论》《小语教学论稿》，主编有《外国教学思想史》《小学教育学》，参编《中国大百科全书·教育卷》《教育大辞典》《外国教育家评传》《小学教学百科全书·语文卷》等。

大学访问学者白吉瑞……对于“请进来”的好处，庞学光感受颇深：“这些专家所讲内容高度浓缩，把他们的学术精华和研究方法用一两周时间传授给我们。我觉得那几天的收获比自己苦读一学期书的收获都大，真是‘听君一席话，胜读十年书’！”

二是“走出去”，瞄准前沿，放眼全国。“请进来”固然重要，但要为专家们安排食宿，生怕照顾不周，更担心专家身体出问题；此外，还要大体规定讲学的题目，要求在有限的时间里完成几个专题。对于部分学生来说，这不免有填鸭灌输之感。因而陈信泰又想出了第二招：“走出去”。他每次受邀参加重要学术会议都会带几名研究生并要求他们“带着问题”去听会，要关注学界热点并冷静思考，要注意从理论高度思考这些问题的现实表现，分析原因并提出切实的解决办法。陈信泰回忆说：“带学生‘游学’时间最长的一次是 1983 年参加中国教育学研究会第三次年会（长春会议）。我带着张武升、韩延明、李晓燕，一路从曲阜到烟台、大连、沈阳、长春、哈尔滨、北京，在每个地方都逗留几天，不仅与当地学者交流对话，还参加了重大学术会议，前后历时一个多月。学生说这让他们大开眼界，感觉一下子就开窍了。1981 年 4 月，我带刘世峰和杨启亮到南京、苏州、上海、福州、厦门开会访学，前后共 20 天，他们感觉此次‘游学’的收获极大。另外，我带着张武升、韩延明、李晓燕等去内蒙古师范大学参加华东华北七院校教育学讨论会时，鼓励他们拜访名家，向专家请教；张武升和韩延明还做了大会发言，受到好评……‘游学’使学生接触最新学术动态，使他们能很快就瞄准前沿问题，真正做到了‘立足曲阜，放眼全国’。”陈信泰不只关爱研究生，对助教进修班学员也是一视同仁。比如，1991 年 9 月，经山东省教育厅批准，曲阜师范大学教育科学研究所面向全国高校的教育学、心理学教师招收了一年制助教课程进修班学员 30 人，那时陈信泰正承担全国教育规划项目《教育大辞典》子课题任务，他回忆说：“我就让进修班学员与研究生一起领取《教育大辞典》相关条目的编写任务，最后有 16 人跟我到上海参加审稿会，在上海青浦区住了半个月。学员们结业时有成果、有稿费，不仅参加了实战演习，而且与其他审稿人员建立了友谊。”

在“走出去”人才培养战略中，陈信泰还以其博大胸怀和国际视野，鼓励学生走出国门，到国外大学学习深造。1988 年，已是教育系副主任的韩延明被选拔为教育部公派出国访学人员，指定到澳大利亚弗林德斯大学教育学院做访问研究学者，初定时间三个月。但韩延明当时考虑到孩子小，在国外学习时间太短，又是去一个不太知名的大学，所以不愿意去。陈信泰知道后，就找他做工作，说："我国改革开放不久，你能有这样一个机会出国学习，非常难得。你本科所学为英语专业，可以与国外教育专家直接对话交流，能直接看外文资料，如此近距离地学习国外先进的教育理论和研究方法，无论对你自己还是对我国的教育事业都有好处，你一定要更新观念、开阔眼界呀！家里的事，你放心，我让你师母多关心小张和孩子，你安心在外学习吧！"老师的动之以情、晓之以理，使韩延明疑虑尽消，他如期赴澳并很快进入角色，与国外专家的课题研究合作得非常融洽，还发表了几篇论文。几个月后，在国外专家提议下，弗林德斯大学主动与中国大使馆联系，将韩延明的访学时间延长至一年，研究经费和食宿费用均由该校提供。韩延明在回国前还出版了英文专著《中澳大学教育管理制度比较研究》。此后，在陈信泰不同形式的关爱和关注下，他的学生张武升、李晓燕、宋广文、王金波、胡竹菁、杨秀治、宋尚桂、佟月华、黄崴、孟万金、李雁冰、张华、宋文红等也纷纷到国外访学，收效甚大。

三是"互辩难"，往返质疑，自圆其说。当时的研究生教学没有固定教材，而陈信泰也反对给研究生编写教科书，因为教科书往往就是变相的"标准答案"，会使学生形成思维定势和依赖心理。他赞同苏联研究生培养过程中采取的"自由的学习方式"①，其做法是：把观点正反相对的学术论文资料打印出来，让学生对照阅读，分析研判，提出观点，拿出证据，自圆其说。他在编著的《教育基本理论探索》"前言"中对此有明确交代："一是这些文章涉及几年来教育理论方面的一些重要讨论，尽管浅薄，也算是代表一种看法，并希望有共同理论兴趣的同志对这些问题继续探讨下去。二是我为研究生和教育基本理论助教进修班的同学们开设'教育基本理论研究'课，需要一本参考材料。由于这门课程是带有研究性质的，除了让他们参看这本材料外，我还把与我不同观点的各派也选成一册，让他们学习和研究，作比较，以求理论的发展。"②待学生们

---

① 刘道玉曾这样概述苏联研究生教育中的"自由的学习方式"："按照苏联授予学位的规定，我们需要通过三门必修课的考试。但是，导师既不给我们上课，也不指定教科书，更为出奇的是连考试时间也不做规定，学生认为准备好了，可以通知导师进行考试(口试)。这样，我就有很大的主动权，采取备考与科学研究并举的方法，以备考促科研，以科研带动备考，最有效地利用了时间。在科学研究上，导师十分尊重学生的兴趣和选择权，从科研选题到研究方案设计，都由研究生独立完成。导师的作用是启发和引导，他们十分乐意听到学生不同的意见，鼓励开展争鸣。那时，苏联虽然是社会主义国家，但他们的文化基础与价值观念仍是西式的，所以他们的教育理念也更接近欧美教育。"[刘道玉：《我的创造教育观是如何形成的》，最初发表于《学校文化》2010年第2期，后收入《珞珈野火集》(成都：四川人民出版社2016年版)]

② 陈信泰编著：《教育基本理论探索》，曲阜师范大学教育科学研究室印行，1996年6月。

将发现的问题和提出的观点整理成文后，师生再一起召开 seminar，互相辩难，往返质疑，拓宽掘深。这样一来，学生写作和发表的论文一般都是“谋定而后动”的成果，能接近“理论正确，事实正确，逻辑正确”的标准。陈信泰对此评价很高：“这种互相辩难的研究型学习，使学生对于学术问题不会独断，不会自以为掌握了终极真理，因而减少了‘正义的火气’。我认为，学术养成人格；凡事想明白，才能做明白，才能成为明白人。”另外，陈信泰还经常举办“周末家庭学术沙龙”，邀集研究生周日上午到他家里讨论论文、学术热点或前沿问题，中午便给缺乏“油水”的同学们“改善生活”。他亲自下厨炒菜做饭，并手把手教给学生各种生活技能，如择菜、淘米、杀鸡、宰鱼、切菜、煮饭等，其情殷殷，其乐融融。这就是学生们经常在其他系科研究生面前大肆炫耀的“美味会餐”。

四是“发文章”，教学相长，学以致用。“最早招收的几届研究生比我们新时期招聘来的个别老师还要优秀。研究生有如下优势：一是年纪轻，有冲劲；二是底子好，观念新；三是求成长，有目标感。比如，刘世峰本来是曲阜师范学院俄语系毕业留校的，曾被下放到偏远地方；他读研究生时已近 40 岁，思想很成熟。我给他们开课时，介绍兰州会议的热点以及我的思考。刘世峰把听课笔记整理出来，再加上自己的心得，投稿给《教育研究》。[①] 文章发表后，他拿着样刊来见我，觉得很不好意思，因为主要是整理归纳了我的观点。我说：‘没关系，以后如果用我的学术观点和授课内容，最好经过我的审核。’我之所以要审核学生的论文，因为那时意识形态斗争激烈，我必须为学生把关，保证学生的论文不出现硬伤，不致将来‘悔其少作’。我那个时期几乎每个周末都把学生叫到家里来聚谈：一是给他们改善生活；二是商讨问题，然后指定某人执笔，反复修改后再发表，确保每个学生毕业时手头都有数篇论文，这样他们届时也能有更好的就业机会。那是真正的教学相长，研究生成了我的左膀右臂。”

陈信泰一方面鼓励学生发文章，另一方面反对学生追赶时髦，他更希望学生能尽早确立个人的学术立场和主攻领域。比如，陈信泰鼓励刘世峰主攻“教育与生产劳动相结合”领域，因为这既符合马克思主义教育基本原理，也与他的生活经历有关，刘世峰后来也的确成为这方面的专家。有的研究生为了确立自己的学术立场，在往返质疑中会产生“丰富的痛苦”，宁虹就是一个典型的例子。宁虹在“文革”期间从事过工、农、兵等不同行当，阅历丰富。他 1983 年师从陈信泰攻读硕士研究生时已经 33 岁，读书、写文章都精益求精，是典型的慢工出细活。与宁虹同届的王志平入学时只有 22 岁，他颇为聪明，出手也快，

① 参见刘世峰：《教育不是社会生产力》，《教育研究》1982 年第 3 期。

入学半年就发表了文章①，这给宁虹带来不小压力。宁虹提交了第一篇文章后，陈信泰提出了修改意见并与他进行了多次交谈，希望他确立自己的学术立场，但宁虹一时没有想通，由失眠而发展到神经衰弱。陈信泰就让宁虹回家休息半个月，并建议他与其父宁汉戈②进行交流以了解中国教育的实际，从而尽早确立自己的学术立场。宁汉戈长期从事教育管理工作，实践经验丰富，理论水平颇高，其提供的经验和案例令宁虹豁然开朗，不仅帮助他确立了学术立场，而且使他一下子就打通了逻辑思路。不久，宁虹与陈信泰合作的第一篇文章发表在华中师范大学主办的《教育理论与实践》杂志③上，此后宁虹发表文章就变得极为顺畅了。关于学术研究，宁虹等同学牢记着陈信泰先生的教导："不与现实发生关联的文章，学术意义会大打折扣。""有矿苗的地方不一定有大矿。要开掘富矿而不要倾力于贫矿。""你看到的可能只是块肉骨头——肉少而骨头大。""做学问，就别想升官发财。否则，境界和格局不会太大……"

五是鼓励学生"考博士"，更上层楼，再攀高峰。陈信泰培养的研究生中，第一个取得国外博士学位的是刘世峰。刘世峰大学本科是俄语专业，在外语方面有优势。他1988年到苏联访学就打算申请博士学位，但因东欧剧变和苏联解体而返国。他1991年再次向俄罗斯教育部提出申请并取得了俄罗斯教育学博士学位。陈信泰培养的研究生中第一个取得国内博士学位的是张武升，他师从西南师大张敷荣④先生，后来成为天津市教育科学研究院院长、西南

---

① 陈信泰、王志平:《关于"教育是社会生产力"观点的几点质疑》,《齐鲁学刊》1984年第2期;《复印报刊资料·教育学》1984年第4期。

② 宁汉戈(1914～1997),贵州毕节人,1934年参加革命工作,1937年11月加入中国共产党,长期在云贵川甘等地工作。1946年到延安,任延安大学附中教务主任、西北兵团第四后方医院五所所长。1948年到济南,任华东大学讲师。1949～1955年,历任华东大学附中副校长,山东省实验中学副校长、校长兼党支部书记。1955～1966年历任山东省教育厅办公室主任、副厅长,山东省高等教育局副局长,山东省教育厅副厅长、党组副书记。"文化大革命"期间受到冲击。1974～1982年,任山东省教育厅副厅长、党组副书记。1982年12月离休,离休后完成长篇叙事诗《高原之鹰》和《雨花魂》,由山东文艺出版社出版。

③ 参见陈信泰、宁虹:《教育同生产劳动相结合是造就全面发展的人的唯一方法》,《教育理论与实践》1985年第5期。

④ 张敷荣(1904～1998),贵州普安人,1928年留学美国,在斯坦福大学教育学院获得教育学学士学位、硕士学位、博士学位。1936年回国,受聘为四川大学教育系教授、系主任。1952年院系调整后,调任西南师范学院教育系教授。1979年,当选为中国教育学会第一届理事和全国教育学科研究会常务理事;1981年,受聘为国务院学位委员首届教育学科评议组成员;同年,任《中国大百科全书》(教育卷)编辑委员会委员;1984年,任西南师范大学(现改名为"西南大学")第一个博士学位授权点教学论博士学位点的博士生导师。

师大博士生导师。在张武升之后，又有数人考取博士研究生：李晓燕是华东师范大学刘佛年先生的博士关门弟子，后来成为中国教育法学专家、华中师范大学博士生导师；韩延明师从中国高等教育学科创始人、厦门大学潘懋元先生，取得高等教育学博士学位，后来成为临沂大学校长，兼任武汉大学和山东师范大学博士生导师；庞学光师从鲁洁攻读博士学位，后任津市教育科学研究院副院长，天津大学博士生导师……有意思的是，张华在华东师范大学攻读博士研究生时，瞿葆奎教授让他为该校教育学研究生讲授"马克思主义教育理论"课程，理由是："曲阜师范大学教科所培养的研究生，马克思主义教育理论功底扎实！"

六是既为经师，更为人师，助学生"家成业就"。陈信泰说："'教'本科生与'带'研究生不同。'教'本科生如牧羊，而'带'研究生则需要耳提面命，引其'登堂入室'。导师对待研究生甚至比对自己的孩子还要亲密。"陈信泰不仅关心学生的学业，还关心学生的婚恋，因为这直接影响到学生一生的幸福。韩延明1981年从曲阜师范学院外语系毕业后考入陈信泰门下攻读硕士研究生，当时其恋人张跃民是肥城市边院镇医院化验员。1982年他们结婚时既不想大操大办又想不失体面，那该怎么办呢？陈信泰就给他们出主意："你们可以选择在暑假登记结婚，我为你们主婚。你们先住在学生宿舍，吃饭就到我家；等你们回老家时，把双方老人和重要亲戚叫到一起吃个饭证婚即可；等开学后再给同学们撒把喜糖……"陈信泰送给韩延明夫妇被单之类作为礼物，促成了一桩新式婚礼。这简朴的婚礼既让韩延明和张跃民伉俪高兴，两家老人也很是感激。等到韩延明1984年年底硕士毕业留校任教后，陈信泰多次找学校有关部门协商，为张跃民办理了调入曲阜师范大学医院工作的所有手续。而在拿到正式调令之前，韩延明对此还一无所知，因为陈信泰从未向他说过这事，而且最终也不敢奢望这么快就能够调进家属。当韩延明登门向他致谢时，陈信泰说："不用谢我，我也是为了工作，教育系刚成立，太需要教师了。你安心从教，就是对我最好的答谢！"……研究生中也有极个别被情感冲昏头脑、为情所累者，陈信泰就娓娓劝说："恋爱时要冷静地看待对方的优缺点，以免陷入狂热。婚后生活则要保持热情，有冲突时更要多想想对方的优点……"陈信泰的"厉而温"，让很多学生视其如父。

有才华的学生往往个性鲜明、狂狷不羁。对于这样的学生，导师不免要付出更多心血。杨春晓是山西崞县人，有学术才华和组织能力，性格刚烈而且是非观念鲜明。他作为学校研究生会干部，看不惯研究生处某管理者的官僚作风，就向其权威发起挑战。结果那位管理者就给他设置各种障碍，还想方设法让他延期毕业，甚至恐吓说要勒令其退学。陈信泰为此到研究生处拍了桌子，要那位管理者出具上级文件和学校规定。对方自知理亏，又怕事情闹大，这才放杨春晓毕业。杨春晓硕士毕业后又取得了书法学和艺术学两个博士学位，进入内蒙古大学艺术学院，转向了艺术学研究。事实上，个性鲜明、爱憎分明的学生往往最重情谊，孙振东就是这样的一个人。2017 年 11 月 4 日，孙振东与韩延明、杨昌勇、马勇、王维、庞桂美等人利用参加中国教育学研究会德育专业委员会年会（曲阜）机会，给陈信泰先生补办九十大寿。身为西南大学博士生导师的孙振东仍然保持着性情中人的话痨本色，把气氛搞得异常热闹；但待他们告别时，陈信泰单独叫住孙振东说："振东，你呀，说话要有把门的，不要惹事。我最担心的就是你这点。"孙振东蹲在先生椅子前，以手遮脸，掉下眼泪："我都这把年纪了还让老师操心，我很惭愧！"韩延明赶紧劝他："别这样，老师会难过的。"孙振东转身对师妹陈晓青说："我以后会常回山东看老师。先生有什么事，你给我一个电话，我立即回来……"

陈信泰对研究生全心付出，弟子们对他也充满深情。现任华中师范大学博士生导师李晓燕在回忆文章中写道：

> 虽然（我）本科阶段也属于师范专业，教育学也是要涉猎的，但那毕竟十分浅薄，只能说是略有所知而已，谈不上深刻理解和研究。在随后跟着陈老师学习的过程中，才慢慢理解了教育的真谛，体会到研究教育理论的乐趣。因此，也可以说，陈老师是我走上教育研究道路的真正领路人。
>
> 跟着陈老师学习，感慨最深的是陈老师对我们的学术训练。收获最大的也正是在于此。陈老师让我们懂得：读书，不能只求读过，而要在读书过程中研究问题，且读且思；通过理论探讨，对现实问题作出回应。
>
> 陈老师先是给我们布置了读书任务。记得第一项任务是通读当时的几本《教育学》，包括华东师范大学刘佛年主编的、王道俊和王汉澜主编的以及北京师范大学集体编写的几本。一边读，一边对比，找出其共性与差异，加以分析。这一通读下来，不敢说定然有了多大的造诣，毕竟使我们对教育学的基本理论体系了然于心，为后续的学习打下了基础。
>
> 然后，陈老师让我们广泛阅读当时有关教育的杂志，了解相关的学术问题及其争议。20 世纪 80 年代初期，老一辈教育学人将教育学理论从废墟中重新拾起，借着改革开放的强劲东风大胆质疑，反省过去三十年中国教育存在的问题。在陈老师的悉心指导下，我们几个人的毕业论文选题

都与当时的教育理论热点问题直接相关，比如，关于教育本质的争议，关于马克思主义人的全面发展理论的争议，等等。

虽然陈老师自己当时已是教育理论界的知名学者，但他并不囿于一孔之见，而是想方设法打开我们的视野。一方面，为了使我们能够掌握更多的学科前沿知识，陈老师聘请外校的老师给我们讲“德育论”“学校管理学”“教育统计学”“教育研究方法”等课程。这些课程当时都处于“待兴”状态，没有教材，所以老师们就将自己的研究成果油印成册，发给我们作为学习材料。另一方面，只要有可能，陈老师就争取经费，带着我们参加各种学术会议，我们笑称之为“游学”。在曲阜读书三年六个学期，跟着陈老师外出参加会议多达6次，基本上每学期一次。当然，每次参加会议，都要求我们撰写论文，向会议投稿，参加会议的相关专题讨论。而我们所写的每篇论文，陈老师都要亲自审核，并提出修改意见，而我们则反复修改，直至陈老师认为可以拿出去“见人”的水平为止。在这个过程中，我们构思与写作论文的水平也有所提高。此外，陈老师还经常带我们去拜访一些名师。有一次，外出开会，途经北京，陈老师带着我们拜访了黄济、王策三、顾明远等老师。通过这些学术活动，我们受益匪浅。

现在回想起来，如果没有这些学术训练和学术活动的参与，我在1986年面对开展一个全新的学科——“教育法学”的教学和研究任务时，可能会一筹莫展，无法找到研究的突破点。可以说，这一段的学习，使我受益终身。①

陈信泰的研究生培养方式很快取得了惊人成果：曲阜师范大学教科所师生1978～1993年发表的教育学论文数量和影响力居全国高校同类研究机构前列，直追北京师范大学和华东师范大学。为此，天津师范大学校长专门请陈信泰“传授”研究生培养的“秘诀”；北京师范学院1983年曾派一个访学团来曲阜师范学院“取经”，想了解这里的学术团队实力，一看才知道有正式编制的老师不到10人……

陈信泰为学生们取得的成绩而骄傲，学生们也对“陈门弟子”这一身份感到自豪。有人曾对“陈信泰”名下招收的硕士研究生做了一个统计——

1979级3人：刘世峰、杨启亮、苏富忠。

1981级5人：教育基本理论方向3人，张武升、韩延明、李晓燕；心理

① 李晓燕：《陈信泰老师印象》，《曲阜师大报》2019年1月15日。

学方向2人，即宋广文、龚震伟。

1983级6人：教育基本理论方向3人，王金波、宁虹、王志平；心理学方向3人，即胡竹菁、孙时进、侯春在。

1985级8人：教育基本理论方向3人，庞学光、杨秀治、庞桂美；心理学方向5人，即杨昭宁、陈永胜、崔少波、赵富才、宋尚桂。

1986级5人：佟月华、姜学清、黄葳、王鸣铎、范林①。

1987级5人：杨昌勇、田玉敏、刘长欣、杨胜全、王玉秋。

1988级11人：孙传宏、杨天一、马勇、齐学红、王维、莫长军、李春桥、孟万全、张永校、肖学端、高文君。

1989级10人：薛振田、满其民、孙振东、仲理峰、王怀明、马战波、李雁冰、高歌、胡其明、杨春晓。

1990级6人：张华、赵常伟、吴义昌、宋文红、李庶泉、李兴州。

1991级4人：苏树华、庞守兴、乐传永、姚炳坤。

1992级3人：李继宏、娄立志、申培轩。

1993级6人：贾林祥、赵利、韩延伦、吴黛舒、马歆静、武志红。

不多不少，正合“贤者七十二”之数！

今天看来，陈信泰培养研究生之所以“非常成功”，不仅缘于他对学生的关爱以及所实施的苏联式的“自由的学习方式”，更因为他牢牢抓住了研究生教育的核心所在，即马丁·路德·金(Martin Luther King)所说：“教育的作用是引导深度思考与批判思维。智慧加品格，这才是教育的真正目标。”(The function of education is to teach intensively and to think critically. Intelligence plus character——that is the goal of true education)他指导研究生的宝贵经验，至今仍具有重要的启示意义。

(五)倡建曲阜师范大学教育系

提起曲阜师范学院教育系的创办经过，还需要把视线拉回到1979年在甘肃师范大学召开的中国教育学研究会第一届年会。

兰州会议结束后，陈信泰、潘懋元和斯霞等人应陕西师范大学教育系主任张安民之邀到西安作讲座。随后，陈信泰与教育部领导张健和肖岩一同乘火

① 徐州师范学院当年正努力申报教育学硕士研究生培养点，请曲阜师范大学施以援手，故1986级黄葳、王鸣铎和范林3人由曲阜师范大学与徐州师范学院联合培养。

车去北京。陈信泰不仅同张健和肖岩谈起了拟招收教育学研究生的想法，还谈起创办教育系的构想："当时浙江省人口 3700 万人，有两所高校设立了教育系；江苏省和上海地区有华东师范大学、上海师范学院和南京师范学院三所师范院校设立了教育系；山东省有近 8000 万人口，只有山东师范学院设立了教育系，这与山东省经济、文化、教育大省的地位不相符。就布局上来说，至少应在鲁南高校增设一个教育系……"张健与肖岩觉得言之有理，就让陈信泰回头递交一个论证报告，待教育部在研究后再通知山东省教育厅吕可英[①]同志进行督办。当时曲阜师范学院办学经费紧张，而且教育系毕业生的去向不容乐观，所以陈信泰的主张没有得到所有领导的认可，他是这样说服领导的："国家改革开放，百废待兴，各高校、中师和中学都需要教育管理人才，所以教育系毕业生短期内不愁分配；对于曲阜师范学院来说，只有建立教育系，才能为升格'大学'奠定坚实基础。因此，教育系的创办事关学校发展大局。"持否定意见的领导这才如梦初醒，转忧为喜。曲阜师范学院随即着手创立教育系的规划论证，1983 年得到上级批复，1984 年秋季开始招收本科生，学校则于 1985 年 11 月升格为曲阜师范大学，其中则有着内在而直接的逻辑关联。

那么如何开办教育系呢？说到底还是人才问题。首先是师资队伍问题。陈信泰通过"请进来"、招聘毕业生和培养研究生等方式解决了师资问题。其次是本科生生源问题。陈信泰提议让当时全校 1981 级各系科的本科生自愿报名，从中遴选出"教育学师资班"学生 30 人[②]，直接转为教育系三年级本科生。学校同意试行。没想到报名者多达 400 余人，陈信泰等人遂对报名学生进行了笔试和面试，以保障优中选优。2017 年 11 月 11 日，杨秀治与宁虹、庞学光、范林等来曲阜看望陈信泰先生时，已担任北京教育学院学前教育学院院长的杨秀治教授谈起当年参加教育系招生面试时的情形仍然兴奋不已："陈先生相当严肃，问了我四五个问题：读过几本教育学方面的著作？在思想或方法上有什么启示？将来打算主攻什么专业方向？你认为此专业方向的前景如何？为什么？……我紧张呀！现在都不记得当时回答了些什么。幸运的是我进入了那个 30 人名单，更幸运的是我本科毕业后又考取了陈先生的硕士研究生。"

---

① 吕可英（1936～ ），1959 年中国人民大学研究生毕业，分配至山东师范学院任教，1976 年任《山东教育》杂志编辑部主任，1986 年任山东省教育厅厅长，1996 年任国家督学、山东省政协常委。

② 曲阜师范大学教育系首届本科生是（以姓氏拼音为序）：陈文华、初铭铜、丛英姿、崔建忠、丁连信、胡志坚、江林、李如密、刘华、刘杰、刘万里、马晓燕、苗军芙、庞桂美、庞学光、屈玉霞、邵世友、孙清萍、田玉敏、王维、吴瑶、严伟、杨秀治、杨昭宁、张良才、张晓静、张志勇、赵建华、朱伟、祝华。

陈信泰回忆说:"教育系第一批30名本科生优秀到什么程度呢?举几个例子:一是这30人在春季运动会上取得了全校第三名的好成绩,6人次打破学校运动会纪录。我高兴呀!自掏腰包请同学们到食堂包水饺庆贺。二是这届学生的自主学习能力极强,毕业后考取曲阜师范大学研究生的就有7人,其他人也在毕业前被各高校和行政部门'预订'完了。三是他们有两年的学习基础,学科功底扎实,所以能将教育学理论与各学科教学实践结合起来,在'学科教学论'研究方面很快取得了成果……从各专业二年级学生中遴选学生进入教育系学习,这是一条不错的教育学本科生招生的探索之路。但遗憾的是,这样招了两届以后,其他系科就不乐意了,说教育系'摘桃子',把各系最好的学生都挑走了,对各系来说是一种'伤害'。但事实证明,教育系本科生如果没有其他专业的学养作基础,就缺乏底气,会说空话。现在教育系的少数优秀学生觉醒得早,在本科阶段辅修第二学位,可以为研究生阶段进入学科教学论研究打好基础,这是明智之举!"

创办教育系时,学校领导让陈信泰做一个年度经费预算。陈信泰知道学校财政困难,遂精打细算,能节约的就绝对不花一分钱,只申请了5万元经费。及至送到财务处时,他的朋友、财务处会计科科长盛之忻就替他着急:"老陈,你办一个系一年哪能只用5万元?至少要造出个30至50万元预算嘛!"陈信泰说:"能否'少花钱,多办事,办实事'?我想试试!"

教育系的师资,除了原教育教研室的教师以外,还有毕业留校的研究生。比如,刚刚留校的杨启亮担任班主任;苏富忠攻读研究生之前就是兖州师范学校的教师,教学经验丰富,其"心理学"课深受学生欢迎。由在读研究生兼任本科生的基础课教师,既锻炼了研究生的能力,也缓解了师资不足的问题。张武升、韩延明、李晓燕等都给本科生上过课,他们与学生互动讨论、打成一片,也使得教育系的本科生教学充满了新鲜活力。

教育系成立后,系主任职位一度空缺。人们认为陈信泰组织申请了教育学硕士点,而且是教育系的倡建者,应是系主任的不二人选。而陈信泰却不这样想:一是为避"居功"之嫌,故而退避三舍。二是他忙于学术研究、学术会议和研究生培养,总是缺席学校的行政会议。三是他心中有一头被约束了太久的猛虎,一旦出山怎会被俗名虚利羁绊?他要开疆拓土,到各地讲学;他要培养优秀的研究生;他要写作论文,还要完成承担的全国教育科学规划"六五""七五"课题的子课题任务;他要组织"华东华北七院校教育学讨论会";他一年之中几乎有半年时间在外"闯九州",绝不想被系主任所需担负的行政事务缚住手脚……

1981年，除了培养第一届研究生以及准备创办教育系，陈信泰还做了一件有意义的事，那就是受省教育厅委托，用11个月时间分三期(分别是4、4、3个月)为山东省中等师范学校培训教育学和心理学教师120人，极大地提高了山东省中等师范学校教育学科教师的专业素质和教学水平。陈信泰回忆说："'文革'之后，中等师范学校需要开设教育学和心理学课程，但各校的老师在'文革'时期都转岗了。据统计，1978年全省中等师范学校至少有64个教学班需要教育学师资，但可用者仅有6名教师。那时候山东省具有教育学师资培训资质的只有山东师范学院和曲阜师范学院，教育厅副厅长吕可英就把两校教育系和教育教研室的负责人叫去征求意见。山东师范学院方面的老师对这种临时性的任务颇感为难，觉得安排教室、住宿和学生管理都很麻烦，当即表态：'我们现在人力有限，只够打阵地战，完成本科生教学工作。这种短平快的游击战，实在难以胜任……'然后他就看看我，再看看吕可英。我就说：'那就交给我们吧！'吕可英长舒一口气，接着问：'我需要多少经费？'他可能以为我会趁机狮子大开口，但我大体计算了一下就告诉他：'3万元吧，用于购置学生住宿用的铁床……'吕可英和山东师范学院的老师都愣住了。他们不知道，曲阜师范学院虽然地处县城、存在种种不利因素，但也有自己的办学优势，比如学校本部教学用房紧张，那么我们就到'校办农场'开办，挤出一间教室和几间宿舍，还在那里给学生们开办了临时食堂。只是任课的老师们辛苦，每天骑自行车往返20多公里，风雨无阻。但是我们很好地完成了省教育厅交给的培训任务，而且我也与吕可英成了朋友，所以他后来对于曲阜师范学院创办教育系多有关心和支持。"

成大事者约有两种：一种是"有位置才有作为"，这需要"先天优势"；另一种是"有作为才有位置"，这需要"拼命硬干"。曲阜师范学院地处偏僻，无任何政治、经济优势可言，但曲园人有"犁牛之子"①的拓荒精神和砥砺前行的拼搏意志。他们之所以能赢得人们的尊重，靠的就是苦干实干和"勤奋朴实团结进取"的韧劲。

陈信泰的拼命硬干被大家看在眼里，记在心里。他本人1981年晋升副教授，1987年晋升教授，在当时绝对是出类拔萃者。而说起陈信泰晋升教授的过程也颇有意味：按科研成果，陈信泰早就可以破格晋升教授了，但曲阜师范大学那时的学者们都"谦逊有礼"，觉得应当让年纪大的学者先评教授，所以陈信泰1986年以前没有申报。学校1987年组织职称申报时，陈信泰又因为在外

① 《论语·雍也》："子谓仲弓，曰：'犁牛之子骍且角，虽欲勿用，山川其舍诸？'"

开会而没有提交材料，结果在学校汇总初评材料时就有人提出了质疑："为什么没有陈信泰的材料?"在学校人事部门征询各院系领导的意见时，物理系主任潘传增[1]又指出："文科教师中，陈信泰老师成果突出，最该申报!"于是学校人事处要求教育系工作人员提供材料，教育系工作人反馈说："陈老师在外开会，无法通知到他本人，所以没有提交。"人事处负责人就说："那让他的学生帮他填一下表格、送一下材料嘛!"就这样，陈信泰开会归来时，他的职称申报材料已通过学校初审并提交省人事厅终审。陈信泰后来知道了事情经过，再见到潘传增时抱拳禀手："谢谢潘老师!"潘传增则答道："陈老师道德文章令人钦佩，若是因为工作忙碌而耽搁了晋升教授，那只说明行政人员的服务意识不到位!"由此不难看出，曲阜师范大学老一代教师中不乏骨鲠敢言、元气淋漓之士!

(六)"发声"：让曲阜成为全国教育学研究重镇

陈信泰是曲阜师范学院在新时期最早"走出去"并在国内学界赢得声誉的学者之一。

首先，他与天津教育界联动，建立起互助共赢的友好关系。全国教育学研究会第一届年会(兰州会议)结束后，陈信泰返程途中到西安、北京访学交流，然后在天津稍作停留，与天津师范大学田本娜商讨筹备"华东华北七院校教育学讨论会"事宜。天津河西区教育局局长任树纲则借机向陈信泰发出邀请：一是聘请他担任天津河西区教育顾问，二是请他为全区中小学校长作一次讲座。陈信泰说："谢谢您的邀请，但这次恐怕不能从命，因为明天是我女儿的生日，我必须赶回曲阜。"说者无心，听者有意，当陈信泰到火车站乘车时，任树纲气喘吁吁地跑来，送上一盒精致的生日蛋糕和真挚的祝福："陈老师，祝您女儿生日快乐、健康美丽!"陈信泰大为感动。他在 90 岁时回忆说："如果说一个领导干部的智商和业务能力决定了其成就的高度，那么其情商和道德情怀决定了他能走多远。用现在的话来说，任树纲懂得用感情留人。他给我树立了天津领导干部的新形象。"陈信泰也是一个特别重情义的人，他 1980 年专程赴任树纲之约，为天津河西区中小学校长和骨干教师作了一场报告。那场报告会安排在一家电影院，楼上楼下坐了一千多人。陈信泰回忆说："我此前从没有为

---

① 潘传增(1933～)，南京人，1956 年被教育部从华东师范大学本科生中选拔出来，安排到北京修习俄语，以便赴苏联留学，但因中苏关系破裂而"再分配"到山东，由山东省教育厅调配至曲阜师范学院工作。他随后报考华东师范大学理论物理专业研究生，研究生毕业后在《曲阜师范学院学报(自然版)》编辑部工作。潘传增在 20 世纪 80 年代担任物理系主任。

这么多人作过报告，既紧张又兴奋。报告会中间还认了一个‘亲戚’——夏之莲的妹妹在北京读书时，经常与我、王策三、夏之莲一起聊天、逛书店。这一晃20多年没见，当年那个叫我‘陈哥’的小姑娘，已成为天津某中学校长了。”

1980年天津之行，陈信泰除了为河西区中小学校长和教学骨干作了一场报告，还为天津师大教育系学生作了一场讲座。与陈信泰同时受邀的还有北京师范大学的一位副教授，讲授教学法。陈信泰听说后就对组织人田本娜说："这次随我来的研究生杨启亮，读研究生之前当过多年中学老师，了解基础教育教学一线的实际情况，口才也好。你不妨让他讲一讲，看看学生喜欢不？"田本娜遂安排杨启亮讲"如何做一名好教师"。杨启亮的演讲以问题为导向，有理论，有案例，绘声绘色，博得满堂彩。天津师范大学南校区学生会得悉后，就邀请杨启亮再为南校区同学讲演并安排了录像。天津师范大学后来又请杨启亮去讲过三四次。杨启亮后来申报"山东省有突出贡献中青年专家"时，这些演讲、录像就成为支撑材料的一部分。天津师范大学校长会见陈信泰时，听田本娜谈起陈信泰的研究生如此优秀，就请陈信泰传授一下培养研究生的"秘诀"。陈信泰说："我也是刚开始招收研究生，在研究生培养方面没有什么创新经验，但是我在中国人民大学和北京师范大学接受了研究生教育，密切接触过一些名家大师，知道研究生招生与培养中的哪些环节最为重要：招生面试是前提，这牵扯到研究生基本素质问题；邀请名家授课是关键，这关系到学生的学术起点问题；‘走出去’开眼界是平台，涉及学生的学术视野问题；理论学习与实习实践相结合，这是学以致用问题；鼓励学生发表论文，这是提高研究能力与学术影响的问题……"陈信泰在天津教育界的影响就这样打开了。及至全国第一家省级教育科学研究院"天津市教育科学研究院"成立之时，王宗敏院长专程到曲阜来向陈信泰要人才，先后引进了王志平、张武升、庞学光等人。从此，天津教育学界与曲阜师范大学建立了长期的友好合作关系。

其次，发起成立"华东华北七院校教育学讨论会"。"一个人行得快，一群人走得远。"陈信泰意识到，新时期的教育学研究需要志同道合者互相激发切磋，而且只有靠团队力量才能形成规模效应。在当时全国师范院校方阵中，北京师范大学背靠京师，是教育部的智囊，华东师范大学是南方学派的代表；南京师范大学张焕庭、鲁洁等组织了"沪、皖、苏六院校教育学教研协作会"，而华东和华北地区却没有自己的"教育学研究军团"。于是陈信泰与田本娜发起成立了"华东华北七院校教育学讨论会"，参与单位有曲阜师范学院、天津师范大学、河北大学、河北师范大学、北京师范学院、内蒙古师范学院、山东师范大学等，并于1981年10月29日至11月3日在曲阜举办了第一次学术讨论会，参加会议的除了七家理事单位外，还有黑龙江、江苏、安徽、上海、北京等省市30多所院校的160多位代表。在此次会议上，陈信泰被推为“华东华北七院校教育学讨论会”首任理事长。[①] 那时的学术会议，参会者都是为学术而来，为交友而来，根本不计较吃住条件是否简陋：吃在教工食堂，住在学校招待所，只求在研讨会上发言并得到同行的指正。此后，“华东华北七院校教育学讨论会”各理事单位轮流主办，每年一次，共召开了21届，每次会议都在学界引起较大反响，重要杂志的编辑都把会议当作猎获优秀论文的场所。

接下来，陈信泰应邀参加了全国和地区性的众多教育学会议，在会上作主题发言，阐发自己的思想，成为国内具有重要影响的专家。他印象最深的学术会议有如下几次：

一是1981年“南征”。1981年4月15日至25日，全国教育学研究会第二次年会在福州梅峰“福州军区招待所”召开。陈信泰这一次带着刘世峰和杨启亮一路由南京、苏州、上海、杭州南下，直至福州、厦门，然后才返回曲阜。此行有快乐也有忧虑，既看到了学界敢于挑战的勇气与锐意创新的胆识，也看到了思想浮躁的乱状与理论失范的局面。陈信泰第一站到达南京，与南京师范大学的朋友张焕庭、鲁洁会合，并受邀参加了在江苏师范学院（苏州大学前身）举行的江苏省教育学会成立大会。陈信泰在会议上一方面结合实际谈问题，另一方面普及教育哲学和逻辑常识，更强调反对非此即彼的二元思维，指出不能以另一种“极端思维”来反对“文革思维”。与会的《教育研究》编辑李月章向陈信泰索稿，陈信泰在会后整理出一篇3000余字的论文并将其寄给了《教育研究》编辑部。待南行结束回到曲阜时，陈信泰接到《教育研究》编辑部的来信，请他去北京修改论文。等他到了《教育研究》编辑部才知道，主编廖一帆觉得这个重要论题可以写成“长篇巨制”，而陈信泰只写了3000余字，篇幅短了点。但陈信泰并没有借机拉长文字，仅对字面作了一点修改完善，即对编辑说：“问题谈清楚就好，学术研究不能‘注水’。”这反而让主编和编辑都对陈信泰刮目相看。[②]

苏州会议结束后，陈信泰一行人前往上海与华东师范大学瞿葆奎会合，同赴福州参加全国教育学研究会第二次年会（福州会议），会议议题是“毛泽东教育思想研讨”。在福州会议期间，有两件事让陈信泰颇感惊愕：一是研究生入

① 参见陈信泰：《华北、华东七院校举行教育学学术讨论会》，《教育研究》1982年第1期。

② 参见陈信泰：《关于红与专关系的探讨》，《教育研究》1981年第6期。

场旁听会议受到限制。陈信泰此前带刘世峰、杨启亮参加学术会议还从没有遇到过这样的霸道规定，于是他与承办会议的福建师范大学教育系主任徐君蕃进行了沟通，与会的各校研究生这才得以进入会场。二是个别学者的发言中流露出"提着脑袋参会"等惊人之语，有制造紧张气氛之嫌。这两件事让陈信泰觉得此次会议索然无味，即起身离场。即便瞿葆奎劝他留下来，他依然摆摆手退出会场，去福建医学院看望黄锦凤的六叔黄庆广了。参加此次会议的厦门大学副校长潘懋元邀请陈信泰师生三人到厦门进行交流，于是陈信泰带着刘世峰、杨启亮赴厦门大学访问并与该校教育系师生进行了座谈。

二是1983年的"北游"。全国教育学研究会第三届年会于1983年8月20日至8月26日在长春举行。① 陈信泰带着研究生张武生、韩延明、李晓燕参加了会议。他们先从曲阜到烟台，然后乘船到大连，前往辽宁师范大学进行学术交流。此前，曲阜师范学院招收第一届教育学研究生时尚未获得学位授予权，所以李国榕老师培养的第一届心理学研究生苏富忠是在辽宁师范大学完成毕业论文答辩的。辽宁师范大学教育系主任何宗传由此了解了曲阜师范学院教育教研室的情况，并多次来函邀请陈信泰到该校交流。陈信泰这次到达辽宁师范大学后，先是由何宗传引导参观了该校图书馆、教育系资料室等硬件环境，然后与老师们进行了座谈交流。陈信泰不知道这是何宗传先生在考察他，直到几天后他们师生四人要离开大连时，何宗传才谈了邀请陈信泰的目的："我年纪大了，要退休了，学校让我物色一个系主任人选。你已看到，我校中外教育学、心理学研究资料丰富，科研条件不错，我们现在想请您来担任教育学科带头人……"陈信泰婉言谢绝："何先生，谢谢您的美意，我在曲阜师院那边的工作刚刚展开，我必须善始善终。"何宗传又让在辽宁师范大学工作的几位北京师范大学校友出面劝说，但陈信泰仍然谢绝了好意。何宗传先生长叹一声："真是遗憾！"

从大连至沈阳，陈信泰受到了沈阳师范学院李放的热烈欢迎。二人是在兰州会议上结识的，因为对"教育本质"的看法完全相同②而引为学术知己。此后，李放多次来信邀请陈信泰去沈阳讲学。陈信泰遂利用这次参加全国教育学研究会第三次年会的机会拜访这位神交已久的朋友，与沈阳师范学院教育系老师们进行了交流，并为沈阳市教育干部作了一次报告。李放此时正主编

---

① 徐毅鹏等：《我国教育学研究中的一些问题——全国教育学研究会第三届年会讨论综述》，《教育研究》1983年第11期。

② 参见李放：《教育是社会上层建筑》，《教育研究》（创刊号）1977年第1期。

一本教育学刊物《教育丛刊》，特约陈信泰为杂志撰述。[①] 从此，陈信泰与他的研究生又多了一个发表平台，其中，他与韩延明合写的《也论人的全面发展的本质特征》一文就发表在《教育丛刊》1984 年第 1 期上。——在沈阳，陈信泰还特地抽出时间看望了黄锦凤的大妹黄锦鸾、妹夫张海。

在长春期间，陈信泰除了参加学术会议，还会见了两位老朋友。一是会见了吉林大学的车文博。车文博听说陈信泰来到长春，立即赶到他下榻的地方。二人喜极而泣，长时间地握手拥抱，促膝长谈，其情其景令周围人感动不已。二是赴东北师范大学王逢贤家宴，就教育学研究的前沿问题进行了深度对话。王逢贤与陈信泰是研究生同学，曾在“异化”问题讨论中有过切磋商榷，但他们都懂得：学术归学术，不应归于政治；朋友归朋友，应当始终如一。

离开长春，陈信泰师生四人又受邀前往哈尔滨师范大学参加了王策三组织的教学论研讨会，顺便前往“中国石油之都、北国温泉之乡、天然百湖之城”大庆参观了王进喜纪念馆。陈信泰在 90 岁时感慨说：“无论什么时代，王进喜那种艰苦奋斗、拼命硬干、无私奉献的精神都值得人们学习和践行！”

从东北返程经过北京，陈信泰又参加了中央教科所召开的全国教育基本理论专业委员会会议。他在这次会议上结识了华东师范大学的叶澜[②]。叶澜那时刚过 40 岁，有思想，有学问，注重调查研究，强调理论与实践相结合。陈信泰听她发言后，觉得她就是教育学界的“第二个鲁洁”。在接下来的全国教育基本理论专业委员会主任票选中，陈信泰得了高票；叶澜那时还不为大家熟悉，得票数没能居于前列。陈信泰立即提出让贤，请叶澜担任全国教育基本理论专业委员会主任，理由是：一是应当让有才华的年轻人脱颖而出；二是叶澜作为新生代的留学归国学者，知识结构更加合理，视野更为宽广。陈信泰的提议得到了大家的认可。事实证明，叶澜的确是个杰出的学者。1994 年，担任华

---

① “李（放）老师于 1980 年创办了沈阳师大的《教育丛刊》（内部刊物）并任主编，这是国内最早创办的教育类学术期刊之一。由于经费的制约，该期刊印刷十分朴素。但在当时，能够拥有一份学术期刊，是多么不容易啊。当时的《教育丛刊》拥有一支堪称‘豪华’的作者队伍，潘懋元、张焕庭、孙喜亭、黄济、王逢贤、王策三、陈信泰、陈景磐、陈桂生等国内知名学者都踊跃投稿。《教育丛刊》一直办到 1989 年第三期，后来由于经费困难，实在难以为继，只好停刊。”（邬大光：《明师以诚　毕生化育——李放教授的学术贡献与育人之道》，《中国教育科学》2014 年第 2 期）

② 叶澜（1941～ ），上海人，华东师范大学终身教授、博士生导师。1962 年毕业于华东师范大学教育系并留校工作，1980～1982 年赴南斯拉夫萨可勒布大学教育学系任高级访问学者。曾任华东师范大学教育系主任、教育科学与技术学院院长、华东师范大学副校长等职，兼任全国高师课程与教学改革指导委员会主任、全国教育基本理论专业委员会主任、中国教育学会副会长、国务院学位委员会教育学学科评议组召集人等。

东师范大学副校长的叶澜受邀来曲阜师范大学指导工作，工作结束后有个晚餐会，叶澜说："想见见陈信泰老师。"学校领导就颇感吃惊，而更让校领导惊讶的还在后面。众所周知，山东的宴席规矩多，校领导安排叶澜坐主宾，让陈信泰坐副宾，叶澜却坚持让陈信泰坐主宾。大家推来让去，争执不下，结果叶澜直接跑到陈信泰身边坐下。她这样做并不是有意让校领导难堪。她就是这样一个性格爽直的人，不喜欢客套。另外，她也想跟陈信泰"说几句悄悄话"，顺便征求一下建议：那个时候华东师范大学拟把她作为校长候选人，而她认为行政事务太耗时间，会影响到她的学术研究，到底何去何从？陈信泰给出的建议是："学术与行政，分则两利，合则两伤；你如果真想推动教育学原理的本土化，想要把你提出的'新基础教育'落地生根，想要将教育思想与实践相结合，那么你就全力以赴吧！不要等到退休时才感到壮志未酬，留下遗憾！"结果叶澜干完那一届后毫不恋栈，于 1997 年辞去副校长职务，专心做学术研究了。在官本位的中国社会里，叶澜的选择可以说是极少的个案。叶澜领衔开创了"生命·实践"教育学派，她主编的"生命·实践"教育学"基本理论研究"系列丛书12 册，标志着她的学术思想已具有了学派的体系性，值得教育学界认真研究、总结和实践。多年以后，陈信泰仍然觉得：结识叶澜，是他这次"北游"最大的意外收获。

三是汇聚全国教育学研究精锐力量，集体编著了《中国社会主义教育学》①。陈信泰自 1978 年以后即与江苏高校建立了友谊，曾受邀参加江苏省教育学研究会成立大会、《高校教育学参考资料》专题讨论会等会议。② 1985 年，南京师范大学组织的"沪、皖、苏六院校教育学教研协作会"在扬州师范学院召开，研讨"全面发展教育思想"。张焕庭、鲁洁专门邀请陈信泰参会，他们的友谊也由此加深一步。1986 年夏天，陈信泰参加了江苏教育学院常春元组织的学术会议。会议经过精心准备，每位与会者都根据会议议题撰写了论文，最后由常春元、黄济和陈信泰三人统编成《中国社会主义教育学》，所收录的各篇文章都代表了当时教育理论的前沿观点，基本上在"中国社会主义教育学"的根本问题方面达成了共识。时任教育部副部长董纯才认为，《中国社会主义教育学》由诸位学者共同探讨教育基本原理前沿问题，这种"集团作战"的方式能解决大难题，能啃下硬骨头。——后来，常春元一度动议修订《中国社会主义教

① 常春元、黄济、陈信泰主编：《中国社会主义教育学》，南京：江苏教育出版社 1987 年版。

② 参见《江苏省教育学研究会暨沪、皖、苏六院校教育学教研协作会在徐州师院举行〈高校教育学参考资料〉专题讨论会》，《江苏教育》1982 年第 4 期。

育学》，但陈信泰认为，不必修饰加工，应保持其原貌，从而为那个时代的教育思想“立此存照”，以利于后来者“接着说”。

除了参加全国重要学术会议外，陈信泰还参加了全国教育科学规划“六五”重点课题《中国大百科全书·教育卷》、“七五”重点科研项目《教育大辞典》和“八五”重点科研项目“教育学系列丛书”的相关写作、组织与编审工作。“我在这些工作中主要发挥了协调、组织作用，这也是全国教育学研究会秘书长陈侠①总是让我参加此类重大策划活动的原因。比如，在‘八五’规划课题‘中国教育学会教育学研究会教育学系列丛书’的任务分配中，市场前景看好的数种图书很快被人抢走，而《幼儿教育学》和《家庭教育学》等却无人认领。陈侠就有些着急。我早就料到会出现这种情况，也想好了办法，就对陈侠说：‘剩下的由我来协调吧！’我就请天津师范大学、天津教科院和北京师范大学的相关专家承担任务，最终协调安排天津师范大学田本娜接手《小学教育学》，我担任了郑慧英主编的《幼儿教育学》的‘责任编委’，还与天津教科院王宗敏共同担任《家庭教育学》的‘责任编委’。”②陈信泰在诸如此类的组织协调工作中作出了很多奉献，其中的秘密也只有中国教育学研究会核心人员陈侠等人心知肚明。而陈信泰觉得，只要能促成大家共同完成一项重大任务，能助力推动中国教育学研究，他即使作出一些牺牲也无怨无悔。

陈信泰在20世纪80年代末到90年代初还主持完成了全国教育科学“八五”规划课题“孔子教育思想与我国当代教育改革”③，其主要观点被他浓缩在《要总结、继承这份遗产》一文中：

> 我认为在评价孔子时，首先要把历史上的尊孔活动同孔子思想区别开来，不能把肯定孔子思想中合理因素的学术研究同“尊孔派就是反动派”联系起来。我们要把孔子放在一定历史中进行具体分析。其次，我们对历史人物既要进行阶级分析，也要进行全面的研究和分析。由于历史

① 陈侠（1915～1992），江苏扬州人，1943年毕业于西北师范学院教育系，1948年毕业于该院教育研究所，1949年后历任出版总署编审局编辑、人民教育出版社教育编辑室主任、全国教育学研究会常务理事兼秘书长，著有《课程论》《师范教育和教育科学》《近代中国小学课程演变史》等，兼任《教育译报》副主编、《课程·教材·教法》杂志副主编、《中国大百科全书·教育卷》教育学科副主编、《教育大辞典》编纂委员会委员兼分册主编。

② 这套由中国教育学会教育学研究会编写的国家规划重点系列图书1996年由福建教育出版社出版，此后多次修订再版。

③ 全国教育科学规划领导小组办公室编：《中国教育科学规划回顾与展望》，北京：教育科学出版社2006年版，第692页。

人物参加的社会实践是多方面的，社会的各种思想甚至是对立的思想又是互相影响的，这就不能用政治、哲学公式去作简单的推导。

孔子属于没落奴隶主贵族的思想代表，他认为当时社会的进步、经济关系的变化、政权的下移、人民的起义都是“天下无道”。于是到处奔走，疾呼“如有用我者，吾其为东周乎！”他想对当时的旧制度做点改革，要求统治者“举贤才”、进行“德”治，“使民以时”，以求维护奴隶主统治制度。可是由于不合潮流，到处碰壁，于是转向教育工作和著述工作了。孔子的教育思想为复兴东周政治服务是无疑问的。

孔子在哲学上是个唯心主义和先验论者。他认为有“生而知之者”，“唯上智与下愚不移”。但是长期的教育实践，使他认识到教育的巨大作用。如：“性相近也，习相远也。”“好仁不好学，其蔽也愚；好知不好学，其蔽也荡；好勇不好学，其蔽也乱；好刚不好学，其蔽也狂。”充分肯定了教育和学习对于人性的改造作用。

孔子要求学生学习“修己”“安人”，其目的是为了“从政”“治民”，也就是要“学而优则仕”，这同他的“举贤才”和复兴东周的政治理想是一致的。但是“学而优则仕”在当时提出是有其积极意义的。它对奴隶制的贵族世袭制是一个否定，对后来两千年的学校制度、科举制度产生了极其深远的影响。就是今天来看，选拔人才，还是要考虑“择优录用”的方式。不同的是，他要求推行复兴东周的方案，而我们要求的则是为社会主义建设服务。

孔子在道德修养方面确实有他自己的一套。他要求学生“闻道”“守道”“安贫乐道”，就是要求学生立志于“道”。关于“立志”的意思是好的，立什么志，学什么“道”，则就不能学他的了。在学“道”的方法上，我认为也有可取之处，如要求“力行”“慎言”“见贤思齐”“见不贤而内自省”“不二过”等等。当然具体要求上我们也不去学他的。

孔子当时是个具有丰富实践经验的教师，对他自己的许多要求，今天也可借鉴。如认为当教师的必须“身正”，要“当仁不让于师”，要“无常师”“择善而师”等等，都是有积极意义的。①

可见，陈信泰绝非全盘接受孔子教育思想，而是主张与时俱进、辩证分析：“如果把孔子圣人化，把儒学宗教化，势必走向教条主义、原教旨主义。那是中

---

① 陈信泰：《要总结、继承这份遗产》，《教育研究》1980年第2辑。

世纪的思维。如果传统文化真的万能不朽而'天不变道亦不变'，那中国就不该有近代耻辱史，也早就进入大同盛世啦！"在原始儒家诸子中，陈信泰更喜欢孟子和荀子，因为他们更加"阳刚"一些！

（七）和而不同："学派"不是"门户之见"

王国维曾说："学之义不明于天下久矣。今之言学者，有新旧之争，有中西之争，有有用之学与无用之学之争。余正告天下曰：学无新旧也，无中西也，无有用无用也。凡立此名者，均不学之徒，即学焉，而未尝知学者也。"①王国维之"学"兼具"知行"二义，他一生标举"超政治""超功利"的学术本位思想，怀抱不唯书、不唯上的实事求是精神，采用拿过来、开放性的比较研究方法，具有辟蹊径、启山林的标新立异胆识，更兼求同声、宽异己的自由竞争原则，以身体力行为中国现代学统奠定了一方坚实基础。② 但很遗憾的是，中国学界一直存在明争暗斗、急功近利的"江湖气"以及学阀门派、暗箱操作的"潜规则"。

陈信泰为了追究学术真知，能够"虽千万人吾往矣"，尤其厌恶各种争名夺利的内耗斗争，因此他总是有意避开人际关系漩涡。20 世纪 80 年代中期，北京师范大学教育系一度向陈信泰抛出橄榄枝，王焕勋、毛礼锐希望陈信泰回母校工作，但都被陈信泰委婉回绝了。他心里有几个放不下的梗：一是"反右"运动时，师友反目，让他看到了人性丑恶的一面；往日朋友一下子形同陌路，避之唯恐不及，让他感受到了人情薄凉。二是在"教育本质"讨论、"异化"问题讨论、"人的全面发展"问题讨论中，师友们几无站出来声援者，而是选择围观。——陈信泰不喜欢那种看似老成稳重、实则保守陈旧的氛围。三是有人恐伤及其利益，通过各种渠道作出阻拦和暗示。陈信泰不愿把有限的时间消耗在人际矛盾中，所以他后来即使去北京参加各种会议也有意"退避三舍"，宁愿选择住在中央教科所对面的八一电影制片厂招待所，也不住在北京师范大学招待所——唯一的例外是他有一次突然生病，经老友王策三反复劝说，才同意搬到北京师范大学招待所，以便于王策三中午和晚上能给他送一碗粥；及至病情好转，他就立即回山东了。陈信泰当然不会忘记敬爱的陈景磐、王焕勋和毛礼锐等先生，只不过他会用其他方式表达对恩师的感念，比如请他们来曲阜讲学、指导工作、主持研究生论文答辩等。陈信泰尤其尊重毛礼锐先生，不止

---

① 王国维：《〈国学丛刊〉序》，《观堂集林（外二种）》，彭林整理，石家庄：河北教育出版社2003 年版，第 700 页。

② 参见李钧：《王国维与中国现代学统》，《学术界》2001 年第 1 期。

一次讲:“毛先生视我如子。在学术上,他倾其所有以授,无所不谈,是真正助我成长;他关心我的生活,我在北京师范大学工作时,他看我已是大龄青年,就要给我介绍女友。毛先生在20世纪80年代几次想把我调回北京,见我不去,他又想把他博士毕业的孙子毛祖桓①送到曲阜工作,只是毛祖桓说‘我的事业在北京’,我们就都没有勉强;毛先生临终嘱咐毛祖桓一定要到曲阜来,把他葬礼的照片和录像带送来一份。遗憾的是我当时沉浸在悲痛之中,也没能写一篇纪念毛先生的文章。”

曲阜师范大学自1979年开始招收教育学研究生以来,培养的毕业生基本教育理论功底扎实,问题意识强烈,紧盯学术前沿,发表论文数量多且质量高,因而曲阜师范大学教科所很快在学界声名鹊起。有人说曲阜师范大学教育学已形成了自己的学派。对此,陈信泰说:“流派或学派不能自我标榜,需要有本体论、认识论和方法论的建构与实践。在20世纪90年代的教育学界,以北京师范大学为代表的‘京派’,是教育部制定教育政策的智囊,为教育方针做注释工作,所以总体上持重老成、规范严谨,给人不偏不倚的中正中庸印象。北京师范大学在教育学研究方面有体系性建构的是顾明远,因为他做比较研究,有国际视野,也有自己的标准和立场。华东师范大学为代表的‘海派’,是开放的、面向世界的:他们沐浴欧风美雨,以英、美、法、日、俄等国教育理论与方法为研究对象有实验主义的态度,通过迻译排比,取主流为标志,在资料辑成与教育思想史梳理方面有重要贡献,从刘佛年、瞿葆奎到张人杰、陈桂生、施良方这是一条线;叶澜则致力于教育原理的本土化,颇有创见。南京师范大学的教育学研究既有张焕庭等老一代学人,也有鲁洁、朱小蔓等新一辈专家,在德育教育研究方面有重要贡献,他们的观念与苏联不同,努力跳出凯洛夫模式,跳出资料辑录的路子,要创建自己的德育理论体系。曲阜师范大学的教育学研究以马克思主义基本原理为指导,具有面向现实的问题意识和服务社会的意识,走理论与实践相结合的道路,走教育与生产劳动相结合的道路。潘懋元是中国高等教育学学科的倡建者和创始人,把厦门大学建设成为中国高等教育学研究的重镇,为推动中国新时期高等教育的发展作出了卓越贡献……但无论哪个派别的教育学研究,都证明了一点真知,那就是要‘传承创新’而不能‘大破大立’。至于教学论和方法论,则应是多元的,应当允许有不同观点、不

① 毛祖桓(1948～),师从王焕勋先生,1988年12月以《从方法论看教育学的发展》获得博士学位,是中国新时期第一位“教育基本理论”博士,后任北京科技大学教育经济与管理研究所教授、博士生导师。

同方法，因为时代在进步，方法也应变革。面对变革，绝不能把‘新见’视为‘邪说’，更不能以官方权威与‘真理在握’的姿态固步自封。有个词叫‘相反相成’，这是说，不同的方法都能解决部分问题，比如道尔顿的‘设计教学法’与赫尔巴特‘五段教学法’不同，但都可以解决实际问题。而所谓‘最好’也不是自封的，需要实践检验和理论证明。当然，学派或流派也不是一个人能建构的，必须有团队，有传承，能经得起时间和实践的检验。”

陈信泰90岁时评议说：“20世纪90年代以后，尤其是2000年以来的学界，开始形成门户之见，已不像新启蒙时代那样大气鞺鞳。”“其实，由于中西意识形态不同和经济社会发展程度差异，教育基本原理也存在差异。既然本体论都存在差异，那么课程设置和教学法更没有成规定论和终极原理。何况，古今中外那些具有建设性、能解决现实问题的方法往往是殊途同归的。大家只有各抒己见、深入探讨，才能各自形成学术流派，达成公共空间。学术界最应宽容，不能把争鸣与论争变成‘唯我独尊’‘朕即天下’的斗争，更不应发起人身攻击。这种门户之见在深层面上显示出：战争思维和‘文革’思维在中国仍然阴魂不散。”

陈信泰认为，学术论争乃至学派之争应该遵循两个基本原则：第一，“他可能有过许多敌人，但未必有一个私敌”①。这也许可以作为判断一个人是否是“真学者”的标准！第二，“我不同意你的观点，但我誓死捍卫你说话的权利”②。这也许是一个时代能够出现“百家争鸣”局面的前提！

（八）热点交锋：教育本质论、“异化”论和“人的全面发展”理论

陈信泰1979年担任中国教育学研究会第一、二届理事，1988年后任第三、四届常务理事；1979年起担任山东省教育学研究会副理事长，后来任理事长；1981年起任“华东华北七院校教育学讨论会”负责人；1979年开始招收研究生，1983年倡建曲阜师范学院教育系……陈信泰回忆说：“1981～1988年是我最忙碌的时期，带学生，写论文，参加学术会议，忙得不亦乐乎，每天只睡五六个小时。另外，曲阜师范学院在地缘上是边缘化的，所以一定要抓宣传，一定

① 《马克思恩格斯选集》第3卷，北京：人民出版社2012年版，第1004页。

② 此名言出自英国女作家伊夫林·霍尔（Evelyn Beatrice Hall）的《伏尔泰的朋友们》和《书信中的伏尔泰》，但霍尔在1939年5月9日的一封信中承认：此名言并非伏尔泰之语，而是她本人的观点。（参见熊培云：《伏尔泰没说过的话》，《这个社会会好吗》，北京：群言出版社2013年版，第132页）

要发声。20世纪80年代是拨乱反正的年代，很多理论问题都需要正本清源，而我恰逢其时，主要参与了三个重大理论问题的论辩：关于教育本质论，关于‘异化’问题，关于‘人的全面发展’理论。第四个问题‘教育与生产劳动相结合问题’没有来得及展开……我不能说我的观点都是正确的，但我的论述皆以马克思主义理论为基础，希望能为后来者打造‘接着说’的平台。”

1.关于教育本质论

中国人经历了近现代民族战争与阶级革命，形成了浓厚的非此即彼的“革命思维”和“斗争观念”，这是一种固化、僵化、简单化的思维定势。陈信泰对此也提出了批评意见：“要么站在革命这边，要么你就是‘反革命’，没有中间地带。鲁迅先生当年就对‘太阳社’小伙计们‘唯我独革’的一元标准和两极思维发出了警告。这种极端思维不是学术思维，却被错误地引入了学术研究中。在‘教育本质论’讨论中，也出现了这种极端思维。”

教育的本质是生产力还是上层建筑？这不应是一个一刀切、非此即彼的问题。陈信泰认为“教育的本质主要是上层建筑”，这是有学理与现实依据的。

第一，马克思主义理论已对此问题作了较为清晰的阐述，认为教育主要是上层建筑。而于光远在新时期提出“教育是生产力”论，主要是对“科技是生产力”观念的延伸，对于“彻底否定文化大革命”这一时代主题来说具有现实意义，对于批判“读书无用论”从而为教育正名也具有思想启蒙价值，有利于推动中国社会向“全面发展生产力”这一目标转型。但真理向前再踏进一步就是谬误：“教育是生产力”很容易导致“唯生产力论”，以此类推，后来就出现了“科技是第一生产力，教育也是生产力，环境更是生产力”等说法。这种“泛生产力”论主张一切向“生产力”看齐，就像“一切向钱看”一样是一元思维，是“唯一”“最高”“终极”“绝对”等“文革”思维和“文革”话语的变种，在本质上是反哲学、反辩证法的。新时期另一句名言是“实践是检验真理的唯一标准”，其中的“唯一”也具有绝对性、宗教性和不证自明性，不容置疑和商榷；倒是胡福明文章原题《实践是检验真理的标准》更加准确，更接近马克思主义哲学原理。

第二，陈信泰认为“教育主要是上层建筑”还因为：教育尤其是高等教育不仅是授人以职业技能，更重要的是授人以智慧和方法，使人养成终生学习的习惯；教育所涉诸学科不仅有科学技术，还有“反思现代性”、反思“唯科学主义”的历史、文学、哲学、宗教、音乐、艺术等人文学科；教育不仅启人“理性”，还包含有关信仰、灵魂、审美的“非科学”部分。因而，教育提供总体的智慧，其中既有科技知识，还有往返质疑的批判精神和人文智慧。而“泛生产力”论或“唯生产力”论将使整个社会失去丰富多样的意义和价值(meanings and values),从而趋向唯科技、唯经济(或金钱)的单一化与平面化,人与社会都将因此而失去幸福指数。即使教育中包含诸多推动生产力发展的因素,那也是间接的要素,必须经过转化才能变为生产力,所以不宜笼统地称“教育是生产力”。

陈信泰因而认为,至少在社会主义初级阶段,教育在本质上主要属于上层建筑和生产关系,而不是经济基础和生产力。陈信泰甚至为此解释说:“我之所以对‘教育是生产力’观点提出商榷,并非反对于光远,更不是为了个人扬名立万,而是警惕‘以文革思维反文革’这种集体无意识。不知道有多少人能真正理解我的初心。”

2.关于“异化理论”的讨论

陈信泰认为,《1844年经济学哲学手稿》是马克思的早期作品,“异化理论”不是成熟的马克思主义理论。哲学史家也认为,在写作《1844年经济学哲学手稿》时,“马克思当时对费尔巴哈仍然十分推崇”①,还存在“两种逻辑”的矛盾②。陈信泰认为,马克思继承了黑格尔、费尔巴哈的“异化”概念,但与其又有“根本的区别”:“异化作为一个重要的哲学概念被公认为是从黑格尔开始的。黑格尔的异化理论是物质与精神、存在与意识本末‘精神异化论’,异化在他那里获得了能动的创造性的原则。他以异化概念为杠杆构造了他的客观唯心主义体系。继黑格尔之后,费尔巴哈用异化概念批判了宗教。费尔巴哈恢复了异化概念的唯物主义权威,但是,由于他把人的本质归结为抽象的纯粹自然的理性、意志和爱,使异化理论失去了能动的创造性原则。实质上,费尔巴哈的异化理论是‘抽象的人的自然本质的异化论’。马克思的异化理论与黑格尔和费尔巴哈的异化理论有着渊源关系。但是,马克思的异化理论是在新的基础上发展起来的异化劳动理论,是对前人的超越,与他们有着根本的区别。马克思把异化概念引入经济领域,通过揭示劳动与产品的关系,发现了发生种种异化现象的根源就是劳动异化,并把劳动异化及其克服与对私有制的摒弃联系起来,认为克服异化劳动的(途径是)消灭私有制,实现共产主义。因此,马克思的异化理论是马克思早期考察社会历史的一种辩证法,在马克思早期理论中占有重要的地位,对马克思主义的成熟与发展起着重要作用。但是,它毕竟

① [南]普雷德拉格·弗兰尼茨基:《马克思主义史》第一卷,胡文建等译,哈尔滨:黑龙江大学出版社2015年版,第85页。

② 参见孙伯𫘝:《探索者道路的探索:青年马克思恩格斯哲学思想研究》,合肥:安徽人民出版社1985年版,第177页。

不是成熟的马克思主义理论。”[①]而就马克思当时论述的“异化”内容来看，包括社会异化、经济异化和政治异化，而且衡量异化的尺度也是不同的，正如马克思所说：“每一个领域都用不同的和相反的尺度来衡量我：道德是一种尺度，而国民经济学又用另一种尺度。这是以异化的本质为根据的……”[②]马克思在这里已经提出了一个核心问题：“异化的本质”是什么？这就是马克思后来发现的“剩余价值”说。马克思在找到了“剩余价值”学说之后，再也没有用过“异化理论”。正如列宁所说：“马克思在1844～1847年离开黑格尔走向费尔巴哈，又超过费尔巴哈走向历史(和辩证)唯物主义。”[③]也就是说，青年马克思曾沿用费尔巴哈“异化”理论，但总体上以1845年为界，当他洞悉了生产力与生产关系、经济基础与上层建筑的辩证关系，发现了资本剥削本质与剩余价值理论之后，就弃掷了“异化”一词。而就事物发展规律来说，一般不会“反逻辑”发展，而“异化”恰恰是反逻辑的。明白了这个“逻辑前提”，“异化”就不应是社会、经济、政治或者人的发展的规律，只能说是“生产关系不适应生产力的发展”的结果。

“异化”是否具有规律性，是否可以成为普遍真理？否！如果“异化”是必然的、终极的、规律性的真理，那么就再也没有进一步展开研究的必要了。在陈信泰看来：“如果凡事都可以用‘异化’解释，就可以推脱掉所有问题，这就简单化、机械化了。‘异化’只是一种社会历史现象而非历史规律，在对其进行研究时必须坚持具体问题具体分析，比如针对‘为什么创造财富越多，穷人却越来越多’这一问题，马克思最终提出了‘剩余价值’论，这才找到了问题的根本。‘工人贵族’是怎么回事？他们为什么容易被资本家收买？这是不是‘反逻辑发展’？再比如，财富增长的主要动力是什么？等等，这些都是值得研究的具体问题。……苏联之所以在1990年发生分化，就是因为没有认真研究这些重大问题和根本问题，没有找到症结和解决方案。我们还可以反推印证：如果‘异化’是规律且无法克服、无法改变，那就陷入了宿命论和不可知论，人类就永远无法达到‘共产主义’。”

“异化”问题在中国并非直到20世纪80年代才被提出来，早在20世纪30年代就已由苏联引介过来。艾思奇不同意“异化”理论，但是当20世纪

---

① 陈信泰、张武升：《马克思的异化理论不是人的全面发展学说的理论基础》，《教育研究》1983年第7期。

② 《马克思恩格斯文集》第1卷，北京：人民出版社2009年版，第228页。

③ 《列宁全集》第55卷，北京：人民出版社1990年版，第293页。

80年代“异化”问题再次从苏联引入中国时，艾思奇因为年事已高而没有写作文章进行阐释，于是“异化”就成了一个悬而未决的理论问题。20世纪80年代，中国哲学界支持和反对“异化”说的两派势均力敌，不分高下。周扬将“异化问题”引入了文学界，将“人道主义”和反对“异化”当作新启蒙文学的关键词，不仅在文艺理论界引起热烈讨论，而且与“伤痕文学”“改革文学”“反思文学”中的呼唤政治体制改革、反对贪污腐败等主题密切关联起来。当时也有人要把“异化”问题引入教育学研究领域，陈信泰注意到了这一动向并在与学生们讨论时指出，“异化”问题是个重大问题，值得认真研究。他同时提醒学生：“艾思奇等老一辈哲学家对这一问题都没有定论，那么这一定是个难题；同学们应当先去认真阅读马克思主义经典原理，而不要急于追风逐潮。”因此之故，他当时没有发表讨论文章。没想到“异化”问题讨论渐渐成了教育学界的一个热点，厉以贤和王逢贤也在《教育研究》等期刊发表论文讨论“异化”问题。张武升在此背景下草成一篇支持“异化”论的文章，拿给老师批阅，希望得到老师的首肯，然而陈信泰不同意他的看法。张武升说：“厉以贤、王逢贤、周扬都认为‘异化’论是正确的，而且厉、王二位先生都是您的朋友呀！”陈信泰说：“友谊归友谊，学术归学术。我建议你先去深入阅读马克思主义相关原著。马克思在1844～1845年即对以赫斯为首的法国‘真正的’社会主义者大肆宣扬人道主义并以之‘充实’共产主义的言论进行了有力批判，随后在《德意志意识形态》《共产党宣言》《共产主义原理》中都对抽象的‘人道主义’进行了细致批判，斥之为‘反动的社会主义’和‘粗鄙的共产主义’。你应当从这里‘接着说’。”①

陈信泰回忆说：“张武升最初认同‘异化论’，而我反对‘异化论’。于是我们开始激烈辩论。我的主要观点是：首先，如果用青年马克思去反对成熟期的马克思，这不符合马克思主义理论自身的发展逻辑；其次，如果承认‘异化’说，那么就会出现了两个马克思，也就出现了‘以子之矛攻子之盾’的问题——这也正是出现‘西方马克思主义’的原因所在；再次，重提‘异化’论并非丰富和发展马克思主义，而是在消解马克思主义……直到我指导张武升修改论文第七稿时，我们仍在辩论，常常是我刚说一句，就被张武升打断。我便提醒他：‘你至少要让我把话说完，听听有没有道理。学术研究不能固执己见。’”这一次讨论时，张武升越讲越激动，声音越来越高。陈信泰也有些激动，想吸支烟压住

① 陈信泰、张武升：《马克思的异化理论不是人的全面发展学说的理论基础》，《教育研究》1983年第7期。

火气，结果香烟拿颠倒了，把过滤嘴给点着了。黄锦凤见状，便对张武升说："武升，注意跟老师说话的态度和方式！"陈信泰后来感慨地说："张武升那时脾气很大，把论文撕掉，从窗户扔了出去。但他与众不同之处在于，想通后就送来了第八稿……"陈信泰就这样带着张武升逐段研读马克思《1844 年经济学哲学手稿》《德意志意识形态》《共产党宣言》《共产主义原理》等著作，一篇论文前后写作、修改了八个月，改定第十稿才寄给《教育研究》。

但稿子寄出去两个月，《教育研究》迟迟没回消息。张武升不断催问老师，陈信泰遂给李月章打了个电话。李月章说："陈老师，再等等，等中央精神。"张武升就有些丧气，抱怨道："你看，改了十稿也没用。"似乎责怪老师不识时务，错过了一个发表论文的好机会。陈信泰叹了口气对他说："学术研究，要守正出新，不能只争朝夕，切忌急功近利、实用主义。"

又过了两个月，邓力群发表了反对"异化"论的文章，等于给这个问题下了结论；《教育研究》也立即发表了陈信泰和张武升的文章。据说后来意识形态部门曾派人到《教育研究》调查，责问他们为什么发表那么多支持"异化"的文章。编辑赶紧拿出陈信泰和张武升合写的文章说："我们把正反两方面的文章都发了，你看陈信泰先生的这篇文章。"调查人员看了文章后才作罢。后来陈信泰再到《教育研究》编辑部时，李月章等人直向他"道谢"，说如果不是他的这篇文章，编辑部当时很可能就要写检讨了。陈信泰也只能对李月章感慨道："我就是一个学者，发现问题，研究问题，绝不针对哪个人。"

张武升希望与导师继续撰写关于"人道主义"的论文。陈信泰语重心长地说："异化""人学"和"人道主义"都是"西方马克思主义"的观点。"你可以观察和思考'人道主义'问题，但我不建议写作相关文章，因为马克思主义在这方面的相关理论阐述不够系统，所以最好不要再追风潮。"

3.关于"人的全面发展"问题的讨论

中国汉代以后的新儒家教育思想主张脑体分离，标榜"劳心者治人，劳力者治于人"。中国古代各学派中只有墨家的教育思想接近脑体共育，但在中国并非主流。由此可知中国传统教育思想中没有系统的"人的全面发展"理论。"人的全面发展"观念在西方是 16 世纪空想社会主义教育家提出的，主张脑力与体力均衡发展，这主要是因为机械化时代到来了。可以说，"人的全面发展"理论是为批判教育的贵族化而提出的新教育理念，后被马克思继承和发扬。而随着现代社会的"祛宗教化"运动，西方又出现了"以美育代宗教"的教育理念，蔡元培将其引入中国。另外，陶行知从杜威教育思想延伸出"脑体结合"的教育理念，但没有进行具体、系统的论述。进入新时期以后，“人的全面发展”思想在中国被具体化为“德智体美劳”全面发展的观念。这大约就是“人的全面发展”理论的多源和众流。

陈信泰、张武升《马克思的人的全面发展学说的动态考察》认为，马克思主义的形成和发展经历了三个阶段：第一个阶段是从马克思的博士论文到《黑格尔法哲学批判》，马克思此时期的世界观总体说来属于黑格尔唯心主义；第二阶段是从《德法年鉴》到《1844 年经济学哲学手稿》，马克思由黑格尔转向费尔巴哈的唯物主义；第三阶段是从 1845 年《关于费尔巴哈的提纲》、与恩格斯合著《德意志意识形态》，直到去世，马克思在此阶段彻底完成“两个转变”，这是马克思主义思想的形成和成熟时期。与马克思主义思想的产生、形成和成熟的过程相一致，马克思“人的全面发展”学说也有一个产生、形成、发展过程。① 此论文发表之后，陈信泰接到北京师范大学劳凯声的来信和论文，希望陈信泰与他展开“商榷”。② 陈信泰回信说：学术观点当然可以商量，因为这世上没有什么终极真理；你尽管发表你的文章，不用跟我商量；我的观点已在论文中表达清楚，以后不在此问题上再作纠缠。陈信泰之所以这样回复，一是因为他对自己的马克思主义理论水平有着充分自信，时间和实践会证明其论断的正确性；二是希望给年轻一代更多的学术空间。实际上，陈信泰对于来自年轻人的“商榷”，不仅不以为忤，反而感到高兴，因为 20 世纪 80 年代中国学界的论争源于强烈的问题意识，大家论辩时可以“六亲不认”，只是专注学术而不搞人身攻击，这就是“现代学统”的进步。《围炉夜话》有言：“大丈夫处事，论是非不论祸福。士君子立言，贵平正尤贵精详。”陈信泰的宽容态度也赢得了青年学者的尊重——黄葳 2017 年 9 月 19 日看望陈信泰时曾转达说：“劳凯声非常尊重陈先生！”

陈信泰 1985 年参加南京师范大学组织的“沪、皖、苏六院校教育学教研协作会”关于“全面发展教育思想”的讨论会以后，一度想深化“人的全面发展”问题的研究，并试图开展“教育与生产劳动相结合”课题的研究，因为后者是一个老问题、大问题，也是一个面向现代化的新问题。“教育与生产劳动相结合”课

① 参见陈信泰、张武升：《马克思的人的全面发展学说的动态考察》，《教育研究》1984 年第 2 期。收入顾明远总主编：《中国教育大系 · 20 世纪中国教育 2》，武汉：湖北教育出版社 2004 年版，第 1472～1476 页。

② 参见劳凯声：《对马克思创立人的全面发展学说的几点认识——兼与陈信泰、张武升同志商榷》，《教育研究》1985 年第 4 期。

题对研究者的素质提出了极高要求：一要具有较高的教育理论修养，二要对教育史资料进行全面搜集整理，三要具有实践与调研能力，四要具有跨学科研究的视野，五要有社会机构的支持，六要有研究团队的通力合作。因而，如果缺乏大智慧和卓越的组织协作能力，是不可能胜任这一课题的，弄不好反而会沦为建构论式的空谈。陈信泰认为，从各方面条件来看，刘世峰很适合研究"教育与生产劳动相结合"课题，遂把这个重大问题交给了他，并鼓励韩延明也参加这一课题的研究和写作。但遗憾的是，刘世峰 53 岁时就因患胰腺癌去世了。当时北京师范大学和华东师范大学都注意到了这个重大课题，拟成立"教育与生产劳动相结合"研究中心，都想引进刘世峰。所以刘世峰去世时，不仅陈信泰非常难过伤心，瞿葆奎和黄济也深表遗憾，因为国内当时可以担此重任的学者屈指可数。在陈信泰看来，"从 20 世纪 90 年代开始，中国的经济转型和教育发展已经为'教育与生产劳动相结合'问题的研究提供了崭新平台：这就是当代职业教育的发展。现在人们提倡所谓'精工''工匠'精神，提倡'山东省有突出贡献工人技师'许振超式新型技工的培养，都显示出'教育与生产劳动相结合'的崭新可行性与巨大创新力。——我相信，德国、比利时等国的职业教育和中国未来的职业教育，都将证明'教育与生产劳动相结合'课题的重要意义"①。

问及陈信泰为什么执着于马克思主义教育理论研究而不转向不那么敏感的教育史或教学论研究，他说："首先，我最初致力于研究世界教育史，但研究历史不能停留于'历史'，还必须对经典作家作品进行研究，从而确立自己的学术立场。我在中外教育比较中认定了三个经典教育思想家：孔子、杜威和马克思。孔子是中国古代教育家的代表，应是一个研究重点，但孔子在当代中国一度受到批判，所以我直到'八五'期间才申请了一项全国教育规划课题'孔子教

① 瑞士、德国、奥地利、比利时等国的各级职业和技术教育处于世界领先地位，培养出了大批科技骨干、行业带头人和熟练技术工人，也为这些国家的产品在国际上享有盛誉发挥了积极作用。比如，比利时拥有完善的职业教育体系，全国共有 12 所大学、45 所高等职业技术学院、17 所高等艺术学院，还有一些由行业协会和宗教团体资助的独立职业学校，其职业教育主要包括中等教育学校、高等专科学校以及成人教育中心等；其学生在小学毕业后可以选择普通中学，也可以选择职业教育。以比利时弗朗德地区（荷语区）为例，中学生选择职业技术教育的约占 60%；而在瓦隆区（法语区），中学生选择职业学校的占 50% 左右，而且女生所占比例也是 50% 左右。比利时的职业学校除教授普通中学课程外，还有针对性地教授专业技能；高年级学生有更多时间在校内或校外上社会实践课，毕业生可以直接升入高等专科学院，也可以在学校继续学习至毕业后直接就业。参见刘军：《比利时如何传承手工艺传统——纳穆尔技术与手工艺学校采访记》，《光明日报》2018 年 2 月 26 日

育思想与我国当代教育改革'，以期辩证吸收而非全盘接受，否则就没有所谓'现代教育'啦！西方集大成的教育理论家是杜威。我在大学期间即开始研读杜威著作，但杜威在20世纪50年代就被批判了，我也参与了批判，后来就不宜'吃回头草'。我从读研究生起，重新接受了马克思主义教育理论体系，此后我研读了《马克思恩格斯全集》，觉得马克思主义是体系最完整的哲学和社会科学，其教育思想也有巨大的阐释空间。总之，研究经典作家，才能确立自己的学术立场，提高自己的境界与格局。其次，马克思和恩格斯都是知行合一、理论与实践相结合的伟人。马克思从学习到超越康德、费尔巴哈和黑格尔，从对现实的错误估计到对现实的正确认识，在正反两方面都占有了丰富经验，故而他能自我校正、接近真理。研究马克思主义能使人真正'取法乎上'。最后，恩格斯的谦逊和人格魅力令人敬佩。恩格斯学识丰厚，但在结识马克思以后就认为马克思的天赋比自己高，故以师视之，即使后来他的部分见解超越了马克思，也依然在著作中把马克思放在自己的名字前面。众所周知，马克思去世时，《资本论》仅出版了第一卷，恩格斯用了两年时间整理出版了《资本论》第二卷，又用了9年时间整理出版了第三卷，但恩格斯都没有署自己的名字……我研究马克思主义教育理论，既有时代原因，也有个人学养背景，还有对马克思、恩格斯人格的钦敬在里面。"

由于陈信泰在20世纪八九十年代参与了多个重大教育理论问题的讨论，故而在全国教育学界具有较高知名度和影响力，这有几个重要指标为证：一是陈信泰在全国教育学研究会中的地位。他是中国教育学研究会第一、二届15名理事之一，第三、四届18个常务理事之一。二是以陈信泰为带头人的曲阜师范大学教育学科论文发表数量、质量与影响力在20世纪80年代居于全国同类学术机构前列，陈信泰本人也是1980～1991年"在《教育研究》上刊文最多的三十七位作者"①之一，其《马克思的人的全面发展学说的动态考察》后来还被《教育研究》评为"创刊30周年优秀论文"②。三是陈信泰组织了"华东华北七院校教育学讨论会"，此组织连续召开21次年会，在教育学界颇具影响力。四是陈信泰与常春元、黄济联合主编了《中国社会主义教育学》一书，就"中国社会主义教育学"的根本问题达成了共识，代表了当时该派教育理论的前沿观点。

---

① 金顺明：《简论〈教育研究〉的作者群及有关问题》，《教育研究》1994年第11期。

② 《教育研究》杂志社编：《教育研究的时代足音：〈教育研究〉创刊30周年杰出论文》，北京：教育科学出版社2011年版，第508页。

陈信泰那个时段保持了极为旺盛的创造力，连梦里都在与人进行学术辩论。黄锦凤有时告诉他："你昨晚睡觉时嘟嘟囔囔，像演讲又像辩论。"陈信泰立即严肃地对她说："你可别叫醒我，那是在做好梦呢！梦中会有顿悟和灵感呐！"陈信泰在90岁时回忆说："真怀念那个时候，怎么会有那么多想法?！我现在不会做梦与人争论了，就像孔子所说'久矣吾不复梦见周公'。我也写不出文章啦！'生花妙笔'被收回了。你们年轻人，一定要趁大好时光认真读书，好好写作呀！"

(九)创办教育科学研究所与《新杏坛》杂志

1989年3月，山东省教育厅批准设立曲阜师范大学教育科学研究所，陈信泰受聘为首任所长。在当时，教育系与教科所既分工又合作：教育系主要负责本科生教育，教科所主要负责研究生培养，师资人员则是系所互用。

教育科学研究所下设教育学、教育史、心理学和教学法等四个研究室，分别由陈信泰、陶愚川、李国榕、郭术敏担任研究室主任。陶愚川先生晚年病重，入泰安疗养院休养。1992年，教科所从上饶师范专科学校引进了韩钟文先生，拟发挥其在中国教育史研究方面的特长——韩钟文后来还被语言文学研究所、孔子研究所借调主讲"中国古代美学""孔子与中国传统文化"等课程，可见其一专多长、学养深厚。①

由于陈信泰时常外出开会，必须有一个得力副手处理日常工作，因而他向学校递交报告，引进郭术敏老师兼任教科所副所长。郭术敏原为中学老师，后调入曲阜师范大学中文系担任写作与教法教师。郭术敏讷于言而敏于行，给人印象最深的就是那双笑眯眯的眼睛。郭术敏在教科所认认真真地做了两件大事：一是组织各系科教学论教师开展教研活动，使曲阜师范大学教学论学科得到了长足发展。陈信泰说："正是由于这些教研活动，有几个系科的教学论

---

① 韩钟文(1947～2014)，江西广丰人。1980年，毕业于江西上饶师专中文系；1984～1985年，在山东大学修读古典文学硕士研究生课程。1987～1988年，在北京师范大学访学，专攻教育哲学并协助博士导师进行教学与科研工作，参与《教育大辞典》、教育哲学系列研究等国家级重点项目编撰，获评"江西省先进科技工作者"荣誉称号(1987年)、"江西省专业技术拔尖人才"称号(1992年)；1992年，调入曲阜师范大学，任教授、学科带头人。韩钟文长期致力于教育学、教育科学研究方法、教育哲学、孔子与中国文化研究，出版《朱熹教育思想研究》《人生成功的道路》《中国儒学史·宋元卷》等著作，发表论文50多篇，代表论著获1989年全国首届优秀教育理论著作奖、1992年全国第二届优秀教育图书二等奖、1996年北京市哲学社会科学优秀论著一等奖(合著)、1999年山东省哲学社会科学优秀论著二等奖。

老师迅速崭露头角。比如，化学系阎立泽教授具有开拓意识，他找到我说，现在学校的学科教学论师资结构较好，实力雄厚，已经具备了申报‘学科教学论’硕士点的条件，而--旦获批学科教学论硕士学位点，就意味着全校各学科均可招收教学论的研究生。这对于学校研究生教育来说是件大好事，所以我答应联系潘懋元来校指导工作，并让郭术敏、阎立泽做好申报准备工作。最终，学校顺利获得学科教学论硕士学位授权点。——2000 年以后，学科教学论专业硕士成为研究生教育的新热点，而曲阜师范大学在这方面是走在全国前列的。郭术敏、阎立泽老师为曲阜师范大学学科教学论硕士学位点的申报工作默默付出，功不可没。”二是担负起《新杏坛》杂志的编辑、组稿工作。教科所创办《新杏坛》杂志，目的是让教育学科的师生有一个发表园地。杂志从 1989 年开始每年一册，到陈信泰 1993 年 5 月退休前共出了四册。郭术敏老师为《新杏坛》杂志做了很多工作。杂志每期发稿数十篇，从组稿、审稿、排版，到校对、印刷、发行等，工作量巨大，但郭术敏老师毫无怨言地“为他人做嫁衣裳”。陈信泰对《新杏坛》及郭术敏所做的工作评价很高：“《新杏坛》那四期的论文质量很高，至少华东师范大学瞿葆奎教授很重视《新杏坛》的动向，该校研究生的数篇学位论文都引用过《新杏坛》刊发的文章……曲阜师范大学在 20 世纪八九十年代迅速发展，得力于拥有一批像郭术敏这样的默默奉献、勤恳工作的老师！——‘人不知而不愠，不亦君子乎？’郭术敏等老师明道而践行，堪称‘君子’，他们的贡献不应被忘记！”

教育科学研究所一度充当了学校教育改革与发展规划的智囊。陈信泰在建言献策方面表现出了超前思维，他的主要提案有：一是学校应在打牢本科生教育的基础上，抢抓机遇，大力发展研究生教育；二是走国际化道路，提升学校的国际知名度，拓展留学生招收与培养途径；三是提倡“科研强校”“文化强校”，走特色发展道路，人文学科尤其要重视中国传统文化研究。另外，陈信泰在 1987 年以后担任学校第一、二届学术委员会和学位委员会委员，在相关会议上反复呼吁：中国教育将面临新的发展机遇，若想提升学校在全国乃至国际上的知名度和影响力，必须高度重视科学研究，因为只有科研具有“可量化”的标准，比如课题、获奖、著作和文章；中国高校会像西方一样出现“大学排名榜”，从而影响政府投入、社会关注、学校招生、人才流动等一系列问题，因此必须提前谋划，把科研当作学校发展规划的一个重点；要依托各个研究所，让一部分人脱颖而出、“先富起来”；要避免师资队伍的“近亲繁殖”，大力引进名校的优质研究生，完成师资队伍的“升级换代”……陈信泰的建议受到了学校领导的重视，同时也遭到少数人反对。他们认为，像曲阜师范大学这样一所师范院校，培养好基础教育师资就足够了，不必重点发展研究生教育，更不必再给老师们增加科研负担，等等。《庄子·秋水》中有两句话："井蛙不可以语于海者，拘于虚也；夏虫不可以语于冰者，笃于时也。"短视之人没有鸿鹄之志，自然无缘于逍遥游。

随着新时期高校职称评聘工作的开展，陈信泰提出了职称评审"质量优先"的"代表作制度"。陈信泰在1987年之后多次担任山东省社科优秀成果评审教育学学科组组长、学校职称评审文科组组长等职务。他发现职称评审中存在重大导向问题。学校职称评审一度采取积分制，申请人的各种级别、篇幅的文章以及课时量都被换算成分数，分高者晋级，因而一时出现了粗制滥造、拼凑粘贴、以量取胜的乱象：有人在乱七八糟的报刊上发表"豆腐块"文字，毫无学术价值可言，也无益于科研水平的提高；有人甚至一年主编两三本书，还要求"破格"晋升教授；而在追求"科研成果"的过程中，很多老师已不能安心于教学工作……于是陈信泰提出"代表作制度"，希望职称评审的标准由"求量"向"求质"转变，真正以高层次期刊论文、科研立项和科研奖励等标志性成果为标准。也有人提出："教书育人是高校的本位和中心，教师抓好抓牢教学就可以晋升为教授。"陈信泰则指出："教学与科研一体两翼，孤阴不生，独阳不长。教师不搞科研，那么教学就难有创新，往往会原地踏步。大学教师长于教学，那是本职，可以评讲师；讲师研究教学论，发表相关成果，可以晋升为副教授；副教授学有专长，精于研究，在学界享有较大影响，才可以晋升为教授。学校的影响力一定是以科研影响力作为评判标准的，在国内则如同打擂台，如果没有科研实力就根本登不上这个擂台。当然还应当明确的是，教学研究与学术研究都是科学研究，都属于科研成果，不应片面理解。"有人对于陈信泰的提议曾语带嘲讽地说："不要张嘴国际闭口世界，不要只是仰望星空，还要看看脚下、脚踏实地，还要考虑中国人民大学、北京师范大学等名校的标准对于曲阜师范大学来说是否切合实际。"陈信泰反驳说："曲阜的确不是设学于中心城市，但这里既然两千年前能出一个'孔圣人'，那么我们就不应妄自菲薄，而应当有信心办成国际知名的大学。我们不仅要鼓励科研与教学并重，而且要重奖优秀的科研和教学成果。"可喜的是，当时的学校领导多数支持陈信泰的建议，因而学校在"文化兴校、科技强校"的双翼下进入快速发展时期。陈信泰在90岁时评议说："从某种意义上说，一所大学的决策者和管理者的水平和境界，决定了一所高校的'天花板'；高校领导必须是学者型官员，必须是国内外重点大学的高学历毕业生，否则就不能高瞻远瞩，取法乎上。对于高校教师来说，一定要处理好科研与教学的动态平衡，要补齐短板；那些把教学与科研对立起来的人，是片面的。”

陈信泰主张“代表作制”，并且在职称评审中认真把关；即使有的学校领导参评职称，他也不会网开一面，故而当陈信泰 1993 年退休时，有人心中暗喜。学校也连续几年采取了“评退”办法。陈信泰对此评价说：“‘评退’之类的‘安慰奖’绝不是真正的公平。庸人占去了资源，那么真正有才华的人就无法脱颖而出。如果有才华的中青年教师因为失去晋升机会而流失，那才是学校的巨大损失。一个学校或团体里的‘小人’和‘乡愿’多了，水平就低了。后来者常感叹：曲阜师范大学 20 世纪 80 年代的教授人数不多，却颇具全国影响力；后来教授数百人，却少有梁启超所说的‘真学者’。原因是什么呢？原因就在于格局与境界大不相同。”

（十）陈信泰日记（1989 年 4 月 17 日至 1990 年 8 月 2 日）

日记，是个人对经历的事件、处理的事务、观察的对象以及内心情思等所做的日常记录。小而言之，日记印有个人的心路历程和成长屐痕；大而言之，日记又是关乎集体社群乃至民族国家的“民间历史”。

陈信泰小学时就开始写日记，那时写日记的原因和动力主要有三点：一是提高表达能力与写作技巧，二是记录个人秘密和成长心得，三是总结每天收获并心怀快乐入眠。他进入中华职业学校以后，由于生活节奏加快、时间略显紧张，就改成了周记或大事记。进入大学以后，他将日记与读书札记合为一体，积攒下数个日记本。及至到北京读研究生和工作以后，经历了一些政治运动，而后就烧掉了所有日记。

在陈信泰身后遗留的书籍和资料中，只保存了一本写于 1989 年春天到 1990 年秋天的日记簿，行文虽然简洁，却可以看出他在此时期工作和生活的忙碌节奏，也能看出学科与学校的发展动态，还能隐约读出时代与社会的转型变化。其中，在学科建设上一件尤为重要的历史事件是，陈信泰在 1989 年即已着手教育学博士点的申报工作。

以下是陈信泰日记摘录：

1989 年 4 月 17 日，学校发布 89138 号文件，宣布我和郭术敏分别为教育科学研究所所长、副所长。

4 月 19 日，请河北师大教科所所长贾韫武来较为一、二年级研究生讲教育经济学一周(4 月 15～23 日)。中央教科所高教研究室主任孟明义研究员来校,学校聘其为兼职教授。仪式计划于 23 日举行。在申报博士点方面协助我。

4 月 22 日下午,孟明义于第一会议室为研究生和各系主任作报告《社会经济与教育改革的关系》。出席 50 人,徐宝庆副校长主持,报告甚为精彩,震动较大。

4 月 23 日,举行聘任兼职教授仪式。由程汉邦校长授聘书(26 号)、校徽(2027 号)于孟明义研究员。贾韫武陪同。校内李国榕、姜林祥参加。晚 10 点 20 分,送孟回北京、贾去天津。

4 月 24 日晚,张洪生自济南山东教育学院来讲学,25～26 日讲 2 天教育管理学专题。

4 月 25 日,报送陶愚川科研优秀著作《中国教育史比较研究(古代部分)》。我为之写推荐书。

4 月 26 日晚,宴请张洪生(家中便宴),黄昌明(山东教育学院教管系)同来。

4 月 27 日 9 点 30 分,送张洪生走。今日起看系里送来职称评审论文 4 份。博士点申报表打印稿送来校对。

4 月 28 日,评审论文完,送回系里,安排合适时间从 6 人中选 3 人。博士点申报表校对完,送科研处研究生科,了却一心事。读未读看的报刊。

4 月 29 日,省里为我校增一师范教育论文评奖名额,与杨述胜副校长商量(后又与官复亭商量),同意杨(述胜)与小杨(启亮)两人今年发的论文上报。

4 月 30 日中午吃饭,信达弟“从天而降”。妈妈激动得哭了。之后大家好好聚聚。

5 月 1 日,受邀与刘乃昌、谷辅林等人参加私立孔子函授大学第二期开学典礼……顺路买回李氏烧鸡,倒是一大收获,与信达弟美餐一顿。

5 月 2 日,今天起再细看黄崴、王鸣铎论文,准备 9 日参加其论文答辩。徐州王思清来电,订下 9 日举行。华东师大同志不能来……

5 月 5 日,送信达弟去兖州车站,他今天回成都。

5 月 6 日下午,同徐宝庆、郭术敏等一起开第一次教科所会议,初步研究工作开展问题。具体做法待我徐州研究生答辩后进行。

5月8日，去徐州师院，为黄崴、王鸣铎进行论文答辩，中午到达，与张同善、崔相录（中央教科所理论室主任）会合。

5月9日，为王鸣铎、黄崴进行了一天答辩，都顺利通过。晚上徐州师院校长设宴庆祝。徐州师院未同我事先商量就将我纳入他们的硕士导师群。幸好我几年内为其带了三届学生4名，他们得以报点。

5月10日，回曲阜，遇雨。

5月11日下午，孙传宏送来文章两篇。人事处又送来上海社科院要我填写的《中国当代文化精英》表格，我已感到厌倦，交宋广文协助译文。

5月12日，山东省师范教育学会来文，又要组织人研究答复。明天同官复亭等人研究。

5月13日，香港大学美国学者白吉瑞来访，谈一小时，送走。

5月14日，看了一天杂志。准备为省教科所大刘（世峰）的约稿写作。……

5月20日，我决定不去参加全国教育基本理论专业会议。

5月26日，泰安疗养院来电要人去为李国榕同志办理住院手续。……同苏富忠联系，让他明天去办。

5月29日早晨，出现血便一次。我想同最近几件事相关。尽量不去想它，但实际上是不行的。今天开始吃云南白药。

6月1日，今天早上仍为黑色便，只能全天休息了。

6月3日，今天才止住黑血，已有五天。锦凤说按这个情形，每天至少胃出血200CC，要好好休息一周。伙食方面要求严格控制。上午把一年级研究生集合起来（除齐学红外）开了一个会，让他们安下心来学习……

6月4日……同徐宝庆校长商量，准备9日去阜阳见孙时进①父亲，动员他让他儿子来我所工作。徐同意。

---

① 孙时进1986～1990年在华东师大心理系攻读博士，师从曾性初教授，现为复旦大学心理学系教授、主任、博士生导师，兼任教育部中小学心理健康教育咨询委员会副主任委员、上海市心理学会副会长、上海高校心理咨询协会会长等职，出版《社会心理学》《心理学概论》《管理心理学》等著作。陈信泰回忆说："孙时进博士毕业之际，曲阜师大教科所特别想引进他来接李国榕老师的班。孙时进在攻读硕士学位时就展现出极好的人品和家教。孙时进的父亲孙清化是老革命，1950年创办阜阳二中，'文革'后担任阜阳行署教育局局长等职。孙清化'文革'受迫害，孙时进由姐姐带着生活。姐弟二人无钱买菜的时候，曾到菜市场捡菜叶；饿到没有办法时，曾舔食大字报背面的糨糊。孙时进下过乡，吃过很多苦。我请研究生周末到家里小聚，他吃橘子时，把橘皮都一点不剩地吃掉；吃西瓜时，他啃得特别干净，同学笑话他吃到'青州'、吃到'通州'了，他只是脸红一下，把西瓜皮藏到身后……我是特别喜欢他。他后来留在复旦大学，当然更好！"

6月10日，由于胃不适，去安徽阜阳之事暂缓。明天去泰安看望住院的李国榕。

6月16日，上午为研究生开了一个会，我讲了一个多小时。下午《师范教育论坛》主编杨为珍同志来访，准备创刊号用我们交去的7篇。全刊21篇，我校占1/3，为我们上交14篇交流文章中1/2，初战胜利。晚上尹国玉自东营奉王平命来联系，为东营中小学校长办半月培训班，初订计划，为成立教科所以来第一次对外活动。

6月17日，去徐州。18日，去安徽阜阳，乘慢车，7小时到，已有20多年未来。列车一路上没水喝，把胃又弄坏了。至阜阳，孙时进父亲孙清化来接车，接待热诚。19日，孙清化的老师、原阜阳专区专员、87岁高龄翁张建华出席，此人是王运通的老师，席上所谈尽是40年代事。范林陪去，深受教育。20日，张老设席。21日，返徐，徐州师院由教研室招待。22日下午，回校。

6月23日下午，同徐宝庆去泰安看望李国榕。李决定25日返校。

6月24日，为×××签账事。此次答辩费钱不少，借2400元，将一年半经费支出。×××不会办事。

6月26日上午，召开了师范教育学会曲阜师大分会编委会，决定先编第一期《新杏坛》，约25万字，一周完稿。今日起投入此紧张工作。

6月26日，庞学光自南京来，对《教育原理》一书提纲作了初步研究。他要求参与的人越少越好，3～4人便可。我同意。

6月28日，师范教育论文陆续送来，规定7月1日为最后一天。可是学校上级部门通知，明天一天从早到晚开三个会，又要占去我有限的时间。

7月1日，从昨天起患了感冒，难受至极。医院开了藿香正气水，喝了胃不好受，可能过期了(87年的)，只好硬挺。

7月5日，今天终于在晚上12点完成了师范教育学会论文的审查，才拖着疲惫的身体上床休息。

7月6日，印刷厂交稿……应届毕业生庞守兴决定分来教科所，使我所的专职人员增至4人。

7月16日，连续学习了一周，下周还有四天。

7月19日，下午起忙于校《新杏坛》最后一稿，25日上版印。

7月23日，进入校稿紧张阶段，又要联系出版书号。尝到出版一本杂志的艰难，到处要找关系。由于不丢原则，工作更难。颇感心有余而力不足，还缺乏一批助手。但忙了几日，总算得到一些同志帮助，略见端倪，有胜利在望之感。到昨天已校90页，还有70页，需要在24日前完成，问题不大。

7月24日，今天如期完成校稿工作。明天上版印刷，估计月底前完成。

7月31日，印刷工作已于前日下午完成，今天取出20本《新杏坛》。比原来想象的要好得多。这为教科所成立以来完成的第一件大工程。东营来电，校长培训班暂停，以后再说。我自今日起转入审阅研究生读书作业。……

8月2日，今日同官复亭研究了初步发放《新杏坛》杂志的方案，并向杨述胜副校长请示，获同意。官同我拟具体名单。

8月23～26日，参加省教育学会科研论文评奖(济南)。先见到大刘(世峰)、宁虹，宁虹赠《教育预测学》书一本；后见到小陆(有铨)。

9月4～16日，全校开学后，学生学习政治教育课。二、三年级分二组学习。科研处成立领导小组……教科所研究生由我负责。

9月16～23日，新生入学教育。一年级研究生10人，仅1人请假，未报到。星期五，我同李国榕与学生见了面。下周，我上第一课。

10月1日，国庆放假三天。趁机去看望孔祥美①夫妇一次。孔拟调来我校。徐宝庆让我同杨述胜副校长谈一次，希望孔祥美能出任附小校长。杨同意，并希望教科所尽量配合。这些意见正好不谋而合。晚间去看望研究生，以示关怀。

10月4日，今天第一次给新生上教育基本理论课。约三个半小时，讲了该课程研究对象、计划，并介绍阅读参考书。约定下周讨论教育起源课题。接通知，明天晚上同杨述胜研究山东省师范教育学会评奖事。

10月5日，上午安排范林去天津河西区联系教育调查。接通知，明天研究生科安排迎新会活动，要求我在会上讲几句。

10月29日，去北京师范学院参加华东华北七院校学术研讨会四天(20～24日)。七院校会议决定明年来曲阜召开。24日起住在北师大招

① 孔祥美是郭术敏老师的爱人，她1960年即作为优秀教师代表赴北京参加文教群英会，受到周恩来总理接见，1979年被评为特级教师，1983年被评为山东省优秀教师，此后担任曲阜市教育局教育研究室主任，1989年调任曲阜师范大学附属小学校长，为附小的改革发展作出了重要贡献。

待所221室，访问了王焕勋、胡克英、张同善、裴娣娜、王策三、周密、顾明远、陈孝彬、钱曼君等人，后知陈景磐先生生病住院。到中央教科所专门访问了赵德强。北京形势已稳定，使我放心。27日去天津。

11月4日，自天津回曲阜。在天津时，除参加上海道小学整体改革十年汇报会，为河西区教育局作一场报告，讲了教育同政治、经济的关系及教育的主客体关系。为天津师大师生讲了十年来教育理论界的讨论。同天津教科院座谈了两次，受到热情的款待。

11月7日，去济南参加省教育学会常务理事会，研究换届问题。8日，召开第三届理事会，我和程汉邦再次当选为副会长。9日，回曲阜。

11月12日，又去济南参加省教委论文评奖会。经两天的讨论，我组评出1名一等奖、6名二等奖、10名三等奖，韩延明、杨启亮获三等奖。

11月20日，一早去济宁参加政协常委会。下午，他们把我送回来。

11月24日，一早又去济南参加省社科联常委会，研究换届问题。会上我表示下届退出，因为兼职太多，让年轻人多几个参加这类会议。会上同意。中午，社科联主任、济南市委宣传部副部长张耀林宴请一场，原来他是王化岱的同班同学，还是我31年前教过的学生。

11月29日，昨日同任志平、仝茂莱、刘一鸣等又去济宁开政协常委会，听市委书记王玉玺报告并讨论五中全会报告。今日上午回来。

11月30日，由于会议太多，昨日吃得不好，结果今日上午起连续7次腹泻。亏得锦凤照顾，除及时吃药外，喝了许多杯淡盐水，总算未脱水，免了打吊瓶之苦。晚9点半，稳定下来。

12月2日，基本恢复健康，但饮食仍为锦凤控制。

12月4日，今天精神全部恢复，从早到晚处理了许多公务。晚上忙过一点半(实际上已进入5日)，把一年级研究生基本理论课第四、五个课题的参考材料选好，定于5日下午让庞守兴去复印。5日晚去拜访郭术敏夫妇，以示欢迎。

12月13日，任志平、刘一鸣、仝茂莱参加济宁市政协常委会，来我家研究新年前三级政协委员会如何发言。

12月15日，全天帮助孔祥美。送去三位研究生和一位专科生，协助她工作。

12月16日，今天向附中康静玉建议，把初中三年制改成四年制，同附小一起改革，合成九年制义务教育。得到附中全体教师支持，下午即通知列入科研项目，先搞一个班。杨述胜表示支持。

12月20～22日，主持一年级研究生本学期第四次讨论课，题为“教育与人的发展以及教育的主体与客体问题”。……第五课题文件已复印并发给学生，作为最后一次讨论的材料。

12月24日，昨天和今天基本把下学期课程安排好，只差系里的教育实习未安排。

12月29日，今晚教科所开元旦迎新茶话会，师生出席约40人。校领导在校的都参加了，颇为重视。会上谷汉民书记讲话。我也简单讲几句，以后就进行游戏。闹了两个小时。

1990年1月1日，今日新年休息，我去拜访官复亭，他病情又发作，主要是化疗引起胃不好。官的精神状态尚好。我介绍了溃疡宁，不知能否帮他克服病痛。

1月9日，学校召开学术委员会，大家一致通过拔尖人才和学术带头人计划。国家还是缺人才。

1月13日，领到500元学术带头人资料补助费，正好够一年书刊报纸订阅费。今天检查了学生离校情况，好学生还是坚守学习岗位。这两届里努力向学的学生很少，孙传宏的确是个好学生，不打算回家。天津《教育论丛》1989年第4期收到，同李如密合写的一篇发表了。

1月15日，今天起批改研究生作业，估计到月底可完成。

1月22日，今日接到省教委田建国电话，说省委宣传部要我编选一本《马恩列斯毛邓论教育》，确定2月底前交稿。这下子，春节又不得休息了。

1月25日，完成研究生批改作业。

1月29日，今日初三，把贾燕兰全家九人请来晚上共过春节。计划明天起开始看材料，投入额外加来的《马恩列斯毛邓论教育》编选工作。

2月6日，完成编选工作的1/3。后面的速度可能快些。

2月28日，完成选编，约40万字。通读选稿约250万字。明天送去济南。

3月4日，上级布置加强研究生政治学习。开始忙二年级学生备课和实习问题，以及三年级毕业论文问题。

3月15日，省教委通过《马恩列斯毛邓论教育》选编材料，报送省委宣传部。

3月22日，召开陶愚川教育科研基金评奖委员会，论文分下去，计划下月评定，并提出修改条目。研究了高师专业委员会分工问题，成立秘书处，由翟洪章负责，后勤由刘建华负责，准备4月11～15日开会。

3月29日，为二年级研究生开实习备课会(第四次)。

4月13日，接贯韫武来校为研究生开教育经济学。

4月22日，官复亭同志不幸逝世。与我同年，何去得太早。好人不长命，遗憾。幸昨天研究陶愚川教育科研基金评奖，建议他的论文选入获奖名单，以慰故人家属。

4月25日，送贯韫武走。昨晚设家宴招待。此活久不干，甚劳困。早上送站的车坏了，又忙了半日才送走。今定于4月27日为研究生召开第五次实习备课会，并为三年级毕业班忙文件准备。

5月10日，研究《新杏坛》第二期组稿，增加张承荣为编委。

5月18陶愚川科研奖评委讨论定下二等奖3人(马东风、杨启亮、李广义)，三等奖增3人，为9人。

5月22日，三年级研究生毕业，3人按期完成。29日答辩。张同善来信，这次偕夫人谢老师同来。

5月30日，昨天顺利通过研究生3人论文答辩。

6月6日，今天去济南，参加山东师范大学研究生4人论文答辩。

6月10日，到天津，与田本娜、张燕镜等研究《教育学》编写章目，住天津市二招。

6月20日，把研究生申请学位档案文件作最后一次检查。

6月27日，研究生复试。6人皆通过，但要为其中2人委培定点作联系。

7月10日，布置研究生放假前的工作。开会行将结束时，孟万金来，说张永校急病送院，急去看。校医院建议转市医院，为气胸。

7月11日，探望小张(永校)。见市医院王君寿院长，请予照顾。

7月14日，前天张永校送入手术室排气，今天去看，情况好转。

8月2日，《新杏坛》稿基本看完。进入假期。

这册日记本记至此中断，此后是1991年10月4日至11月1日参加全国教育学研究会的会议记录，那次会议的议题是与福建教育出版社联合出版国家“八五”重点图书“教育学丛书”10册的编审分工工作。

读着陈信泰的这册日记，可以感知他那段时间工作之繁忙和精力之充沛，完全不像已经年过花甲。后学者可能会感叹他们那一代人似乎焕发了"第二次青春"甚至有"逆生长"迹象,但陈信泰自己知道:"这世上哪有什么'第二次青春'!我们那代人在'反右'运动到'文化大革命'期间损失了20年,所以都希望努力弥补一下,只是在拼命硬干而已!"而陈信泰在1978年至1993年的拼命硬干和身体透支,给他留下了严重内伤:肝脏损伤、心脏早搏、胃部大面积溃疡……

(十一)第二次兰州之行:主持田慧生博士学位论文答辩

兰州,是陈信泰足迹所至的最西端,也是他的"生命福地":1979年秋季,他到甘肃师范大学参加全国教育学研究会第一次年会,在会上"舌战群儒",由此声名鹊起;1992年冬天,他接受李秉德先生邀请,到西北师范大学主持田慧生①的博士学位论文答辩,此行使他对于人生与历史有了更为透彻的了悟。

1992年10月2日,甘肃教育学会会长、中国语文教学研究会副会长、西北师范大学原校长李秉德先生打来电话,欲敦请陈信泰主持其弟子田慧生的博士学位论文答辩。陈信泰说:"谢谢李老信任!但我只是硕士研究生导师,不曾带过博士生,恐怕不够资格。田慧生致力于教学论研究,可以请王策三去主持答辩。"李秉德先生却说:"我第一个博士生的论文答辩,请了黄济先生前来主持;我的第二个博士生答辩时,请了瞿葆奎来主持;田慧生的博士论文答辩,我就请您陈信泰来主持了。"

李秉德先生在20世纪初期即在全国教育学界有着重要影响。虽然他在20世纪40年代已是功成名就的学者,但仍选择在1947年至1949年留学瑞士、法国,成为发生认识论创始人皮亚杰的首批中国学生。李秉德先生回国后长期扎根西北,曾担任西北师范大学教育科学研究所所长、西北师范大学校长,培养出了一大批优秀人才,对中国西北地区的教育事业作出了巨大贡献。李秉德先生与王焕勋先生一起在1979年4月12日主持全国教育科学规划会议最后一场讨论会,陈信泰在讨论会上的发言给他留下了深刻印象;那年秋天,李秉德先生组织承办了全国教育学研究会第一次年会,而

① 田慧生(1965～),甘肃人。1981～1988年在西北师范大学学习,获教育学学士、硕士学位。1988～1994年,在西北师范大学教科所工作。其间,1988～1991年,在西北师范大学攻读博士研究生;1991～1992年,至加拿大多伦多大学教育学院(OISE)参加中加联合培养教育学博士项目;1992年,回国参加论文答辩并获得博士学位。1994年,调入中央教育科学研究所工作。2011年10月起,担任教育部基础教育课程教材发展中心主任。2014年10月起,担任中国教育科学研究院院长。

陈信泰在兰州会议“舌战群儒”的情景让李秉德先生多有赞许；陈信泰在 20 世纪 80 年代取得的学术成就更使李秉德先生将其视为中国新时期教育学界一个重要学派的领军人物，所以他执意邀请陈信泰主持田慧生的博士学位论文答辩。

陈信泰拗不过李秉德先生，遂按规定向学校报备请假。时任学校领导有些狐疑：“你不是博导，怎能去主持博士学位论文答辩？”陈信泰不语。三天后李秉德先生又打电话来，告知陈信泰：“答辩主席的聘书和田慧生的博士学位论文，已经寄出，请注意查收。”陈信泰收到聘书后再向校方报备，学校领导这才相信陈信泰并没有夸饰自矜，不由地赞叹一句：“这即便不是绝无仅有，也是前所未有！”

这次兰州之行，让陈信泰感慨颇多。

首先，他对奉献牺牲、吃苦拓荒的“大西北精神”有了切身体会。陈信泰乘坐火车于 1992 年 12 月 2 日晚 10 点多到达兰州。车站离西北师范大学还有一段距离，但陈信泰不想打扰李秉德先生，就请一个人力三轮车夫把自己送到学校。陈信泰通过聊天得知，那位“人力车夫”是西北师大的一位副教授，因为家庭生活比较困难，故而夜晚出来兼职，于是陈信泰到达学校后就多给了那位“人力车夫”几块钱。“我当时就想到了《荀子》说的那几句话：‘国将兴，必贵师而重傅……将衰，必贱师而轻傅。’如果一个副教授的生活竟如此窘迫，那实在算不上尊师重道的黄金时代。另一方面，我又为这位直面生活艰辛而毫无怨言的副教授‘车夫’深深折服，对扎根西北、拼命硬干的李秉德先生深感钦敬，在他们的身上真心体现着西北人的吃苦奉献精神！”

其次，古语有言“江山代有才人出”，陈信泰此行结识的青年才俊让他感到此言果然不假。也许是因为传承了西北人拼命硬干的精神基因，西北师范大学在 20 世纪 90 年代初已涌现出一批优秀人才，俨然一块卧虎藏龙之地。如田慧生，其博士论文展示出国际视野和比较研究的功力，答辩非常顺利，陈信泰不由得赞叹“后生可畏”。而随后的交流更让陈信泰觉得田慧生是一个德才兼备的优秀青年学者，也为李秉德先生能够“得天下英才而教育之”而感到欣慰。——2017 年 9 月 12 日，国家督学、曲阜师范大学党委书记戚万学教授看望陈信泰先生，向他转达了田慧生的问候：“日前在北京会晤中央教科院院长田慧生，他谈起陈信泰先生当年主持其博士论文答辩会的情形，仍然历历在目，内心非常激动。他算了算，说陈先生应该 90 岁了，希望能来曲阜为陈先生祝贺大寿。”这让陈信泰感到“田慧生是一个颇重情义的人”。

陈信泰这次在兰州还结识了曾天山等青年学者。陈信泰的学识风度让西北师范大学的一些青年学者甚是钦服。西北师范大学在读博士生曾天山在与陈信泰交流后提出:“陈先生,我想在博士毕业后到曲阜师范大学工作,贵单位可否接受?”陈信泰答道:“我们正准备申报博士点,你这样的青年才俊若能加盟,当然求之不得,但是我不能挖人墙脚。我如果来参加一次论文答辩就把这里的青年骨干挖走,会对不起李秉德先生,所以请你谅解。更重要的是,曾君不是池中物,你不会久居人下的。你若想换单位,那就找个更高的平台吧!你现在宜藏器待时!”曾天山激动地抱拳拱手:“陈先生真是君子之风,晚学佩服!更感谢您褒奖后学,我一定更加努力!”曾天山于 1996 年调往教育部教育发展研究中心教育思想研究室工作;2000 年 2 月,任中央教科所教育战略规划与政策研究室主任,晋升研究员;2011 年 9 月,任中国教育科学研究院副院长;2016 年6 月起挂职大理白族自治州副州长……与曾天山等人的交流让陈信泰意识到两件事:一是市场经济时代,也就意味着人才流动时代到来了!二是改革开放十五年,新一代学者已经成长起来,已能够接续老一代传薪播火的使命。

再次,兰州城的历史引人“念天地之悠悠”,发思古之幽情。田慧生在论文答辩结束后,陪同陈信泰观览中山铁桥和陕甘总督府,瞻仰“黄河母亲”塑像,游逛兰州街道,一边走一边介绍兰州历史和风土人情:兰州在汉代称“金城”,又因城南有皋兰山而在隋代更名为“兰州”;兰州是汉唐丝绸之路、茶马互市的商贸重镇,在沟通中西方经济和文化、增进中国同亚欧各国友谊方面发挥了重要作用;兰州是全国唯一黄河穿城而过的城市,也是西北著名的瓜果之乡,故有“看景下杭州,品瓜上兰州”的美誉;兰州还是一座少数民族聚居的城市,随处可见清真餐馆,那“一清二白三绿四红五黄”的兰州清汤牛肉拉面则有着“中华第一面”的美名!另外,田慧生还向陈信泰介绍了左宗棠 1872～1881 年治理兰州、“新栽杨柳三千里,引得春风度玉关”的故事,以及解放战争经典战例“兰州攻坚战”……一时间,陈信泰与田慧生立于初冬的凛冽寒风之中,望着黄河之水,静默无语。

陈信泰从兰州回校后即投入到再次申报博士点的准备工作之中,之所以如此,一是因为博士点申报工作四年一轮,机遇十分重要;二是因为邓小平南巡讲话后,市场经济正式进入探索阶段,市场原则将在人才资源调配中发挥重要作用;三是因为曲阜师范大学设学于县级城市,正面临“出人才,人才出”的窘境,仅靠“感情留人”已经远远不够,只有成功申报博士学位授权点才有可能增加“事业留人”的砝码。

正当陈信泰为申报博士点而努力工作之际，学校人事处于1993年6月通知他“退休”。陈信泰先是一愣，但当得知这是学校的“改革”措施后，第二天就到人事处办理了退休手续。

鉴于陈信泰在学界的名声和威望，即便他退休了，也一直有院校请他评阅博士、硕士学位论文。2000年，中国陶行知研究会副会长、华东师范大学教育系博士生导师金林祥教授敦请陈信泰担任庞守兴的博士学位论文通讯评议专家。在这次审读论文的过程中，陈信泰发现自己眼睛视物不清、出现重影。到医院检查后，医生说：“眼底黄斑，已是青光眼中期。青光眼是一种进行性神经损伤疾病，任何治疗都无法使病情逆转。青光眼发病隐匿，一旦患者出现视物不清的病状，即为中晚期……”这是他长期深夜读书、眼睛过劳所致。为此，他谢绝了所有审读博、硕士学位论文的邀约。

(十二)回归家庭

一个人的事业永无止境而且总会有后继者，但他在家庭中的位置却是唯一且不可替代的。退休，成全了陈信泰“一家之主”的身份：孝敬老母，陪伴妻子，含饴弄孙。

陈信泰一直对家人怀有愧疚感。父亲1952年受陷害时，他正在攻读研究生，无法为家人分忧；母亲的排笔店1953年濒临破产时，他刚在北京参加工作，无法施以援手，只好让父母放弃上海的家，与弟弟信达移民东北，从齐齐哈尔辗转到沈阳，此后再迁至成都402厂，可谓饱受漂泊之苦。自己曾陷入各种政治运动，不仅无法照顾父母，反而给二老增添忧虑。1967年秋天女儿陈晓青出生时，父母曾来曲阜住了四个月，不仅没能享福，反而让他们为自己担惊受怕。父亲陈智发1976年6月去世后，他带妻女去成都奔丧，女儿陈晓青却感染百日咳，不得不仓促返回。1978年之后，他和妻子工作太忙，无法照顾女儿，晓青时常一个人去食堂吃饭或者到同学家蹭饭，于是他把母亲接来照顾女儿。事与愿违，陈信泰回忆说：“我本想让母亲从此与我们一起生活，没想到她与晓青发生了冲突。原因是晓青从小散养，被幼儿园阿姨带大，所以对那些阿姨充满感情。有一次晓青放学后玩过了头，头发凌乱地回家，奶奶就说她是‘野孩子’‘没教养’，还说‘小地方的幼儿园阿姨带不出好孩子’之类，结果晓青就气哭了，说‘不许你这样说我的老师’，然后愤然离家出走。她也不知要往哪里去，反正出了校门就沿着公路走了十里地的样子。幸亏有位老师在骑车返校的路上认出了晓青，把她拦下带回了学校。我两边说和，但两人气性都大，母亲就回成都了。直到 1986 年母亲轻度中风之后，我才把她接到了曲阜。此时晓青 19 岁，长大了，也知道心疼奶奶了。但我那时候仍然在忙事业，只能请一个钟点工帮助打理家务。”陈信泰母亲文绣 1986 年到曲阜时身体尚好，每天扶杖活动，偶尔与几个南方老太太聚会聊天，与任志平的母亲交往最深，一方面是因为陈信泰与任治平是好友，另一方面是因为任治平的母亲是南京人且与文绣同龄，故而两人兴趣相近且能用乡音聊天以慰乡愁。晓青 1986 年夏天高中毕业后，文绣就教她学做上海本帮菜。陈信泰周末常在家与研究生研讨学术，晚上就请大家一起吃老太太与晓青做的上海菜。老太太被研究生们“奶奶长奶奶短”地叫着，也颇为快乐。1990 年冬天似乎特别冷，老太太就缩在床上读小说，连续几个月没有下床活动，结果造成肌肉萎缩，此后就只能坐在一个特制的大沙发里了……

陈信泰退休后终于可以在母亲膝前尽孝了。他与保姆一起照顾母亲，变着花样给她做饭菜，有规律地给老人洗头擦身、照顾起居。母亲喜欢看武侠、侦探和鸳鸯蝴蝶派小说，他就一套一套地借来，陪母亲一起阅读，谈论故事情节，评析人物形象。为了让老人开心，他把电视机移至母亲卧室，全家人晚饭后一起看新闻联播和电视节目。加之黄锦凤是资深医师，不时给老人做体检，所以母亲文绣一直到临终前都是耳聪目明、底气十足——住在邻楼的任志平教授说：“老太太身体好呀！她打个喷嚏，把我们楼走廊里的声控灯都震亮了！”老人似乎通灵，1996 年春天开始“辟谷”，此后进食渐少；6 月 15 日，黄锦凤晨练回家，发现老人气息微弱，就与女婿一起去校医院取药和氧气包，但等回到家时，文绣老人已安详辞世，享年 89 岁。陈信泰为母亲的去世而大为悲伤，但毕竟已经膝前尽孝，而且老人在家中寿终正寝，至去世都头脑清醒且未有太多痛苦，这是让他稍感欣慰的事。

妻子黄锦凤虽然出身于大家族，但她 7 岁起就经历过抗战逃难，大学毕业后更是自立自强，因而是一个定力十足、不为物役的女性。她 1966 年从北京调到曲阜后一直全身心地投入工作，时常劳累到在家吃饭时都闭着眼睛，似乎要屏蔽周围的一切闲杂信息。陈信泰在工作之余也就顺理成章地包揽了家里的买菜、做饭等家务。令周围人钦佩的是，陈信泰夫妇从没红过脸吵过嘴。黄锦凤 1990 年退休后终于有了自己的时间，每天早上练太极拳、太极剑、太极扇，上午研究中医药和针灸，下午唱歌、听音乐、整理乐谱。陈信泰说：“锦凤简直是一个被医学耽误了的音乐家。她乐感极好，听完一首歌就能记下曲谱，然后送给同好者分享。”

尽管黄锦凤天天锻炼，但是“大厨”陈信泰总是捣鼓一桌美食并怂恿妻子“再吃一口”“再尝尝这个”，所以黄锦凤晚年越来越富态。2010年以后，黄锦凤的行动开始变慢，出现了老态。黄锦凤一生行医，只当过四次“病人”：第一次是在北京第一传染病医院工作时被传染上甲型肝炎而住院治疗；第二次是生女儿晓青时难产入院；第三次是“文革”期间流产了一个胎儿；第四次即2015年摔伤入院。2015年10月5日晚，黄锦凤洗澡时不慎摔倒，头部碰到暖气片而造成外伤流血，被120送入医院；幸运的是，除了头部缝合几针，并未造成严重内伤，CT显示无脑部损伤。黄锦凤头皮伤口很快痊愈，但从2015年12月开始出现了腹部疼痛，她就自己开出几种止痛药让女儿取来镇痛。后来疼痛越来越频繁，而且越来越剧烈，家人要带她去医院检查，她却淡然地说：“我最清楚自己的身体状况，也很清楚医疗能做些什么。我的几位哥哥近年都因癌症去世，说明我的家族基因可能有问题。我今年85岁，即使真有大病，医生一般也不会建议实施手术而主张保守治疗。所以我选择在家中自疗，不乱投医。”此时她已不能下地行走了，于是家人给她购置了一张多功能护理床。及至她疼痛难忍时，就让陈信泰帮着揉揉腹部。陈信泰明显感到妻子腹部有个鸡蛋大的硬块，他的按摩也只能起到心理安慰作用而已。黄锦凤的强毅坚忍真令人吃惊，剧痛袭来时她也只会喊一句：“与病魔斗争其乐无穷！”有时为转移对疼痛的注意，她就会对女婿讲述自己的经历。2016年4月15日晚上，她正讲到大学毕业分配到北京一节时，突来的疼痛使她脸色苍白，不得不蜷缩倒在多功能护理床上。从此，她时常在夜晚痛到叫出声来，饭量越来越小，渐渐不能进食。这段时间，陈信泰一直守在妻子身边，每晚约略只能休息三五个小时，他的视力也因此急剧下降。

黄锦凤于2016年5月16日早晨停止了呼吸。按照她生前的遗嘱，没有举行任何哀荣仪式，仅由女儿、女婿护送到八宝山火化。曲阜师范大学的老人们得知黄锦凤去世的消息后，多是如下评语：“好人！黄大夫不知道救活了多少人！在曲阜师范大学生活的老人几乎都请黄大夫看过病。”也许在那代人心中，“好人”就是对一个人的最高赞誉了！

教育界有一个怪现象：优秀教师多能教出优秀学生，但他们的孩子却鲜有“青出于蓝”者。有人以之为例，认为“教育无用”，认为“人才都是自我养成的”。其实导致这种现象的原因很简单：优秀老师往往全身心投入教书育人工作，而少有时间陪伴自己孩子的成长；何况每个人的成长道路上还有各种不可预知的偶然因素会使人生改变方向。陈晓青在小学和初中阶段非常优秀，最好的证明就是她当年的同学至今仍亲切地喊她“老班长”。她进入青春期后开始耽于阅读外国小说，加之对数理化的畏难，开始出现偏科，但高考考上一所大学还是绰绰有余的。不过，一件意外彻底改变了她的命运：高三寒假临近春节时，一位好朋友邀她到家中做客、体验“杀年猪”习俗；纯朴的乡人担心她晚上睡觉受冻着凉，就用塑料布把门窗封严以保暖，晚上又在炉子里多加了几铲烟煤；结果陈晓青第二天一早醒来时头痛欲裂，她想到可能是煤气中毒，遂挣扎着起床走出屋门，一阵头晕恶心就昏倒在院子里。同学家人请来赤脚医生为陈晓青打了强心针，她又昏睡到中午以后才被送回家来。从此头晕伴随她数月，无法集中精力听课，稍一用功读书便头痛难忍，故而在高考预选中失利了，这对她是一个很大打击，夜里一个人不知哭过多少回。当时，从省教育厅到各地教育局都会给“有突出贡献专家”一点特权，那就是给他们的孩子一个参加高考的资格。但是，向来以“学高为师，身正是范”标准严格要求自己的陈信泰，严词拒绝了送到家里来的那个名额，甚至批评那位学校领导：“这是搞特权。你们多占一个名额，别的孩子就失去了一个机会，这是不公平的。我不能接受，我的女儿也不要这个名额。”陈晓青就这样眼看着同学们参加高考、上了大学，自己却无缘高考，既伤心又惭愧，躲在家中不愿见人。陈信泰在女儿19岁生日那天送给她一份礼物，并借机与她认真交谈了一次。陈晓青一直记得谈话的核心内容：“凡事不投机，凡事靠自己；流自己的汗，吃自己的饭；不亏欠这个世界，无愧于自己的良心。”然后陈信泰让晓青自己作出选择：是复课重读还是参加工作。陈晓青选择了后者。她后来边工作边参加成人高考并取得了英语专科文凭，还考取了三级技工证书；她曾做过学校话务室话务员、后勤办公室秘书、幼儿园教师和图书馆管理员，干一行爱一行，就像她的父母亲一样赢得了极好的口碑。[①] 如此说来，让孩子尽己之力以贡献社会并快乐生活，拥有无悔的人生，这不正是成功教育的真义吗?!

外孙李伯文1995年11月18日出生后，陈信泰就把主要精力用于含饴弄孙，忙着为全家人做饭，真正成了“家庭煮夫”。李伯文上幼儿园后，他天天负责接送，因而伯文与他最为亲近。伯文上小学时，他每天站在阳台“目接目送”……很明显，他那段时间心情开朗，身体也最为健康。

女儿每天上班，女婿则在2003年至2006年外出攻读博士学位，他更是忙里忙外。这也就难怪女婿在博士论文“致谢”中写下这样一段话：

---

① 参见李钧：《小青阿姨和她的孩子们》，《山东人口》1995年第1期。

感谢我的岳父陈信泰先生！这位全国著名教育学专家，褪去“全国教育学研究会常务理事”的光环，当起了我的“后勤部长”。只要想想一位年近八十的老人还在为我奔忙，心中就惶愧不安。感谢我的岳母黄锦凤女士，这位中西医皆精的老医生保证了全家人的健康！[1]

有了外孙之后，陈信泰蓄起了胡须，几年下来就白须飘飘，成了曲阜师范大学的一道校园风景。老友萧垠 2011 年 2 月 20 日看到陈信泰寄来的照片后，写下了《桂枝香·遥望老友陈信泰教授长髯飘飘》：

似水流年，正又复元旦，喜读华函。人生苦短瞬间，音传遥远。得知美髯已飘飘，半尺长，风景亮点。澹泊留须，天高云淡，明志以安。

忆往昔，风华正茂，齐鲁大地间，一家讲坛。孔林翠碧，弟子南北过千。人生往事如流水，知足乐，不钻角尖。白云悠悠，看破高唱，颐神天年。[2]

李伯文大学本科学习数字媒体艺术，这是他自己的选择，可以说走了一条与外公、外婆、祖父、父亲、母亲完全不同的道路，但在陈信泰看来，伯文是极富创造力的：“年轻人作出自己的选择并为之负责，这就是自我成长。找到自己的兴趣特长，并持之以恒地将其发挥到极致，这就是优秀。”

(十三)曲园名师的传奇故事

真正的大学必须有大树、有老屋、有个性、有故事、有大境界，或者说“有大德、有大道、有大爱、有大师、有大精神”[3]。对于那些标榜“全国占地面积最大的校园”“全球最大校门”之类的学校，人们只能化用一个典故来加以点评：“房新树小画不古，不是暴发户就是内务府。”

为使大学精神层累厚积、传承有序，北京大学百年校庆时推出了《北大旧事》[4]，中国高校一时出现了“争说北大”的景象。此后，清华大学、南开大学、复

---

① 李钧：《生态文化学与 30 年代小说主题研究》，青岛：中国海洋大学出版社 2006 年版，第 266 页。李钧博士学位论文获评 2007 年“山东省优秀博士学位论文”，专著获评 2007 年山东省社会科学优秀成果三等奖。

② 萧垠：《浪东人诗词》，太原：同舟书屋 2012 年版，第 63 页。诗序有言：“信泰同志曾邀请我为曲阜师大教育学研究生、助教进修班开讲座一个多月，每年元旦前都寄我华美贺卡，我们的友谊可谓松柏常青。”

③ 徐显明：《文化传承创新是大学的第四大功能》，《光明日报》2011 年 5 月 6 日。

④ 陈平原、夏晓虹主编：《北大旧事》，北京：三联书店 1998 年版。

旦大学、浙江大学、南京大学、北京师范大学、武汉大学等高校在重大校庆之际也都有类似图书出版。这些高校故事，对于今天如何弘扬“依法治校、教授治学、职员治事、学生自治”的现代大学精神具有重要启示意义，对于高校教师如何完成“人才培养、科学研究、社会服务、文化传承与创新”四大职能也具有极好的提醒作用。

高校中的“人”主要由学生、教师、职员和校长组成。一所高校的发展壮大，当然与学校领导和行政管理人员有关，但由于他们往往被时政左右，行事中规中矩，真正能像朱九思、曲钦岳、纪宝成、朱清时、刘道玉等那样有故事、有个性者可以说屈指可数、寥若晨星。因此，学校的知名度在很大程度上有赖于学生和教师。就曲阜师范大学的育人成果而言，建校以来共为社会培养了数十万合格毕业生，涌现出一大批杰出人才，比如中共黑龙江省委书记宋法棠（中文系 1960 级本科）等政要，又如“国家教学名师”朱德发（中文系 1960 级本科）[①]、鲁迅研究专家李新宇（中文系 1978 级本科）、“长江学者”葛力明[②]（数学系 1989 级硕士）等大师学者，还有各行各业的骨干精英和默默奉献的普通建设者。他们很好地践行了“勤奋朴实团结进取”的校训，展现了“犁牛之子”的精神风貌。而曲园名师的故事，则在代代相传中演化成了传奇。在陈信泰看来，他们最能代表曲园精神和学人风骨。

李毅夫（1913～2007）是天津人，生于大资本家家庭。这样的富家子弟是如何加入抗日铁血队伍的，这本身就是一个传奇。李毅夫在 1935 年华北事变后参加了“青年救国会”；1936 年，参加复兴社；1937 年，加入国民党“军统”外围组织“抗日杀奸团”，接受训练，制作炸弹，分析情报，暗杀汉奸；1938 年，在山东加入“忠义救国军第二路一师”，时年 25 岁即被任命为少将政治部主任；1939～1940 年，赴美国密西根大学攻读化学本科专业；1940～1942 年，转到复旦大学续学，加上在密西根大学修习的学分，取得经济学学士学位；1942 年以

① 《中国现代文学研究丛刊》2015 年第 3 期推出一组五篇文章，对朱德发的治学精神、师者风范、卓越业绩等给予高度评价。

② 葛力明（1965～ ），1980 年考入北京大学数学系；1984 年，考入曲阜师范大学数学系攻读硕士学位，师从龚为邦教授；1987 年，入中国科技大学攻读博士学位；1989 年 6 月，应 Richard Kadison 教授邀请赴美国宾西法尼亚大学留学，1995 年取得博士学位；1995～1998 年入麻省理工学院做博士后研究，解决了冯·诺依曼代数的三大难题，其中两个已悬置近五十年；1997 年，被新罕布什尔大学聘为终身教授；1999 年，获美国科学基金会“成就奖”；2000 年，入选中国科学院“留学人员回国创业百人工程”，现为教育部“长江学者”。（参见李钧：《“他为数学而生……”——数学家葛力明印象》，《齐鲁晚报》2000 年 8 月 25 日）

后，在沪江大学工作，秘密从事策反、地下营救工作，并逐渐亲近中国共产党，经常在虹口区祥德路208弄35号家中与郭沫若、翦伯赞、傅雷等人探讨学术、评议时事；后至山东从事革命工作，1948年由于身份暴露，被捕关入蓬莱监狱，在狱中结识了贾植芳等人；中华人民共和国成立后，1949～1953年在山东工专、山东工学院工作，1953～1956年在上海财经学院工作，1956～1957年任复旦大学讲师。由于李毅夫历史经历复杂，加之其兄妹与父亲李鸿书在1949年迁去台湾，因而在“肃反”和“反右”运动中受到揭发批判。1958年，李毅夫带着三个年幼的孩子“再分配”到了曲阜师范学院。①

李毅夫在学术上是一专多能的。他在曲阜师范大学的人事关系名义上隶属于历史系，但不同时期的档案材料中“所属科室”栏里却填写着“中国古代史”“音韵研究室”“虚词词典组”等单位，所从事专业则包括甲骨文研究、孔子思想研究、语言研究等。李毅夫1958年前开设过的课程则有“翻译”“经济学”“经济地理”等，而在1978年后则曾经同时在外语、中文、历史三系开课。令人惊叹的是，李毅夫所涉及的各个领域都有较大产出。除了甲骨文和语言学研究，李毅夫在1962年就有论文《孔子的时代、阶级和政治思想的阶级性》②，他与高赞非先生等人的论文代表着曲阜师范大学当时的孔子研究水平。

李毅夫1987年被聘任为教授，而非一些散文所说只是“副教授”；他在1989年落实政策后，享受“离休干部”待遇。李毅夫2007年在青岛去世，享年94岁……与李毅夫相比，当下学人的学术视野越来越窄，研究领域越来越专，难说博雅，又如何能跨学科创新？!

刘明樾（1902～1984），被人称为“记忆的遗珠”。刘明樾原籍吉林永吉，少

---

① 20世纪80年代的人事档案显示：李毅夫共有7个子女，李志明在上海计量局工作，李志英在内蒙古工作，李志俊在桂林电子学院工作，李志清在山东大学工作，李志新在济宁医专工作，李志建在邹城某中学任教，李志远在曲阜师范学院外语系读书、任教，后调到山东建筑大学。李毅夫子女中，李志清的生平最具传奇性：李志清1962年考入上海外国语大学法语系，师从傅雷；傅雷先生1966年自杀身亡，李志清受到极大震惊；李志清大学毕业后分配到山东省鱼台县农机修造厂，所学法语专业毫无用武之地，索性钻研农业机械制造，发明了“无动力旋转钉齿耙”，由技术员晋升工程师，并被推荐参加1978年山东省科技大会；因为在山东省科技大会上受到山东大学党委书记赏识，得以调到山东大学外语系工作；2000年，56岁的李志清受管华诗院士之邀，调到中国海洋大学筹建法语系，此后李志清先后被聘为巴黎第七大学、昂热大学、雷恩第二大学、西布列塔尼大学、南特大学、土伦大学客座教授，兼任马赛第一大学、西布列塔尼大学、南特大学、土伦大学博士生导师。鉴于李志清在中法文化交流方面的突出贡献，法国政府1996年授予他“金棕榈教育与文化奖骑士勋章”，2005年授予“他金棕榈教育与文化奖军官勋章”，2013年授予其金棕榈奖最高奖“教育与文化奖统帅勋章”。

② 参见《曲阜师范学院举行孔子讨论会》，《文史哲》1962年第4期。

时家贫但聪颖好学，大学毕业后以优异成绩考取公费留学资格，赴美国攻读教育学硕士学位；1931年后，由于他不愿承认伪满洲国的合法地位而失去了“政府”资助，不得不放弃在美国继续修读博士学位的机会。回国以后，他全身心从事教育工作，恪尽为人师表的职责。侵华日军和伪满洲国政府曾用各种手段拉拢他，但都被他予以拒绝。刘明樾1946年后曾出任吉林省教育厅厅长，这成为他人生履历中的“重大历史问题”，并因之在1949年后陷于尴尬处境。刘明樾1958年调任曲阜师范学院中文系教授，倾力研究中国古典文学，社会兼职有山东省政协委员、山东省民盟常委等。“文革”时，不仅他本人未能幸免，而且其学术著作也大都在此期间佚失。晚年曾梦想创办“毓文学校”，但终未如愿。为了纪念这位保持知识分子本色的学者，刘明樾的女儿刘之琳等汇编了一本《明月出关山》，题记为“献给我们的父亲——民国书生刘明樾”。此书收录了刘明樾的部分学术论文、译作、诗作、手稿、影像等资料，还有李新宇的随笔《寻找刘明樾》①以及明樾家人的怀念文章。曲阜师范大学中文系学生李俊尧读了《明月出关山》后写道：

> 在建国之初，举国上下百废待兴的时候，有一位年过半百、霜染鬓上的先生，在简陋的住处探索着“教育的根本”，想要尽一己之能“培养人才的根，发展他们的枝干，使他们开花结果”；在三尺讲台上，他旁征博引，褒贬古今，从曹子建的辞赋到谢榛的诗歌；同时，他还能轻而易举地翻译英法著名作家的作品……那真是学子们洒满阳光的春风三月，也是一位教师如鱼得水的时光。但是，平静的生活并不能阻止智者清醒的头脑，在刘先生残存的诗稿中，表达了他对当时诸多社会隐患的焦虑不安。压抑的氛围中，他大声呼喊“哀哀此蒸民，牛马竟荡世”。黑暗无垠的夜色中，刘先生正像一轮明月，流光皎洁；也像是一支红烛，燃烧着自己来照亮他人。
>
> 刘明樾先生为我们展现了那一代知识分子所独有的气质，治学兼收并蓄，为人耿直高洁，处世独具慧眼。而随着时间的推移，这样的知识分子开始渐渐淡出我们的视野。越来越多的人将知识作为满足低级享受的工具，越来越多的人懒于探求精微，越来越多的人在机械的重复和无边际的游走中哗众取宠，这实际上是知识分子精神的缺失。抛却了人格的知识分子，不能说真话、办实事的治学者，只不过是知识的容器。而真正的学人，要敢于披荆斩棘地为民族开辟道路，要敢于冷静地审视现实，为社

① 参见李新宇：《寻找刘明樾》，《随笔》2005年第6期。

会开出祛病良方。我们今天回过头来，遥望刘先生这样在苦难岁月中刚正不屈的人们，不仅是为了正视历史，更因为他们的精神炯炯如炬，能够照亮黑暗中的前路，使我们能够大胆地踏出前进的脚步。①

这大概就是刘明樾给后人的启示吧！

关于曲园名师，陈信泰回忆最多的是陶愚川，并在一篇访谈录中作了较为全面的介绍。② 另外，刘健的《现在高校还能容下"怪教授"吗》一文也涉及陶愚川：

曲阜师范大学公认"最怪的教授"叫陶愚川，他也是当时该校学术地位最高的教授。其实，大家说他学术地位高也只是估摸着说，除在北师大任教的一位上世纪30年代留美同学毛礼锐之外，陶与学术界同仁从无联系，甚至跟他本校、本系的同事都不来往，平时大概三天都说不了一句话。……他每天穿一身灰不溜秋的衣服，踽踽独行于图书馆、食堂、宿舍之间，不跟任何人废话。路遇的师生都恭而敬之地看着他，也没人敢冒昧地上前跟他搭话。

没人知道他为什么终身不娶，只有关于他年轻时痴情的传说。没人知道他是一贯不爱说话，还是因为家庭背景而不敢说话。他的大哥陶百川，抗战时期曾任国民党中央日报社长……老先生一向谦虚为人、低调处事，从不现身于张扬的公共场合。"文革"开始，陶老先生被打成"牛鬼蛇神"，他的任务就是把大粪摊开晒干，然后砸碎堆起来，以备学校种菜使用。对于这样的工作，他却十分"忠于职守"，有人没人都一样。即使夏天烈日高照，他也从不戴草帽，不喝水，可能他认为这就是他的任务，他必须坚守。③

刘健先生行文优美，不乏文学家的想象与溢美，其实陶先生并非那样孤绝，他的生命中有太多被时代挤压后的无奈与忧伤……

曲阜师范大学的"怪教授"颇多，不必说曾在曲阜师范大学化学系学习、任

---

① 李俊尧：《即使是一段残烛，也有再度闪亮的时刻——读刘之琳编〈明月出关山〉》，《曲阜师大报》2014年3月20日。

② 参见陈信泰口述，于述胜、王俊明整理：《忆陶愚川先生》，《中国教师》2010年第23期。后收入于述胜：《中国教育口述史·第1辑》，重庆：重庆大学出版社2011年版。

③ 刘健：《现在高校还能容下"怪教授"吗》，《中国青年报》2010年7月19日。此文还涉及庄上峰、包备五、李毅夫先生的事迹。关于庄上峰先生，还可参见曹务堂：《庄上峰：曲师大的"怪教授"》，《齐鲁晚报》2014年4月10日。

教的王恩多(中科院院士)①和曾在物理系工作的薛其坤(中科院院士),不必说华罗庚的高足、陈景润的同学邵品宗,也不必说世界史研究大家王阁森,只说另外几位在曲阜扎根的学人"怪咖":

王长钰(1937~2018)曾与陈信泰比邻而居长达十年,二人相交甚深。王长钰1957年考入曲阜师范学院数学系,在大学期间即参与了"公社数学"的实践应用工作;他大学毕业后留校工作,致力于非线性最优化研究,成绩突出。曲阜师范学院运筹学研究所于1983年成立,所长由中国科学院越民义教授兼任,王长钰为主持日常工作的副所长。王长钰在1986年到加拿大西蒙大学进行为期一年的学术访问,随后在1988年至2000年长期担任曲阜师范大学运筹学研究所长,主持完成山东省"七五"重点专业"运筹学"与"八五"重点学科"运筹学与控制论"的建设和验收工作,主持完成国家级与省级科研项目10余项,在《中国科学》《应用数学学报》以及 *E.J.Combinatorics* 等学术刊物发表论文70余篇;王长钰设计的非线性最优化算法被美国 *Convergence Theory of Feasible Direction Methods* 收录并与美国 D. G. Luenberger 教授的算法一起被命名为"L-W"算法;王长钰与研究生合作完成的"长清县农牧业结构布局的优化调整"项目被专家誉为"长清模式",在20余县市得到推广应用并获得第十五届国际运筹学进展二等奖。王长钰的研究成果还先后获得教育部优秀教学成果二等奖、山东省优秀教学成果一等奖、山东省科技进步二等奖 、曾宪梓教育基金会高等师范院校教师二等奖,个人荣获全国"五一劳动奖章"以及"全国优秀教育工作者""山东省劳动模范""山东省专业技术拔尖人才""山东省高校先进科技工作者"等荣誉称号。他也因为学术成果突出而被中国科学院应用数学研究所和大连理工大学数学系聘为博士生导师,兼任中国运筹学会与中国决策科学学会常务理事、《运筹学学报》编委、美国《数学评论》特邀评论员等。

王长钰先生被广为传说的"怪"故事主要有四则:一是先生嗜酒,常在微醺时与研究生吸烟、对谈,电光石火的灵感给学生许多启发,学生们说这是真正的"熏陶"! 二是先生爱读人文书刊,最喜欢的著作是《鲁迅全集》,长期阅读的

① 王恩多(1944~),山东诸城人,1961~1965年在曲阜师范学院化学系读书,1965年考取中国科学院上海生化所研究生,1966年至天津小站解放军农场劳动锻炼,1970年返回上海生化所,1975年调回曲阜师院工作,1978年调入上海生化所,先后主持国家863计划项目、国家自然科学基金重点项目、中科院重大和重点项目数十项,2005年当选中科院院士,2006年当选第三世界科学院院士。(参见孔繁岐:《理想与坚持使她成长为院士——记中科院院士王恩多的奋斗历程》,《曲阜师大报》2017年5月11日)

杂志有《读书》《新华文摘》《人民文学》等，简直就是一个"文艺迷粉"！三是先生讽议行政，批评校务，每每一语中的，不惜被目为"意见人士"。而他之所以如此，皆因为"爱之深，责之切"；关键是，他不仅提意见，更从运筹学角度为学校提供宏观的优化发展思路。四是退而不休，在退休后还成功申报并主持完成了一项国家自然科学基金项目……2018 年 4 月，王长钰因癌症医治无效去世，享年 81 岁。

张元勋（1933～2013）是一个有风骨的人。张元勋《北大往事与林昭之死——最知情者的回忆》一文附有"关于我"，可知张元勋生平大略：

我的祖籍是江苏赣榆县。1933 年生。

1954 年于青岛一中高中毕业，考入北京大学中文系文学专业。

1957 年的春天……以"反革命罪"被逮捕……1965 年刑满，但仍未离开劳改队，继续留在清河农场……在劳动机关的管制下劳动度日。

1966 年"文化大革"命起，被押送到山东省劳改队所属的章丘埠村煤矿，在煤井下挖煤四年；1970 年又被押送至山东济宁"六四"劳改农场，继续着劳动改造的生活。

1977 年，由于"四人帮"的倒台，我的被监管的生活获得了政策性的放松，就在这一年的秋天，我结了婚。……

1979 年的秋天，我当了父亲。我的不幸的儿子来到这人世的早晨，他的父母就像两个乞丐，我们的财产就只有一条旧棉被。而我竟无处去为他报户口，他……是一个"编外"的"黑人"。

1979 年 11 月 24 日上午，在山东省济宁劳改队的办公室里，我接受了北京市中级人民法院项目组的法官们的平反裁决，他们郑重宣告：推翻 1957 年的判决，宣告我无罪！

……

北京大学党委用心良苦，几经协商，依政策的"就地安置"精神，把我安置到曲阜师范大学中文系任教，直到今天，养生于此。我担任中国古代文学的教学，十年之间，完成了"讲师——副教授——教授"的"三级跳"，并担任了先秦两汉文学的硕士研究生的导师之职。

1994 年夏退休，离开了短暂的教学生涯。工作紧张与生活贫困是这十五载执教生活的两大特色，忙于生计，以活妻儿，点滴余闲，苦心撰著，断断续续，终得二十三万言，成《九歌十辨》一卷，献诸学林，博人一哂而已！[①]

张元勋的“怪”主要有以下四点：一是讲课充满激情，具有表演性。聆听他授课的学生常常忘了记笔记，而全神贯注听他“演讲”。有识者认为，教师授课与演员表演颇为相似：“表演有四个元素：一、有表演的对象，即观众；二、有表达的内容；三、要吸引观众的注意力；四、目的是令观众的思想或感情（两者同时）受触动，产生变化，最好是留下深刻印象，心灵因而丰富了一点。教书是一种表演，正是由于有齐这四个元素。”[②]而学生专注于教师的演讲而忘掉记笔记和细节，则更容易获得智慧和方法，正如怀特海所说，“教育的目的”不是灌输知识细节，而是理解一般原则和培养智慧的力量。“真正有用的训练，是理解若干一般原则，对于这些原则在各种具体情况下的应用有彻底的基础训练。……在你丢失你的课本，焚毁你的听课笔记，忘却你为考试而死记的细节以前，你的学习是无用的。……你偶尔需要的东西能够在任何参考书中找到。大学的职责在于使你为了原则而抛弃细节。”[③]就此而言，张元勋的授课能激发学生的好奇心、判断力、批判力和预见力，深合“教育的目的”。二是教授办企业。张元勋退休后，为妻儿谋生，先是办“红雨商店”，后在邹平租地养奶牛，牛奶输送给“光明乳业”。为此他办奶牛场的事迹还被《大众日报》刊载。三是命硬如铁。反“右”打不死，劳改累不死，癌症压不死。张元勋2004年因食道癌而实施手术后，食管容易反流，故而直到2013年去世前，他只能坐着读书、休眠；他就这样与癌症斗争了10年，创造了一个生命奇迹。四是好做“翻案”文章。比如，张元勋在《文学遗产》2011年第1期发表的15000字长文《楚辞〈九歌〉屡遭改易的回顾》，位列此期杂志第一篇，其后才是徐公持、李少雍等中国社科院文学所诸名家的文章；张元勋此文对于“以汉证楚”、本末倒置、颠倒源流的论著进行了爬梳批评，更对《九歌》研究中的错误进行了全盘清理。而张元勋之所以这样做，绝不是为了颠覆学术权威，而是为了对当代陈陈相因、为尊者讳的学风进行清理，让后来者少走弯路。从某种意义上说，张元勋赓续了“常为新”“常与黑暗势力抗战”[④]的北大校格，大而言之是保持了大学精神和知

① 张元勋：《北大往事与林昭之死——最知情者的回忆》，《中华文摘》2000年第4期。

② 王伟雄：《教书是表演》，《苹果日报》2019年2月23日。

③ 乔建中主编：《中外教育经典名著速读》，南京：南京师范大学出版社2004年版，第144页。

④ 鲁迅：《我观北大》，《鲁迅全集》第3卷，北京：人民文学出版社1981年版，第158页。

识分子操守。

魏绍馨(1934～)曾任中国现代文学研究会理事、全国鲁迅研究会理事,1993年获评全国优秀教师,是享受国务院特殊津贴的专家。其《中国现代文学思潮史》是“文革”后第一部研究中国现代文学思潮史的专著,为这一研究方向奠定了坚实基础,先后获得山东省教委社会科学优秀成果一等奖、山东省社会科学优秀成果二等奖、教育部首届全国高校科研优秀成果二等奖;他的另一部专著《当代中国文学思潮四十年》也曾获山东省社会科学优秀成果二等奖。另外,魏绍馨还在《文学评论》《中国现代文学研究丛刊》等期刊发表学术论文百余篇。

学界有个颇有意思的现象:一个学者专门研究哪位先哲,其性格也会与之俱化,像极了那位哲人。魏绍馨从研究鲁迅和“五四”文学起步,然后由鲁迅、胡适而胡风,由“现代中国文学发展史”进入“中国现代文学思潮史”和“中国当代文学思潮史”,可以说魏绍馨是一个鲁迅式的拼命硬干的人。人们敬佩魏绍馨,一方面是因其学术成就,另一方面则是因为其硬骨头精神。魏绍馨1957年在开封师范学院(河南大学前身)中文系读大四时,就在全校“五四”青年节科学大会上作主题报告《鲁迅与新文学运动》,受到著名学者任访秋的青睐。魏绍馨大学毕业后分配至曲阜师范学院工作,不久即被派往南京大学中文系进修并参与相关课题的研究。正当他学术起步之际,“大跃进”“三年灾害”和“文化大革命”接踵而至,他也受到了很大冲击。新时期以后,魏绍馨进入学术爆发期,直到1999年出现轻度脑中风以后才减缓了工作进度和强度。[①] 魏绍馨在2016年检出直肠癌并在济南手术,随后与爱人张志静老师返回曲阜休养。两个银发老者偶尔缓缓行走在校园里,真是一道风景。天气晴好的时候,魏先生会坐在文学院西侧小广场的排椅上晒太阳,看着熙来攘往的学生,不知他是否在怀想上课时的情境,是否想起他教过的那些学生……

人们越来越喜欢听老一代人的故事,不仅是为了缅怀逝者、追怀那一代知识分子的风骨和尊严,更是为了警惕沦为“知识工人”或蜕变为“绝对的,精致

① 魏绍馨先生学术小传,可参见魏绍馨:《学术浅尝记》,《东方论坛》2018年第5期。

的利己主义者”[①]！人们钦敬那些优秀学人的精神风骨，是因为每所大学不仅有光荣历史还有“负面传统”，即使清华大学这样的名校同样“各个时期都有一些目光如豆、心胸狭窄、醉心声色名利的‘清华人’，他们写下了清华的负面传统，即蒋南翔校长所指出的卑微的洋奴思想与浅薄的市侩气息。在现今，在商业化大潮的冲击下，这种负面传统有扩展趋势”[②]。清华大学尚且如此，曲阜师范大学自然也有“负面传统”，只不过对于后来者而言，应当更加注重发扬优良传统而警惕那些“负面传统”和腐恶沉渣的泛起。前文所述曲园名师将会存于学生们的口中、心中、文中，因为他们真正代表着这所学校的风骨！我们只有记住了他们，不是仅仅当作传说和谈资，而是切实践行他们的精神，才算继承了优良校风、弘扬了“现代学统”！至少对于“一个学人应当如何安身立命”这一问题，后世学人能从这几位名师那里得到如下启示：“穷则独善其身，达则兼济天下”，如果一时不能施展抱负，那么就著书立说，成一家之言，期以利在后世；知识分子应打磨自己的学术立场，勇于不激不随，做到“学与思”相结合；知识分子要收束功名利禄思想甚至反其道而行之——慢下来，沉潜往复，从容含玩；高校教师除了完成规定的课堂教学任务，还应该用“心”育人，成为“人师”，让思想之光薪尽火传……

(十四)“最好的告别”

人们习惯性地将“老生常谈”等同于“陈辞滥调”，却不曾省思这种套板反应本身就是一种思维定势。事实上，“常识思维”往往蕴含着世道人心的真知灼见，“常谈常新”方能总结大千世界的常规恒数。

---

① 钱理群在《我们缺失了什么，我们如何面对——马小平编著〈人文素养读本〉序》中写道：“正是鲁迅说的，中国是一个文字的游戏国，有的人嘴上说的和心里想的，是完全不一样的。我多次谈到的‘绝对的，精致的利己主义者’就是如此。所谓‘绝对’，是指一己的利益成为他们一切言行的唯一驱动力，为他人、社会所做的一切，都是一种‘投资’；所谓‘精致’，是指他们有很高的智商、教养，所做的一切在表面上都合理、合法，无可挑剔；同时，他们又惊人的世故老成，经常做出‘忠诚’的姿态，很懂得配合、表演，最善于利用体制的力量，最大限度地获取自己的利益，成为既得利益集团的成员。……这些高能人精的灵魂，已经被权欲和利欲所浸透，知识(包括人文知识)都成为他们获取权力和利益的工具和手段。而我们现行的人才培养、评价、选拔机制，是极容易，并且已经源源不断地将这样的懂得配合和表演的‘尖子’选作接班人了。这是真正要危害社会，影响国家、民族的未来的。”[杨东平主编：《中国教育发展报告(2013)》，北京：社会科学文献出版社2013年版，第314～315页]

② 徐葆耕：《大学精神与清华精神》，刘琅、桂苓主编：《大学的精神》，北京：中国友谊出版公司2004年版，第194页。

陈信泰晚年一直关注中国教育的发展和教育学研究的动态，他此时期对于20世纪80年代以来中国教育的反思与点评，往往三言两语直达本质，无论对于教育理论研究还是当代教育史书写都具有重要启示意义：

“为什么我在20世纪80年代与数位同道执着于马克思主义教育原理的研究？我们的目的在于正本清源、前提追问。我个人认为，苏联教育主要模仿德国，带有‘军国民主义’色彩，不能真正代表马克思主义教育思想。中国20世纪50年代‘拿来’苏联教育模式，实际创新之处不多。中国教育学界在‘文革’以后才真正‘走近马克思主义经典’并遭遇了几个基本问题：一是‘教育本质是否是生产力’，二是‘异化’是否符合社会规律及如何破解，三是‘人的全面发展’理论探讨与实践检验。20世纪80年代是百家争鸣的新启蒙时代。学界谈论这些大问题、基本问题或根本问题，旨在追根溯源。可惜这些问题并没有真正解决，原因主要有以下两点：一是市场经济转型，二是学术进入‘小时代’——学术研究出现了去中心化和去政治化倾向，年轻一代更愿意务实地‘造砖’，而不再期望建造通天的‘巴别塔’。但是，原理不清而追求‘学术’致用，结果只能是舍本逐末。”

“中国教育学界在1990年以后进入众声喧哗的‘后现代’。‘海归’派各说各话：从美国留学回来的说美国教育体制好，从欧洲回来的说英国、德国、法国的教育体制具有优长，从日本回来的说日本的教育改革最精良……但很少有人借此反观和总结中国教育的经验教训，更少有人将外国先进教育理念与中国实际相结合，因而不少人陷于空谈和知识贩卖。……之所以出现这种情况，主要是因为对世界教育史、中国教育史和比较教育史的研究不足。我曾在全国教育学研究会的会议上提醒教育部领导：中国的教育政策一定要‘中国化’，无论学习什么或引进什么，都必须落地生根，‘一百年不动摇’，不能朝令夕改、花样百出，让人眼花缭乱却不知所措。”

“就我个人对世界教育史和中国教育现状的了解来看，我认为中国应注重学习德国经验：一是德国的教育体系完善严谨，经受了时间和实践的检验；二是德国教育体系经过改造后更适合中国国情和国人的国民性；三是德国现代教育体系适应工业化时代的要求，也是其他众多国家教育体系的母本和原型。德国的现代化进程扎实稳健，高度重视实体产业，制造业世界领先；与之相应，德国的职业教育全球发展最快，讲究实际操作训练，故能培养出顶尖的精工巧匠；德国教育强调纪律与规范，教师如法官一样有权力处理课堂内的一切事务，家长不能干涉教师职权；德国学生看似机械呆板，实际上继承了日耳曼民族一丝不苟的精神操守；德国教育是德国政治、经济、文化发展的强劲发动机，保证了其国家发展的后劲；德国在一战和二战中惨败，遭受巨大创伤，但他们没有哭天抢地，而是低调内敛地反省并道歉，称得上真正有宏大气度和胸怀的民族；德国现在不仅工业发达，堪为欧洲‘领头羊’，其哲学、科学、教育、军事、文学等也足为世界楷模……德国人口仅有五千万，却涌现出那么多杰出人才，秘诀不正在于其教育吗?! 这不值得认真研究和借鉴吗?! 今天，我们应当继续加深对德国教育的研究，并加强与德国教育界的交流。”

“德国是现代各种分类教育思想的重要发源地。洪堡是现代高等教育学的开创者，赫尔巴特是中小学教育学的奠基人，奥古斯特·福禄贝尔就是幼儿教育的鼻祖……在教育学研究各分支领域中，幼儿教育研究最为薄弱，而全世界幼儿教育领域最重要的理论家几乎都是德国人，因为德国人认为幼儿教育是最重要的教育环节。当然，德国的‘完美主义’的确存在极端化的危险，也曾出现过法西斯极端民族主义教育潮流，但他们已作了深刻反思。我不能不说，德国在科技和人文两个层面都是了不起的：他们有远见，不仅想到如何强盛，而且提前想到了强盛后要做什么。这使他们的工业发展绝不以牺牲生态环境为前提……”

陈信泰的这些断片式的论述，是他在沉思默想中迸发出来的电光石火般的精粹见解，都是智慧结晶和打开思想宝库的钥匙，多么值得后来者省思深研、保管传递！

陈信泰晚年头脑清晰、思维敏锐，来看望他的学生们都祝愿他寿比南山，但家人们知道，他的身体在渐渐老化：自 2016 年秋天起，他用上了女儿给他准备的拐杖，不仅是为了支撑身体，还因为视力急剧下降，拐杖成了他的探路工具。

女儿、女婿知道，最大的孝心就是陪伴老人，所以想请他搬到一起居住，也为他换换环境，但倔强的老人坚决不离开自己的家。女儿陈晓青只好为父亲请了一位全职保姆，负责照顾他的饮食起居。但是，无论亲人如何尽心尽孝，都无法挽住时光，陈信泰也似乎预感到分别的日子正在悄悄临近。2017 年 10 月28 日是农历重阳节，陈信泰对女儿晓青说：“我的身后事一切从简，不发讣告，直接火化，不举行任何仪式。你们找个合适的机会，把我的骨灰撒到黄海，我要去找我妈妈。”晓青知道，父亲一定是把身后事想了若干遍以后才作出了这样的决定。这个决定虽然令人伤感，却也说明老人内心是通达澄澈的。11 月9 日，立冬后一日，陈先生又对女儿和女婿说：“我觉得大限将至，恐怕活不到原来预想的 95 岁那个‘小目标’了。”女儿、女婿立即鼓励老人：“奶奶活到了重孙出生，您也应该看到重孙出世！”女儿、女婿不愿多想以后的事，只能踏实做好当下的三件事：一是尽心尽孝，少留遗憾；二是既然不能挽住时间，不能阻止老人的老去，那么就要“顺变”，老人想做什么就做什么；三是陈先生那一代人吃过太多苦，老到不能自主时，寿终也是解脱，唯愿能尽力保证老人“有尊严地活着”。这，就是“最好的告别”！

关于陈信泰先生最后日子的情形，以下内容录自李钧日记：

2017 年 9 月 19 日，中山大学二级教授兼岭南师范学院副院长黄崴教授来看望陈先生。黄崴面对黄锦凤大夫遗像鞠躬行礼，掩面落泪，久久无法转身。陈先生眼睛看不见，就问道：“黄崴呢？”晓青只好圆场：“他在接电话。”

11 月 4 日，韩延明、孙振东、杨昌勇、马勇、王维、庞桂美等人利用参加中国教育学研究会德育专业委员会年会（曲阜）的机会，给陈先生补办九十大寿仪式。

11 月 11 日，宁虹、杨秀治、庞学光、范林等来看望陈先生。宁虹用洒金大红宣纸书写长长的“寿”字，祝福陈先生九十大寿！

12 月 20 日，陈先生感冒发烧，出现幻觉。晓青今年 10 月 1 日正式退休后，全天候在家照顾陈先生饮食起居。保姆孔大姐今年 68 岁，虽然身体健壮，但因患有高血压、高血糖，常出现头晕现象；晓青担心她身体不支，遂多支付一笔工资，劝其回家休养。晓青搬回陈先生家住宿，以便于照顾老人。为了与妻子一起多陪伴老人，我在教师节那天即向学院党委提请辞去行政职务，被挽留；今天正式向学校党委组织部递交辞呈，辞去文学院副院长职务。

我变着花样为岳父煲粥：燕窝粥、及第粥、八宝粥、鲜虾粥、皮蛋瘦肉粥、山药粉火腿丁粥、小米枸杞粥、百合莲子粥、糁汤、甜沫……如果做最简单的大米粥则加两勺肉松。平心静气，小火慢熬，有滋有味，这就是生活！

2018 年 1 月 9 日，国务院学位办公示新增博、硕士点授权单位，曲阜师范大学获批教育学学术博士和专业博士授予权。我将消息告知陈先生，他非常高兴，嘱咐我：“请代我向小戚（万学）、小唐（爱民）表示祝贺！真想和他们一起并肩工作呀！”此时距离曲阜师范大学招收教育学硕士生 40 年，距离陈先生 1989 年第一次申报博士点 30 年。人们没有忘记陈信泰那一代人的贡献，正如教育学博士点论证材料开篇所写：“从 20 世纪 50 年代陈信泰、陶愚川、李国榕诸先生扎根曲阜，开疆拓土，到 1979 年招收硕士生，再到 2016 年招收大数据与教育统计博士生，历经半个多世纪的发展，积淀了'近圣贤·好读书''俯首躬耕·学而不厌'的敦厚学风……"

陈信泰一生，热爱教育事业，热爱学生，追求真理。他说："我的学问或可商榷，因为学术文章即使符合历史逻辑与理论逻辑，也不一定见用于当世，而一时之正确或错误也不足以成为定论，但我最可安心的是，一生道德无愧于人，勇于公义而绝无私仇，即使在最混乱的时代也从没有做过伤天害理的事情。"噫，人生短暂，白驹过隙，所可传者，唯有道德文章和斯文风骨。陈寅恪评王国维："先生之著述，或有时而不章。先生之学说，或有时而可商。惟此独立之精神，自由之思想，历千万祀，与天壤而同久，共三光而永光。"①斯可移用于评价陈信泰先生！

3月18日，搀扶岳父称量体重，66公斤。老爷子身高160厘米，肚子胖嘟嘟的，婴儿一样可爱。人的衰老，是有表征的：一是"人老先老腿"。三年前，我在与岳父聊天时，发现他轻松地叠起了二郎腿，这是前所未有的。他少年时踢足球，腿脚壮实，以前落座总是双腿微分，端坐如将军。及至注意到他翘起二郎腿的坐姿，我心中一震，知道老人的腿在退化。二是皮屑增多。为老人打扫房间卫生，总能扫出很多皮屑；最近为他洗脚、剪脚趾，发现他小腿皮肤干燥，皮屑像干裂的树皮一样脱落。这标志着皮肤油脂分泌减少，肌体再生能力下降。一个词蹦进我的脑海——风化。三是脚指甲变厚变形，甚至嵌入肉里，这是骨质疏松的表征。给老人洗脚时要用温热的水多泡一会儿，才容易修剪脚指甲……

4月4日，清明前。为陈先生按摩腿脚和胳膊，感觉他关节僵硬而肌肉柔弱如婴儿。"老虎"没了牙，眼睛看不见，耳朵听不见，胃肠功能紊乱，四肢失去力量。所幸，老人头脑依然清晰。他在晚饭前说："我身体不行了。黄大夫叫我去陪她，她太孤单了。"晓青鼓励他："你不是要看到伯文结婚、生孩子吗？"他点点头，才开始吃稀饭。

人的老去，似乎是把婴儿成长的过程像倒放电影胶片一样投放出来，渐渐行动迟缓，渐渐回到床上。我想给岳父置办一个电动轮椅或一张多功能护理床，但晓青说："再等等吧，我怕爸爸上了护理床以后就真的连基本的起坐都不想了，如果生褥疮就可怕了。你看他前几天不是还能自己穿衣，还走到餐厅吃饭吗？"

我们盼着奇迹，希望他度过此劫，然后像一个婴儿一样重生。……当然，我们也做了最坏的打算。

---

① 《陈寅恪文集之三·金明馆丛稿二编》，上海：上海古籍出版社1980年版，第218页。

4月30日，近日与晓青昼夜轮替陪伴岳父。陈先生今天午休至下午3:20醒来，我扶他小便后，问他是否想到客厅里坐坐；他同意，我就搀他慢慢走来。他坐在沙发上喝了一小杯金骏眉，翘起二郎腿，睁大眼睛"环视"周遭。虽然已不能视物，但那双眼睛依然非常漂亮。

他与我聊了起来，现择要摘录如下：

"兰州会议后，日本北海道大学有位学者来访，请教苏联教育史问题。那位学者的中文讲得不错。我问他为什么探究这个问题，他说北海道大学还没有这方面的学术研究，东京也查不到相关的详细资料。我就对他讲了马卡连柯、克鲁普斯卡娅等人的教育思想。那位学者激动得不得了，说：'苏联教育思想原来是这样的。谢谢陈先生，我遇到高人了。'我对他说：'其实纯正的教育思想一定是超越阶级、民族、国家界限的，是人类的共识。比如，道德思想，大家都应有共同标准。'"

"我很庆幸自己先研究教育史，再研究教育原理。有很多问题，放到历史中看，一下子就豁然开朗了。"

"有人说我是苏联派，其实我不是真正的苏联派。苏联派要激进得多。如果说中国的教育学界也分左、中、右派，那么我是中偏左。中间是大多数，比如胡适和陶行知。'右'的主要是保守派，主张念旧书，全面继承传统观念。我很钦佩胡适和陶行知，他们学了人家的东西，但加以辨识和阐发，是真正读懂了经典，而不是贩卖知识，不是两脚书橱，不是空洞无味。他们都借鉴了杜威，但都有自己的创见。其实，简单区分'左、中、右'并没有实质意义，真正有意义的是看谁能解决实际问题，能给受教育者带来真正的好处。"

"我早年因为与陈科美老师斗气而批判杜威。那不算真正的学问，少年气盛，顶多算是'勇气可嘉'。真正代表我一生成绩的是：北京一次发言，兰州一次辩论，在东北和南方的几场报告，发表了几篇有影响的文章，最后与常春元、黄济联合主编了那本《中国社会主义教育学》。我与原来的'对头'鲁洁等人最终都成了朋友，没有人背后说我的坏话。我知足了。"

"兰州会议时忍不住了，再不发声，教育学界恐怕仍然无法拨乱反正。我在那场辩论中主要运用反诘法：'你说教育不是什么，那教育是什么？'他们说不清，就失去了立论依据。上海的报刊对兰州会议发了个纪要通报，北京、天津、武汉就都传开了。我回到学校后，把兰州会议的情况讲给研究生听，而且是借题发挥。刘世峰听了很激动，就把我的讲课内容和他的心得整理成文章，发表在《教育研究》了。"

“我与张武升合写的反思‘异化’问题的两篇文章，九易其稿，历时8个月，投给《教育研究》后两个月却没有消息。我去信问询并言明，若不能刊用，就给其他杂志了。那边立即来信谈了三点：一是很快就发，先发理论那篇，再发动态考察那篇；二是等中央文件，而且邓力群同志说争论到此为止；三是要求我不要再写此类文章，也不要与人辩论，否则有人会受伤。后来劳凯声来信并寄来文章，要与我商榷，希望我写反驳文章；我没写，也无法把所有背景都告诉他。”

走回卧室时，他抚摸了一下电视机橱上的红木寿星雕塑，那是2007年6月10日教育学院举办“教育学专家陈信泰先生八十华诞庆典暨学术思想研讨会”时，他的学生集体敬赠他的。陈先生一生不为物役，家里没有多少贵重物品。所谓“贵重物品”也都是近年学生为他祝寿时送的，比如，宁虹书写的“寿”字，杨昌勇送的一幅“红梅图”，胡竹菁送的一对景德镇薄胎瓷瓶，韩延明定制的一个镶嵌着陈先生头像并镌刻着“恩师陈信泰先生九十大寿寿比南山”的烤瓷看盘等。他的主要家财就是八架图书。即使他最近两年不能读书，客厅茶几上仍然摆放着他的学生张武升、韩延明、李晓燕、庞学光、李如密、庞守兴等人的新著，或许他把学生视作自己的最大财富吧！

5月2日，搀扶陈先生到阳台晒太阳。他说：“真正的谈心，只有合适的时机才可以。我现在头脑清晰，还可以谈。”

“世界能否统一？统一有什么好处？英、美等国家都看清了，谁都不可能称霸世界，不如每个国家先弄好自己的小天地。欧洲也统一不起来，希特勒曾有这样的狂想，结果德国受伤最重。今后的世界，谁也吃不了谁。未来也不会有世界大战。美国必须放弃称霸思想，欧洲和俄罗斯也没有这种力量。为什么要统一世界呢？为什么要霸道呢？‘和而不同’才是好的。有冲突和分歧就谈判嘛！——这是我对世界的看法。”

“个人也是一样，应当‘知止’。一个人如果不能做官，也无法做生意、发大财，那么就独善其身，做做学问，成个专家，同样是人才。一个人的真正财富是个人的才华和本领。钱可以花完，本领是用不尽的！不可能所有人都出类拔萃，大多数人是平凡的；平凡人可能不会成大器，没有大作为，但一生干好一件事也能平安喜乐。绝不能损人利己，这是做人的底线。我在北京时眼见很多有才华的人纷纷败落下去，为什么？要么没有条件和机遇，要么‘德不称其任’或者‘能不称其位’。”

“君子不党。不要轻易将人引为知己，更不要拉帮结派。”

5月3日，陈先生在半梦半醒之中与“青年学生”对话，话语清晰：“你们是哪里人啊？我15岁就兼职工作，18岁到杭州读大学，24岁到北京，31岁来曲阜，在这里生活了60年了。你们这个阶段主要任务是学习，把学习搞好了，生活就很有意思……”

傍晚，陈先生精神非常好，问：“我的stick呢？”然后坐起来讲述少年时代与弟弟信达养狗养猫的故事：“信达养狗，妈妈养猫。狗和猫能相安无事，因为猫不吃骨头，狗不吃鱼。猫和狗要是闹起来，狗总是吃亏：猫会卖乖，讨主人欢喜；还会偷袭，打狗的耳光；狗只会叫，狗一狂叫，主人就骂它。渐渐地，狗就学乖了。”

搀他到客厅弹了一会儿钢琴，《我的家庭真可爱》勉强成调，因为他已看不见键盘也听不清乐声。然后坐在餐桌边喝了一点稀饭，再坐到沙发上聊天一小时。他哼唱起小时候喜欢的歌曲，还有京剧片段，只是由于他听力不济，发声有点荒腔走板。

5月4日下午，扶陈先生到客厅小坐。他说：“我的老朋友只剩下潘懋元、顾明远、王道俊、王策三了。王策三今年春节没给我打电话呀……”我和晓青怕他伤感，一直没敢告诉他“二王”已于2017年驾鹤西去。

下午3:30接到一个上海电话。一位老者，声音轻柔如女性：“是陈信泰家吗？我是俞金顺。”我赶紧摆好椅子，把岳父搀到话机旁。两位老人激动不已，但是他们都耳背了，我便拿起另一个串联电话听着，给他们两边复述传话。俞金顺说：“信泰啊，我们中华职业学校1942级的同学去年聚了最后一次，决定以后不再聚了。现在上海只剩了四个人：严润田、王祖庐、朱咏琴和我。蒋路高上个月去世。于豪奎、庞继勇前几年就走了。庞继勇曾参加我们(陈信泰、封根泉、俞金顺)组织的‘新建读书会’，你还记得不？”

俞金顺接着说：“我们同学里还有一个马涵根，在东北鞍山钢铁集团工作，也去世了。他前年寄给我一张照片，说是不记得合影者是谁了，我一看有你陈信泰。”陈信泰说：“我记得马涵根家境比较困难，在中华职业学校只读了一年多就去参加了新四军，在江南的一个县。我们毕业前，他回到了上海，说是队伍被打散了。我就让他吃住在我家，嘱咐他，如果有人问起，就说是我同学，其他都不用说。过了一段时间，他打听到了队伍的消息，就追部队去了，此后再没有联系。至于那张照片，我也忘记是什么时候照的了。”

俞金顺在中华人民共和国金融业改造后，于1952年被政府动员去了青海。1958年甘肃、青海发生叛乱时，他参与了循化城的守城战斗，后来在县委宣传部、计划委员会工作。“文革”后调任青海省委党校某教研室主任，晋升教授。1993年退休后回上海，现与女儿住在一起。

俞金顺与陈信泰都想再联系一下封根泉，但是也仅知道封根泉的二儿子在北京从事房地产开发。我想尽办法联系封根泉的儿子，想让“三剑客”通过网络视频见见面，但没有成功……

5月5日，老人因为看不清、听不清，故而分不清白天和黑夜，开始进入“梦游状态”；他幻视幻听，怀疑一切都在梦中。“人生如梦”，哪些是真的？哪些又不是在梦中呢？人老，真是佛教所言“人生四苦”之一。他眼神凝望虚空，那不是呆痴，而是沉浸在另一个世界：他回到了过去，他在回忆中，他在梦境里。他是否接近了“苦集灭道”四谛中的那个道？

5月6日，陈先生说：“我肚子痛、胸痛，给我找个中医来看看。”“朱大夫来了吗？”——他说的是朱鸿铭，他们在“文革”时即相识。

5月8日，陈先生体虚，拒绝进食，从早6点一直睡到下午，唤不醒。至少，老人没有说痛苦。早上为他测血压，高压118，低压68，脉搏101，心动过速。晓青用电子血压表给他量血压的时候，他问：“你拿什么东西把我胳膊箍那么紧？”

陈先生晚上起来小便时，四肢绵软，头颅下垂，像婴儿一样无力支撑，蜷靠在我身上。他躺好后，说：“我很累，我要好好睡一下。别叫我！”

5月9日，陈先生沉睡。我早上7点到岳父家，替换晓青去休息。为陈先生做足底按摩，他轻轻哼了几声。用小勺喂葡萄糖水约30毫升，老爷子呼吸沉重却稳定。陈先生9点睁开眼，但不说话。再为他按摩腿脚，喂了大约30毫升葡萄糖水。

他已完全退回到婴儿状态。人生最后，仿佛回到地母怀抱！

中午12:45分，晓青发现陈先生心脏停止跳动！……

遵陈信泰先生遗嘱，不举行任何告别仪式，不收赙金，仅告知至亲好友……

我和陈晓青、王慕东、王众在八宝山殡仪馆跪送陈先生。我最近三个月为先生祈福抄写的佛教“十三经”随化，默念：“世皆无常，会必有离，勿怀忧也。……世实危脆无牢强者，我今得灭如除恶疾。”

10月17日，重阳节，与晓青、伯文怀念陈信泰、黄锦凤。读旧作《师德颂》，献给陈信泰先生：

教育者，国家之本。古之王者，建国君民，教育为先。家塾党庠，术序国学；上施下效，养子使善；论学取友，知类通达；明德亲民，止于至善。期以化成天下，臻于大学之道。兴亡盛衰，岂其无凭？国家富强，全在国民；国民发展，全在教育；教育兴国，人才强邦。此乃科教发展之要义。

教师者，民族之魂。政教相辅：善政民畏，善教民爱。蒙以养正，学后知义；读书既未成名，究竟人高品雅。小成大成，化民易俗；修德不期获报，自然梦稳心安。天地位焉，万物育焉；养其根俟其实，近者悦远者怀。声威教化，琢玉成器；十年树木，百年树人；"四有"教师，人之模范。是为教师功德之精髓。

教师者，安贫乐道。缘何安贫？达人知命：无财非贫，无耻乃贱。故能"拥书自乐，抱道不曲"。所乐何道？"横渠四句"："为天地立心，为生民立命，为往圣继绝学，为万世开太平。"故谓"师之所存，道之所存"。所乐何事？孟子三乐：父母俱存，兄弟无故，是谓齐家；仰不愧天，俯不怍人，是谓修身；得天下英才而教育之，可抒治国平天下之志。此合内圣外王之旨，因之"王天下不与存焉"。

教师者，何人可为？和而不同者，可以为师：百家争鸣，万物并育；小德川流，大德敦化；道不相悖，多态参差。温故知新者，可以为师："知古不知今，谓之陆沉；知今不知古，谓之盲瞽"，期之"旧学商量加邃密，新知涵养转深沉"。言传身教者，可以为师：学高身正，美德慎行；动人以言，其感不深；动人以行，其应必速。教之以事而喻诸德者，可以为师：行有九思，日有三省；博学于文，行己有耻；西哲亦云"有学无德，是为恶汉；有德无学，是为鄙夫"。"学而不厌，诲人不倦"者，可谓人师：学不厌者智，教不倦者仁，仁且智者近乎圣；经师易得，人师难求，传道授业解惑，激励鼓舞唤醒。当今之世，物欲横流，师者更应"抱定宗旨，砥砺德行"，气定神安，高瞻远瞩，为国弘文，与时偕行……

12 月 24 日，网上有消息说：台湾作家朱天文、朱天心、朱天衣姊妹决定，在阳明山最好的风景处，将其父亲朱西宁、母亲刘慕莎的骨灰实施"花葬"：撒向大地，种上花草……

苏格拉底说："死并不是什么不幸的事情。因为死亡就是进入一个无梦的睡眠之中，摆脱了一切感觉而已，而这一点损失也没有。或者说它通往另外一个地方，所有死去的人都在那儿，有古代的英雄、诗人和先贤们；与他们交谈，与他们交流思想，将是多么有趣的一件事情啊。"①

① ［古希腊］柏拉图：《苏格拉底的申辩》，［英］约翰·亚历山大·汉默顿编：《西方文化经典·哲学卷》，李治鹏、王晓燕译，武汉：华中科技大学出版社 2016 年版，第 6 页。

漂泊与栖止：黄锦凤及其家族往事

20世纪的中国，遭逢数千年未有之大变局。这大江大海、风雨雷霆的大时代，固然为伟人英雄提供了卓砺奋发的天地舞台，然而那些隐藏于历史帷幕后面的普通百姓的生聚故事，似乎更容易令人洞悉三千世界的真幻虚实。

黄锦凤（1930～2016）医生，是大时代里的一个寻常女性。她祖籍广东三水，幼时长于北京，“七七”事变后随家人逃难至福建、广西、贵州、四川等地，1950年考取福建医学院，1955年大学毕业后分配至北京市第一传染病医院工作，1966年为了与“再分配”到山东的爱人陈信泰团聚而调至曲阜师范学院医疗所工作，直至1990年退休。这样一个没有丰功伟绩的普通人，按说是不足以树碑立传的，但是，通过她收藏的“黄氏家谱”，通过她1952年7月15日填写的“学生登记表”、1956年7月10日撰写的“自传”，以及人事部门保存的相关档案，人们又能发现一些令人惊叹的秘密：黄氏家族曾与孙中山、李择一①、陈仪、严家淦②、冯玉祥的兄长冯基道、孙科之子孙治平等人发生关

① 根据吴清源回忆录《以文会友》和熊宗仁著作《一级上将何应钦》可知李择一生平大事：李择一青年时期留学日本，毕业于国立东京商科大学；在北洋政府时期，李择一曾受安福系委托从长崎三菱造船厂购买两艘军舰，可见其在政、商、军界的交游能力；1933年5月3日，南京政府设立“行政院驻平政务整理委员会”作为与日本交涉的机构，黄郛任该会委员长，李择一担任秘书；1933年5月30日，陆军中将熊斌代表何应钦与冈村宁次签署《塘沽协定》，李择一与熊斌、徐燕谋、钱宗泽同为中方代表出席仪式；1945年9月28日，驻厦门日军投降，受降仪式上，日方代表为海军中将原田清一及参谋长等五人，中方代表有李世甲、刘德浦、郑沅、李择一等人，李择一兼任翻译。

② 严家淦（1905～1993），1966年，被蒋介石擢为“副总统”兼“行政院长”；1967年，兼任“国防研究院”副院长，主持台湾财经事务，策划制定了多项重大财经法案，是台湾经济建设的设计师之一；1972年续任“副总统”，将“行政院长”一职让与蒋经国；1975年4月，出任“总统”，旋即领衔推举蒋经国担任国民党主席暨中常会主席，拱手将最高权力移交蒋经国，时称“蒋严体制”时期；1978年5月，卸任“总统”，担任中常委兼“中华文化复兴运动推行委员会”主任；1986年3月，担任“十二人革新小组”召集人，研议台湾政治革新要务；1993年12月24日，病逝于台北荣民总医院。

联；黄锦凤的二兄黄可宽上尉1940年在昆明空战中壮烈殉国，入祀南京“航空烈士陵园”；黄家子弟由于战争变乱而流散海内外，大多名不见经传，归于“沉默的大多数”……在此意义上说，黄锦凤以及黄氏家族的漂泊故事，不仅能折射出20世纪中国社会的动荡变迁，也能串起一部百年中国的民间历史！

一、家族：从广东三水抽枝散叶

黄锦凤“自传”[①]写道：“我家祖籍广东三水南平安溪。太祖黄维贤和曾祖黄宝以耕读持家。祖父黄颂德于清光绪五年(1879)年仅十余岁时，由乡亲带往日本谋生，先学皮鞋制作，后学服装裁缝，出徒后在服装鞋帽店当差，后提升为外勤采买；由于勤劳而机灵，十年后颇有积蓄，娶妻生子。黄颂德交游颇广，业余爱好赛马，一次事故造成一腿骨折。他倾向革命，不仅为孙中山捐款捐物，还参加同盟会活动。1930年，黄颂德自觉年事已高，有落叶归根之念，加之中日关系趋于恶化，遂将日本横滨的生意结业，回国返乡购置房屋田产。祖父1936年病逝于广东三水河口，祖母1942年病逝于南平安溪。”

“我父黄英广1892年农历十月廿八生于日本横滨，1916年毕业于国立东京商科大学银行系，由学校推荐至大阪久原商事株式会社工作，任棉纱布疋出口部职员，一年后被派到该社天津久原洋行工作。国人在五四运动后抵制日货，久原洋行业务结束，黄英广于1921年在天津开设英信行(天津意大利租界三马路七号)，代客买卖洋货，主营日本海产品、颜料等。1930年后回日本，任职于大阪静商店煤炭部，并协助黄颂德将横滨的生意结业。华北事变后黄英广于1935年愤然返国，经大学同学李择一介绍，担任福建省物产推销所经理。该所主要营销闽产木材、纸品、笋干、冬菇、水果等，1936年改为官商合办的福建省物产贸易公司，黄英广任经理兼木材部主任。公司1937年扩展为福建省贸易公司，黄英广任总经理，但仅过月余，福建省主席陈仪安排严家淦为公司总经理；黄英广改任公司协理兼木材部经理。刘建清接替陈仪担任福建省主席后，福建省贸易公司第三任总经理陈宣被免职，费鸿年担任第四任总经理；

---

① 下文中未标明出处者，皆源自黄锦凤“自传”，不再赘述。

黄英广改任公司顾问和木材部经理，兼任福建省木材联营处经理，此外还担任福建省政府咨议等职。福州沦陷后，黄英广随公司迁至南平、永安一带，未与日伪政府和汉奸发生关联。1940年，福建省贸易公司被并入福建省企业公司，黄英广辞职退出，与同乡在南平合开'华丰森茶叶零售店'。1943年经中国农业银行福建省行经理曹耀介绍，黄英广到福建永安农林公司任木材部经理，其间加入国民党，1946年离开该公司后自动脱离组织关系。"

"黄英广1946年至上海与友人周节安开办'宜兴申庄'，代办棉纱、电硫磺等生意，与孙科之子孙治平开设的'进出口贸易公司'有过往来。1948年年底，因物价飞涨及时局动荡，'宜兴申庄'盘店结业，周节安携资迁往香港。黄英广在上海居住至1950年秋天，自感年老体衰、在外谋生不易，在10月份送五子黄可津参加南渡服务团后，决定返回故乡广东三水。上海市公安局核发了失业回乡迁出证明、通行证明以及其在上海宜兴申庄任职的身份证明，这些证明在广东三水参加土改时全部交出。"

1958年，陆连弟、黄英广与黄庆广合影

"黄英广1950年由上海返乡，途经广州时曾前往香港会见其三弟黄祺广。黄祺广一直在香港东亚银行工作，与我父卅余年未谋面。我父到香港会见其三弟，不知有否其他目的。他在香港逗留半月，带回两只手表，寄给我和妹妹黄锦鸾，作为我们考上大学的礼物。"事实上，黄英广此去香港确有其他目的：宜兴申庄合伙人周节安将资金带去香港，但感觉香港局势不定，遂邀请黄英广去台湾或东南亚继续开办公司，但黄英广念及家人多在大陆，不想迁离故园。双方谈判无果，黄英广遂撤出股份，作价数根金条带回内地，并与妻子陆连弟、小女黄锦雏和幼子黄可胜回到广东三水故园生活。1951年暑假，正在北京师范大学读书的黄锦鸾回粤看望父母，见妹妹、弟弟学习成绩优秀，而那时人口流动比较自由，遂将弟弟、妹妹带到北京求学：黄锦雏入读北京三十二中，黄可胜在北师大附近一所小学读六年级。黄锦雏1955年高中毕业填报高考志愿时征求父亲黄英广建议。黄英广因多年经营木材生意,有感于中国森林资源在战争中遭受巨大破坏,遂支持黄锦雏报考北京林业大学。黄锦雏1959年大学毕业后分配至山西太原工作。

"由于我兄弟姐妹均在外地工作或求学,家乡只余父母二人,父已60岁,母亲59岁且经常生病,他们便将土地租给别人代种,土改时家庭成分定为'土地出租者'。我三兄黄可裕时任山西榆次经纬纺织机制造厂工程师,三嫂1952年产子,请我母亲前去照看。我父母遂将土地全部捐献政府,迁往山西。但他们仅在山西居住年余,一是因为我母亲身体无法适应北方冬季寒冷气候,二是因为我小弟黄可胜1955年从北京汇文中学毕业考取沈阳电器机械学校,体检时发现肋间浸润型活动性肺结核。我父母遂于1955年9月底带黄可胜投奔在福建医学院工作的黄庆广。"黄英广、陆连弟至福州,一是希望得到在福建医学院工作的六弟黄庆广的帮助,能治好黄可胜的肺结核,二是因为他们的四子黄可信在福州的银行工作,相互之间可以有个照顾。但黄可胜沉疴已久,医治无效而去也,而黄庆广和黄可信于1958年被下放山区劳动,这一系列件事对黄英广夫妇打击甚大。他们本可以继续留在福州生活,但六弟黄庆广念其年纪太大且在福州无人照料,就带他们一起"下乡"到闽西池溪生活。1970年陆连弟去世,时值"文革"动乱,子女中仅黄可平、黄可津和黄锦雏奔丧回闽。黄锦雏返回太原不久即接到六叔来信,说黄英广每天一早就去妻子坟前枯坐,整日茶饭不思,担心他长此下去会出问题。黄锦雏遂将父亲接到太原养老,其他兄弟姐妹则每月寄钱寄物孝敬老人。黄英广1978年在太原去世,再也没能回到广东三水故乡。

"我祖父黄颂德娶有一妻一妾。我父黄英广、三叔黄祺广、姑姑黄柳清系长房所生,六叔黄庆广、九叔黄振广、姑姑黄来清为偏房所生。1949年后,黄英广、黄庆广留在大陆,黄祺广、黄柳清两支移民加拿大多伦多,黄来清留在香港,黄振广迁往台北。"

"我祖父母去世较早,黄英广身为家族长子,担起照顾家中弟妹的责任,故而我六叔黄庆广、九叔黄振广与我辈兄弟一起长大。黄庆广1944年毕业于福建卅一中,1950年从福建医学院毕业留校,后至上海医学院进修寄生虫学两年,1956年晋升讲师。我六婶龚晴震与黄庆广大学同班,1950年任上海某私立医院妇产科大夫;1951年到北京医学院跟随林巧稚攻读研究生,兼任北京医学院附属医院妇产科大夫;1955年回福州与黄庆广结婚,调任福州合组医院妇产科主治大夫，并在福建医学院兼任教职。”如今搜索“知网”文库可知，黄庆广在寄生虫病研究与防治方面有较大贡献。

“九叔黄振广 1927 年生人。我们 1943 年一起从福建逃难到桂林。他那时刚读到初中，为了谋生就在桂林中国百货公司做了售货员。日寇进攻桂林，我们再次逃难。在逃往贵阳的途中，九叔曾被日军抓住，逃脱后奔赴贵州大定与我们团聚。那时我三兄黄可裕在大定羊场坝飞机发动机制造厂任工程师。工厂设有技术学校，黄振广 1944 年考入技校学徒训练班，学满六个月后入厂做工，成为技术工人。黄振广 1947 年随飞机发动机制造厂迁往台湾，1949 年以后失去联系。”黄振广 2007 年回大陆探亲，到曲阜看望黄锦凤，留下一些珍贵照片：虽年届八旬，眉毛灰白，但依然身体壮硕、仪表堂堂。

“我家海外亲戚还有表叔李满康。他毕业于日本某大学，抗战前在北宁铁路工作。抗战期间担任重庆某公司经理，曾写作《日本纵横观》，不知是否已经出版。抗战胜利后，李满康先是在上海九江路川康银行担任顾问，后任职于南京国民政府经济部，并代表青年党参加了国大会议。他 1949 年去台湾，任中学国文教员，后失去联系。表哥李锦光，1937 年考取重庆空军学校，1945 年留学美国，回国后在山东青岛工作。我们当时有书信往来，他 1949 年去台湾后失去联系。其他社会关系还有姨表哥陆希舜，他毕业于浙江大学史地系，在福州一中任地理教员，参加中国民主同盟，担任学校工会秘书、中苏友协负责人。”

黄锦凤散落海外的兄弟姐妹、亲属挚友颇多，一度因为这些海外关系而受到组织审查，做过多次交代；“九二共识”发布后，她又成为重要统战对象，其中原因无须强制阐释，但若细细写来，故事情节应该不比龙应台《大江大海　一九四九》简薄。但限于篇幅，本文接下来仅大体梳理黄锦凤兄弟姐妹的身世梗概。

黄英广与陆连弟共生养“可”字七子、“锦”字五女，除夭折早逝或为国牺牲者三人，其他九人分散各地。

“孙中山 1919 年后重整国民党，搞领袖崇拜，要求党员在家中悬挂党魁画像。那时我祖父黄颂德旅居日本横滨，其长孙（我大兄）不满三岁，自外进屋突然看到黑白冷峻的总理像，失惊倒地，数日后夭亡。二兄黄可宽高中毕业后两度赴日本学习航空飞行，回国后考入杭州笕桥空军学校，高级班毕业后进入攻击大队[①]，抗战前期多次负伤立功[②]。1940年10月7日，黄可宽在昆明上空与日机搏斗，击落击伤敌机数架，所驾飞机中弹后跳伞逃生。然而日军违反空战条约，对其枪击，致使黄可宽中弹、牺牲[③]。黄可宽生前为中尉教官，牺牲后追

① 中央航空学校第6期中级班于1936年11月结业，升至高级飞行学科者共112人，其中36人分至驱逐组，43人分至轰炸组，16人分至侦察组，17人分至攻击组。攻击组学员于1937年5月1日全部顺利毕业，除申时夏留校当教官外，其余16人组成了攻击大队，他们是王广英、李文韶、李秉彝、李洁尘、李肇全、邢天柱、任松龄、洪寇民、孙伯宪、徐汉灵、柴金陵、黄可宽、刘振远、刘维权、刘德修、魏同方。攻击大队在8月15日浙江曹娥空战中已有伤亡损失；随后在10月初南京保卫战之浏河空战中，攻击大队18架飞机中有9架未返，飞行员任松龄、刘维权当场阵亡，李文韶两腿被打断并在送医途中血尽殉职；邢天柱左臂中弹，黄可宽等也受重伤；徐汉灵被打断两左手指，用血指在飞机内壁大书"航空救国"四字。攻击大队此战损失惨重，不久取消番号。——中国航空学校第6期攻击组，遂成为该校空前绝后的一期攻击组学员。

② 关于黄可宽在抗战前期的受伤情况，王倬《中华战鹰，殊死报国》称：1937年8月15日沪杭空战中"尚有蒋其炎、雍沛、王广英、黄可宽、张光蕴、曹鼎汉、钱国幼等人也重伤住院"。(政协全国委员会文史资料研究委员会"八一三淞沪抗战"编审组编：《八一三淞沪抗战》，北京：中国文史出版社1987年版，第363页)记者吴宾基《空中战斗访问记》报道了曹娥空战情形及我军伤亡情况，通讯最后部分写道："当记者把民众对于空中战士们的热忱和敬爱告诉他们的时候，受伤而卧在床上的黄可宽君躲到被内蒙着头，唏嘘地痛哭起来，约莫过了十数分钟，黄君才从被内伸出头来，拿饱含着泪水的眼望着记者，很谦逊地说：'杀敌是军人应尽的天职，民众对我们这般的热忱，真使我惭愧万分。我的热血沸腾，我的泪终于是被冲动得止不住往外流，但望我能早日出院，继续多杀几个敌人，以副一般民众对我们热切的期望。"(原载《抗战三日刊》第6号，收入邹韬奋主编《红藏：进步期刊总汇(1915～1949)》，湘潭：湘潭大学出版社2014年版，第64～65页)黄可宽后来又参加了保卫武汉、重庆的空战，多次负伤。

③ 黄可宽生平收入《第二次世界大战大词典》："黄可宽，广东三水人。早年曾入小学、中学读书。后考入国民党中央航空学校第六期学习。毕业后在国民党中央航空学校任高级班驱逐组中尉二级教员。抗日战争爆发后，奉令参加对日作战。1940年10月7日在昆明呈贡上空与日军飞机的空战中阵亡。"(王捷、杨玉文、杨玉生等编：《第二次世界大战大词典》，北京：华夏出版社2003年版，第654页)又载入《民国杭州航空史》，其中《中央航空学校第六期航空班学生名单》开列："黄可宽，1913年生，广东三水人。1940年10月，敌机袭击昆明呈贡，上空迎战，中弹，跳伞，伞未开，殉国。"(渠长根主编：《民国杭州航空史》，杭州：杭州出版社2012年版，第194页)《民国空军的航迹》记载："(1940年)10月7日，日本海军7架零式战斗机掩护攻击机队转攻昆明。中国空军军官学校中队长李向阳率领11架'霍克'式机和5架H-15式机升空，其中1架飞机被敌击落于云南呈贡县(现为呈贡区)境内，教官黄可宽、见习飞行员叶遂安牺牲。"该页注释："黄可宽(1913～1940)广东三水人。中央航空学校第六期毕业。任该校高级班中尉教官。牺牲后，追赠上尉。"(中国人民政治协商会议江苏省委员会文史资料委员会编，高晓星、时平编著：《民国空军的航迹》，北京：海潮出版社1992年版，第321页)另外《中国的空军》1945第4期第107～113页刊有周耀西《忆黄可宽》一文，此文回忆黄可宽在天津中日学校读初二、初三时身体素质极佳，在运动会上包揽百米、二百米、跳高、铅球冠军，后来还担任校篮球队后卫等，因而被同学们誉为"黄牛"；但所记黄可宽牺牲时间(1941年5月)和地点(成都)等信息有误。

赠上尉①，南京航空烈士陵园有其一块石碑。”笔者曾在一篇文章中写道：“黄锦凤的二哥黄可宽是全家人的骄傲，他在日本学习军事航空，日本教官几次刁难他，甚至弄坏他驾驶的教练机的罗盘，但他却凭借高超的驾驶技术平安迫降在一个小学操场，照片还登上了日本报纸，新闻媒体称他是‘奇跡のパイロット(奇迹一般的飞行员)’。日本侵华战争爆发后，黄可宽参加抗战，在昆明空战中击伤、击落四架日本战机，自己也壮烈牺牲。抗战结束后，国民政府从数万航空烈士中遴选出四百名，入祀南京中山陵东侧‘航空烈士陵园’，其中就有黄可宽的一方墓碑……”②

“大姐黄锦鹭毕业于西南师范大学，结婚后相夫教子。大姐夫黎祺汉原在广西盐务局任会计，1946年调到台湾台南盐务局工作，我大姐亦随去台湾。他们后来迁往台北，失去联系。”

“三兄黄可裕1920年生，1942年毕业于国立广西大学机械系，分配至贵州大定飞机发动机制造厂设计科工作，1945年留学美国，1946年在上海大场飞机场工作，1949年后在上海经纬纺织机械厂工作，1951年调往山西榆次经纬纺织机制造厂，任工程师、科长、车间主任。三兄黄可裕和三嫂林榆对我们兄弟姐妹的生活、学习和工作给予最大支持，对父母的照顾最多。”黄可裕1967年去湖南支援“三边”建设，从衡阳纺织机械厂总工程师位置上退休。③ 黄可裕夫妇1982年曾至山东，游三孔，登泰山，兄妹相聚，其乐融融。

“二姐黄锦雁嫁与周炳坤。周炳坤1945年后担任沈阳空军机械师，在政训班学习后就留在空军学校任教，后调至河北石家庄二五三四部队训练处工

① 1941年4月17日“国民政府(追赠)令”：“行政院院长蒋中正呈，请追赠故员黄可宽、刘英役为空军上尉，应照准。此令。”

② 李伯文：《一切战争都是人性的战争——关于当前抗战题材影视剧的反思与构想》，《粤海风》2014年第6期。

③ 榆次市(1999年9月24日，榆次市撤销，改称为晋中市榆次区)政协文史委1994年所编《榆次文史资料》第十五期刊有王文阁《中国最大的纺机制造企业经纬纺织机械厂初创记》，记载黄可裕作为“修理厂副主任”艰苦创业的事迹。衡阳市科学技术委员会周华南、刘琪编纂《衡阳市科学技术志》(中国文史出版社1993年版)第六篇“科技人物”有黄可裕简介。衡阳地方志编纂委员会编《衡阳市志·下》(湖南人民出版社1998年版)第2678页“纺织机械”部分记有：“1980年，衡阳纺织机械厂黄可裕、张荣芳等研究出D1000、D3000系列节能锭子，每万锭平均节电6.5万千瓦时，1981年获衡阳市科技成果一等奖。1981～1985年，衡阳纺织机械厂从联邦德国INA公司和FAC公司引进罗拉轴承、轴承滚柱制造装配专有技术和气流纺轴承的全部资料软件和关键硬件设备，由黄可裕、董玉英等开发出SL、LZ系列罗拉轴承，在中国纺织大学、经纬纺织机械厂的协作下，研究出HQI高速捻杯轴承；在消化、吸收国外先进技术的同时，建成罗拉轴承、气流纺轴承、莎菲炉热处理三条生产线，其技术处国内领先水平。”

作，1955 年下半年转业到四川成都某军工厂工作，黄锦雁亦随往成都。二姐上过专科学校，后来主要做幼儿保育工作。”

“四兄黄可信，1949 年以前在中国银行福州分行工作，后在中国人民银行福州分行任会计。他颇有才华，一个证据是：他能同时与数人下盲棋，曾获福州市象棋冠军。”黄可信在“反右”运动后曾被下放农村劳动多年。

“五兄黄可津，1950 年在上海参加南渡服务团；1951 年参加中国人民志愿军并赴朝鲜战场，因抢救医药器材而受伤，导致双耳失聪，随后重上前线，任职于志愿军第二十军卫生部军药科。他从回国后曾在山东兖州军分区独立三大队十六队工作，后调到华东局卫生部药材一库、原南京军区总医院等单位工作。创伤所带来的后遗症影响到他的神经，然而他将民政部门发放的伤残补贴全部用于购买高档打火机，与人交朋友就送一个，这在当地颇为有名。”

“六弟黄可平在福州解放时刚好读完高二，遂报考福建革命大学，学习结束后又经过福建省团校培训，分配至龙岩东肖区任团委宣传委员、书记；1952 年加入中国共产党；1954 年年底担任龙岩县委组织部副部长；1955 年 1 月到上海华东团校学习半年；同年 9 月支援广厦铁路建设，担任大队党委办公室秘书。”黄可平与黄锦凤曾在 1944 年一起逃难，二人感情在诸姐妹兄弟中最为亲密。黄可平 1986 年带队到长春为单位采购汽车，路经曲阜时曾看望黄锦凤；他知道姐姐住在曲阜师范学院家属区的平房，但不知道具体在哪里，索性进入家属区后就唱起了福建儿歌；黄锦凤在家中听到熟悉的旋律，觉得这嗓音好熟悉，迎出家门就看到了不远处走来的六弟；姐弟拥抱在一起，喜极而泣。黄可平 2008 年送给黄锦凤一件精美的白玉瓷工艺品“惠安女”，她一直将之摆放在床头，时时拂拭观看，以慰思念之情。黄可平 2014 年因患癌症去世，对黄锦凤是一个不小的打击。

“大妹黄锦鸾自 1949 年 8 月 17 日福州解放之日起即积极参加学校接管清点工作，组织同学做街头宣传，担任福建省立女子中学妇女代表和福州人民代表，1950 年 3 月加入共青团，同年夏天考取北京师范大学教育系学前专业，1954 年毕业留校任教，1956 年 5 月 1 日加入中国共产党。”黄锦鸾形象气质颇为出众，大学期间有照片登上《人民画报》并被制成邮政明信片。黄锦鸾将北京师范大学同事陈信泰介绍给三姐黄锦凤，促成了一段姻缘，她自己则嫁给了军队干部张海——张海历任陈锡联秘书、原沈阳军区《军备》杂志主编、原沈阳军区党委办公室主任、军备部主任，晋升少将军衔。黄锦鸾后来随张海调至沈阳军区工作。陈信泰 1983 年 8 月去长春参加中国教育学研究会第三次年会时，中途接受沈阳师范学院李放先生的邀请到该校讲学，顺便到原沈阳军区看望黄锦鸾和张海。聊天期间，黄锦鸾感慨说："哎呀，你谈的教育学问题，我怎么都听不懂了，真是太惭愧啦！"她随后再次申请到北京师范大学进修，后来晋升副高职称，但不久即因癌症去世。

"小妹黄锦雏毕业于北京林业学院造林专业，在众姐妹中最机灵、最活跃，上大学时曾参加北京市飞行跳伞比赛，得过女子组第一名。"黄锦雏 1959 年分配至山西太原果品公司工作。

在 20 世纪波飞浪涌的一百年里，广东三水黄颂德家族抽枝散叶，人口众多，但经过战乱漂泊，加之关山阻隔，后代之间大多没有密切交往。直到 2008 年，黄氏后人拿到了一份由旅居加拿大的黄祺广整理印刷的"黄氏家谱"，才恍然发现这个家族是如此庞大，涌现出那么多优秀人才。不过，黄家后人大多没有朝拜过祖宗之地，现在仅有黄锦雏的小女儿陈建佳在广东三水工作，算是回到了黄氏家族故里。黄锦雏退休后去广东与女儿同住，她在 2016 年得知姐姐黄锦凤去世的消息时大哭不止："黄家'可'字和'锦'字辈的人，就剩我一个了！"可不是吗？她们最小的弟弟黄可胜早在"大跃进"年代就因肺结核去世了，其他姐弟也逐渐如风中飘絮般凋零。而值得欣慰的是，他们那代人的故事仍在后人口中传说……

二、漂泊：见证时代的幽暗与光明

黄锦凤在福建医学院读书时，曾在 1952 年 7 月 15 日填报了一份"学生登记表"，其中"能说何种言语"一栏很明显地涂掉了"英语""俄语"，改写为"国语和广东、福建、四川方言"。这种填法在今天看来显得有些怪诞，在彼时则一定是出于组织上的统一要求。然而，人们对这一涂改稍加思量就不禁心生感慨：即使是应用语言学家，能同时说好"国语"和几种方言者也不会太多吧？那么黄锦凤为何具有这样的语言"天赋"？推究起来，这应该与其青少年时期的漂泊经历密切相关。

黄锦凤生于 1930 年 12 月 2 日。抗日战争前，家在北京。七七事变后，随家人逃难流亡八年，是第一批离开北京的难民，又是最后一批逃到重庆的难民。其间，无法安居，不能上学，备尝逃难之苦。

黄锦凤的父亲黄英广1918年回国后在天津工作，1930年回日本大阪工作并帮助黄颂德结束其在横滨的生意，1935年回中国福建工作……黄英广在外打拼，居处不定，但他要给妻子儿女一个安定的家。黄英广认为北京的各种资源更加优越，加上几个孩子到了上学年龄，于是他在北京船板胡同购置一处院子以便妻子能照顾孩子们就近上学；他还在北京郊区碧云寺附近的村落购买了一处小院，以供孩子们假期小住，一家人可谓安居乐业。1935年华北危机，黄英广深感不安，但仍希望中日两国能和平相处。七七事变撕碎了人们最后的希望，黄英广不想当亡国奴，于是带着家人开始了八年流亡漂泊生活：他们1937年秋天从北京逃回广东三水老家，黄锦凤入南平县(现为南平市)梅山小学读书并于1940年7月毕业；由于日军在广东的压迫日益加剧，加之黄英广在福建工作，于是全家1940年复避难至福州，黄锦凤1940年9月至1941年2月在省立福州中学读初一；不久全家为避战乱而南迁到崇安，黄锦凤在辍学半年后于1942年7月入崇安私立三一中学续读初一；1943年全家再逃难到广西桂林，黄锦凤辍学入更生油墨厂当女工，后改在桂林花边商行做店员，业余在私立实践会计夜校学习；1944年全家逃难到贵州大定后，黄锦凤一度辍学，直到1946年春天才在重庆歌乐山私立女子中学续读初二，1946年秋天至1947年1月转到四川荣昌国立十五中读初三第一学期，然后与全家人回福建，1947年2月至7月在省立福州中学读完初三第二学期并初中毕业；1947年8月至1950年7月在福州女子中学读高中，1950年8月考取福建医学院。

上面这个简约的履历表显示出历史本质主义的冰冷无情，因为一切“没有进步意义”的人事都会被宏大历史省略，仿佛不曾发生过。但是今天看来，假如“历史”没有记录人生的苦难与光荣，如果与百姓的痛哭和欢笑缺乏关联，如果没有见证时代的幽暗与光明，那才真正没有意义。好在民间记忆被保存在家谱、墓志和家族故事之中，有效地补充了官修历史的不足，让每个人都成为精神上“有根”的人。如果说民间记忆充满生命细节并承载起了家族乡愁，那么黄锦凤的逃难经历则让人具体地感知到战乱所带来的物质毁灭与心理创伤！

假如要书写一部“中国现代逃难史”，人们会发现：东北人在九·一八事变后逃入关内，揭开了现代中国人大规模逃亡的序幕；更大规模的逃亡则发生在七七事变之后，人们沿京广铁路南下福建、广东，或沿京汉铁路、宁汉铁路、长江水运逃向武汉、重庆；之后的整个抗战期间，大批中国人游离失所，逃难漂泊。黄锦凤主要经历了四次逃难：第一次是1937年夏天随家人从北京逃到广东；第二次是1940年春天从广东避难到福建；第三次是1943年春天从福建逃往广西；第四次逃难是1944年日本军队做最后的挣扎反扑，她与家人从广西逃到贵州大定。

黄锦雏2008年来曲阜看望黄锦凤，她们一起回忆了1944年逃难的情形。黄锦雏说："当时周哥（周炳坤）正在追求二姐黄锦雁，他得知广西局势危急，就特意请假来接我们去贵州避难。由于黄可宽是空军烈士，黄可裕在空军飞机制造厂工作，所以我家是军属兼烈属，加上疏通了关系，故而我们带着十几箱行李登上了一列装满弹药的特别火车。火车走走停停，到达贵州都匀时，有日本飞机来袭，火车停在一处峡谷躲避。周哥是空军机械师，一听敌机的飞行声音就判断出那是轰炸机。他急忙呼喊车上的乘客下车隐蔽，让大家等飞机过去以后再往前走。但很多人不听劝阻，下车后就沿着铁路向贵阳方向跑，这是因为大家都听到身后不远处有枪炮声，应是鬼子的陆军赶来了。九叔黄振广那时16岁，很有男子汉气概，说要一个人留在火车上照看行李。我家其他人就下了火车，待敌机飞过后才徒步前行。我们步行了约两小时，就看到了敌机轰炸后的场面，一些人被炸死或被燃烧弹烧死，铁路上迤逦散落着尸体和行李，他们应该是我们那列火车上下来的人；那些尸体都是焦黑的，气味非常怪异，让人终生难忘。我们虽然害怕，但也不能停下来。周哥让我们手牵手、闭上眼、屏住呼吸，他在前面牵着我们从尸体旁边绕行过去。妈妈后来实在走不动了，我年纪也小，脚掌磨起了泡，行走困难。周哥不知动用了什么方法和关系，也不知花了多少钱，终于拦下一辆卡车，把我和妈妈塞上那辆严重超员的汽车，说好大家到贵阳青田军用机场会合。周哥则带着二姐、三姐、六弟、小弟和保姆步行。我和妈妈到了贵阳以后就在火车站大厅打地铺，等候去往青田的汽车，过了一个星期才买到了车票。我找来纸笔写了张信条贴在广场上的纪念碑上：'我和妈妈今天乘车去青田，见条去那里找我们。'我和妈妈到了青田，却不知道如何前往军用机场，只好先找个小旅店住下。我第二天早上到集市买烤红薯，与另一个人同时把手伸向一块红薯，我抬头一看竟然是保姆阿心……就这样，与周哥、二姐和小弟他们会合，一起去了青田机场。不过，三姐锦凤和六弟可平与周哥他们走散了，他们后来也是看到了纸条，走到了青田机场。再说九叔，他在车上照看我家行李，火车后来只开出约两站地就停下了，因为铁路被炸毁了。鬼子的陆军赶到了，那些押送弹药的国军中胆小的就跑了，其他人抵抗了一阵就被俘虏了。九叔也被抓住，但日本人只留下了那些头上有帽子印、右手食指有老茧的——那是军人的标志。九叔年龄小，个头矮，一双学生手，头上也没有帽子印，就被释放了。但我家的行李和全部细软都丢了。我们一个小康之家，因为这次逃难而陷入贫困！由我们家道中落的感受，可以推想全中国人在日本侵华战争中所遭受的劫难与损失，因而我们更加期盼和珍惜和平生活！”

黄锦凤回忆说：“当时我还不到14岁，六弟7岁，我们在过都匀时与家人走散了。我们只记得家人说要去贵阳，于是我和弟弟随着难民一路向西，没忘记随处留下文字标记，希望家人能通过这些标记找到我们。我们走在路上，每当听到天上有日军飞机轰鸣而来，就赶紧藏进路边的沟渠或树林，瑟缩着一起祈祷。敌机飞过后，俩人庆幸自己还活着，就相视一笑，但转眼看到被轰炸致死或冻馁而亡的人们，看到肥硕的野狗在撕咬着尸体，自然恐惧不已。寒冷的夜晚，我和弟弟相互依偎着取暖，实在太冷了就从难民遗弃的旧物中捡几块棉絮裹在身上，饿了就到地里找野果子吃或向人家伸手乞讨。到了贵阳，在纪念碑上看到了锦雏留的字条，就再往青田走。我们就这样走了一个多月才找到家人。弟弟已经瘦弱不堪，眼睛变得好大，里面满是忧郁和敏感；他的小脸黢黑，生了冻疮；他的双手满是污垢，洗了一个星期才除掉；我们衣服破烂，爬满虱子和跳蚤……”两姐弟在逃难中深深地感受到了恐惧、寒冷与饥饿，见识了疫疠、伤残与死亡，也感受到了相依为命的温暖以及绝望中的希望。那段逃亡经历对黄锦凤产生了重要影响，如：她高中毕业后选择学医，希望能尽己之力救死扶伤；她一直保持着朴素的生活，不为物役，不以物喜；她在接近生命终点时从容面对和坦然告别……

也许是因为逃亡的经历太痛苦，黄锦凤不想重提。倒是黄锦雏仍记得很多细节：“在青田机场，领导主持了周哥（周炳坤）和二姐黄锦雁的婚礼，还在报纸上发布了他们的结婚启事。人们那时候结婚，只要在报上刊登启事，亲朋周知，全民见证，就算合法了。不久，三哥黄可裕开来一辆卡车，把妈妈、九叔、三姐、我和弟弟接到了大定飞机发动机制造厂。三哥用一个人的工资养活我们，困难可想而知，只能节衣缩食，举家食粥，一星期吃一次干饭。好在九叔经过技校培训后成为技术工人，能挣钱补贴家用；三哥有个好友叫冯文林，是冯玉祥哥哥冯基道的儿子，也向我们伸出援手，使我们的日子不致太过窘迫。三哥有时与冯文林到山上打猎，弄些野味来给我们改善伙食。三姐锦凤‘最爱吃’乌鸦和猫头鹰肉。——其实，谁会爱吃乌鸦和猫头鹰肉呀？那是三姐善良懂事，觉得三哥好不容易打回来一些野物，如果大家挑三拣四，三哥会难过，所以她就说猫头鹰肉‘好吃’。三姐真是有心人呀！1955年以后，三姐、四姐和我都在北京工作或上学。我们偶尔聚餐，三姐还会吃掉鸭屁股、鸡屁股。这都是三姐在物力维艰的时日里养成的勤俭习惯！”

1945 年，冯文林、黄锦凤与黄可裕合影

抗战胜利后，黄可裕获得公费留学美国的机会，而黄锦凤也要继续学业，这让他一时不知如何安置她。冯文林知道情况后就对黄可裕说："可以让锦凤到歌乐山与我小妈同住，一来她可以继续学业，二来能让我小妈有个伴。"黄锦凤遂去重庆与冯文林的小妈同住，并报考了歌乐山女子中学。发榜那天，冯文林那位毕业于金陵女子大学的小妈带着黄锦凤坐着汽车去看榜。校园里竖立着不同年级和分班的几十块牌子，黄锦凤不敢抱太高期望，就从后面看起，许久没有找到自己的名字。那位"小妈"因此也有些着急。倒是司机挤到前面去看"金榜"，然后伸手一指，颇为骄傲地大声喊："太太，小姐，这里，第二名！"引得众人投来敬慕的眼光。

但黄锦凤在歌乐山女中只读了半年就转往荣昌读书了，她向冯文林及其小妈等人告别，深表谢意并盼望后会有期。1946 年冬天，黄锦凤终于与家人踏上了重返故乡的路："回家的路一帆风顺。我二哥黄可宽是空军烈士代表，要入祀南京航空烈士陵园，举行墓碑落成仪式，所以空军司令特意安排我们一家人乘坐空军飞机从重庆飞往南京，参加黄可宽的迁葬仪式。仪式后，又安排我们坐火车软卧到上海；我们在上海小住一周后，搭乘轮船回到了福州。十四年抗战，二哥为国捐躯，一家人逃难穿越了大半个中国，家产损失殆尽，这是让人万分痛苦的事。可喜的是，三哥即将出国留学，国内亲人重聚，一切可以重新开始。父亲勉励我们：只有珍惜时日，努力学习，才能重振家业，报效国家！"黄家适龄的孩子们分别复学，黄锦凤因为逃难中断学业，到福州复学时与妹妹黄锦鸾在同一班级。

逃难中的所见所闻让黄锦凤对未来职业有了自己的规划和选择，因此在高中毕业之际，虽然妹妹黄锦鸾和好友林嘉绥希望她一起报考北京的高校，但她仍然坚持选择了福建医学院。1950 年 8 月，当黄锦鸾和林嘉绥去北京师范大学教育系攻读学前教育专业时，黄锦凤跨进了福建医学院的校门。

当时师范类高校实行免费教育，而医科院校的收费则比较高。黄锦凤若想减轻家庭负担，只有获得全额奖学金；而若想获得全额奖学金，就必须学习成绩名列前茅，从全年级 200 多名同学中脱颖而出。为此，她与舍友林乐霞商定："专心学习，不谈恋爱；寒暑假都在学校复习、见习、预习……"两个品学兼优的姐妹花出双入对、比学赶帮，很快就引起了人们的注目，不仅老师们喜欢她们，学院领导也请后勤宿管人员解决好她们的假期住宿与学习场所问题，高年级的学姐们则拿出教材和学习笔记供她们预习功课使用。两人得此人和之助，连年获得全额奖学金。黄锦凤 1954 年 8 月至 1955 年 6 月在厦门市立二院的全科实习，更是取得了优异成绩。

劃數

學生登記表

部門 福建醫學院
職別
姓名 黄錦鳳

一九五二 年 七 月 十五 日塡

福建省福州區高等學校
學習委員會總辦公室製

1952 年 7 月 15 日，黄锦凤在福建医学院读书时填写的学生登记表机遇只垂青那些有准备的人。就在黄锦凤毕业前夕，教育部和北京市卫生局联合到福建医学院招聘优秀毕业生，黄锦凤等十几名同学就被择优分配到了北京。在用人单位见面会上，大多数同学优先选择到高校医疗所工作，因为这些单位工作环境优雅，可谓“往来无白丁”。黄锦凤自始至终只有一句“无条件服从组织安排”，她等其他同学都签订了单位后，与北京第一传染病医院“结成了对子”。有人猜想：黄锦凤的弟弟黄可胜 1955 年 7 月考取沈阳电器机械学校，入学体检时查出肺结核，那么黄锦凤选择到北京第一传染病医院工作，除了服从组织分配之外，弟弟生病这件事是否也促使她想在传染病防治方面有所作为?!

不管怎么样，黄锦凤至少能再见到黄锦鸾和林嘉绥了——她们 1954 年从北京师范大学本科毕业后都留校任教了。黄锦凤到单位报到后，立即给妹妹黄锦鸾打电话，相约见面。二人聊到午餐时间，就前往北京师范大学北门的学林餐馆用餐，当时恰好遇到教育学教研室的新晋讲师陈信泰，而陈信泰点的菜刚刚上桌，这对黄家姐妹于是被热情地邀请一起用餐。黄锦凤与陈信泰就这样邂逅相识，开始了他们穿越一甲子的情爱生活。黄锦凤后来偶尔会与陈信泰打趣：“你说这世上是不是真有一种冥冥不可知的神秘力量呀！我 1937 年逃难离开北京，18 年后重返京城，好像就是为了遇到你呐！”陈信泰就回一句：“千里姻缘，三生注定。你是我的福星！”

重大任务和突发事件从来都是识别人才的试金石。只有那些经受住完成重大任务、应对突发事件考验的人，方能成为栋梁之材。1956 年春天，北京出现群发性白喉病。为应对这场重大的传染病疫情，北京市卫生局局长、北京各医学院校传染病学教授以及各区县医院的传染病专家都集中到了北京第一传染病医院，年轻的黄锦凤被安排担任专家的手术助手。疫情急重，病患量大，这无论对于第一传染病院还是对于黄锦凤来说，都是一场严峻考验；而考验的重点是：对那些病情危重、呼吸困难的患者实施紧急手术，与死神展开抢夺生命的最后一搏！在实施手术时，成年患者可与医生交流，而且专家对成人气管切开术已有丰富经验，所以没有太大风险。而如何对 3 岁以下幼儿实施气管切开手术却存在诸多困难：一是幼儿无法与医生交流；二是幼儿处于极度恐惧与痛苦之中，哭闹挣扎，扭来扭去，医生难以精准手术；三是幼儿气管细小，手术时差之毫厘就会伤及主动脉；四是幼儿气管切开手术经验严重不足，有几位专家在给幼儿做气管切开和插管手术时，仍像为成年患者做手术那样向下方施刀，结果切到主动脉，血溅手术服……人命关天！手术室内气氛压抑得令人窒息，专家们仿佛自己得了白喉病一样难以呼吸。

专家会诊时，大家对于如何有效降低幼儿患者手术的风险一筹莫展，一时陷入沉默。这时，坐在后排的黄锦凤举手要求发言，她建议说：“能不能从下向上切？这样能减少伤及主动脉的风险；下刀时，应在幼儿呼吸的间隙，这样会相对稳定……”院长先是一愣，随后与专家们交流了一下眼神。在几位专家点头认可后，院长转身对黄锦凤说：“我看过你的档案，你读书时连年获得全额奖学金，实习时做过全科大夫，积累了综合经验。你刚才所说的很有道理，你年轻、眼好、手稳，就由你来试试吧！”黄锦凤临危受命，虽然万分紧张，但努力让心情平静下来，在幼儿患者呼喊、哭叫和扭动的间隙，快速准确地向上切口、插管，动作准稳、利落、且一气呵成，连做八例均获成功，不仅患儿憋闷造成的紫癜很快消失，而且插管后不久即能轻声呼唤“爸爸妈妈”了。院长十分激动，立即让黄锦凤向专家们进行演示推广，此后他们几乎救活了所有幼儿患者。

黄锦凤工作成绩令人刮目相看，她与陈信泰的爱情也“春暖花开”，并得到了朋友们的衷心祝福。但是没想到陈信泰却在1957年被裹进了“反右”运动之中：陈信泰那年暮春至初夏带领张洪生等12名学生到海淀区白家滩（疃）一所问题少年学校进行马恰连科式的教育实验，他们先住在旁边一所学校，然后通过篮球比赛等方式接触那些学生，进而结交朋友，施以潜移默化的影响教育。他们的教育实验进行了一个半月，效果明显。此时北京师范大学教育系开始“反右”运动，清点人员时发现少了陈信泰，便叫他赶紧带学生回校。不久后的一天，张洪生找陈信泰借阅列宁的《无产阶级革命和叛徒考茨基》《共产主义运动中的“左派”幼稚病》，原来他在缺席的情况下被打成了“右派”，连书都不能从图书馆借阅了。陈信泰为学生感到不平，找到支部书记反映情况却遭到拒绝。陈信泰执拗起来，就像当年的梁漱溟一样希望领导能有“雅量”。他就这样逐级向上反映情况，结果险些被打成“右派”。但是，“右派”得脱，“流放”难免，陈信泰1957年年底接到“支援山东教育事业”的通知，被“再分配”到刚刚建立的曲阜师范学院。

陈信泰1958年2月离开北京前感到心灰意冷。他不想连累黄锦凤，便写了一纸明信片，声明中断两人的恋爱关系。而黄锦凤在与黄锦鸾、林嘉绥交流后知道了事情原委，既替他不平又颇为心疼，遂给陈信泰写了一封信，大意是说：我知道事情的始末，深信你是一个好人，我支持你的选择。

但陈信泰下放到曲阜师范学院后，对这段分隔两地、不知何时相聚的恋情基本不抱希望，只是用忙碌的工作来缓解精神上的痛苦，遂投身“教育大跃进”，到乡村支援农村中学建设去了。黄锦凤则从1958年2月23日起参加十三陵水库建设，在东山口临时医院工作；她与十万劳动大军一起度过冬日严寒，战胜春天风沙，抢在夏季洪汛到来前完成了水库大坝的建设工程；她因为工作成绩突出而获得一枚“先进工作者”奖章，并于1958年7月16日拿到一纸《十三陵水库修建人员鉴定表》，回到北京第一传染病医院述职。她得到了一个星期的休整假期，就立即果断地乘火车前往山东兖州，然后辗转到达曲阜师院。她是怀揣着一个大胆的决定来到这个陌生地方的：她要与陈信泰结婚。

人们都为这纯洁的爱情所感动。曲阜师范学院教育教研室副主任李国榕①立即到各单位帮他们开出证明并办理了结婚证，并以“大跃进速度”在教务处会议室组织了一场移风易俗的婚礼，一场文明的茶话会：校长高赞非②证婚，陈信泰向大家介绍“大办农村中学”的经验，黄锦凤介绍十三陵水库建设情况……这场别出心裁的婚礼仪式引来大量围观者，会议室门口和走廊里挤满了师生，大家纷纷送上诚挚的祝福；学校办公室送来一对暖瓶作为贺礼，后勤部门则为他们调配了一套婚房。几天之后，黄锦凤返回北京工作，陈信泰则继续投身到火热的“教育大跃进”运动中去。

此后八年，陈信泰在曲阜经历了三年灾害，在包村“社教”时饿到浮肿，在

---

① 李国榕(1921～2001)，浙江杭州人，1944年毕业于重庆“中央大学”后，任南开中学、“中央大学”附中教师。1949年后任教于济南师范学校，1954年在北京师范大学教育系研究生班学习，后任山东师范专科学校、曲阜师范学院教师，1956年出版《危害孩子的几个问题》(湖北人民出版社1956年版)。新时期以来，任曲阜师范大学教育科学研究所心理学室主任、教授、研究生导师，发表《孔子社会心理学思想探析》《孟子心理学思想探析》《人的全面发展的心理分析》《对“非智因素”讨论及有关问题的几点意见》等论文，并出版《老年心理学》(吉林教育出版社1990年版)等著作。

② 高赞非(1906～1969)，山东临沂郯城马头镇人，是现代新儒学大师梁漱溟和熊十力先生的弟子，也是曲阜师范学院首任校长。高赞非1927年担任南京“中央大学”哲学系助教。1931年起襄助梁漱溟开办“山东省乡村建设研究院”，担任山东省乡村建设研究院班主任、第一分院教育长、菏泽乡建师范教育长等职。抗战爆发后，山东乡村建设工作被迫停止，高赞非于1937年冬在菏泽组织了百余人的游击队伍开展抗日斗争。1938年起，他先后担任郯城县抗日动员委员会主任、鲁南抗日动员委员会四分会主任、山东抗敌协会四分会主任等职。抗战胜利后，高赞非曾任山东省文协研究部部长、滨海区文协主任、滨海区参议会参议长等职。1949年后，高赞非在济南市文教局工作，不久升任局长。1955年，山东省政府委派高赞非筹建山东师范专科学校并任命其为首任校长。1956年，山东师专更名为“曲阜师范学院”，迁址于曲阜。高赞非带领师生筚路蓝缕，开启了孔子故里高等教育的新篇章。高赞非因为无法认同“大跃进”的急功近利，被批为“保守派”。1959年，高赞非被免去校长职务，改任图书馆副主任、教务处长。“文革”开始后，高赞非受到激烈批斗，1969年因病去逝。

1961年春天到学校设在南阳湖的农场养鸭子，1964～1965年下到农村搞社会主义教育运动。黄锦凤则在北京第一传染病医院做全科住院医师，自己也曾被传染甲型肝炎。其间，他们主要靠书信互传情愫，而且都是报喜不报忧，鼓励对方全身心投入工作；为了增加书信的乐趣，他们还一度用罗马拼音法写信。那时候，《马克思恩格斯全集》开始陆续出版，但只有一定行政级别的领导和专家才能凭票购得一套。黄锦凤得知陈信泰想购买一套，就借用医院院长的购书票，一部一部买来寄给陈信泰，这为陈信泰在新时期迎来学术爆发奠定了坚实基础。黄锦凤还知道陈信泰自幼爱好集邮，这也是他当时唯一的乐趣。因此，每当有特种邮票或纪念邮票发行时，她就到中国集邮总公司购买并寄给陈信泰。令人遗憾的是，在后来"文化大革命""破四旧"的风潮中，陈信泰让黄锦凤拉着风箱烧掉了大量邮票，其中有不少晚清大龙邮票、民国邮票和外国邮票。仅民国邮票就烧掉了大约50套，烧掉的外国邮票珍品包括被称为'邮票鼻祖'的英国黑便士邮票，损失难以估算。对于20世纪中国来说，日本侵华战争和十年"文化大革命"，都是滔天浩劫，造成的物质损失难以弥补，生命与人性的沦丧更难修复！

今天看来，黄锦凤在动荡离乱的时代背景下，能坚持赤子般的天真之心，保持做人的清白善良，持守医者的济世仁心，显现出了弥足珍贵的人格品质！这种品质如同暗夜中的熹微烛光，让人心生温暖和希望！

三、栖止：持守医者的清白与仁心

黄锦凤与陈信泰1958年结婚后一直两地分居，直到1966年初北京市动议将第一、第二传染病医院合并时，黄锦凤才向组织递交了调往山东与爱人团聚的申请，这时36岁的黄锦凤大夫已与爱人两地分居长达八年之久。

黄锦凤调到山东后，本可到地方甲级医院工作，但曲阜师范学院特别需要一位医术高明的医生，学校希望黄锦凤能到学校医疗所工作，黄锦凤欣然应允。黄锦凤被陈信泰接到学校，刚进校门就被恭候多时的后勤处负责人请去了："黄大夫，学校附属幼儿园群发疾病，应该是传染病，已经死了好几个孩子，当地医院也没有办法。您是北京传染病医院来的专家，见多识广，快去救救孩子吧！"黄锦凤赶到幼儿园一看，初诊为群发猩红热。她首先开出处方，派人抓来中药，让幼儿园的大师傅负责煎煮，然后让后勤人员搭起临时帐篷，按患儿病情划分病区，再组织学校医疗所人员实施消毒隔离，最后安排幼儿园老师和阿姨协助照顾孩子、稳定孩子们的情绪。陈信泰在幼儿园门外远远看着自己的妻子，这个身材小巧的南方女性此时指挥若定、有条不紊，俨然将军用兵。围在幼儿园门口的家长们见此情景，也长舒了一口气。

家长们最初几天见不到孩子还有些焦虑，黄大夫也只是微笑答复："请大家放心，孩子们病情没有恶化，而治病需要一个过程，他们都会好起来的。"大约 10 天后，大家就真的放下了心，因为幼儿园里没有了哭闹声，代之而起的是歌声和笑声。黄锦凤就这样在幼儿园里待了近一个月，患儿无一死亡或遗留严重后遗症。当幼儿园解除隔离，孩子们欢叫着跑出大门，奔向父母怀抱时，家长们都抱起孩子向黄大夫围拢过来，向她表示深深的谢意。那天晚上，学校特意放映露天电影表示庆贺，宣传部门还制作了幻灯片："向黄锦凤医生学习！"人们把最好的观影位置留给了黄锦凤。

黄锦凤初到学校就治好了孩子们的重病，被传说为"儿科专家"。学校教工的孩子只要有病就一定要找黄大夫给瞧瞧。自从黄大夫到了曲阜师范学院医疗所，学校里的孩子也再未出现过因疾病致死的案例，多年以后仍有不少教工时常说起："我家孩子的命是黄大夫救的呐！当然，学校教工的孩子哪个没让黄大夫看过病、扎过针呢？！"由于黄锦凤是北京来的大医生，又因为她给人看病时脸上总挂着浅浅的笑容，让人紧张的心一下子放松许多，病仿佛先好了一半似的，所以学校师生到医疗所看病时大都希望能挂到"黄大夫"的门诊号。

没过多久，"文革"大潮铺天盖地席卷全国，曲阜小城不仅未能幸免，反而成为一个重灾区。北京师范大学谭厚兰带领"造反"派前来"捣孔"，仅从 1966 年11 月 9 日至 12 月 7 日就破坏文物 6000 余件，烧毁古书 2700 余册、字画 900 多轴，砸毁历代石碑 1000 余块；破坏的文物中包括国家一级保护文物 70 余件，珍版图书 1700 多册。① 谭厚兰发动的十万人誓师"捣孔"行动，掀起了曲阜"文化大革命"的高潮，大众陷入歇斯底里的疯癫状态，沦为勒庞所说的"乌合之众"。曲阜师范学院师生先后成立了 130 多个红卫兵组织，"造反派"与"保皇派"之间发生了多起武斗冲突，伤亡人数难以计数。而黄锦凤医生不管受伤者属于哪个派别，都全力施治，并谨遵《希波克拉底誓言》为病人保守秘密，绝不扩散恐怖消息。不过，曲阜师范学院当时的无政府状态令很多人感到害怕，中文系张志静老师回忆说："曲阜师范学院在'文革'中非正常死亡的有

① 参见刘炎迅：《孔子墓蒙难记》，《中国新闻周刊》2010 年第 9 期。

黄安国、曹一清、潘宗禄、倪祖钧、王涛、陈敬轩、张殿钦、燕有林之妻、李宪英之父、王武斌(学生,在北操场被长矛刺死)等等。黄大夫不管什么派系的,救治过不少人。她还亲自救过我丈夫魏绍馨。魏绍馨在外语楼阶梯教室被打得休克,是黄大夫去了,驱赶了造反派,开了药……我们一直心怀感恩。”笔者2016年时曾想追问“文革”细节,但黄锦凤依然避而不谈。

魔鬼的指缝里总会漏下一点光来,灾难浩劫之中也总会有些幸福事件让人在绝望中看到希望,从而获得活下去的理由、勇气和生命意志。黄锦凤1967年9月30日生下女儿陈晓青,为家里增添了喜气。不过,这位37岁的高龄产妇难产三天两夜并出现大出血,真像从鬼门关里走了一遭。那几天,一直守候在医院的陈信泰着急上火,起了一嘴燎泡;从成都赶来的婆婆文绣也不管“破四旧”的禁令,在家里对着苍天磕头,求菩萨保佑。此时曲阜县人民医院妇产科的专业医生要么被关入“牛棚”,要么去闹革命了,只有一个“革命小将”值班,问她什么都是回答一句“你自己生,还早着呢!”直到黄锦凤出现大出血,几有生命之虞,这位“小将”才慌慌张张从“牛棚”里提出一个“白专”金大夫。金大夫一看情形就问陈信泰:“保大人还是保孩子?”陈信泰说:“保大人。”黄锦凤则说:“保孩子。”幸亏金大夫医术高明,实施产道侧切手术,接生一个五斤六两女婴,得保母女两人平安。不过,黄锦凤由于大出血而落下病根,此后一直体虚、怕凉。

来曲阜照顾黄锦凤生产的婆婆被要求速回成都参加运动,婆婆想把陈晓青带到成都去,但黄锦凤舍不得,没有同意。然而他们夫妇都要参加运动,黄锦凤还要时常担任师生拉练的随队医生,有时一去就是一两个星期。无可奈何,他们只好把刚满6个月的女儿送到幼儿园“全托”了。如果他们周末也无法分身接走孩子,那么幼儿园阿姨就把陈晓青带回自己家。就这样,陈晓青从这家吃到那家,简直是“吃百家饭”长大的。此时,37岁的黄锦凤和年届不惑的陈信泰觉得如果再要孩子也是多一个苦孩子,于是放弃了再生育的计划。像他们这样晚婚晚育、只生一个的家庭,在当时是极为罕见的。后来有很多人称赞他们觉悟高,其实这是他们人生中最无奈、最被动的选择。

黄锦凤医术高超且持守清白,却给自己招来不少麻烦。有嫉妒者说她“在大是大非面前没有立场”,理由是她为那些“白专”教授看病,还救治了很多“保皇派”的伤者。让黄锦凤心中温暖的是,当有人贴她的大字报时,后勤工人站出来保护了她。

经由人们口耳相传,黄锦凤大夫声名远扬。周围村民也跑到学校医疗所来看病,他们甚至打听到黄大夫家住教工宿舍西四排九号,有急病时就直接来敲门请她出诊,或把病人带到她家来。陈信泰回忆说:“夜深人静时,只要听到有脚步声到了门口或窗下,就是有人得急症来找黄大夫看病了,我们就开门让人家进来。如果要请黄大夫出诊,她背起急救箱就走。”黄锦凤当然知道在家里为病人看病不合规范,但她心地善良,不忍心把那些贫病交加、心急如焚的病人往外推。然而这最终给家人招来了疾病。1974 年春末,有位村民带一个女孩来家里请黄锦凤看病,黄锦凤一看那孩子的脸色和眼底,再探触孩子腹部,就断定是急性肝炎,立即让家长带孩子去传染病医院救治。送走病人,黄锦凤想起那个孩子摆弄过女儿的玩具,就让陈信泰去收拾处理。尽管陈信泰小心翼翼,但还是被传染上了急性甲型肝炎,送入兖州九一医院。由于当时九一医院的专家都被打倒了,“革命小将”无法对症下药,再加上陈信泰为其他病人出头管闲事而生气,导致病情恶化,医院很快就下达了病危通知。黄锦凤赶到九一医院,看了陈信泰的治疗方案,认为问题很严重,就找到医院革委会主任说明情况。对方得知她曾是北京第一传染病医院的专家,立即让她重写治疗方案。医院依方治疗,使陈信泰的各项指标半个月后就平稳下来。为了给学校节省医药开支,黄锦凤决定把陈信泰接回学校医疗所进行隔离治疗。两个月后,陈信泰忍不住要看看女儿,幼儿园园长管淑荣就特别安排陈晓青在园里演唱《小燕子》,让陈信泰躲在远处观看。陈晓青最终还是发现了爸爸,就向他跑去。但鉴于陈信泰没有解除隔离,园长就硬硬地拦住了陈晓青。陈信泰和女儿都流下了眼泪,让幼儿园老师也为之动容。黄锦凤挽着陈信泰走回医院,一路安慰他:“诸葛亮都说‘苟全性命于乱世’并非易事。我们虽然遇到很多困难,可你毕竟度过了一劫;我们能够全家团聚,孩子能健康成长,这就是最大的幸福啦!”

世道越乱,医生越忙。黄锦凤在“文革”十年中几乎没有休过真正的节假日。这个瘦小的广东女性时常要打起背包和药箱参加各种徒步拉练和上山下乡活动。当别人在拉练途中休息时,她还要忙着为脚上磨起水泡的人员处理包扎,给生病的师生诊病拿药。她到农村参加“社教”,主要任务是给村民看病。农民大多贫穷,不舍得花钱买药,她就尽量给他们免费针灸。曾经多次陪同黄锦凤下乡的数学系杨惠君老师回忆说:“黄大夫被老百姓视为神医。有一个风湿病人,多年没直起过腰,没抬起过胳膊。黄大夫给他实施针灸,几针下去,他竟然挺起了胸,胳膊举过了头。他高兴地呼喊:‘毛主席给我们派来了大医生。毛主席万岁!’那个时候,这种呼声是真的发自内心,充满真诚。”

“文革”风暴终于过去了,从新时期直到 1990 年 6 月退休,黄锦凤一直是曲阜师范大学校医院最忙、最累的医生，这是因为在校生规模在这十几年里由一千人猛到了一万人，而医疗人员却没有同比增加。她的工作到底有多累呢？陈信泰说："家务活从来不能指望她。她中午回家吃饭时总是闭着眼，要人安静，不许说话。晚上如果她不值班或没有急诊，都会尽早上床休息或看一会儿医学著作。"

黄锦凤虽然医术高明，却是"但愿世间人无病，哪怕架上药蒙尘"。假使患者是朋友和故人，那么不仅心生同情，甚至感到痛苦。曲阜师范大学日照分部主任陈雅民是陈信泰、黄锦凤的朋友，他回本部汇报工作时得了"感冒"，就想到校医院挂个号、取点药；他见病号已在黄锦凤诊室外面排起了长队，就坐在走廊一边与人聊天，一边耐心等候。直到挂号室停止挂号以后，黄锦凤大夫门前排队的患者才渐渐少去，而当陈雅民最后一个进门时，已过了下班时间半个小时。他对黄锦凤说："我在外面等了快两个钟头了。"黄锦凤略带疲倦地笑道："你怎么不进来？"陈雅民幽默地回答："我想用统计学方法算算你一天要看多少病人。"黄锦凤回答："在流行病高发季节，一天最多看过两百人。"黄锦凤在给陈雅民诊断的过程中，脸上的笑容渐渐消失："陈主任，你得的不是简单的感冒。我安排人明天陪你去省立医院吧！"到省立医院一检查，陈雅民已是癌症晚期。陈雅民工作起来是个"拼命三郎"，口头禅是"小车不倒尽管推"，多年不参加体检。黄锦凤那时是校医院主持业务工作的副院长，当即向学校提出建议：每年为全校 40 岁以上的教师免费体检，做到大病早发现、早治疗。

有人说，医生是世上最受委屈、最不被人理解的职业，同时还要勇敢面对"医怒症"。即使黄锦凤这样温婉的医生，在工作中也免不了遭受委屈和误解，不过她总是换位思考，从不与人发生争执。有位后勤女工回忆说："我 6 岁那年跟我妈一起陪我爸去校医院看病。黄大夫诊完后，要他到大医院做个全面体检。我妈是家庭妇女，没有文化，加上家里不富裕，很怕花冤枉钱，一听这话就抓住黄大夫的隔离衣嚷嚷：'他就是感冒，你开点药不就完了？你让他做全面体检，这不是让我们花冤枉钱？！'不管我爸怎么劝说，我妈就是不松手，引来一些人围观。但黄大夫自始至终就一句话：'你丈夫应该做个全面体检。'第二天黄大夫派人把我爸送到兖州九一医院检查，发现得的是肝癌。幸亏发现得早，手术后我爸又活了十几年，我接了爸爸的班。我妈知道自己错了，但又不知道怎么表达心意，就带了一只鸡、一条鱼到校医院送给黄大夫。黄大夫哪儿会收？！我对黄大夫一辈子心存感激呐！"

曲阜师范大学至今仍流传着很多关于黄锦凤大夫的故事。比如，李继璜说："学校很多孩子是黄大夫'掏出来的'。我妈说她待产的时候痛得嗅嗅叫唤，全医院的病人都没法休息。黄大夫过来对我妈说，离孩子出生还早着呢！你得忍着，真用劲的时候在后边呢！你这么喊太耗体力，要是后边没劲了，那你和孩子就危险了。我妈疼得本来要发疯了，一听黄大夫这么说，就冷静下来忍住不叫了。我出生的时候黄大夫接生得就很顺利。我爸事后开玩笑说：'学校里的人，从上到下，男女老幼，可以不听校长的，但都听黄大夫的！'"顾胜杰说："我哥高烧昏迷了，我爸找来黄大夫。我家只有两间房，我爸我妈还有我兄弟都挤进来瞧，我奶奶跪在地上边哭边磕头边絮叨：'我这孙子要有个三长两短，我也不活了。'黄大夫担心我哥得的是传染病，立即说：'顾妈妈留下，其他人都出去，奶奶也到外边磕头去。'我爸只说了一句话，就是大家常说的那句'都听黄大夫的'，我们就都出去了。也不知黄大夫怎么治的，反正我哥第二天活蹦乱跳、能吃吃喝了。我们家那时候日子不好过，也没怎么感谢黄大夫。我们哥仨那年夏天晚上摸知了猴，妈让我们送一半给黄大夫。"还有人回忆说："有的家长散养孩子，那家里的男孩子就不知轻重，登高爬低，飞檐走壁，摔得昏死过去，翻白眼了。黄大夫来了，不知怎么摆弄两下，就活过来了。有四五个孩子看到印刷厂倒出来一些'土豆'，熟的，还冒着热气，就当烤土豆吃了，没想到那是铸铅字用的废料，以至于四五个孩子中毒了。黄大夫给他们洗胃灌肠，那叫壮观呀！最后，哥几个都活过来了。那真是救命之恩。有几个孩子患有小儿麻痹后遗症，黄大夫用针灸给治好了，他们走路几乎看不出长短腿了。还有的家长把孩子宝贝得不像样子，肚子痛也带去让黄大夫看看，黄大夫检查完后说：'吃凉了，回去喝杯热水，放两个屁就好了……'这样的故事多了去了。"而在女儿陈晓青的回忆中，妈妈是外冷内热的："爸妈都忙工作，所以我六七岁就会做饭了。大概我上二年级时，有一次放学了，爸妈都还没回家，我想切点肉炒个菜。那时候家里养着一只猫，怕猫偷吃，肉就挂在晾衣绳上。我踮起脚尖，一手扯着肉，另一手拿菜刀去剌肉，一不小心把手剌了，血滴在脸上。我本来还挺镇静的，要去校医院找妈妈，结果邻居见我脸上手上都是血，就大声惊叫起来。我就觉得发生了天大的事，忍不住哭了起来。邻居拉着我跑到医院，妈妈看了看伤口说：'别哭，手受了点皮外伤，离心脏远着呢！'我当时觉得妈妈不心疼我，实际上妈妈是想让我遇事冷静，不要心慌失智。我后来听她不止一次对别人说：'别哭，哭不能解决问题。'我对门的老师有天半夜咯血，吐了一痰盂血，他的妻子、女儿哭成一片，门外围满了看热闹的人；我妈妈赶到后首先对女眷说：'都别哭，哭有什么用，赶紧搭把手，把病人送医院。'从此以后，我也学着看清生命的主次本末，也渐渐理解那是医生职业所需要的冷静，但绝不是冷漠。一个冷漠的人怎么可能那样热爱她的工作！”

黄锦凤担任校医院业务副院长后，更加严以律己、宽以待人。有一次，会计结账时发现挂号室的票据数与收费额不一致，大约少了 200 元，并且断定是某人所为。这笔钱在 20 世纪 80 年代初期不算一个小数目，可以按经济案件办理。听会计汇报后，黄锦凤决定先去跟挂号员谈一谈：“你如果家庭贫穷，需要照顾，可以向组织反映，大家一起想办法解决；但如果贪污会被开除公职，不仅再无法养家、无颜做人，你的孩子也会因此抬不起头来，甚至一辈子受到牵连，这是不是因小失大、得不偿失？我建议你想办法补上这笔款子，就说是‘临时借用’，你看如何？”那人愧悔不已，落下泪来。他在补交钱款后虽然受到通报批评并调换了岗位，却保住了工作和家人的活路。《道德经》有云：“圣人恒善救人，故无弃人。”大约就是救人救心的意思吧！

2011 年，黄锦凤、陈信泰、陈晓青与李伯文合影

黄锦凤退休后一直坚持晨练，身体也非常硬朗。曲阜市人民医院久仰其仁心医术，想请她去开个专家门诊，但被陈信泰一口拒绝：“你忙了几十年，也该歇歇了。何况我妈妈半身不遂，也需要你搭手照料。”黄锦凤欣然应允，从此全身心回到家庭生活。她似乎要弥补此前很少照顾家人的遗憾，偶尔会动手制作她记忆中的菜品：咕咾肉，咖喱鸡，奶汤菜花，雪里蕻炒肉末，等等。家人都对她的慢工细活竖指赞赏。每当此时，她都会像个孩子一样滔滔不绝地讲

起广东风味或福建饮食。

步入耄耋之年的黄锦凤和陈信泰精神矍铄、鹤发童颜，活成了校园的一道风景，朋友们都祝愿他们“长命百岁”，家人也提前准备给她们庆祝“钻石婚”。但是黄锦凤在2015年春天突然身体暴瘦，脚步也变得有些拖沓。家人觉得这是不良征兆，要带她去看医生，黄锦凤却说：“我自己是医生，最明白自己的身体状况。我已85岁，如果真得了大病，最好的方式就是保守治疗。”她在10月5日晚上洗澡时摔倒，头部碰破流血，120急救车将其送到曲阜市人民医院。医生看完CT片子说：“老人头部仅是皮外伤，颅骨无事，但脑部有陈旧栓塞，幸亏发生在次要位置，否则早就半身不遂了。”输液过程中，黄锦凤头脑清晰并且表示不想住院，于是第二天凌晨一点半返回家中。

黄锦凤的身体从此之后急剧衰弱下去。12月起开始卧床，但仍然拒绝住院治疗，仅自己开出几种简单的消炎药、止疼药和安定片，让家人取来，每天按时服用。家人决定遵从她的意见：就在家中为其养老送终，让她保持最后的尊严。她在那年冬天终于不能自理，家人遂为其购置一台多功能护理床，雇请了日、晚两个保姆加以陪护。她身上逐渐出现衰竭体征：脚底出现不能自愈的伤口，腹内剧痛使她忍不住发出叫喊。陈信泰认为黄锦凤所患疾病是“职业病”和“家族病”：“医生大多很少喝水。黄大夫工作时，挂她诊号的患者特别多，她一忙起来就极少喝水。我给她按摩时，手触其膀胱位置有一个鸡蛋大的硬块。至于说她有‘家族病’，是因为其二姐、四妹、五兄、六弟近年先后因为癌症去世，她的心理可能受到某种暗示——她们姐弟仿佛约好了一起奔赴天堂呢！”两位老人的言谈绝非迷信宿命，恰恰是直面生死的勇气，他们已经准备与这个世界做“最好的告别”。

黄锦凤卧床的最初阶段，疼痛叫喊时底气很足，家人甚至因此期盼她会随着2016年春天的到来而康复起来。但是没有奇迹，她就像棵老树一点点衰枯下去。在最后的日子里，黄锦凤多次对陈信泰说：“我撑不住了。”陈信泰就亲吻她的手和额头，为她加油，她也就仿佛重获勇气和力量：“与天斗争其乐无穷，与地斗争其乐无穷，与病魔斗争其乐无穷。闯过去了就是胜利，闯不过去也不能投降。”2016年5月初，黄锦凤已瘦削脱形，保姆喂食营养液时，她都无力张嘴了，来家里为她输液的医生摇摇头说：“老人体内电解质已经紊乱，输液可能适得其反……准备后事吧！”5月16日凌晨两点，黄锦凤停止了呼吸，走完了她86年的人间路。

遵黄锦凤遗嘱，没有举行任何殡仪，仅由女儿和女婿叩头告别。他们虽然泪如雨下，却没有号啕哭喊，因为他们知道：老人家一生备尝艰辛，离开这个世界，是得解脱；她一生救人无数，天堂里一定有很多朋友；她在家寿终，亲人在侧，保留了最后的尊严；她是一个清清白白的人，就让她安安静静地离开这个纷乱痛苦的世界吧！

是的，清清白白。黄锦凤最后患病期间总共报销过1800元药费，这是她在曲阜师范大学用过的全部公共医疗资源。她不想用“公家”的钱财，因而在清醒时就嘱咐家人，在她过世后将家里购置的那台4000余元的多功能护理床捐给校医院，希望有助于其他病人。她还特别嘱咐家人：身后不搞任何仪式，不收赙金，仅告知三五至亲好友。这，在曲阜师范大学的校史上是前所未有的。

很多人曾询问黄大夫殡仪简办的原因，陈晓青说：“一是老人的遗愿，她一生清清白白地为人处世，最后也要干干净净离开这个世界。二是逝者长已矣，生者要珍惜。我父亲年事已高，承受不了巨大痛苦和刺激。三是儿女们生前行孝，胜过身后哀荣。亲人之爱，不需要表演给别人看。”

一个小人物“活着”的历程，也能折射出时代的变化、社会的进步，就像黄锦凤医生及其广东三水黄氏家族的故事给后来者留下的多种启示：这个家族在20世纪上半叶经历了战争和离乱，也为国家独立富强作出了牺牲和奉献，可以说是中国万千家庭的时代遭际之缩影与写照；黄锦凤本人在抗战时期经历了流亡苦难，立志救死扶伤，于1950年考入福建医学院，1955年毕业后被分配到北京工作，应验了那句“艰难困苦、玉汝于成”的老话；她在工作中兢兢业业，临渊履薄，在20世纪60年代已成为北京第一传染病医院颇有名气的医生，但为了与丈夫陈信泰团聚而放弃京华于1966年来到曲阜小城，她的清白善良就像黑夜中的“镜与灯”，闪烁着仁者无敌的光芒，既照见了时代的幽暗与伤痛，也折射出一个知识女性的光荣与梦想；她见证了“反右”“文革”等错误的政治运动给国、家和个人造成的巨大伤痛，却始终坚持播美扬善，坚持“人道、博爱、奉献”的红十字精神，不仅给自己留下了“为有岁月可回首”的温暖记忆，也为后人树立了做人处世的精神榜样！

附:陈信泰著述要目[①]

一、陈信泰著述要目

常春元、黄济、陈信泰主编:《中国社会主义教育学》,江苏教育出版社 1987 年版。

陈信泰、宁虹等编:《师范教育的发展与改革》,山东教育出版社 1986 年版。

陈信泰口述,于述胜、王俊明整理:《忆陶愚川先生》,《中国教师》2010 年第 23 期。

陈信泰:《敬祝建院十五周年　遥祝推出更多的科研成果》,《天津市教科院学报》2000 年第 5 期。

陈信泰、韩钟文:《蔡元培的孔子及儒学观述评》,《齐鲁学刊》1994 年第 4 期。

陈信泰:《几点希望和一个建议》,《华东师范大学学报(教育科学版)》1993 年第 3 期。

陈信泰、庞学光:《理想与现实——论教育价值的全面实现》,《教育研究与实验》1992 年第 3 期。

陈信泰、孙振东:《对近年来教育主体问题论争的意见》,《齐鲁学刊》1992 年第 3 期,《高等学校文科学报文摘》1992 年第 5 期。

陈信泰、孙振东:《关于〈育人为本论教育〉一文的几点看法》,《华东师范大学学报(教育科学版)》1992 年第 2 期。

---

① 其他方面,陈信泰参与编写《中国大百科全书·教育卷》(中国大百科全书出版社 2002 年版)"教育科学"词条(与王铁、黄济、张同善、居思伟合撰),担任《中国教育大辞典·教育学分册》(上海教育出版社 1990 年版)副主编、《教育辞典》编委(江苏教育出版社 1989 年版)。

陈信泰、高文君:《教育终极目的论质疑》,《齐鲁学刊》1991 年第 2 期,《高等学校文科学报文摘》1991 年第 4 期。

陈信泰:《教育还是上层建筑》,《新杏坛》1990 年第 1 期。

陈信泰:《新时期教育科学研究展望》,《山东教育科研》1989 年第 3 期。

陈信泰、李如密:《试论孔子教学中的思维训练》,《教育论丛》1989 年第 4 期。

陈信泰、张良才:《试论孔子的道德修养方法》,《齐鲁学刊》1989 年增刊。

陈信泰:《试议社会主义初级阶段教育和商品经济的关系中几个问题》,《齐齐哈尔市教育学会通讯》1989 年第 2 期。

陈信泰:《新时期教育科学研究展望》,《当代教育科学》1989 年第 3 期。

陈信泰、庞学光:《教育商品化若干论点质疑》,《教育研究与实验》1988 年第 2 期。

陈信泰:《试议社会主义初级阶段教育和商品经济的关系中几个问题》,《华东师范大学学报(教育科学版)》1988 年第 2 期。

陈信泰、王学义:《教育起源于社会生活的需要》,《山东教育科研》1988 年第 2 期,《复印报刊资料·教育学》1988 年第 8 期。

陈信泰等:《贯彻十三大精神　深化教育改革笔谈》,《山东教育科研》1988 年第 1 期。

陈信泰、王志平:《如何理解教师劳动创造价值》,《教育研究》1986 年第 8 期。

陈信泰:《社会主义教育与人的全面发展》,《齐鲁学刊》1986 年第 2 期,《复印报刊资料·教育学》1986 年第 11 期。

陈信泰、宁虹:《教育同生产劳动相结合是造就全面发展的人的唯一方法》,《教育理论与实践》1985 年第 5 期,《复印报刊资料·教育学》1985 年第 11 期。

陈信泰、张武升:《马克思的分工理论与人的全面发展》,《齐鲁学刊》1985 年第 2 期。

陈信泰、王志平:《关于"教育是社会生产力"观点的几点质疑》,《齐鲁学刊》1984 年第 2 期,《复印报刊资料·教育学》1984 年第 4 期。

陈信泰、张武升:《马克思的人的全面发展学说的动态考察》,《教育研究》1984 年第 2 期。

陈信泰、韩延明:《也论人的全面发展的本质特征》,《教育丛刊》1984 年第

1 期。

陈信泰、张武升:《马克思的异化理论不是人的全面发展学说的理论基础》,《教育研究》1983 年第 7 期;收入顾明远总主编:《中国教育大系·20 世纪中国教育 2》,武汉:湖北教育出版社 2004 年版;获评《教育研究》创刊 30 周年优秀论文①。

陈信泰:《教育部门不是生产部门》,《教育丛刊》1983 年第 4 期。

陈信泰、韩延明:《学习毛泽东同志关于知识分子的论述》,《教育科研论文集(第三辑)》,山东省教育科学研究所 1983 年 12 月。

陈信泰:《再论教育是社会的一种上层建筑》,《复印报刊资料·教育学》1982 年第 7 期。

陈信泰:《华北、华东七院校举行教育学学术讨论会》,《教育研究》1982 年第 1 期。

陈信泰:《关于红与专关系的探讨》,《教育研究》1981 年第 6 期。

陈信泰:《孔子教育思想笔谈·要总结、继承这份遗产》,《教育研究》1980 年第 2 期。

陈信泰:《全国教育学研究会、甘肃省教育学会联合第一届年会纪略》,《教育研究》1979 年第 5 期。

陈信泰:《教育是社会的一种上层建筑》,《教育研究》1978 年第 5 期;收入《关于教育本质问题的争论》,北京:人民教育出版社 1980 年版。

陈信泰:《〈学记〉是复辟奴隶制的反动教育纲领》,《破与立》1975 年第 3 期。

陈信泰:《批判杜威关于教育目的的谬论》,《光明日报》1955 年 9 月 19 日;收入《资产阶级教育思想批判》第 2 集,北京:文化教育出版社 1955 版年。

陈信泰:《批判杜威关于教育作用问题的反革命反科学谬论》,《文汇报》1955 年 5 月 3 日;收入《批判杜威的反动教育思想》,武汉:湖北人民出版社 1955 年版。

二、评论陈信泰的文章举要

李晓燕:《陈信泰老师印象》,《曲阜师大报》2019 年 1 月 15 日。

庞守兴:《教育学理论应在"无用"中求"大用"——陈信泰先生对教育理论

① 《教育研究》杂志社编:《教育研究的时代足音:〈教育研究〉创刊 30 周年杰出论文》,北京:教育科学出版社 2011 年版,第 508 页。

的思考》,《当代教师教育》2018 年第 1 期。

韩延明:《陈信泰:曲园传道育英才》,《联合日报》2015 年 11 月 9 日。

韩延明:《从陈老师教我写论文谈起——献给母校建校 60 周年暨陈信泰先生 88 华诞》,《曲阜师大报》2015 年 11 月 5 日。

郑玉飞:《新中国教育学历史发展的个体记忆——当代教育学家陈信泰早期研习教育学的口述史研究》,《教育科学研究》2012 年第 7 期,《复印报刊资料·教育学文摘》2012 年第 3 期。

于述胜、王俊明:《真直实干的教育学家——陈信泰教授访问记》,《教师教育研究》2011 年第 1 期。

苏娜、熊建辉:《教育是社会可持续发展的不竭动力——访新中国第一批教育学研究生、著名教育家陈信泰》,《世界教育信息》2009 年第 11 期。

宋广新:《教育人生八十载　师圣门前又一贤——记著名教育学者、曲阜师大陈信泰教授》,《联合日报》2007 年 12 月 27 日。

跋:刻画教育学家陈信泰的民间肖像

胡适在《四十自述》序言中感慨"中国最缺乏传记的文学",并"希望社会上做过一番事业的人"能够"赤裸裸的记载他们的生活,给史家作材料,给文学开生路"。[①] 但事实上,那些"做过一番事业的人"往往生命不息、工作不止,直到最后都没有时间写作回忆录,或者他们认为自己只是"进化链条上的中间物",没有彪炳史册的资格,又或者觉得自己的时代已经过去,遂只感叹一句"俱往矣",便挥一挥衣袖轻轻告别人间……殊不知,哪怕一个小人物"活着"的历程,也能折射出时代的变化、社会的进步和民族的生聚教训,更能够给后来者留下多层面的指引与启示。而作为后来者,如果不能将"前车之覆轨"引为"后车之明鉴",那么不仅民间历史的很多真相会被湮没遮蔽,社群以至国家也可能因为重蹈覆辙而落入"历史的陷阱"。

我决心为陈信泰先生立传,首先因为他是一个"做过一番事业的人"。他是中国人民大学第一批正式招收的教育学研究生,1952 年院系调整后进入北京师范大学续读,1953 年毕业证书号是"0001 号",因而在中国当代研究生教育史上是一个符号性的代表人物;他与陶愚川、李国榕等人组成导师组于 1979 年起招收教育学硕士研究生,曲阜师范学院因而成为新时期最早招收教育学研究生的高校之一;他于 1983 年倡建曲阜师范学院教育系,从而为学校升格为"师范大学"准备了必要条件;他 1989 年担任曲阜师范大学教育科学研究所首任所长,1991 年被评为"山东省优秀教师",1993 年起享受国务院特殊津贴,是一位有突出贡献的教育学家;他曾担任中国教育学研究会第一、二届理事和第三、四届常务理事,山东省教育学会副会长,山东省教育学研究会理事长,参与全国教育科学规划"六五""七五""八五"重点图书《中国大百科全书·教育卷》《教育大辞典》等著作的组织、编审和写作工作,被人称为擅于组

---

① 参见胡适:《四十自述》,台北:远流出版事业股份有限公司 2005 年版,第 11、15 页。

织协调和团队作战的"学术战略家";他培养了12届72名硕士研究生,其中60余人晋升教授,30余人担任博士生导师,既是博学善教的"经师",更是约之以礼的"人师"……

其次,陈信泰先生的口述历史具有重要的教育史和思想史价值。加拿大学者许美德(Ruth Hayhoe)的《思想肖像:中国知名教育家的故事》,以中国当代11位教育家为研究对象,从个体记忆的角度展开叙事研究,勾勒教育家的命运与中国教育发展的关系;他认为"透过教育家们的'肖像',感受这些知名教育家的生活经历与理想追求,读者可以清楚地看出中国传统教育思想与实践对于他们的影响"①。中国学者也意识到"口述教育史"是后辈学人认识和理解中国教育学的历史和未来的一条可行路径并开展了相关研究。就此而言,山西大学郑玉飞博士主持全国教育科学"十二五"规划课题"苏联教育经验对我国中小学教学制度的影响(1949~1966)"(DAA110175)时所做的人物访谈,与许美德的学术目标殊途同归:"主要用'显微镜'——个人生活的口述史来还原这样一个个体,试图从中寻找历史的脉络,寻找当时作为背景的政治、经济和文化,是怎样影响个人的生活及教育活动的;不同的时代,价值立场和观念形态、教育经历和活动是如何渗透到个体记忆当中,构成我们现在对中国教育学发展历程的集体记忆的。"②为完成这项课题,郑玉飞博士曾对陈信泰先生进行了专访并发表论文《新中国教育学历史发展的个体记忆——当代教育学家陈信泰早期研习教育学的口述史研究》,论文摘要说:"新中国教育学六十年的发展历经曲折,老一辈教育学家亲历其中,他们的个人经历,记录了新中国教育学的成长历程。当代教育学家陈信泰先生,新中国成立前学习美国杜威教育学;新中国成立后,进入第一批教育学研究生班,跟随苏联教育学专家学习苏联教育学;毕业留校任教后,在模仿苏联教授教育学的过程中,受多位老教授的影响,学习和研究中国教育学。他早期研习教育学的几个阶段,是新中国教育学发展的重要阶段,他的个体经历,是新中国教育学早期发展历程的个体写照。"论文结语指出:"从学习欧美教育学到进修苏联教育学,到教授教育学,再到后来研究中国教育学,陈信泰先生的研习经历是一部丰富的个人教育史,也是新中国教育学几十年发展的生动写照。……他们经历并见证了新中国教

① [加]许美德:《思想肖像:中国知名教育家的故事》,周勇等译,北京:教育科学出版社2008年版,第20页。

② 郑玉飞:《新中国教育学历史发展的个体记忆——当代教育学家陈信泰早期研习教育学的口述史研究》,《教育科学研究》2012年第7期。

育学的起步、发展和繁荣，他们的回忆和讲述，丰富和充实了新中国教育学的发展历史。展现前辈们学习和研究教育学的历史，后辈学人才能知晓现有的教育学是从哪里来的，是怎么来的，并有助于我们据此探索我们教育学向何处去以及怎么去。”①由此可知，整理陈信泰先生的口述自传至少对于研究中国当代教育学发展史具有重要意义。

再次，陈信泰一生涉及中国现当代诸多教育、文化和社会事件，能为相关学案研究提供真实资料。陈信泰在上海租界区接受了小学、初中、职业高中、教会大学教育，他关于青少年时期所受教育的回顾与反思对于今天的幼儿教育、基础教育、职业教育乃至大学教育仍然具有重要的镜鉴价值。他密切接触过中国现当代教育史上的众多名家，他对于陶行知、林汉达、雷洁琼、周建人、瞿菊农、康绍言、傅统先、陶愚川、陈景磐、邱椿、邵鹤亭、朱启贤、毛礼锐、王焕勋、李秉德、张焕庭、常春元等名家的教学实践、教育思想以及处世为人的评点，他与汪达之、黄济、张健、顾明远、潘懋元、瞿葆奎、车文博、张同善、孟明义、王逢贤、厉以贤、梁忠义、胡克英、王道俊、王天一、夏之莲、李放、鲁洁、叶澜、贾韫武等友人的交往与对话细节，可以为中国现当代教育史上的学案和课题提供研究佐证。此外，他对新时期以来中国教育学研究、教育事业发展的成绩及存在问题的评说，也能反映出中国知识分子走向“新启蒙”的心路历程……

但是陈信泰先生一直没有撰写自传的计划。一是因为生活和工作忙碌，即使在退休后依然坚持阅读和思考，除完成其主持的全国教育规划课题外，还拟进一步研究教育学界的几个重大问题；二是他一向反对自我标榜，更避免自炫之嫌；三是他觉得身体很好，可以留待以后再说；四是那一代人经历太多动荡变故，没有保存日记档案，回忆中难免细节脱漏，担心沦为“粗枝大叶”的泛泛之谈。

事情的转机出现在2016年。黄锦凤女士2016年5月16日与世长辞，陈信泰先生开始回忆他们牵手一甲子走过的路程。2017年9月，弟子们从全国各地赶来祝贺陈信泰90寿诞，他因之开始细数当年与研究生教学相长的细节。也正是在那段时间，陈信泰因为青光眼而视力急剧下降，目不能视物，因而常常陷入沉思默想。我作为陈先生的女婿，很担心老人孤独寂寞，遂于每天晚饭后陪他聊天。陈先生讲述的隐秘故事和丰富细节激起了我的“知识考据癖”，于是我开始有意识地记录整理并查找相关档案和史料。我大学本科所学

① 郑玉飞：《新中国教育学历史发展的个体记忆——当代教育学家陈信泰早期研习教育学的口述史研究》，《教育科学研究》2012年第7期。

专业为“历史教育”，工作后还曾有过十年新闻工作经历，非常清楚陈信泰先生的经历与思想对于中国当代教育史研究的意义，因此我拟订了一个“访谈提纲”，请老人家按时间、专题来“讲故事”，每天讲一个专题，一天讲不完就第二天接着说。我进而发现：“对话”是最好的采访方式，“追问”可以激发受访者忆及关键细节，“讨论”则加深了我们对历史和理论问题的认识，我们甚至愿意“保留分歧”而不必“达成共识”，因为我们都不是“真理病患者”，也明白这世上不存在“终极真理”。事实证明，我对陈信泰先生的访谈达到了预期的“心理疗愈效果”：陈先生大多时候是理性讲述，有时陷入沉思，有时开怀大笑，当忆及伤心往事也会流下泪水。我在这种时候都不去干预制止，因为我知道这既是真情流露也是一种宣泄与释放。对于我来说，与陈先生对话则是我人生境界的提升过程，知道了何谓通脱澄明、何谓赤子之心，知道了如何区别对待生命中的大小和轻重……这样的对话持续了半年之后，所积累的材料已完全可以为陈信泰先生撰写一部传记，于是我请陈信泰先生进行“重述”，以复核相关细节。

真正催促我为陈先生作传的原因来自内外两个方面：一是外界“倒逼”。顾明远先生在为北京师范大学建校100周年所写的纪念一篇文章中称陈信泰是“当代著名教育学家”，是北京师范大学培养出的杰出人才。[①] 此后，北京师范大学校友会两次来曲阜采访陈信泰先生。山西大学教育科学学院郑玉飞博士2009年12月4日至5日就“苏联教育思想对中国教育学发展的影响问题”对陈信泰先生进行了访谈。2010年3月28日至4月4日，致力于“新中国大学教育口述史”工作的于述胜教授与王俊明博士对陈信泰先生进行了为期一周的口述中国当代教育史访谈。[②] 2015年11月，曲阜师范大学60周年校庆之际，韩延明教授在《联合日报》发表了《陈信泰：曲园传道育英才》的万字长文……这些文章表明，陈信泰的生平经历对于研究中国当代教育史有着重要的史料价值和启示意义，而他的经历与反思则远远不是短期访谈就能作出全面、深入的展示的。二是主观“挑战”。我在硕士和博士研究生阶段转向中国现当代文学研究，从交叉学科角度关注“文学叙事中的大学教育”，发表过《王国维与中国现代学统》《严复与经验论科学主义及其历史命运》《“常为新”“常

① 参见顾明远：《北京师范大学与中国教育》，《光明日报》2002年9月9日。

② 参见于述胜、王俊明：《真直实干的教育学家——陈信泰教授访问记》，《教师教育研究》2011年第1期；收入于述胜访谈整理：《中国教育口述史》第一辑，重庆：重庆大学出版社2011年12月。

与黑暗势力抗争”——论鲁迅的大学观》《弦歌不辍乐未央——文学叙事中的西南联大》《大学之道，止于至善——论鹿桥〈未央歌〉的小说美学》等论文，对现代学统与大学精神有着自己的一些思考，也因此之故，颇想就教育问题与陈信泰先生进行深入研讨。另外，我曾为曲阜师范大学研究生和新进青年教师作过“曲园旧事曲园人”“大学校史与育人功能”“如何做一名合格的高校教师”等专题讲座，并在此基础上申报了山东省研究生导师指导能力提升项目“‘高山景行’讲堂与研究生导师能力提升计划”（SDYY17140）；在这个项目的最初研究计划中，陈信泰先生就是我的访谈对象之一；而在课题研究过程中，我觉得与其四面出击、蜻蜓点水，不如全力搜集、整理陈信泰的个人资料，并为其撰写一部兼具文献性和文学性的人物评传，这样也许能为“大学校史”和“教育口述史”研究提供一种别致的也更具启示性的样本。

基于以上考虑，我开始细化访谈提纲，将拟定的“对话”题目提前一天告知陈先生，让他思考、酝酿一天，第二天晚饭后我们便坐下来喝茶聊天……不知不觉间，我已将对话内容记录了三个笔记本。当我慢慢把这些文字录入电脑时，一个鲜活的人物形象慢慢站立起来，从童年奔跑到青年，由青年跋涉至中年，再由中年进入耄耋之年。我也深深意识到，陈信泰先生一生的经历堪称中国当代教育学界极具象征意味的典型个案：他因为遭遇不公而嫉恶如仇，他因为向往光明而是非分明，他因为关注发展公平问题而执念教育；他的生平如同一面镜子，照出了中国当代社会的发展历程，也让我们反思今天的大学教育丢失了什么内涵，今天的学者缺少了什么风范。陈信泰在回望九十年人生历程时常常说：“不容易！”“时间太快了！”“现在想来真有意思！”这些口头禅就像一把把钥匙，打开了他生命中的一扇扇隐秘大门，而聆听这位“90后”教育学家讲述人生故事，不能不令人心生感叹：时势风云变幻，呼唤并造就英雄，狂者进取，狷者有所不为；个人奋发成才，天赋固然重要，教育则将偶然变成了必然；教育固然不是万能的，但教育的确能改变一个人乃至民族和国家的“时、命、运”。

我为陈信泰先生写传记，始终把握着自己的写作原则。一是扬善抑恶的立场。2018年1月20日《中共中央国务院关于全面深化新时代教师队伍建设改革的意见》指出：“教师承担着传播知识、传播思想、传播真理的历史使命，肩负着塑造灵魂、塑造生命、塑造人的时代重任，是教育发展的第一资源，是国家富强、民族振兴、人民幸福的重要基石。”我为弘扬“当代师道”，决定在写作中尽量扬善抑恶希望更多地传播真善美，希望这部传记能裨益中国“现代学统”

和教育史研究而不是间接散布“厚黑学”。二是“跨文体”写作的尝试。我不想沿袭传统的人物传记的程式化写作方式，而是将口述资料与人物档案、历史史料相结合，以散文手法写作人物传记，以保留丰富的细节、温煦的人性和厚重的史实，一方面是希望刻画教育学家陈信泰的民间肖像，另一方面则希望能做到以小见大，由陈信泰先生的生平来反观中国现当代社会的重大变化。三是叙述与反思的结合。我在访谈中有意识地不断“追问”，促使陈信泰先生对他的每一段经历、对社会的每一段历史都进行点评和反思，以期使这部传记成为“镜与灯”，照出时代的幽暗与伤痛、光荣与梦想，为后人“接着说”铺垫一个稳重的台阶。而严格说来，这种写法并非我的创新，胡适在《四十自述》和《丁文江传》中早已有过类似的探索。

陈信泰与黄锦凤伉俪情深，牵手走过六十年风雨路。黄锦凤系出广东三水黄氏家族，抗战时期与家人遭受了流亡的苦难，1950 年考入福建医学院，1955 年毕业后分配到北京工作，20 世纪 60 年代已成为北京第一传染病医院的知名医生，但为了与陈信泰团聚而放弃京华，于 1966 年来到曲阜小城。她的一生不仅救死扶伤、医治无数病人，更是陈信泰生命意义的重要确证。黄锦凤女士去世两年后，李伯文撰写了 15000 余字的《外婆黄锦凤》，意在“通过黄氏家族观照 20 世纪中国民间历史”。他曾将此文节选出 4700 字参加 2018 年第二届“名作杯”全国大学生文学作品大赛并获得散文组一等奖。现经李伯文总体修改，将这篇“诉真情、非虚构、新历史、跨文体”的《漂泊与栖止：黄锦凤及其家族往事》收入本书，书名也因之定为《陈信泰与黄锦凤》合传。此书引题“为有岁月可回首”之“为”：(1)助词，表示不喜不悲，陈情而已；(2)介词，表目的，指陈信泰和黄锦凤都认真努力地生活和工作过。

衷心感谢潘懋元先生、顾明远先生、车文博先生为这部传记题字、作序！感谢魏绍馨、张志静、章志敏、潘传增、徐宝庆等先生提供宝贵的细节资料！感谢首都师范大学宁虹、中共山东省委党史研究室韩延明、华中师范大学李晓燕、天津大学庞学光、北京师范大学于树胜、北京教育学院杨秀治、北京工业大学杨昌勇、中国石油大学(华东)刘长欣、复旦大学孙时进、西南大学孙振东、中山大学黄崴、北京戏曲艺术职业学院王鸣铎、江西师范大学胡竹菁、山东教育学院王维、山西大学郑玉飞、浙江大学孙元涛、厦门大学朱乐平、中国教育报刊社徐启建、上海大学何国威等师友的高情厚谊！感谢曲阜师范大学戚万学、张洪海、夏云杰、张良才、乔正高、李兆祥、唐爱民、张隆海、王慕东、王众、孙俊华、宋广新、李志广、孟祥水、庞守兴、徐瑞、孔繁超等领导和朋友的关爱与帮助！

《传记文学》杂志社王巨川先生审阅了本书的部分章节并提出了具体而有建设性的修改意见；我的忘年交、诗人靳日波通校了全书，韩延明先生审读了《道路就是生活：陈信泰的岁月屐痕》第四章，他们检出了多处“鲁鱼帝虎”之错漏，使本书更接近了“信达雅”的目标，在此深表感谢！然而“校书如扫落叶”，细节之失，衍脱之误，恐难避免，其责在我，敬请方家指正！

责任编辑孝德老弟在本书编校过程中付出了大量心血，反复审读书稿，斧削润色、推敲打磨，秉持编辑人的良心与匠心，展现了山东大学出版社的谨严与胸襟。在此致以衷心感谢！

李钧

2020年2月2日